더 포뮬러

F1
더 포뮬러

전 세계 8억 명이 열광하는
단 하나의 공식

조슈아 로빈슨 · 조너선 클레그 지음

김동규 옮김 | 김남호 감수

알에이치코리아

목 차

1장 ———— 바레인 2022

2022년 3월 초, 포뮬러 1 레이스카(드라이버, 메카닉, 요리사, 퍼스널 스타일리스트 등과 함께)를 싣고 세계 곳곳에서 출발한 개인 전용기와 화물 수송기들이 사막의 나라인 바레인으로 모여들었다.

이곳은 세계 최고의 인기를 자랑하는 레이싱 스타들이 자주 들를 만한 곳이 아니다. 바레인은 룩셈부르크보다도 작고, 기온은 고무를 녹이고도 남을 정도로 더우며, 인권 수준은 아무리 후하게 말해도 '형편없는' 정도에 불과한 곳이다. 그러나 한편으로 바레인은 F1 시즌 첫 그랑프리 개최지의 영예를 차지하기 위해 매년 수천만 달러를 치르는 나라이기도 하다. 새 시즌 준비를 위해 비행기를 타고 온 참가 팀들은 바레인 국제 서킷에서 3일간의 혹독한 테스트를 거쳐야 했다. 이번은 2022년 그랑프리 개막 전까지 각 팀의 레이스카 설계를 마무리할 마지막 기회였다.

공포를 느끼는 수준이 보통 사람과는 확실히 다르고, 체격은 조금 마른 이 드라이버들의 출신지는 저마다 다르지만, 그중에서도 조세 피난지로 인기가 높은 프랑스 남부 모나코에 거주하는 사람이 가장 많다. 이들이 F1 시즌 개막 전 테스트를 위해 모여든 모습은 마치 개학 첫날과 비슷한 분위기다. 단지 다른 점이 있다면 다들 책가방이나 운동화가 아니라 서로의 윙 플랩°과 디퓨저°° 같은 장치에 관심을 기울인다는 정도일 것이다. 올해 바레인에 모인 그들의 관심은 온통 메르세데스^{Mercedes} 차고에 들어앉은 최신 모델에 쏠려 있었다.

F1 무대에서 가장 부유한 이 팀이 올해는 또 무슨 장치를 꾸며 왔는지 다들 궁금할 수밖에 없었다.

3월의 어느 아침, 사람들의 궁금증은 유난히 고조되어 있었다. 메르세데스는 거의 10여 년간 독일 공학 기술의 진수를 뽐내며 모터스포츠계의 일인자로 군림해 온 터였다. 메르세데스팀은 어느 면에서나 남보다 뛰어나고 똑똑했으며, 그 성과를 매끈한 은빛 머신°°°에 구현해 냈다. 그들은 모터스포츠계에서 가장 부유한 팀이었을 뿐만 아니라 무슨 일이든 너무나 손쉽게 해내는 것처럼 보였다. 이 팀은 격조 높은 품위에 좋은 의미의 우월 의식을 더해 경쟁자들을 압도했다. 메르세데스팀은 휠건^{wheel gun}°°°°의 굉음과 배

° 차의 앞뒤 날개(윙)를 구성하는 여러 겹의 판 중, 각도를 조정하여 공기 흐름과 다운포스를 조절할 수 있는 가동 부위

°° 차체 하부 끝부분에 위치한 공기역학 부착물로, 바닥면의 공기 흐름을 확장·가속시켜 저압을 형성하고 다운포스를 생성한다

°°° 메르세데스 브랜드의 고유 색상이 은색이다

°°°° 바퀴에 달린 너트를 풀고 조이는 도구

기가스 냄새가 떠오르는 자동차 제조사라기보다는 마치 명품 시계나 가죽 제품 기업에 더 가까워 보이기도 했다. 적어도 이 팀이 2021년 시즌 마지막 경주에서 이기면서 월드 챔피언십 7회 연속 우승을 했을 때까지는 그랬다.

메르세데스팀은 바레인에 오기 4개월 전, 바로 옆 동네인 아부다비에서 레드불팀에 1위 자리를 내주고 말았다. 당시 레드불팀의 우승에는 거센 논란이 일었고, 이에 법적 분쟁 직전까지 갔으나 결국 메르세데스는 항의를 그만두고 '하던 일', 즉 더 빠른 자동차를 만드는 일에 집중하기로 했다. 따라서 2022년 포뮬러 1 대회에 참가하는 모든 팀은 제국의 반격이 벌어질 것이라 내다보고 있었다. 물론 메르세데스는 이런 복수전을 감행할 지적 능력과 재정적 여유를 겸비하고 있었다. 무엇보다 이 팀에는 그 일을 충분히 해낼 수 있는 사람들이 있었다.

그들이 최근 F1 대회를 석권해 온 힘은 두 명의 핵심 인물에서 나온 것이었다. 한 명은 이 팀의 감독인 토토 볼프**Toto Wolff**라는 매력적인 오스트리아인이었다. 그는 (최소한) 5개 국어를 구사하며 늘 깃을 빳빳이 다린 흰 셔츠만 입는 멋쟁이다. 다른 한 명은 영국의 스타 드라이버 루이스 해밀턴**Lewis Hamilton**이었다. 월드 드라이버 챔피언십 우승 7회에 빛나는 그의 옷장에는 깃이 빳빳한 흰 셔츠만 빼고 모든 옷이 있다.

이날 아침, 해밀턴은 헐렁한 니트 스웨터부터 가죽 부츠까지 알렉산더 맥퀸**Alexander McQueen** 브랜드로 온몸을 치장한 채 뜨거운 사막의 열기를 가르며 메르세데스 차고로 향했다. 거의 모든 드라이버가 팀 유니폼과 레이싱 서킷에는 어울리지 않는 반바지 차림을 당연히 여기는 모터스포츠계에서 유독 해밀턴만은 자신의 패션 감각을 마음껏 뽐낸다. 이것은 거의 10년이 넘도록 최고의 자리를 지켜온 그가 다른 드라이버들과는 차원이 다른 유명인이 되었기에 가능한 일이었다. 물론 다른 선수들도 이따금 번지르르한 시계와 선글라스로 치장하는 경우가 있지만, 그것은 어디까지나 후원사의 로고를 노출하는 것이 목적이었다. 밀라노의 모든 크리에이티브 디렉터들을 단축 번호로 불러낼 수 있는 사람은 모터스포츠계에서 오직 해밀턴뿐이었다.

하지만 2013년 볼프가 해밀턴을 메르세데스팀에 영입하면서 주목한 것은 그의 독특한 패션이 아니라 오로지 그의 운전 실력이었다. 그들이 함께한 이후 총 5회의 드라이버 챔피언 타이틀과 무려 82회의 그랑프리 대회 우승이라는 성과를 낳았고, 결국 두 사람 모두 엄청난 부자가 되었다. 해밀턴의 성공은 곧 볼프의 성공이기도 했다. 볼프는 이렇게 말한다. "월드 챔피언을 무려 일곱 번 차지했습니다. 우승과 폴 포지션pole position° 최다 기록을 보유한 해밀턴 정도면 분홍색 스웨이드 운동복을 입고 출전해도 누가 뭐라 할 사람이 없지요."

그날 아침 메르세데스 차고에 등장할 파격적인 디자인은 해밀턴의 옷만이 아니었다. 그리고 그 다른 디자인은 최신 오트 쿠튀르 패션쇼에 선보이는 것보다 훨씬 비쌌다.

° 스타팅 그리드 맨 앞자리로, 보통 예선 1위 선수가 차지한다

최근 수개월간 볼프가 이끄는 엔지니어링팀은 2022년 시즌을 대비해 혁신적인 신차를 개발해 왔다. F1 규정집의 경계를 아슬아슬하게 넘나드는 이 차는 40년간 이어져 온 F1의 설계 상식을 벗어난 모델이었다. 지난 시즌에 선보였던 W12에서 남아 있는 것이라고는 핸들 정도가 전부일 정도로, 메르세데스 W13은 머리부터 발끝까지 완전히 뜯어고친 모델이었다.

그들은 시즌 개막을 불과 열흘 앞둔 지금, 자신들의 창작물을 공개하고, 처음으로 실제 레이스 조건에서 테스트하려던 참이었다.

볼프조차도 일정이 빠듯하다는 점은 인정했다. 시즌 개막을 불과 2주 남겨둔 시점에 신차 주행 테스트를 한다는 것은 말할 필요도 없이 큰 위험을 감수하는 일이었다. 더구나 비밀리에 개발된, F1 규정을 거의 자의적이라 할 정도로 재해석한 신차라면 더욱 그랬다. 원래 시즌 개막 직전의 최종 테스트는 극단적인 개조나 과감한 혁신을 선보이는 자리가 아니라 최후의 미세 조정이나 사소한 업그레이드를 하는 기회다.

볼프가 이런 상황을 모를 리 없었다. 그러나 그는 분초를 다투는 이런 상황에서도 자신의 계산된 도박을 확신하고 있었다. 그럴 만한 충분한 이유가 있었다. 그는 과거 독일의 한 트랙에서 포르쉐 911을 시속 288킬로미터로 몰다가 충돌 사고를 겪고도 치명적인 부상 없이 살아난 사람이었다. 그는 또 메르세데스 이사진을 거세게 비판하고도 현재의 직책을 따낸 인물이기도 했다. 요컨대 볼프는 자신을 굳게 믿는 사람이었다.

그는 평소 F1 대회를 체스 게임에 빗대 생각하곤 했다. 시즌 개막 전 테스트는 첫수를 두는 것과 같았다. 겨우내 팀의 모든 자원을 투입하고, 상대의 약점을 분석하며, 공격 계획을 세웠다. 그러나 바레인에 도착하여 가진 패를 공개하고 나면, 해당 시즌의 윤곽은 이미 잡힌 것과 다름없다. 그 후 몇 주, 몇 달 동안은 미세 조정이나 사양 변경 정도는 할 수 있지만, 판을 다시 짜는 것은 아예 불가능하니까.

볼프가 W13 모델을 마지막 순간까지 비밀에 부친 이유도 바로 그 때문이었다. 메르세데스팀이 이 순간에 해야 할 일을 제대로 해낸다면 단지 시즌 초반을 앞서갈 뿐만 아니라 다른 팀들이 그들을 따라잡을 기회를 영영 사라지게 할 수 있다. 혹시 다른 어떤 팀이 비슷한 성능의 자동차를 개발하더라도 그때쯤이면 이미 시즌이 절반쯤 끝나 있을 것이고, 볼프가 이끄는 메르세데스팀은 다른 모든 팀을 까마득히 앞질러 선두를 달리고 있을 것이다. 그것이 볼프가 알고 있는 메르세데스다운 모습이었다.

오전 10시 직전, 볼프가 움직이기 시작했다. 메르세데스 차고 문이 올라가면서 은색 레이스카가 모습을 드러냈다. 이 차의 파격적인 형태에 피트 레인° 전체가 마치 V12 엔진°°이 전속력을 낼 때와 같은 거대한 술렁임으로 뒤덮였다.

메르세데스의 신차는 포뮬러 1 레이스카의 전형적인 외관과

° 차량이 타이어 교체나 수리를 위해 진입하는 구역으로, 메인 트랙과 분리되어 있다

°° 말 그대로 실린더 12개가 V자 형태로 배열된 내연기관. 1990년대 중반까지 F1에서 사용되었으며, 강렬한 배기음으로 상징적인 존재로 남아 있다

전혀 달랐다. 물론 바퀴는 4개였고, 후방에 거대한 날개도 그대로 있기는 했다. 원래 F1 카는 운전석 뒤 양 측면이 불룩하게 솟아오른 눈물방울 모양의 차체가 특징인데, 메르세데스팀은 이곳에 뭔가 과감한 시도를 감행했다. 차체가 불룩하게 휘어지는 이 부분은 사이드팟sidepod이라고 불리는데, 이 안에는 엔진 과열을 방지하는 공랭식 냉각 장치가 들어 있다. 적어도 예전에는 그랬다. 그런데 메르세데스팀의 신차는 공기역학 성능을 획기적으로 향상하고자 사이드팟 자체를 없애버린 것이다.

마치 테니스 황제 로저 페더러가 윔블던 대회에 사각형 라켓을 들고 출전한 셈이었다. 1970년대 후반 이후 F1 카의 기본적인 형태는 거의 변함이 없었다. 그러나 W13 모델은 불룩하게 솟은 사이드팟이 있어야 할 자리가 마치 스텔스 전투기처럼 괴상한 각도로 삐죽 튀어나와 있었다.

메르세데스 레이스카의 신기한 외관은 금세 사람들의 눈에 띄었다. 차고에서 빠져나온 지 불과 몇 초 만에 사진기자들이 레이스카를 둘러쌌고, 패독paddock°을 드나들던 피트 크루pit crew°°들은 충격에 빠진 듯 입을 벌린 채 지켜보았다.

심지어 메르세데스팀의 드라이버들조차 새 모델에 깜짝 놀란 눈치였다. 이번 시즌 팀에 새로 합류한 말끔한 용모의 영국 청년 조지 러셀George Russell은 자신이 운전할 차를 처음 본 순간을 아마

° 레이싱 서킷 내에서 트랙, 피트, 차고 등을 제외한 준비 공간으로, 일반 관람객의 출입이 통제된다
°° 감독, 매니저, 레이스 엔지니어, 메카닉 등을 일컫는 총칭

결코 잊지 못할 것이다.

"세상에, 엄청 빠르게 생겼는데."

그의 팀 동료인 루이스 해밀턴도 무려 15년간 F1 드라이버로 활약하며 온갖 차량을 다 봤지만, 이런 차는 처음이었다. 이 차는 매우 미끈한 유선형이었지만, 동시에 너무나… 낯설었다. 그리고 F1 바닥에서 '남다른' 자동차는 챔피언십 우승을 차지하거나, 그저 탄소 섬유 덩어리에 불과하거나 둘 중 하나라는 사실을 해밀턴은 잘 알았다.

레드불팀의 감독인 크리스천 호너Christian Horner를 불안하게 만든 것은 전자의 가능성이었다. 그는 진작부터 자신의 차고 안에서 벌어지는 일만큼이나 메르세데스가 무슨 일을 하고 있는지에 온 신경을 곤두세우고 있었다. 모터스포츠에서 한 팀의 수장 노릇을 가장 오래 했으면서도 가장 젊은 축에 드는 마흔여덟 살의 호너는 볼프와 마찬가지로 타고난 승부사였지만, 성격은 그와 전혀 달랐다. 그는 세련된 유럽 신사가 아니라 늘 인상을 찌푸리며 큰 소리로 불만을 터뜨리는 영국인이었다. 그래서 볼프는 그를 요란하게 짖어대는 사냥개에 비유하기도 했다.

호너의 가장 큰 걱정은 메르세데스가 또 한 번 압도적으로 빠른 차를 들고 나오는 것이었다. 그렇게 되면 안 그래도 힘겨운 10개월 간의 여정이 더 길게 느껴지는 것은 물론, 그 기간 내내 볼프의 자기 자랑이 멈추지 않을 것임을 알고 있었다. 그래서 호너는 은근한 암시와 교묘한 비유의 달인답게 주변에서 만나는 사람마다 메르세데스의 신차가 혹시 규정 위반은 아닌지 물어보기 시작했다.

그러나 그는 곧 메르세데스가 이미 그 문제도 손봐둔 상태임을 알게 되었다.

□ ■ □ ■ □

메르세데스 설계팀은 바레인에 도착하기 몇 달 전에 F1의 기술 규정이 2014년 이후 최대 규모로 개편되었다는 정보를 입수했다. 모든 세부 사항을 샅샅이 살펴본 엔지니어들은 이번 개편 작업이 메르세데스에 좋은 기회가 될 수 있음을 간파했다. 새 규정은 마치 인체해부학 교과서처럼 꼼꼼하게 설명되어 있었으나, 유독 차량의 외관에 대해서만큼은 모호한 구석이 많았던 것이다.

메르세데스팀의 기술 감독을 맡아 첫 시즌을 맞이하는 마이크 엘리엇**Mike Elliott**은 규정의 이런 허점을 이용해 사이드팟 주변을 좀 더 자유롭게 설계할 수 있겠다고 생각했다. 임페리얼 칼리지에서 공기역학 박사 학위를 받은 후 F1 무대에서 20년 넘게 일해온 그에게, 이 순간은 자신의 실력을 증명할 절호의 기회였다. 엘리엇의 직감이 맞다면 메르세데스팀은 공기 마찰 효율 면에서 다른 팀을 근소한 차이로 앞설 수 있었다. 그는 이렇게 말했다. "우리가 고안한 설계는 다른 팀보다 0.3에서 0.4초 정도 기록을 단축하는 방법이었어요."

F1에서 한 바퀴당 0.3에서 0.4초 차이는 마치 영겁과도 같은 시간이다. 따라서 메르세데스팀은 과연 이런 구상이 유효한지 확

인하고자 F1의 규정 관리 기관인 국제자동차연맹**Federation Interna-
tionale de l'Automobile, FIA** 측과 비밀리에 접촉해 자신들의 설계 개요
를 제출했다. FIA 관계자들은 메르세데스팀이 내놓은 계획을 보
자마자 하나같이 한숨을 내쉬었다. 그들은 이 정도로 극단적인 해
석은 개정 규칙의 취지를 한참 벗어난다고 딱 잘라 말했다. 그러
나 메르세데스의 계획이 규칙을 위반했다고 단정한 것은 아니었
다. 그들이 한 가지 확실하게 대답한 것은 이 모델이 '불법은' 아
니라는 말이었다. 메르세데스는 이 말을 승인을 의미하는 강력한
신호로 받아들였다.

　엘리엇이 설계한 W13 모델은 초기 시뮬레이션을 거친 지 불
과 8주 만에 피트 레인 위에 실물로 등장했고, 이내 시야에서 사
라졌다. 엘리엇은 곧 그의 앞에 죽 늘어선 컴퓨터 모니터를 향해
돌아섰다. F1 카에는 수천 개의 센서가 달려 있어 타이어 공기압
에서 스프링 압축 비율에 이르는 모든 수치를 기록한다. 하지만
그중에서 당장 중요한 수치는 단 하나뿐이었다. 바레인 국제 서킷
을 한 바퀴 도는 데 걸리는 시간은 불과 1분 30초에 지나지 않는
다. 엘리엇은 이제 100초도 지나지 않아 자신의 작품이 과연 얼마
나 빨리 달리는지 알게 될 터였다.

　시간은 어김없이 흘렀다. 60초, 65초, 70초… 엘리엇은 홈 스
트레이트° 끝을 정면으로 응시하며 기다렸다. 80초… W13이 굉
음을 내며 다시 시야에 나타났다. 해밀턴이 오른쪽 코너를 돌아

나오자 메르세데스 레이스카는 은색 잔영을 남기며 피트 레인을 스쳐 지나갔다.

엘리엇의 시선은 화면에 고정되어 있었다. 곧 랩타임이 화면에 떠올랐다. 1분 40초 60.

물론 그는 오늘 레이스 조건이 최적이 아님을 알고 있었다. 기온이 너무 높고 바람도 강했으니까. 대부분의 팀은 아직 차고에 대기한 채 좀 선선해지는 오후가 되기를 기다리고 있었다. 더구나 해밀턴 역시 주행 페달을 한계까지 밟지 않았다. 연료통은 가득 찬 데다 타이어 온도도 최적이 아니었기 때문이었고, 엘리엇도 물론 그 사실을 알았다. 그러나 마이크 엘리엇은 이 모든 상황을 고려하더라도 1분 40초 60이라는 기록은 메르세데스가 정말로 '엿됐다'는 신호라는 것도 알고 있었다.

해밀턴이 2차 주행을 완료했다. 기록은 1분 40초 45, 거의 그대로인 셈이었다.

바레인 시즌 개막 전 테스트는 시작된 지 몇 분밖에 지나지 않았고, 테스트 결과도 공개되지 않으므로 시즌 전체를 계획하는 데는 큰 변수가 아니었다. 그러나 아침 햇살이 내리쬐는 화창한 날씨와 달리, 마이크 엘리엇의 머릿속에는 한 조각 먹구름이 일기 시작했다. 그는 나지막한 목소리로 이렇게 되뇌었다. "우리가 실수한 것 같아. 뭔가 약간 잘못됐어."

잠시 후, 해밀턴의 목소리가 무전기를 통해 들려왔다. 그리고 불길한 예감이 이제 완전한 공포로 바뀌고 있었다.

"이거 뭔가 이상한데." 해밀턴은 피트월에서 대기하던 팀에게 말했다. 사실 약간 이상한 정도가 아니었다. 지금까지 모터스포츠 트랙을 수천 바퀴 돌아본 그였지만, 정교하게 조율된 공학 작품과는 거리가 먼 황소처럼 거친 느낌의 차는 한 번도 몰아본 적이 없었기 때문이다.

메르세데스 차고에서 불과 몇 칸 떨어진 곳에는, 문제의 원인을 정확히 꿰뚫어 보고 있는 한 사람이 있었다. 그의 이름은 에이드리언 뉴이Adrian Newey. 이 엔지니어는 이미 수십 년 전에 똑같은 문제를 목격한 적이 있었고, 해결책도 알고 있었다.

문제는 그가 레드불팀 소속이라는 것이었다.

□ ■ □ ■ □

F1 카를 만드는 데는 수많은 결정이 필요하다. 또 F1 경기가 한 번 치러질 때마다 수억 명의 시선이 집중되는 만큼 루이스 해밀턴 같은 슈퍼스타가 한 해에 벌어들이는 수입은 NBA 리그 최고 선수의 연봉에 버금간다. 그러나 이 모든 내용에 앞서 이 거대한 산업이 단 하나의 질문으로 요약된다는 사실을 알아야 한다.

'어느 팀이 공기역학을 가장 완벽하게 이해하고 있는가?'

물론 우승을 결정하는 중요한 요소는 그 밖에도 여러 가지가 있다. 엔진이나 타이어 마모도, 심지어 전날 밤 드라이버가 몬테카를로의 한 요트에서 슈퍼모델과 파티를 즐겼다면 그것도 중요한 요인으로 작용한다. 하지만 실제로 챔피언십의 성패를 가르는 결정적인 요인, 즉 무려 22억 달러(약 3조 원)의 우승 상금이 걸린 진짜 문제의 해답은 다름 아닌 공기역학이다.

　공기역학은 대당 가격이 1,200만 달러에 달하는 레이스카가 달릴 때 그 주변에서 공기가 어떻게 흐르는지를 연구하는 과학이다. 모터스포츠계에서 가장 유명한 엔지니어이자 30년 내내 유력 우승 후보 팀에서 일해온 에이드리언 뉴이는 공기역학이야말로 모터스포츠의 '경쟁력을 결정짓는 가장 큰 요인'이라고 단언한다. 그가 한평생의 4분의 1을 오로지 풍동 실험°에만 바쳐온 이유도 바로 그 때문이었다.

　영국 웨스트미들랜즈 주에 사는 63세의 뉴이는 그 자신도 머리카락 하나 없이 완벽한 공기역학을 자랑하고, 레이싱에서 가장 큰 장애물이 다른 레이스카가 아님을 일찍부터 알고 있었다. 가장 빠른 차를 만들려면 우선 바람의 저항을 이기는 법을 알아야 했다.

　그가 그런 경지에 이른 것은, 지난 40여 년 동안 자동차 차체를 마치 전투기 동체를 보듯 표면에 난 조그마한 흠집이나 자국, 틈새까지 샅샅이 살핀 덕분이었다. 그는 자동차가 가속할 때 공기가 차체의 어느 지점에서 접촉하고 이탈하며, 그 순간 공기의 흐름은 또 어떻게 변화하는지까지 철저히 조사했다. 이 모든 작업의 목표는 차량의 주행 효율을 향상하고 다운포스**down force**°°를 형성하여 차체를 노면에 단단히 밀착되도록 하는 것이었다(비행기 날개의 설계 원리와 반대라고 생각하면 된다. 비행기 날개는 동체의 이륙을 돕도록

°　최적의 차체 형상을 설계하는 전 단계로, 주행 중인 차체 주위에 형성되는 기류를 인공으로 조성하여 실시하는 공기역학 기초 실험이다
°°　차체를 노면 방향으로 눌러주는 힘

설계되었으며, F1 카의 형상은 차체가 위로 뜨는 것을 최대한 억제하여 노면에서 미끄러지지 않는 것이 핵심이다).

1980년대에 뉴이는 포뮬러 1 레이스카 공기역학 분야에서 선구자로 확고히 자리 잡았다. 그가 이끄는 팀은 이른바 '전산유체역학**CFD**'이라는 신기술 분야에서 그 누구도 넘볼 수 없는 존재감을 과시했다. 그들은 전례 없는 규모의 방대한 데이터를 확보했다. 이제 그들이 만든 기계는 엄청난 속도와 다운포스를 만들어내어, 시속 240킬로미터로 달리는 F1 카는 이론적으로 터널 천장에 붙어 거꾸로 달릴 수도 있었다. 그럼에도 뉴이가 이 모든 업적을 이룩하는 데 가장 많이 사용한 도구는 다름 아닌 HB 연필이었다. 물론 그도 온갖 종류의 첨단 기술을 이용할 수 있었지만, 언제나 모든 일은 제도판 위에 손으로 직접 그린 스케치에서 시작되었다.

그가 윌리엄스**Williams**와 맥라렌**McLaren**, 레드불**Red Bull**을 거치며 그렸던 수많은 스케치는 항상 그 시대에 혁명을 불러왔다. 뉴이는 F1 카 설계에서 상상할 수 있는 거의 모든 것을 설계했고, 대부분은 실제로 테스트해 보기도 했다. 그래서 그는 바레인의 피트 레인을 돌아다니며 상대 팀들의 자동차를 척 보기만 해도 그들의 강점과 문제점을 훤히 꿰뚫어 볼 수 있었다. 물론 다른 팀들은 차고 문을 닫아버리고 싶었겠지만, 그의 눈길을 피할 방법은 없었다. 그는 클립보드를 들고 다니며 다른 차들의 날개와 덮개, 사이드팟 등을 꼼꼼히 들여다봤다. 만약 그 클립보드에 뉴이가 무언가를 기록하고 그것이 누군가의 손에 들어가기라도 한다면, 곧바로 F1 분석의 가장 보물 같은 자료가 될 터였다. 그러나 그는 자신이 이 클립보드를 들고 다니는 진짜 이유를 "다른 사람들을 긴장시키기 위해서"라고 털어놓은 바 있다.

이제 뉴이를 비롯해 패독에 있는 모든 이들은 메르세데스의 2022년형 신차에 대해 한 가지 사실을 알게 되었다. 이른바 '돌고래 현상porpoising'을 겪고 있다는 것이다. 이 용어는 마치 돌고래가 파도 위를 뛰어오르듯이 차체가 위아래로 출렁이는 현상을 말한다.

이런 문제가 처음 등장한 것은 1970년대에서 80년대 사이였다. 당시 엔지니어들은 차량에 두 가지 상충되는 힘이 작용한다는 사실을 알아냈다. 다운포스가 위에서 차체를 내리 누르면 레이스카의 딱딱한 서스펜션이 이 힘의 반대 방향으로 차체를 튀어 올린다. 이 상하 출렁임 현상으로 레이스카는 문자 그대로 엉덩방아를 찧으며pain in the ass 주행 자체가 어려웠다.

훗날 엘리엇은 독일의 한 자동차 잡지와 인터뷰하면서 이렇게 말했다. "우리는 그라운드 이펙트ground effect°를 활용하는 옛날 차량에서 이런 현상이 발생한다는 것을 알고 있었고, 설계 단계에서도 이 문제에 대해 논의했습니다. 물론 문제가 없으리라고 생각하지는 않았지만, 수많은 시뮬레이션을 수행하면서 이 문제가 이렇게까지 심각할 거라는 신호는 보지 못했습니다."

메르세데스가 W13 모델을 설계하는 데 사용한 시뮬레이션 장

°   지면 효과. 차량을 지면에 더 강력하게 밀착시키기 위해 차량 하부의 공기 흐름을 이용하는 기술

치는 NASA도 깜짝 놀랄 정도의 연산 능력을 갖춘 것이었다. 문제는 엔지니어들이 시뮬레이터로 분명히 확인한 차량의 엄청난 성능이 과연 현실에서도 그대로 구현될 수 있는가 하는 점이었다.

메르세데스팀이 미처 예상하지 못한 것은 시뮬레이션으로는 돌고래 현상을 똑같이 재현할 수 없다는 점이었다. 풍동 실험에서 레이스카 축소 모형으로 시험할 때, 실제 주행 상황을 재현하려면 지면과 차체를 바짝 밀착시켜야 하지만, 그러다 보면 주행 시뮬레이션 벨트가 찢길 수 있어 시험 강도에 한계가 있다. 게다가 차량의 최대 성능에 근접하는 초미세 구간에서는 공기 흐름을 모사하는 수학 방정식이 매우 불안정해진다. 결국 어느 지점에 이르면 시뮬레이션 작업은 시행착오의 영역으로 넘어갈 수밖에 없다.

이 분야에서 뉴이만큼 수많은 시도와 실패를 맛본 사람은 없었다.

이제 바레인에서 메르세데스팀의 신차가 마구 튀어 오르는 모습을 지켜본 그는, 한 가지 사실만은 확신하고 있었다. 단 한 번의 레이스도 치르기 전에, 벌써 레드불팀의 시즌 첫 우승이 눈앞에 보인다는 것이었다.

■ ■ □ ■ □

메르세데스팀은 엄청난 충격으로 다들 넋이 나갈 지경이었다.

그들은 할 수 있는 모든 것을 했다. 타이어 공기압과 연료분사 강도 등을 이리저리 바꿔보기도 했지만, 조금도 나아지지 않았다.

마이크 엘리엇은 머리를 싸매고 같은 질문을 몇 번이나 되뇌었다. "도대체 우리가 뭘 놓친 거지?"

그들은 이번에 도입한 업그레이드가 랩당 최대 1.5초 정도를 단축해 줄 것으로 예상했었다. 그러나 해밀턴과 러셀의 레이스카가 뜨거운 햇볕에 달궈진 트랙 위를 수도 없이 도는 동안 그런 기대는 터무니없는 것이었음이 드러났다. 오히려 느림보가 되어버린 이 신차를 향해 한 방송사는 "햇볕에 녹아버린 초콜릿 바" 같다고 묘사했다.

토토 볼프는 엘리엇 옆에 앉은 채 랩타임이 표시된 화면을 무표정하게 바라보고 있었다. 볼프는 원래부터 숫자가 가득한 화면을 바라보는 것에 익숙했다. 그는 모터스포츠계에 발을 들여놓기 훨씬 전인 1990년대 후반까지 테크 투자자로 성공 가도를 달리던 사람이었다. 그는 스타트업의 주가가 폭등하던 시대에 시장의 흐름을 꿰뚫어 보고 닷컴 버블 붕괴 직전에 자산을 모두 현금화하여 큰 수익을 올렸다.

그는 지금 눈앞에 펼쳐진 데이터가 무엇을 의미하는지 누구보다도 잘 알았다. 메르세데스는 레드불보다 랩당 0.5초 이상 뒤처져 있었다. 즉, 레이스가 끝나면 그 차이가 30분으로 벌어진다는 뜻이다.

볼프는 이렇게 말했다. "그제야 사태가 심각하다는 것을 알았습니다. 스톱워치는 거짓말을 하지 않거든요."

메르세데스의 기록이 너무나 저조한 나머지, 해밀턴의 최대 경쟁자이자 이제 곧 새로운 챔피언이 될 레드불의 막스 베르스타펜Max

Verstappen은 상대 팀이 교란 작전을 펼치고 있다고 의심할 정도였다. 그러나 속임수는 없었다. 메르세데스는 일부러 느린 척하는 것이 아니라 실제로 느렸다. 그리고 이 사실은 루이스 해밀턴이 커리어 사상 처음으로 단 한 번의 승리도 거두지 못한 채 시즌을 마치게 되면서, 뼈아프게 증명됐다.

메르세데스는 이후 몇 주, 아니 몇 달에 걸쳐 설계와 시뮬레이션 단계에서 무엇을 잘못했는지 철저하게 조사한 끝에 원인 하나를 찾아냈다. 물론 이미 손을 쓰기엔 너무 늦은 때였다. 원인을 알아냈다고 해서 그간의 막대한 손해를 단기간에 만회할 방법은 없었다. W13에서 시작해 2023년형 모델에까지 영향을 미친 이 실수는 거의 두 시즌이 지난 후에야 바로잡을 수 있었다. 이미 7억 달러에 달하는 손실이 발생한 후였다. 프로 스포츠 역사상 가장 비싼 실수라고 해도 과언이 아니다.

그야말로 해변 백사장에 숨은 모래 한 알 같은 아주 사소한 실수에서 이토록 어마어마한 사태가 비롯되었다는 사실은 포뮬러 1이 다른 스포츠와 얼마나 다른지를 잘 보여준다. F1은 그랑프리가 열리는 트랙 위가 아니라 시즌 시작 몇 달 전, 아무도 보지 않는 영국 시골 어딘가에서 진행되는 풍동 시뮬레이션 단계에서 이미 결판이 나는 스포츠다.

상식적으로, 이런 구조는 도무지 매력적인 구경거리가 될 수 없을 것처럼 보인다. 하지만 오늘날 포뮬러 1은 세계적인 스포츠로 발돋움하여 21세기 스포츠계의 가장 큰 성공 사례가 되었다.

이 세계의 규칙은 끊임없이 바뀌어 항공우주공학 박사조차 최신 규정을 모두 파악할 수 없을 정도다. 축구는 따로 설명하지 않아도 누구나 알 정도로 규칙이 간단해서 세계에서 가장 인기 있는 스포츠가 되었다면, F1은 그 반대다. F1 규칙은 너무 복잡해서 마치 대학원 수준의 물리학 지식은 갖춰야 이해될 것처럼 보인다. 사실 대회 참가자라고 해서 모든 규정을 속속들이 아는 것은 아니다. 루이스 해밀턴은 고속 코너에서 언더스티어understeer나 오버스티어oversteer°가 날 때 차가 어떻게 느껴지는지는 설명할 수 있어도, 연료 분사 장치의 자세한 원리까지 설명하지는 못한다. 그리고 그 누구도 그에게 그런 설명을 기대하지 않는다. 피렐리Pirelli 타이어 공장에서 고무 배합을 설계하는 화학 기술자는 기어박스에 대해는 거의 알지 못하고, 어느 팀의 공기역학 전문가도 차량 전자 시스템까지 훤히 꿰는 경우는 극히 드물다. 따라서 우승은 고사하고 F1 카 한 대로 그랑프리를 끝까지 치르는 데만도 각 팀의 본부를 빼곡히 채울 수많은 사람이 필요하다. 그 광경은 마치 아폴로 우주선 관제소처럼 보일 정도다. 팀당 서킷 참가 인원만 약 200명에 달하고 그 외에 공장에서 일하는 사람도 거의 1,000명에 이른다. 11명의 선수가 골을 넣기 위해 뛰어다니는 스포츠와는 비교도 할 수 없다.

하지만 F1의 이런 복잡한 특성은 짐이 되기는커녕 오히려 가장 큰 매력이 되었다. 이런 모습이 바로 F1에서 살아남기 위해 요

°   언더스티어는 핸들을 꺾은 각도에 비해서 차체가 덜 돌아가는 현상이며, 오버스티어는 그 반대로 차가 의도보다 더 많이 돌아가는 현상이다

구되는, 끊임없고 냉혹한 '외줄 타기' 같은 긴장감을 그대로 보여 주기 때문이다. 이 스포츠에서 성공은 끊임없는 재창조 위에 세워 진다. 끊임없이 변화하는 규칙과 진화하는 기술로 천문학적 보상을 꿈꾼다면, 그저 경쟁자보다 조금 나은 수준으로는 아무것도 이룰 수 없다. F1 대회에서 우승하려면 기술적 '문샷moonshot'을 성공 시켜야 하고, 그것을 반복하는 것 외에는 방법이 없다. 실리콘밸리가 "빠르게 움직여서 모든 것을 파괴하라Move Fast and Break Things"°고 외치기 훨씬 전부터 포뮬러 1은 매년 더 빠르게 달리며 모든 것을 재창조하고 있었다.

어떤 재창조는 10억 달러 규모의 엄청난 성공을 거두기도 했고, F1이라는 스포츠를 거의 죽일 뻔한 적도 있었으며, 어떤 해에는 정말 형편없는 메르세데스 자동차를 만들어내기도 했다. 그럼에도 지금까지 변함없는 사실은 F1 무대에서는 '그 무엇도 영원하지 않다'는 것이다.

이 책의 의도는 도로 위에서 벌어진 가장 위대한 순간을 그대로 옮기거나 역대 챔피언과 그 차량들을 낱낱이 파헤치려는 것이 아니다. 이 책은 포뮬러 1이라는 스포츠가 탄생한 이래 지금까지 파괴와 재창조를 통해 어떻게 끊임없이 거듭나 왔는지에 대한 이야기다. 이런 재창조 정신은 F1이 탄탄한 수익을 보장하고 텔레비전 방송에 적합하다고 여겨지기 훨씬 전이었던 초창기부터 이미 존재했고, 결국 이 스포츠를 세계적인 성공으로 이끄는 원동력

°   페이스북의 슬로건

이 되기도 했다. 물론 그 과정에서 포뮬러 1을 벼랑 끝으로 내몬 것도 바로 재창조 정신이었다. 그것은 규칙을 꺾다 못해 거의 부러질 지경에 빠뜨리는 것이 유일한 비즈니스 모델인 이 스포츠가 치러야 할 대가였다.

따라서 20세기에 제국을 건설했던 F1이 21세기 초에 거의 사장될 위기에 처했다가 배기가스 규제와 전기차, 온디맨드 스트리밍의 시대를 맞아 스스로 재창조해 낸 과정은 기업 역사상 가장 주목할 부활 사례 중 하나다. 테니스에서 골프, 투르 드 프랑스 등을 비롯한 다른 프로 스포츠들도 앞다투어 이를 벤치마킹하려 애쓰고 있다. F1이 오늘날의 위상을 누리게 된 과정은 넷플릭스 경영진이 우리에게 심어준 인상보다는 더 복잡하지만, 그들이 실제로 겪어온 우여곡절의 역사보다는 훨씬 단순하다.

케케묵은 과거의 영광도 혁신과 적응을 이뤄낼 수 있음을 F1이 보여준 것은 그리 놀랄 일이 아니다. 오늘날 F1이 이룩한 성공은 결코 이례적인 사건이 아니라, 진화와 실험에 가장 큰 보상을 안겨준다는 이 스포츠의 강력한 철학을 흔들림 없이 지켜온 결과일 뿐이다. 결국 사람이든 집단이든, 위험을 감수하는 태도를 타고난 자들은 벽에 부딪히기 직전까지도 그 탁월함을 잃지 않는 법이다. 요컨대 F1 무대의 성패는 규칙을 잘 이해하고 허점을 찾아내어 엑셀을 끝까지 밟은 채 그 사이를 통과하는 데 있다.

2장 ——————————— 허점

누구나 '포뮬러'라는 말을 처음 들으면 오픈 휠 자동차 경주보다는 수학 방정식이나 화학 공식을 떠올리는 것이 보통이다. 그러나 1950년에 이 대회가 설립된 이래 이 명칭이 단 한 번도 바뀐 적 없는 이유는, 이 단어가 그랑프리 경주에 참여하는 모든 자동차와 드라이버가 따라야 하는 빽빽한 규정과 사양의 집합체를 가리키기 때문이다.

다시 말해 포뮬러 1은 규정집의 제목이 그대로 종목명이 된 스포츠다.

이것이 이상한 이유는 포뮬러 1이야말로 그 어떤 스포츠보다 모든 규정을 뜯어고치는 데 더 많은 시간을 할애하는 종목이기 때문이다. 축구 경기의 규칙은 빅토리아 여왕 시대에 술집 한구석에서 만들어진 이래 지금까지 거의 달라진 게 없다. 골프도 1744년에 바람 많이 부는 스코틀랜드 사람들이 일련의 규칙을 마련한 이후 지금까지 거의 원래 모습 그대로다. 야구의 경우, 세부 사항이 끊임없이 바뀐다고는 하지만 베이브 루스가 신인이던 시절이나 지금이나 큰 틀에는 별 차이가 없다.

큰 변화를 겪는 종목도 그 주기는 고작 한 세기에 한 번 정도다. 미식축구에 포워드 패스가 도입되고, NBA에 3점 슛 라인을 만들었을 때처럼 말이다. 이런 규칙 개정은 해당 스포츠 판 전체를 뒤흔들었다. 예상을 훨씬 뛰어넘는 경기 방식의 변화를 초래했고, 그 영향은 이후 수십 년 동안이나 계속되었다.

그런데 포뮬러 1에서는 그런 일이 몇 년에 한 번씩 일어난다.

그 이유는 F1이 우승을 다투는 경쟁인 동시에, 기술적 과제를 해결하는 무대이기 때문이다. F1은 끊임없는 기술 개발을 통해 최첨단 자동차 기술의 선두 자리를 유지하는 한편, 경기력이 정체되지 않도록 끊임없이 업데이트한다. 변화와 진화야말로 이 스포츠의 전부다.

다른 팀의 기발한 아이디어 하나로, 한 시즌 내내 쌓아 올린 모든 기술적 성과가 한순간에 무용지물이 되기도 한다. 즉, 이 분야에서는 비상한 두뇌의 엔지니어와 야망에 찬 설계 전문가들의 존재가 몇몇 뛰어난 드라이버만큼 중요하다. 물론 샴페인을 터뜨리고 멧 갈라**Met Gala**°에 초대받는 사람은 드라이버들이지만, 판도를 바꾸는 진짜 숨은 주역은 규정집을 샅샅이 살펴 허점을 찾아내는

° 　매년 뉴욕 메트로폴리탄 미술관에서 개최되는 세계 최고 권위의 패션 행사

일에만 평생을 바치는 괴짜들이다. 트랙 위에서의 속도는 무엇보다 혁신의 속도에서 나온다.

이 스포츠의 역사는 등장하자마자 몇 번의 레이스를 휩쓸고 결국에는 금지당한 비밀 무기들로 가득하다. 이런 장치들은 흔히 제도 용구와 식기세척기 부품 사이의 어디엔가에 해당하는 듯한 괴상한 이름이 붙어 있다. 예컨대 평행사변형 스커트나 액티브 서스펜션, 더블 디퓨저 같은 것들이다. 참고로 이 모두는 실존했던 기술들이며, 다른 이들이 그 존재를 미처 알아차리기 전에 먼저 개발해 낸 팀에 우승을 안겨주었다. 동시에, 이런 기술들은 하나같이 F1 규정을 대담하게 재해석한 노력의 산물이기도 했다.

다만, 규정의 허점을 파고든 기술에는 한 가지 문제가 있다. 결코 오래 지속되지 않는다는 것이다. 다른 팀은 그 요령을 알아채면 한 치의 망설임 없이 모방하고 만다. 남아프리카공화국 출신의 전설적인 엔지니어 고든 머레이**Gordon Murray**는 경쟁 팀이 향상된 성능의 설계를 선보였을 때 조금도 주저함 없이 대응했다. 당시 그는 이렇게 말했다. "그들을 원망하는 사람도 있지만, 저는 그럴 시간이 없습니다. 한시라도 빨리 그들을 따라 할 뿐이죠."

현실이 이렇다 보니 F1 설계팀은 두 부류로 뚜렷이 나뉜다. 규정의 허점을 찾아내 마치 비장의 무기처럼 보이는 뭔가를 만들어 내는 팀과 평생 그런 팀의 뒤꽁무니만 쫓아다니느라 허덕이는 팀.

양쪽 어디에도 속하고 싶지 않은 팀이 선택할 수 있는 유일한 대안은 규정 관리 기관인 FIA에 호소하는 것뿐이다. 그러나 관리 기관이 허점을 메우기까지는 시간과 비용이 너무 많이 드는 데다,

대체로 잘 인정되지 않는다. 물론, 이의를 제기한 팀이 페라리라면 이야기가 다르다. 페라리팀은 그동안 자신들이 갖지 못한 혁신 기술을 누군가 선보일 때마다 '바스타Basta!'°를 너무 자주 외친 탓에, 한때 영국 엔지니어들 사이에 FIA가 '페라리 국제 지원팀Ferrari International Assistance'의 약자라는 농담이 나돌 정도였다.

에이드리언 뉴이를 비롯한 모든 디자이너가 신차 제작에 착수하기 전 가장 먼저 하는 일이 며칠, 몇 주 동안 규정집을 꼼꼼히 살펴보는 것인 이유도 바로 여기에 있다. 그는 규정의 한계를 충분히 숙지한 후, 그 범위 내에서 무엇이 가능한지를 고민한다. 그가 관심을 기울이는 곳은 자동차의 형상과 관련해 규정이 모호하거나 아예 주최 측이 사양을 특정하지 않은 영역이다. 뉴이는 이렇게 말한다. "샤워 도중이나 출근길에 아이디어가 떠오를 때가 많습니다. '아, 규정의 이런 허점을 이용하면 되겠는데' 하는 식으로 말입니다."

그런 우위를 발견한 다음에는 최소한 두 종류의 차를 설계해야 한다. 시즌 당 치러야 할 경주 횟수가 최소 20번에 달하기 때문이다. 모든 팀은 참가하는 대회마다 두 명의 드라이버를 출전시켜 결승 순위에 따라 점수를 쌓는다. 그렇게 쌓인 점수는 드라이버의 개인 총점으로 합산되어 '드라이버 월드 챔피언'을 가려낸다. 한편, 합산 총점은 '컨스트럭터 월드 챔피언' 순위와 그에 따른 상금에도 고스란히 반영된다. 오늘날 컨스트럭터 챔피언에게 돌아가는

° 이탈리아어로 '이제 그만!', '이의 있습니다!' 정도의 뜻

상금은 대략 1억 3,000만 달러(약 1,900억 원)가 넘는 엄청난 금액이다. 그러므로 허점을 찾아내는 일은 그저 조금 더 빠른 자동차를 만드는 것 정도가 아니라, 엄청난 부를 거머쥘 기회를 주기도 한다. 한계를 뛰어넘지 못하면 기회를 잡을 수 없다. 이 진리는 1950년 노스햄프턴셔의 한 서킷에서 26대의 차가 줄지어 섰던 제1회 포뮬러 1 그랑프리 때나 지금이나 변함없다.

윌리엄스팀의 공동 창립자 패트릭 헤드**Patrick Head**는 이렇게 말한다. "우리가 줄곧 찾는 건 사실상 불공평한 우위입니다. 불공평한 우위를 찾아내면 그저 몇 주 정도가 아니라 1년의 격차를 만들어주니까요."

□ ■ □ ■ □

이 사실을 누구보다 잘 알고 있던 이는 자동차보다 먼저 비행기와 사랑에 빠졌던 멋진 콧수염의 전직 영국 공군 조종사 콜린 채프먼**Colin Chapman**이었다. 그는 F1 무대에서 20년이 넘도록 활약하는 동안 역사상 그 누구보다 F1 카 설계에 큰 영향을 미쳤다. 이전까지 기술자들의 값비싼 취미 활동에 지나지 않던 포뮬러 1 무대를 최첨단 과학의 각축장으로 격상시킨 인물이 바로 그였다.

이 모든 것은 그의 유일한 인생 목표, 자신에게 주어진 엔진이 무엇이든 그 성능을 최대한 끌어내겠다는 집념에서 비롯되었다. 채프먼은 F1 무대에서 우승하려면 단순히 엔진의 마력만으로는 안 된다는 사실을 동시대의 그 누구보다 먼저 깨달았다. 차체를 극도로 경량화하면서도 트랙 바닥에 착 달라붙게 해야 하는 이 난제를 해결하지 못하는 한, 엔진 배기량이 아무리 커도 소용이 없는 일이었다.

그의 좌우명은 간단했다. "직선 주로에서 빨라지려면 출력이 중요하다. 그러나 모든 구간에서 빨라지려면 중량을 줄이는 수밖에 없다."

채프먼의 연구실은 로터스Lotus 레이싱 팀이었다. 1952년에 여자 친구로부터 빌린 25파운드로 런던 북부의 혼지Hornsey라는 지역에서 차린 팀이었다. 그의 아버지가 기차역 근처에서 술집을 운영하던 이 동네는 제2차 세계대전 당시 독일 공군의 혹독한 공습으로 큰 피해를 입은 곳으로, 어느 모로 보나 공학 이단아를 배출할 만한 장소는 아니었다. 채프먼이 자신의 첫 차고로 삼을 만한 공간은 부친이 운영하던 술집 뒤편, 빈 맥주통과 상자를 쌓아두던 마구간뿐이었다. 그러나 결과적으로 보면, 영국 전역에 흩어져 있던 이런 삭막한 지역들 곳곳에서, 이 나라를 세계 최고 수준의 모터스포츠 요람으로 바꿔놓을 독특한 조건들이 조성되고 있었고, 그 배경에는 독일과 맞서 싸우며 보낸 6년의 시간이 크게 작용하고 있었다.

전쟁이 남긴 상처가 아무는 동안 영국인은 극심한 궁핍에 시달렸고, 국가 경제는 배급 제도에 의존하고 있었다. 대신, 영국에 넘쳐나는 것이 있었으니, 바로 수십 개의 버려진 공군 비행장과 엔진에 정통한 참전 용사들이었다. 1952년, 영국의 상설 서킷이었던 굿우드Goodwood, 브랜드 해치Brands Hatch, 실버스톤Silverstone 중

두 곳이 전시에 비행장이었다는 사실은 결코 우연이 아니다. 게다가 전후 새로 집권한 영국 보수당 정부가 이보다 2년 전에 휘발유 배급제를 폐지한 것도 큰 도움이 되었다.

그 덕분에 영국의 아마추어 레이서들이 달릴 장소가 생긴 것은 물론, 탱크에 채울 연료도 충분했다. 그리고 이러한 변화는 기차역 뒤 술집 뒤쪽 마구간에 있던 채프먼에게 그야말로 더할 나위 없는 기회였다.

그가 시작한 로터스 양산 스포츠카 사업은 금세 인기를 얻었고, 실제로 그가 만든 차들이 우승하면서 우수한 성능을 입증하기도 했다. 채프먼은 영국 공군의 모스키토 전투기를 제작한 드 해빌랜드de Havilland사의 인력들을 영입하며 공학팀을 키워나갔다. 사실 레이스카 설계는 본질적으로 항공기 설계와 크게 다르지 않았다. 레이스카란 결국 항공기 날개를 거꾸로 뒤집어놓은 형태라고 해도 과언이 아니다. 중요한 것은 공기의 흐름과 차체 중량이기 때문이다. 아직 풍동 실험이 일반화되기 전이던 당시, 로터스 팀은 자신들이 설계한 차체가 항력drag을 얼마나 줄일 수 있는지 측정하기 위해 기상천외한 방안들을 고안해야 했다. 한번은 차체 표면에 온통 핀을 꽂은 후 고속에서 얼마나 휘어지는지를 측정했다. 어떤 엔지니어는 그 핀들을 실시간으로 자세히 관찰하기 위해 차 보닛 위에 자기 몸을 묶은 채 한 바퀴를 도는 선택을 했다. 자신이 도로 위의 잔해가 되지 않기를 기도하면서 말이다.

채프먼 팀은 차의 속도를 조금이라도 끌어올릴 수 있다면 무엇이든 시도했고, 곧 모든 사람이 그들의 노력을 알게 되었다. 한 경쟁 팀은 그들을 '혼지의 미친 무리'라고 불렀는데, 자존심 세고 쉽게 상처받는 채프먼으로서는 달가울 리 없는 말이었다. 가뜩이나 작은 체구에 강한 열등감을 품은 그는 로터스에서의 인생 대부분을 남들의 생각이 틀렸다는 걸 증명하는 데 바쳤다. 1958년 당시에 이를 증명할 수 있는 가장 좋은 방법은 포뮬러 1 대회에 출전하는 것이었다. 물론 아직 로터스가 그 정도로 성장했는지는 그 자신도 확신할 수 없었지만 말이다. 당시 영국 출신의 우수한 드라이버들은 존 쿠퍼John Cooper라는 또 한 명의 영국인이 독차지하다시피 했는데, 채프먼은 이런 상황을 그저 두고 볼 수만은 없었다. 채프먼은 쿠퍼를 '그 빌어먹을 대장장이'라고 부르곤 했다.

F1 무대에 진출하기 위해서는 크나큰 성장통을 겪어야 했다. 그러나 1960년대에 접어들면서 채프먼과 그의 팀은 경쟁력을 갖추기 위해 무엇이 필요한지 어느 정도 깨닫게 되었다. 그중 하나가 로터스팀이 도입한 '미드엔진mid-engine' 설계였다. 이는 기존에 운전석 전면에 있던 엔진을 뒤쪽으로 옮기는 방식이었다. 지금 보면 별일 아닐 수도 있지만, 이런 구조가 얼마나 혁신적이었는지는 당시까지 존재했던 모든 육상 운송 수단을 생각해 보면 비로소 이해된다. 마차의 말이든 기관차의 엔진이든 모두 차체를 끄는 역할을 했지, 뒤에서 밀었던 적은 한 번도 없었으니 말이다.

이것은 시작에 불과했다. 채프먼은 마침 레이스카의 디자인이 전형적인 틀에서 벗어나던 시기를 맞아 상상력을 마음껏 발휘했다. 아이디어가 얼마나 빨리 쏟아져 나왔는지 신차 개발에 착수할 때쯤이면 채프먼은 이미 다음 신차를 구상하고 있을 정도였다. 때로는 각성제의 힘을 빌릴 정도였던 그의 광적인 에너지는 그를 상사로 둔 이들에게는 너무 버거운 일이었다. 그의 책상에는 이런 문구가 새겨져 있었다. "당신은 내가 한 말의 의도를 제대로 이해했다고 생각하겠지만, 과연 당신이 알아들은 게 정말 내 본뜻인지 확신할 수 있는가?"

과정이 아무리 혼란스러웠다 해도, 채프먼은 1960년대 내내 명작을 잇달아 선보였고, 또 그 모든 작품 하나하나가 판을 뒤엎을 만한 혁신이었다. 다른 모든 자동차가 강철관으로 만든 골격 위에 구조를 얹는 프레임 방식을 고집할 때, 채프먼은 이른바 모노코크monocoque 구조의 시초가 되는 로터스 25를 개발했다. 프랑스어로 '단일 선체(일체형 구조)'라는 뜻의 모노코크는 그의 다른 모든 발명품과 마찬가지로 항공기 설계에서 영감을 얻은 것으로, 자동차의 중앙 프레임에 해당하는 섀시 전체가 단 하나의 성형 알루미늄 구조물로 이루어진 것이었다. 차체의 중량을 줄이려는 채프먼의 평생에 걸친 집착 속에서, 이 구조는 말하자면 차에게 3주간의 극단적인 채식 다이어트 요법을 시킨 결과물이었던 셈이다.

한편 채프먼은 그 누구보다 먼저 자동차에 더하고 싶었던 한 가지가 있었다. 그것은 레이싱 참가 자금을 마련하기 위해 평생을 애써온 그의 고군분투에서 비롯된 것이었다. 바로 스폰서를 전면에 내건 도색이었다.

F1 창설 이후 거의 20년 동안 대회에 참가하는 자동차의 색상은 그저 국적에 따른 것이었다. 당시 사진과 중계 방송이 아직 흑백이었음에도 불구하고, 출전하는 모든 자동차는 자국의 상징 색

을 사용하는 것이 관행이었다. 프랑스는 파란색**Bleu de France**, 독일은 은색이나 흰색, 미국은 파란색과 흰색, 영국은 훗날 '레이싱 그린'이라 불리는 초록색을 사용하는 식이었다. 이탈리아 팀이 즐겨 사용한 빨간색은 이후 오랫동안 이 나라의 스포츠카의 미학과 영화 포스터, 나아가 자동차와 관련된 환상을 형성하는 데 큰 역할을 담당했다.

이런 관행은 1968년에 막을 내렸다. F1 당국이 차체에 후원사 로고 인쇄를 최초로 허용했기 때문이었다. 로터스는 즉각 영국 팀의 상징처럼 여겨졌던 녹색을 내다 버리고, 영국 국영 담배회사 제품 골드 리프 토바코**Gold Leaf Tobacco**의 상징색인 붉은색과 흰색 리버리**livery**°를 선택했다. 이 계약은 로터스팀의 든든한 재원이 되었던 것은 물론, 이후 40여 년간 F1과 담배 산업이 돈독한 협력 관계를 이어가는 계기가 되었다. 그 결과, 존 플레이어, 말보로, 로스만스, 카멜 등의 담배회사 이름은 슬릭 타이어와 방염 레이싱 슈트만큼이나 F1 스포츠를 상징하는 이미지가 되었다.

그럼에도 채프먼은 로터스 카의 새로운 외관이 사람들에게 어떻게 비칠지 걱정한 나머지, 비교적 시선이 집중되지 않는 먼 호주 태즈메이니아에서 대회가 열렸을 때 새 도색을 처음 공개했다. F1 블로거들이 사이드팟의 크기를 두고 깜짝 놀라는 지금으로부터 수십 년 전이었던 당시, 채프먼은 레이스카의 새로운 도색 작

° 도색 디자인으로서, 모터스포츠에서는 차량의 색상을 넘어, 스폰서의 로고, 특정 패턴 등 차량의 외장 디자인 전체를 일컫는다

업을 유럽에서 수만 킬로미터 떨어진 곳에서 공개하면서 적어도 시간을 좀 더 벌 수 있으리라고 생각했다.

이 새로운 수입원 덕분에 채프먼은 차고의 불을 조금 더 오랫동안 켜둘 수 있게 되었다. 그곳에서 채프먼은 'F1 바닥의 미치광이 과학자'라는 명성에 걸맞게 작업에 몰두할 수 있었다. 물론 미친 과학자들이 모두 그렇듯이 그 역시 자신은 미친 게 아니라, 단지 끊임없이 두꺼워지는 F1의 규정집 탓에 남들로부터 오해를 살 뿐이라고 주장했다. 그의 생각에 규정은 봉투 한쪽에 쓸 수 있을 정도로 간단해야 했다. 그는 이렇게 말했다. "엔진의 최대 용량과 연료 종류, 그리고 전장, 차폭, 전고(차체 높이) 등 차체 규격만 정해주면 됩니다. 그러면 우리는 원하는 자동차를 만드는 데 집중할 수 있죠."

그렇다고 규정이 그의 개발 속도를 늦추지는 못했다. 채프먼이 기술 우위를 점하고자 하는 열정이 워낙 대단했던지라, 그 팀의 드라이버들은 그가 콕핏cockpit°에 가장 신경을 쓰지 않는 것은 아닌가 하고 의심할 정도였다. 당시 포뮬러 1에서는 사고가 너무 잦아 대회가 시작된 후 15년 동안 사망한 드라이버만 20명에 달했고, 그중 3명이 채프먼의 로터스팀 소속이었다.

1969년 스페인 그랑프리에서 로터스팀은 이 암울한 기록에 두 명을 더 보탤 뻔했다. 문제의 장비는 높은 리어 윙rear wing이었다. 양쪽 서스펜션마다 각각 하나씩 세운 금속 기둥 위에 차양이 올라

앉은 듯한 흉물스러운 장치였다. 이 윙은 엄청난 다운포스를 만들어냈지만, 동시에 그것을 지탱하는 양쪽 지지대에는 엄청난 압력이 가해졌다.

로터스팀의 에이스 드라이버인 그레이엄 힐Graham Hill은 경기 아홉 번째 바퀴에서 위기를 맞이했다. 차체가 주로를 들이받아 지지대 하나가 부러지면서 금속제 장벽과 곧장 부딪치는 상황이었다. 이후 20번째 바퀴에서는 그의 팀 동료인 요헨 린트Jochen Rindt에게도 똑같은 일이 벌어졌다. 윙이 부러지면서 다운포스가 아예 사라지는 바람에, 차체가 금속 장벽을 향해 거의 날아오르듯 빠르게 돌진했다. 온몸에 멍이 든 채 스위스로 돌아온 린트는 크게 격분하지 않을 수 없었다.

그는 채프먼에게 화난 어조로 편지를 썼다. "나는 5년 동안 F1에 참여해 왔고, 내가 저지른 실수는 딱 한 번뿐이었습니다. 그 외엔 사고 없이 잘 지내왔죠. 하지만 로터스팀에 합류한 이후 상황이 급변했습니다. 솔직히 당신의 차는 이미 너무 빨라서 취약한 부분을 보강하기 위해 무게를 몇 파운드 늘리더라도 충분히 경쟁력이 있을 겁니다. 또 한 가지, 당신의 직원들이 도대체 뭘 하고 있는지 확인하는 데 시간을 좀 쓰시길 바랍니다."

그는 이렇게 덧붙였다. "부디 제 제안을 진지하게 고려해 주십시오. 나는 내가 모는 차를 신뢰할 수 있어야만 합니다. 그런데 지금은 그 신뢰가 무너지는 지점이 아주 가까이 온 것 같군요."

그로부터 16개월 후, 린트는 사망했다. 이탈리아 몬차Monza에서 열린 그랑프리에 출전한 로터스 72는 브레이크 샤프트break shaft°가 고장 나면서 엉성하게 설치된 충돌 장벽을 향해 돌진했고, 그 충격으로 린트는 자신이 매고 있던 안전벨트에 목이 베이고 말았다(나중에 따져보니 그 사고만 아니었다면 린트는 월드 챔피언 타이틀을 거머쥘 만큼 충분한 점수를 따놓은 상태였다). 이탈리아 사법 당국은 법에 따라 차량 책임자인 채프먼을 과실치사 혐의로 기소했다. 그는 6년이 지난 후에야 무죄 판결을 받았다.

채프먼의 라이벌이었던 영국인 켄 티렐**Ken Tyrrell**은 그를 향해 이렇게 말했다. "그는 자기 팀 선수들을 위한 묘지를 따로 운영해야 했을 정도예요."

□ ■ □ ■ □

그러나 이런 비극도 채프먼을 멈춰 세우지 못했다. 그가 개발한 초고속 레이스카를 기꺼이 몰고자 하는 드라이버들의 열망도 잠재우지 못했다. 실제로 검은머리의 이탈리아계 미국인 마리오 안드레티**Mario Andretti**가 마침내 F1 선수로 정식 계약을 맺을 무렵, 그는 이미 채프먼을 10년 넘게 기다려온 상태였다.

두 사람은 1960년대 후반에 몇몇 대회에서 이미 인연을 맺은 적이 있었다. 당시 안드레티는 북미 대회를 휩쓸며 F1보다 훨씬 많은 돈을 벌어들인 젊은 드라이버였다. 1970년대 중반에 이르러

° (브레이크 디스크가 휠이 아닌 구동 액슬에 있는) 인보드 브레이크 시스템에서 브레이크의 힘을 바퀴로 전달하는 회전축

안드레티는 파넬리Parnelli팀과 함께 본격적인 도전에 나섰다. 문제는 그 파넬리팀이 빠르게 파산 수순을 밟고 있다는 점이었다.

1976년 어느 날, 안드레티와 채프먼은 캘리포니아 롱비치의 한 호텔 식당에서 각각 따로 아침 식사를 하는 중이었다. 둘 다 오렌지 주스를 마실 기분이 영 아니었다. 파넬리는 안드레티에게 사전 통보도 없이 F1 철수를 발표했고, 로터스는 1974년 이후 그랑프리 우승컵을 한 번도 들어 올리지 못하는 지독한 슬럼프를 겪던 참이었다. 두 사람은 동병상련의 심정으로 자연스럽게 가까워졌다.

채프먼은 그에게 이렇게 말했다. "마리오, 내가 자네에게 줄 딱 맞는 차가 있다면 좋을 텐데."

안드레티 역시 그렇게 되기를 바랐다. 그는 상대방이 어떤 사람인지도 잘 알고 있었다. 채프먼은 오래 낙담해 있을 인물이 아니었다. 안드레티는 시즌 잔여 경기 동안 채프먼과 계약을 맺고 일본 그랑프리에서 우승하며 마침내 로터스팀의 연패를 끊어냈다. 그 덕분에 그는 1977년 시즌 계약과 함께 채프먼의 개인적인 약속을 얻어냈다.

채프먼은 안드레티에게 "내년에는 런던 버스와 같은 외관의 신차를 선보일 것"이라고 약속했다.

물론 버스와는 전혀 닮지 않은 이 신차는 이후 포뮬러 1의 방향을 영원히 바꿔놓게 된다. 그것은 이른바 그라운드 이펙트를 본격적으로 활용한 레이스카의 첫 모델이었다.

(혹시 이 내용이 공상 과학 소설처럼 들린다면, 채프먼이 개발에 참여한 가장 유명한 자동차가 바로 '들로리언DeLorean'이었다는 점을 알아야

한다. 영화 〈백 투 더 퓨처〉에서 브라운 박사와 마티 맥플라이가 시간 여행을 위해 타고 다녔던 바로 그 미래지향적 자동차 말이다. 그러나 채프먼은 존 들로리언**John Z. DeLorean**과의 인연 때문에 결국 코카인 밀매와 영국 정부를 기만한 혐의로 심각한 곤경에 빠지게 된다. 이 내용은 나중에 더 자세히 설명한다.)

채프먼은 1977년형 신차를 구상하는 과정에서 타이어를 지면에 최대한 밀착할 아이디어를 샘솟듯 떠올리며 다시 활력을 얻었다. 접지력**grip**을 키울수록 코너에서 속도를 더욱 높일 수 있고, 제대로만 하면 자동차가 마치 레일 위를 도는 열차처럼 느껴질 터였다. 채프먼은 1975년 말 로터스팀의 연구 부서에 보낸 27페이지 분량의 서신에서 자신의 모든 구상을 밝혔다.

그의 생각은 당시까지 그 누구도 미처 고려하지 않았던 통찰이었다. 차체 앞뒤에 윙을 장착하면 다운포스를 형성할 수 있다는 것은 누구나 알았다. 그러나 채프먼은 그런 힘을 차체 하부에서도 만들어낼 수 있지 않을까 하는 생각을 떠올렸다.

로터스는 쐐기 모양의 차체 하부에 슬라이딩 스커트**sliding skirts**°를 달아 노면과 유연하게 밀폐되도록 설계했다. 그러자 공기가 차체의 위쪽과 주변으로 흐를 때 차체 바닥이 노면 쪽으로 빨려 내려가듯 밀착됐다. 그 결과, 이전과는 비교할 수 없을 만큼 강력한 다운포스가 만들어졌고, 이런 수준의 접지력은 이전까지 누구도

본 적이 없었다.

이 개념은 워낙 극적인 효과를 발휘했기 때문에, 1976년 말 어느 대회에서 안드레티가 한번 사용해 봐도 되느냐고 물었을 때, 채프먼은 단호하게 거절했다. 다른 팀에게 자신이 곧 선사할 '새로운 지옥'을 미리 보여주고 싶지 않았기 때문이다. 마침내 안드레티가 운전대를 잡았을 때, 그는 로터스 78이 "마치 도로 위에 페인트칠되는 느낌이다"라고 표현했다.

이 시즌에 채프먼이 선보인 신차는 이 바닥에서 가장 빠르고 진보된 차였다. 이제 안드레티가 월드 챔피언이 되는 것은 자타가 공인하는 기정사실로 여겨질 정도였다. 그러나 로터스팀은 두 가지 문제를 안고 있었다. 하나는 신뢰도 문제였다. 안드레티는 "당시 우리 차는 모든 면에서 너무 취약하게 만들어졌다"고 회고한다. 다른 하나는 채프먼이 통제광이라는 사실이었다. 일례로 그는 차체 중량에 집착한 나머지 연료량을 마지막 몇 방울까지 계산했고, 엔지니어들에게는 자동차가 경기를 마쳤을 때 탱크에 연료가 1리터도 남지 않도록 세팅하라고 다그치기도 했다.

안드레티의 입장에서 그건 너무 아슬아슬한 도박이었다. 그래서 그는 출발하기 직전에 메카닉에게 몰래 연료를 반 갤런(약 2리터) 정도 더 채워달라고 부탁하곤 했다. 그러나 그의 이런 반항 행위를 채프먼이 알아차리는 데는 오래 걸리지 않았다. 남아프리카 그랑프리가 시작되기 불과 몇 분 전 이 사실을 알게 된 채프먼은 즉시 메카닉을 보내 추가 연료를 다시 빼내게 했다. 자기가 한번 정한 경주차 중량은 그 어떤 드라이버도 바꿀 수 없었다. 5경기를 치른 후, 안드레티는 스웨덴 그랑프리에서 우승까지 두 바퀴를 남겨두고 있었다. 그때 연료 측정 장치에 문제가 생겨 예상보다 연료를 많이 소모했고, 채프먼 덕분에 여유분은 전혀 없었다. 그는 어쩔 수 없이 연료 보충을 위해 피트에 들어와야 했고, 결국 5위로 경기를 마쳤다.

그라운드 이펙트로 무장한 레이스카가 마땅히 거머쥐었어야 할 월드 챔피언 타이틀은 결국 이듬해까지 기다려야 했다. 안드레티는 시즌 초반까지 로터스 78을 몰았지만, 한층 더 개선된 로터스 79가 곧 출시될 예정이었다. 그는 이렇게 말한다. "나는 마치 매년 가장 뛰어난 아이가 태어나기를 기다리는 아버지 같았어요. 물론 그 아이들이 전부 뛰어난 건 아니었죠. 한쪽 다리가 짧다거나 눈이 사시라거나 뭐 그런 식이었으니까요."

그러나 로터스 79는 그가 지금껏 운전해 본 가장 완벽한 레이스카였다. 이 차가 벨기에 그랑프리에 출전할 수 있게 되자 안드레티는 나머지 여섯 번의 경기 중 네 번을 석권하며 본격적으로 우승컵 사냥에 나섰다. 그리고 그해 9월 몬차에서 챔피언십을 확정 지었다.

하지만 축하 분위기는 가라앉아 있었다. 로터스팀의 동료 드라이버였던 로니 피터슨Ronnie Peterson의 차가 출발선을 떠나자마자 화염에 휩싸였고, 결국 그날 밤 그가 사망했기 때문이다. 그는 포뮬러 1 대회가 시작된 지 28년 만에 닥친 40번째이자, 로터스팀 드라이버로는 다섯 번째로 나온 사망자였다. 이 비극적인 우승 이후 채프먼은 단 한 번도 우승을 맛보지 못했다. 하지만 그의 최악의 선택들은 아직 앞에 남아 있었다.

이제 이야기에 들로리언이 등장할 차례다.

디트로이트 출신으로 제너럴모터스**GM**의 임원을 지낸 들로리언은 말솜씨가 뛰어난 인물이었다. 그는 1970년대 후반, 채프먼에게 찾아가 두 가지 솔깃한 제안을 했다. 하나는 로터스팀 전체를 인수하고 싶다는 것이었는데, 자금이 절실하긴 했지만 채프먼의 마음에는 그 제안이 썩 내키지 않았다. 다른 하나는 영국 정부로부터 보조금을 유치해 북아일랜드에 들로리언 자동차 공장을 짓자는 거대한 계획이었다. 이 공장에서 생산하기로 한 자동차가 바로 〈백 투 더 퓨처〉의 모델인 DMC-12였다(물론 시간 여행 기능은 없었다). 하필 대규모 실업 사태에 대처해야 했던 그 시기, 영국 정부는 들로리언의 회사가 사실상 재정적으로 허약한 모래성이라는 사실은 까맣게 모른 채 수천만 파운드에 달하는 지원을 약속하고 말았다. 이 계획에서 로터스는 1,767만 달러의 수수료를 받고 차량의 새시 설계를 돕기로 했다.

그러나 이 돈 중 단 한 푼도 로터스의 자동차 개발에는 흘러가지 않았다. 개발된 DMC-12는 성능이 형편없어 거의 한 대도 팔리지 않았고, 각종 안전 및 배기가스 테스트에도 모조리 불합격했다. 들로리언과 채프먼에게 더 나쁜 소식은, 영국 검찰이 그들의 거래에 관한 제보를 입수한 것이다. 이후 검찰은 들로리언이 정부 보조금 중 850만 달러를, 채프먼은 약 800만 달러를 빼돌렸다는 혐의로 그들을 기소했다.

이야기의 마지막 반전은 1982년 가을에 찾아왔다. 들로리언은 로스앤젤레스에서 220킬로그램의 코카인을 유통할 목적으로 구매하려다 함정 수사에 걸려 검찰에 체포되었다(이후 배심원단은 오히려 그가 함정 수사의 피해자였다고 판단해 무죄를 선고했다). 그러나 영국에 있던 채프먼은 더 이상 사방에서 조여오는 압박을 견디지 못했다. 몇 주 후, 그는 극심한 스트레스로 인한 심장마비로 사망했다.

10여 년의 징역형을 앞두고 있던 채프먼은 당시 54세였다.

당시 항간에는 그가 사망으로 위장한 채 돈을 가지고 어디론가 도망쳤다는 소문이 돌기도 했다. 그러나 그가 심장마비로 쓰러진 것 외에 다른 행적에 관한 증거는 그 어디에도 없다. 콜린 채프먼이 아무리 드라이버 챔피언십을 6회, 컨스트럭터 챔피언십을 7회나 차지하고 수많은 혁신적인 설계를 선보인 인물이라고 해도, 심장마비를 연출한 후 자취를 감추는 일만큼은 그의 공학적 재능으로도 불가능한 설계였다.

그가 남긴 유산은 단순한 성적이 아니었다. 지금까지도 그의 뒤를 이은 수많은 엔지니어들이 포뮬러 1의 모든 규칙을 한계까지 비트는 것을 인생의 목표로 삼고 있다. 치열한 경쟁으로 단련된 그들의 집요함은 이 스포츠를 자동차 기술 창의성의 최전선으로 끌어올렸다. 잠을 잊은 그들의 두뇌에서 탄생한 신차는 불과 몇 주 만에 곧바로 아스팔트 위를 질주했다. 상상할 수 있고 명시적으로 금지된 것이 아니라면, 그들은 무엇이든 만들어 레이스에 투입했고, 규정으로 금지될 때까지 밀어붙였다. 티렐Tyrrell팀이 선보인 6개의 바퀴를 단 자동차나 마치March가 개발한 '서핑보드' 노즈, 브라밤Brabham이 차체 뒤쪽에 거대한 팬을 볼트로 장착한 실험 등이 모두 이런 과정을 거쳐 탄생했다.

레이싱을 아는 이들이라면, F1의 한계를 밀어붙인 이들을 확실한 천재라고 인정할 것이다. 하지만 이들의 이탈리안 라이벌은 그들을 다른 이름으로 불렀다. 빨간 레이싱카를 만드는 그들이 보기에 영국 엔지니어들은 결코 찬사를 받는 예술가들이 아니었다.

그들은 그저 가라지스타garagistas, 즉 기름때에 찌든 정비공들일 뿐이었다.

3장 —————— 프랜싱 호스

가라지스타를 향한 분노의 진원지는 이탈리아 북부 에밀리아
로마냐주 모데나에서 남쪽으로 16킬로미터 정도 떨어진 마라넬
로Maranello라는 한적한 마을이었다. 그곳에는 괴팍한 성격의 전직
레이서 엔초 페라리Enzo Ferrari가 분노를 삭이고 있었다.

엔초는 성인이 된 후 대부분의 시간을, 자신이 세상에서 가장
아름답다고 믿은 레이싱카를 생산하는 데 바쳤다. 비록 그가 페라
리라는 회사를 설립할 때의 목적은 그런 것이 아니었을지라도 말
이다. 1929년 설립 당시 작성한 법적 문서에 따르면 이 회사의 목
적은 '알파로메오Alfa Romeo 레이싱카를 매입해 국내 스포츠 레이
싱 대회에 참가하는 것'이라고 명시되어 있었다. 훗날 '일 코멘다
토레Il Commendatore'°라는 별명을 얻게 되는 엔초는 실제로 제2차
세계대전이 끝날 때까지 단 한 대의 자동차도 생산하지 않았다.

그러나 그의 목적은 언제나 분명했다. 엔초는 레이스에 참여하

고 싶었다.

　1950년, 포뮬러 1이 출범한 첫 시즌부터 페라리는 자기 팀이 세계에서 가장 권위 있는 이 대회에 빠지는 일만큼은 없도록 하리라고 굳게 결심했다. 이후 70여 년이 흐른 지금, 페라리는 이 대회의 모든 시즌에 빠짐없이 참가한 유일한 팀으로 남아 있다. 메르세데스, 포르쉐Porsche, 포드Ford, 혼다Honda 등과 같은 업계의 숱한 거인들이 오고 가는 동안, 이탈리아어로 '마구간'을 뜻하는 스쿠데리아 페라리Scuderia Ferrari팀은 꿈쩍도 하지 않았다. 이 팀의 신비로움은 바로 이 점에 있었다.

　페라리는 TV 광고도 하지 않고, 연간 판매 대수도 약 1만 대에 불과하다. 페라리가 파는 모든 것은 F1 서킷 위에서 쌓아 올린 역사에 기대어 거래된다. 특유의 빨간 옷을 입은 열광적인 티포시Tifosi, 그 열광적인 페라리 팬들이 관중석을 가득 메운 가운데 붉은 차가 질주하는 바로 그 이미지다. 속도와 굉음이 뒤섞인 이 원초적 감성은 오랜 세월에 걸쳐 수많은 10대들의 환상을 자극했고, 각 시대마다 침실 벽에 걸리는 모터스포츠의 아이콘이 되었다. 1950년대와 60년대의 페라리 250, 1970년대의 디노, 그리고 1980년대에는 테스타로사… 장인이 직접 제작하고 서명한 페라리 엔진의 그 깊은 울음은 누구나 백만장자가 되는 순간 가장 먼저 사겠다고

꿈꾸던 소리였다.

페라리는 그런 '감성' 위에 세워진 제국이었다. 제1차 세계대전 당시 이탈리아 전투기 조종사가 사용했던 검은 말 로고와 모데나 시를 상징하는 노란색 배경의 조합은, 오늘날 나이키의 스우시나 맥도날드의 황금 아치만큼이나 유명하다. 추정에 따르면 그랑프리에 몰려든 전체 관중 중 최소 30퍼센트가 페라리를 응원하는 팬이라고 한다. 이를 본다면 페라리는 양키스, 레이커스, 레알 마드리드를 하나로 합쳐놓은 것 같은, 매 시즌 우승컵을 휩쓰는 역사상 가장 위대하고 성공적인 스포츠 조직이라고 생각하는 것도 무리는 아닐 것이다.

그러나 자신의 역사를 기반으로 브랜드 가치를 이어온 페라리이지만, 정작 포뮬러 1 무대에서는 오래도록 기억될 만한 성과가 그리 많지 않다는 것이 오늘날의 현실이다. 사실 1960년대에 엔초 페라리의 진짜 고민도 바로 이 대목이었다. 어찌 된 일인지 영국의 정비공 따위들이 자신보다 더 빠르고 진보적인 차로 월드 타이틀을 차곡차곡 거머쥐는 모습을 지켜봐야 했으니 말이다. 초기 성공이 없었던 것은 아니었지만, 엔지니어가 아니었던 페라리는 엔진 제작자로서의 명성에 너무나 집착한 나머지 엔진이 퍼즐의 한 조각에 불과하다는 사실을 인정하지 못했다. 반면 로터스의 콜린 채프먼은 F1이 끊임없이 변화하는 스포츠임을 이해하고, 항공기에서 영감을 얻은 새시를 설계하며 다운포스의 잠재력을 극한까지 끌어올리고 있었다. 그러는 동안에도 엔초는 여전히 엔진을 드라이버 뒤편으로 옮기는 발상 자체를 마치 자연법칙을 거스르는 범죄쯤으로 여겼다. 말이 수레를 끄는 것처럼, 엔진은 앞에 있어야 한다는 것이 그의 생각이었다.

페라리는 영국 엔지니어들을 지독히도 싫어했지만, 이 가라지 스타의 나라가 훌륭한 드라이버들을 배출해 왔다는 사실만큼은 인정할 수밖에 없었다. 그는 언제나 이탈리아인이 페라리의 운전대를 잡기를 선호했지만, 1958년 그에게 F1 타이틀을 안겨준 것은 요크셔 출신의 마이크 호손**Mike Hawthorn**이었고, 1964년 또 다른 타이틀을 선사한 것은 모터사이클 챔피언 출신의 존 서티스**John Surtees**였다. 그는 승리를 위해 좀처럼 양보하지 않던 원칙을 꺾으면서 '적과의 거래'를 했지만, 그것이 진정 악마와의 거래였다는 것을 당시에는 꿈에도 몰랐다. 그가 이탈리아의 정체성을 일부 내려놓은 순간, 향후 스파게티와 에스프레소만큼이나 유명해진 이 국가적 아이콘, 페라리는 영원히 무언가를 잃고 말았다. 1950년대 이후, 스쿠데리아는 다시는 이탈리아인 챔피언을 배출하지 못했다.

그럼에도 프랜싱 호스**Prancing Horse**°의 신비로운 마력은 들불처럼 번져나갔다. 이것이 가능했던 이유는 수년 전 제2차 세계대전의 여파 속에서 엔초 페라리가 그 어떤 드라이버보다도 정확하게 타이밍을 맞췄기 때문이다.

유럽 전역에 스포츠카 열풍이 불고 전후의 암울한 분위기가 걷힐 무렵, 페라리는 새빨간 색상과 우아한 곡선, 거기에 위협적인 포

°   페라리의 로고인 '날뛰는 말'

효를 내지르는 엔진을 장착하고 무대에 등장했다. 세계가 다시 주목할 준비가 되었을 때, 페라리팀은 레이스에서 우승할 수 있는 수제 차량을 만들어내고 있었다. 1947년에 첫 로드카 두 대를 판매한 뒤 엔초는 분명히 깨달았다. 오직 우승만이 더 많은 수익을 창출하고, 그 이윤이 다시 레이싱을 위한 연료가 된다는 사실을.

한번 탄력이 붙자, 페라리는 중요한 순간뿐 아니라 중요한 장소에서도 우승을 차지했다. 스쿠데리아는 부유한 산업 도시 토리노 대회에서 우승함으로써 이탈리아 상류층의 관심을 정확한 타이밍에 붙잡을 수 있었다. 곧이어 여러 백작과 백작 부인, 심지어 망명 중인 러시아 왕자까지 주문을 넣기 시작했다. 그 후 2년 동안 페라리는 이탈리아 전역을 횡단하는 밀레 밀리아**Mille Miglia** 대회에서 첫 우승을 거두었고, 보트 모양의 페라리 166으로 출전한 르망 24시**24 Heures du Mans** 대회에서도 1위를 차지했다. 엔초의 절친이기도 한 드라이버 루이지 치네티**Luigi Chinetti**는 전날 밤 같은 팀의 영국인 동료를 일부러 만취시킨 뒤 24시간 내내 운전대를 잡았다. 비록 약간의 속임수가 있기는 했지만, 속도와 스타일, 성능을 상징하는 차를 만드는 계획은 제대로 작동하고 있었다.

1951년까지 마라넬로에서 생산되어 유럽과 아시아 지역 상류층의 자택으로 출고된 자동차는 모두 70대를 넘어섰다. 이슬람 니자리파의 지도자인 아가 칸, 벨기에의 레오폴드 왕, 사우디아라비아의 파이살 왕세자 등을 비롯한 수많은 명사들이 페라리를 주문했다. 페라리는 1952년과 53년, 알베르토 아스카리**Alberto Ascari**가 F1 월드 챔피언십을 연속 재패하면서 더욱 기세를 올렸다. 이

두 타이틀은 페라리가 이탈리아인 드라이버를 통해 거둔 유일한 우승이기도 했다. 스포츠계에 신화가 쏟아져 나오던 시대를 맞이한 엔초는 어느새 전설을 창조하는 주역이 되었다. 모두가 프랜싱 호스의 후광을 갈망했다. 페라리가 알파로메오와 마세라티^{Maserati} 사이의 어딘가에 자리 잡는 동안, 장차 엔초의 경쟁 상대가 될 페루치오 람보르기니^{Ferruccio Lamborghini}는 아직 스포츠카가 아닌 트랙터를 만들고 있었다.

페라리가 전 세계 왕족들에 힘입어 어느 정도 당당한 기풍을 갖출 무렵, 엔초의 복음을 전하려고 필사적으로 애쓰는, 세상을 거머쥔 듯 행동하는 사람들이 조용히 모습을 드러냈다. 그들은 지위를 중시하고, 주체할 수 없을 정도로 돈이 많았으며, 남성성을 극도로 존중하는 마초 집단이었다.

바로 미국인들이었다.

할리우드의 여러 스튜디오 단지에서 맨해튼 이스트 61번가의 페라리 전시장에 이르기까지, 유럽 사치품을 어렴풋이 동경하던 이들은 이제 이탈리아산 차를 몰고 싶어 했다. 그들은 차를 사는 데 들인 돈보다 오히려 유지하는 데 훨씬 더 많은 돈을 쏟아부어야 했다. 대서양 건너편의 페라리 대리점들이 부품값과 정비료로 터무니없는 값을 불렀기 때문이다. 일부는 용기를 내 마라넬로 본사에 직접 불만을 제기하기도 했으나, 돌아온 것은 "문제는 공장이 아니라 당신에게 있다"는 단호한 대답뿐이었다. 페라리 부품은 절대 고장 나지 않는다는 것이었다. 이런 형편없는 서비스에도 불구하고 고객들은 다시 페라리를 선택했다.

페라리의 전기를 쓴 브락 예이츠**Brock Yates**가 말했듯이, 엔초는 미국에서 '구세계의 취향'을 팔아먹는 법을 알아챈 최초의 인물이었다. "미국인을 촌놈 취급해라. 그러면 그는 평생 네 사람이 된다."

□ ■ □ ■ □

사실 엔초 페라리는 자국민이라고 딱히 더 나은 대우를 해주지도 않았다. 적어도 자신이 월급을 주는 입장이라면 더더욱 그랬다.

알파로메오 시절부터 오랫동안 엔초와 함께 일해온 페피노**Pepino**라고 불리는 인물이 있었다. 페라리는 그를 전속 운전사로 고용했는데, 주된 업무는 엔초를 그의 여러 애인들과 즐겨찾는 식사 장소들로 모셔 가고 오는 일이었다. 페라리가 가장 즐겨 찾던 장소는 마라넬로 공장 바로 앞에 위치한 카발리노**Cavallino**라는 식당이었다. '작은 말'이라는 뜻으로 페라리의 상징인 프랜싱 호스의 이름을 딴 곳이었다. 그러나 엔초가 어디에 가든 페피노는 늘 다른 테이블에서 따로 식사했고, 엔초가 식사를 마칠 때쯤이면 그는 밖에서 미리 차를 대기해 두어야 하는 규칙을 평생토록 엄격히 지켜야만 했다.

그의 직업은 아마도 마라넬로에서 가장 초라한 일이었는지도 모르지만, 엔초를 페라리에 태우고 북이탈리아 곳곳을 운전하는 일은 그 차로 전 세계 서킷에서 페라리를 운전하는 것에 비하면 훨씬 안전했다.

치명적인 사고들이 잇달아 발생하던 포뮬러 1 초창기, 스쿠데리아라고 해서 그 숱한 사망자 명단에서 예외일 수는 없었다. 이 팀의 F1 대회 첫 희생자는 1953년 모데나 그랑프리에서 연습 주행 도중 차량이 전복된 벨기에 선수 찰스 드 토르나코Charles de Tornaco였다. 비극은 이후로도 무서운 속도로 계속 이어졌다. 아스카리의 후계자로 기대를 한 몸에 받던 에우제니오 카스텔로티Eugenio Castelloti도 모데나에서 사고를 당해, 차량에서 거의 90미터나 튕겨 나가며 사망했다. 같은 해, 엔초의 고집으로 출전한 밀레 밀리아 경기 도중 스페인 출신의 알폰소 데 포르타고Alfonso de Portago도 사고로 목숨을 잃었다. 이 사고는 또 한 명의 드라이버와 어린이를 포함한 관중 10여 명의 목숨까지 앗아갔다.

그즈음 죽음은 서킷 위뿐만 아니라 엔초의 삶에서도 떼어놓을 수 없었다. 1956년, 오랫동안 병에 시달리던 그의 아들 디노가 24세의 나이로 세상을 떠나면서 그의 인생은 완전히 달라지고 말았다. 엔초는 하루가 멀다고 아들의 묘지를 찾았고, 공장 뒤편의 어두운 사무실은 디노를 추모하는 일종의 성소가 되었다. 그 시절 엔초와 마주 앉은 사람은 항상 그의 어깨 너머로 걸린 디노의 초상화를 지켜봐야 했다.

깊은 슬픔에 잠겨 있던 페라리는 1958년에 또 한 번의 악몽과도 같은 시즌을 맞이한다. 페라리 246으로 참가한 그랑프리에서 영국인 드라이버 피터 콜린스Peter Collins와 이탈리아인 루이지 무소Luigi Musso가 불과 몇 달 간격의 사고로 목숨을 잃게 된 것이었다.

엔초는 무소를 기리며 이렇게 말했다. "나는 유일하게 중요했던 이탈리아인 드라이버를 잃었다."

피로 얼룩진 시즌들을 겪으며 페라리는 이탈리아에서 가장 강력한 두 집단을 정면으로 상대하게 되었다. 스포츠 언론과 가톨릭 교회였다. 엔초가 아무리 이탈리아의 빛나는 상징을 일궈냈다고 한들, 그것이 이탈리아 젊은이들을 계속 죽음으로 몰아넣는 대가라면 모든 업적은 허사로 돌아갈 터였다. 외국인과 관중의 희생은 차치하더라도 말이다. 페라리가 이런 상황을 도대체 무슨 말로 변명할 수 있단 말인가? 이쯤 되자 바티칸은 아예 자동차 레이싱 자체를 부도덕한 행위로 바라보고 있었다. 교황청의 공식 일간지 「로세르바토레 로마노L'Osservatore Romano」는 엔초를 고대 로마의 육신을 탐하는 신에 비유했다. "그는 자기 자식을 집어삼키는 산업계의 사투르누스Saturn다."

페라리 본인도 고통스러웠지만, 그렇다고 하던 일을 멈출 생각은 전혀 없었다. 대신 이탈리아 청년들이 자기가 만든 차를 타다가 죽는 일만은 피하고자 했다. 방법은 간단했다. 아예 이탈리아인을 드라이버로 고용하지 않는 것이었다. 이듬해 시즌 최소 한 번 이상 페라리를 몰고 그랑프리에 출전한 선수는 모두 7명이었는데, 그중 이탈리아인은 한 명도 없었다. 프랑스인 한 명, 영국인 둘, 미국인 둘, 벨기에인 한 명, 그리고 독일인 볼프강 폰 트립스Wolfgang von Trips가 그들이었다(폰 트립스는 훗날 1961년 이탈리아 그랑프리에서 페라리를 몰다 사망한다). 엔초는 한때 자기 차가 고전하는 모습을 지켜보기 괴로워 아예 경주장에 나가지 않았다는 자신의 말처럼, 나중에 써낸 자서전에 『나의 끔찍한 기쁨My Terrible Joys』이라는 제목을 붙였다.

레이싱은 결국 파괴적인 집착임이 틀림없었다. 동시에 매우 많은 돈이 드는 중독이기도 했다. 아무리 많은 로드카를 팔아도 페라리는 늘 자금이 부족했다. 1960년대 중반, 그가 마라넬로의 어두컴컴한 사무실에서 디트로이트에서 온 한 무리의 남자들을 맞이한 것도 그 때문이었다. 그들은 엔초의 회사를 인수하기 위해 대서양을 건너온 포드 직원들이었다.

페라리는 그들에게 관심 있는 듯 행동했다. 그들이 함께 반주를 곁들여 가며 식사하는 동안, 엔초는 자신을 '인제네레**Ingegniere**(엔지니어)'라 부르라고 요구했다. 볼로냐대학교에서 받은 명예학위 때문이라고 설명했지만, 사실 그는 제1차 세계대전 당시 당나귀 말굽을 만들어본 것이 고작일 뿐, 그 이후 공학자다운 일이라고는 한 번도 해본 적이 없었다. 미국인들은 기꺼이 그의 장단에 맞춰주었고 협상이 잘 진행된다고만 생각했다. 그러나 1965년, 협상은 결정적인 난관에 부딪히게 된다.

결국 문제의 핵심은 레이싱이었다. 스쿠데리아에 대한 최종 결정권은 누구에게 있는가?

엔초가 포드 측에 물었다. "만약 인디애나폴리스 대회에 내 차를 출전시키고 싶은데 당신들이 그걸 원하지 않는다면 어떻게 되는 겁니까?"

상대방은 "출전할 수 없습니다"라고 대답했다.

그로써 모든 것은 없던 일이 되었다.

엔초는 미국인 부자를 만났으나, 끝내 그들의 돈을 받지 않기로 결정한 셈이었다. 그는 돌아가는 그들을 향해 가는 길에 읽으

라며『나의 끔찍한 기쁨』서명본 한 권을 건넸다.

페라리가 실제로 포드에 회사를 매각할 생각이었는지는 지금도 논쟁거리다. 일설에 따르면 그가 진짜로 관심을 두고 있던 상대, 이탈리아 대기업 피아트Fiat를 염두에 두고 미리 몸값을 올리려는 제스처였다는 것이다. 실제로 1967년에 아넬리 가문이 소유한 이 자동차 제국이 페라리를 찾아왔을 때, 엔초는 이미 마음의 문을 열 준비가 되어 있었다.

계약을 마무리하는 데는 무려 2년이 걸렸다. 결국 페라리는 포드가 제시했던 금액보다 훨씬 적은 액수로 피아트의 제안을 받아들였다. 그러나 대략 1,100만 달러의 금액에 그는 자신이 일군 회사의 40퍼센트를 매각하고, 자신은 49퍼센트를 보유했으며, 레이싱과 관련된 최종 결정권도 지켜냈다(계약서에는 엔초가 사망하면 그의 지분이 피아트로 귀속된다는 조항이 있었다). 아울러 페라리는 오랜 친구이자 차체 디자이너인 바티스타 '피닌' 파리나Battista 'Pinin' Farina의 가족에 1퍼센트 지분을 할애했다. 그리고 10퍼센트는 피에로 라르디Piero Lardi라는 의문의 청년에게 돌아갔다. 마라넬로 주변에서 이 사실을 아는 사람은 극소수에 불과했지만, 사실 라르디는 페라리 가문의 일원이었다. 엔초의 혼외자가 조용히 가문의 품으로 들어온 것이었다.

보도자료에 실린 내용은 다소 모호했다. "피아트 사장 조반니 아넬리Giovanni Agnelli 박사와 공학박사 엔초 페라리는 회동을 통해, 기존의 기술 협력 및 지원 관계를 연내에 합작 형태로 전환하는 데 합의했다."

이 협약으로, 홀로 빛나던 페라리의 위상은 이탈리아 최대 수출 기업과 완벽한 한 몸이 되었다. 신화는 이렇게 뿌리를 내렸다. 빨간색 자동차는 이제 멋과 품격, 그리고 이탈리아 자체를 상징하게 되었다.

1960년대 런던을 중심으로 청년 문화 혁명Swinging Sixties이 일어났다고는 해도, 영국인들이 타던 것은 미니 쿠퍼와 모페드(모터 자전거)였다. 반면, 페라리가 구현한 '바퀴 달린 관능Sex on the Wheels'은 마라넬로의 산물이었다. 스티브 맥퀸Steve McQueen과 모나코 국왕 레니에 3세Rainier III, 그리고 왕비이자 영화배우 그레이스 켈리Grace Kelly 등이 페라리를 소장용으로 사들였다. 그때까지도 광고를 일절 하지 않던 스쿠데리아는 할리우드 영화 〈그랑프리〉로 드디어 대형 스크린에 등장했다. 1965년과 1966년에 걸쳐 페라리의 협조로 촬영된 이 영화는 거의 선전 영화나 다름없었다. 엔초는 프랑스 배우 이브 몽탕이 연기한 주인공이 몬차에서 페라리를 몰다가 죽는 장면도 문제 삼지 않았다. 단 하나의 조건은 그 어떤 페라리도 경쟁 차에 지는 장면을 보여서는 안 된다는 것뿐이었다.

그런 장면을 이미 현실에서 너무나 많이 보고 있었기 때문이다.

1970년대 초, 할리우드 영화가 그려낸 페라리는 현실과 사뭇 달랐다. 스크린 밖에서 스쿠데리아의 F1 카는 맛이 간 키안티 와인 한 병보다 못한 처지였다.

더 심각한 것은 페라리는 이제 이탈리아 차라고 부르기가 민망할 정도라는 점이었다. 엔진은 순수 마라넬로산으로 가라지스타팀보다도 강력한 힘을 발휘했지만, 섀시는 영국산 복합재료, 타이어는 미국산이었고, 심지어 그 유명한 엔진에조차 연료분사장치는 독일제를 썼다. 앞에서 말했듯이 엔초는 이탈리아인 드라이버조차 기용할 수 없었다. 1971년 마리오 안드레티를 영입하며 "여기 보이는 모든 것이 당신을 위해 일할 것"이라고 약속하는 순간에도 그의 귓가에는 바티칸의 비판이 쟁쟁했다.

안드레티는 이렇게 말한 적이 있었다. "나는 이탈리아인이지만 미국 여권을 가지고 있었죠. 그러니 행여 내가 죽더라도 엔초는 이탈리아 정부로부터 이탈리아의 인재를 죽였다는 항의를 받을 일이 없었죠."

상황이 이 지경이 되었음에도 마라넬로라는 거대한 종교 집단의 내부인들은 감히 입을 떼려 하지 않았다. 엔초는 직원들 앞에 설 때마다 종교적 맹세와도 같은 연설을 늘어놓으며 무조건적인 충성과 복종을 요구했다. 누군가 이탈리아 르네상스라도 일으킬 만한 사람이 있다면 그는 페라리의 마법에 사로잡히지 않은 외부인이어야 했다.

그 어려운 일을 해낸 사람은 뜻밖에도, 돌출된 앞니를 가진 성격이 까칠한 오스트리아인이었다.

■ ■ ■ ■ □

니키 라우다Niki Lauda는 1973년 테스트 트랙에서 페라리를 처음 몰아본 후 삐걱거리는 스쿠데리아의 모든 것을 단번에 알아차렸다. 이 젊은 오스트리안 드라이버는 차에서 내리자마자 헬멧을 벗고, 곧장 '노인'에게 자신의 발견을 전하러 갔다. 엔초 페라리는 마치 얼굴의 한 부분처럼 언제나 걸치고 있던 선글라스 너머로 빤히 바라보며, 그 젊은이가 자기 차를 칭찬할 줄 알았다. 라우다는 단도직입적으로 말했다.

"재앙이네요." 그는 이제 아버지의 통역사 역할을 할 정도로 조직에 자리 잡은 피에로 라르디에게 말했다.

라르디는 잠시 말을 멈췄다. 라우다는 엔초 페라리에게 그런 식으로 말할 수는 없었다.

라우다는 자서전에도 썼듯이 이렇게 대꾸했다. "뭐가 잘못됐죠? 이 차는 언더스티어가 심하고, 코너링은 형편없어요. 도저히 운전할 수가 없을 지경이라고요."

라르디는 고개를 저었다. 이것 역시 곤란했다. 노인이 라우다가 차를 칭찬하러 온 것이 아니라는 것을 이미 알아챘다고 해도 말이다. 그해 그랑프리를 한 번도 우승하지 못한 마당에 페라리가 사실상 이탈리아산 똥차lemon라는 건 이미 비밀도 아니었다.

라우다는 이렇게 말했다. "좋아요, 그럼 세팅이 아직 완전하지 않다고 하세요. 언더스티어 경향이 있고, 프론트 액슬front axle°을 좀 손봐야 할 거 같다고요."

라르디로서는 그 정도면 최선을 다한 셈이었다. 엔초에게 라우다의 평을 최대한 완곡하게 전달한 다음, 아버지의 대폭발을 각오했다. 그런데 엔초가 뜻밖의 반응을 보였다. 그는 팀의 수석 엔지

°　앞 차축. 앞바퀴 두 개를 연결하는 가로축 시스템

니어에게 라우다의 요구대로 차를 손보려면 얼마나 걸리겠느냐고 물었다. 엔지니어가 일주일이라고 답하자, 엔초는 신입 드라이버를 향해 약속인지 협박인지 모를 말을 했다. 차를 고칠 테니, "다음 주 이 시간까지 정확히 1초를 단축하지 못한다면 해고"라는 것이었다.

라우다는 엔초가 진심이라는 걸 알고 있었다. 그가 허풍을 떠는 사람이 아니라는 것을 처음 만날 때부터 알 수 있었다. 도로 위에서 가장 우아한 기계를 만들어내는 이 남자는, 사석에선 지독히 무례한 인물이기도 했다. 라우다는 그를 이렇게 묘사했다. "갑자기 자기 신체 부위를 아무 데나 긁어대는가 하면, 펼치면 거의 깃발만 한 손수건에다 마치 일부러 그러듯이 가래를 뱉어댔습니다."

라우다는 그때부터 한 주 내내 엔지니어들과 함께 차에 매달렸다. 다루기 힘든 그 기계의 모든 디테일에 개입하며 하나하나 통제했다. 그리고 엔초가 요구한 대로 일주일 만에 정확히 1초를 단축했다. 그들은 이후 1년 동안 훨씬 더 많은 개선점을 찾아냈다.

분석적 사고에 능했던 라우다는 마라넬로가 비록 혼돈에 휩싸여 있기는 했어도 냉철한 이성이 통할 여지가 있음을 간파했다. 우선 페라리는 당시로서는 다른 팀들이 꿈도 꾸기 힘든 자산을 하나 가지고 있었다. 그것은 바로 1971년, 공장에서 불과 1.5킬로미터 남짓 되는 거리에 지어진 피오라노Fiorano 테스트 트랙이었다. 이 트랙의 모든 코너에는 카메라가 설치된 것은 물론, 정밀 계측 기기까지 갖추어져 드라이버와 엔지니어가 차량의 성능을 곧바로 확인할 수 있었다. 한때 F1 예선 통과 기록을 겨우 달성하던 이 팀은 어느새 모터스포츠계 최초의 '데이터 팀'으로 변모하고 있었다. 여기에 페라리의 새로운 팀 매니저, 푸른 눈의 컬럼비아 대 출신 귀족 루카 코르데로 디 몬테제몰로**Luca Cordero di Montezemolo**가 합류하면서 팀의 분위기가 완전히 바뀌기도 했다. 그는 팀의 모든 역량을 오직 F1에만 집중할 것을 요구했다.

이제 마라넬로에는 피아트에서 흘러들어오는 거액의 자금, 활기를 되찾은 설계팀, 여기에 라우다의 맹렬한 결의가 더해졌다. 페라리는 마침내 엔초가 믿어 의심치 않던 원래의 모습으로 돌아왔다. 1975년, 라우다는 피아트의 요구로 차의 꼭대기 롤후프**Roll Hoop°**에 이탈리아 국기를 그려 넣은 레이스카로 무려 11년 만에 페라리에 월드 챔피언 타이틀을 안겼다. 몬테제몰로가 엔초에게 전화를 걸어 우승 소식을 전했을 때, 그는 처음이자 마지막으로 엔초가 흐느껴 우는 소리를 들었다.

반면 라우다는 그다지 감상에 젖지 않았다. 그해 시즌 열린 13번의 레이스에서 다섯 번 우승하고 세 번 포디움에 올라선 그는 한 아름 쌓인 트로피를 '쓸모없는 물건'이라고 여기며 오스트리아의 한 정비소에 넘겼다.

그 대가로 라우다가 받은 것은 평생 무료 세차권이었다.

°　　F1 카 같은 지붕이 없는 오픈 콕핏 레이싱카에서, 차가 뒤집혔을 때 드라이버의 머리를 보호하기 위해 설치된 금속 구조물

□ ■ □ ■ □

　그러나 페라리의 행복한 승리의 평화는 그리 오래가지 않았다. 우승컵을 들어 올린 지 불과 몇 달 만에 뉘르부르크링Nürburgring에서 다시 한번 큰 사고를 만난 것이다. 서독의 유서 깊고 혹독한 이 트랙은 1976년 여름까지 이미 51명의 드라이버를 죽음으로 몰아넣은 곳이었다.

　니키 라우다는 그 명단에 거의 52번째로 이름을 올릴 뻔했다.

　라우다는 원래 그곳이 마음에 들지 않았다. 울퉁불퉁한 숲길을 22킬로미터나 달려야 한 바퀴를 도는 이 길은 모나코 트랙의 여섯 배가 넘는 거리였다. 그는 시즌 초반, F1 드라이버 회의에서 안전 문제를 제기하며 이 경기의 보이콧을 제안했으나 결국 부결된 일도 있었다.

　8월 1일, 그는 마지못해 서독 그랑프리의 출발점에 섰다. 그는 새로운 라이벌이었던 맥라렌팀의 영국인 플레이보이 제임스 헌트James Hunt와 맞붙을 예정이었다. 하지만 이 대결은 끝내 성사되지 않았다. 두 번째 바퀴에서 시속 200킬로미터의 속도로 좌향 코너를 빠져나오던 라우다는, 노면의 미세한 굴곡을 밟고 제어력을 잃었다. 미처 수습할 새도 없이 도로 밖으로 튕겨 나간 차는 반대편 장벽에 부딪혀 꺾여버렸다. 타이어 끌리는 소리가 길게 나면서 새시가 산산이 부서지고 연료 탱크가 터지더니 불길이 차를 집어삼켰다. 튕겨 나가면서 거의 3바퀴를 돈 페라리는 다시 다른 차에 들이받혔다.

라우다가 트랙 한가운데 멈춰 선 동안, 페라리는 말 그대로 녹아내렸다.

4명의 드라이버가 즉시 차에서 뛰어내려 불길로 달려갔다. 가장 먼저 도착한 이탈리아인 아르투로 메르자리오Arturo Merzario가 안전벨트를 뜯어내고 라우다를 끌어냈다. 라우다의 상태가 너무나 심각해, 메르자리오는 그가 죽었다고 생각할 수밖에 없었다. 라우다는 의식을 잃고 심각한 화상을 입었다. 독한 연기를 너무나 들이마신 탓에 폐가 타버렸고, 새까맣게 탄 헬멧은 거의 두피에 달라붙다시피 했다.

라우다는 이 모든 상황을 전혀 기억하지 못했다. 정신을 차렸을 때는 병원이었다. 흉측하게 변해버린 상태였지만, 다행히 목숨은 붙어 있었다. 눈꺼풀은 사라졌고, 머리카락과 얼굴과 몸 군데군데의 피부가 온통 벗겨진 상태였다. 라우다는 엄청난 고통을 느끼면서도 이런 일이 벌어진 것에 분노했다. 임종이 가까운 사람에게 베푸는 종부 성사를 고하러 찾아온 신부는 오히려 그의 화를 돋울 뿐이었다.

독일의 「빌트Bild」는 "도대체 그의 얼굴은 어디로 갔나?"라는 헤드라인의 기사에서 라우다가 최소 6개월 동안은 대중 앞에 나서지 못하리라고 내다보았다.

그러나 라우다는 단 6주도 지나지 않아 모습을 드러냈다.

라우다가 병원에 누워 있는 동안에도 F1은 멈추지 않았고, 라우다도 그 사실을 잘 알고 있었다. 그의 머릿속에는 자신이 그저 침상에 누워 있는 사이, 제임스 헌트가 저만치 앞서 달리며 월드 챔피언십 포인트를 쌓고 있다는 사실뿐이었다. 오스트리아 그랑프리, 네덜란드 그랑프리가 그렇게 흘러갔다. 헌트는 그 두 대회에서 각각 1위와 3위를 기록했다. 그때쯤 라우다는 이제 몸은 충분히 회복했고 다시 달릴 때가 됐다고 생각했다. 그는 여전히 극심한 통증에 시달리면서도 직접 전세기를 몰고 이탈리아로 날아가, 피오라노에서 테스트 주행을 시작했다. 그가 레이싱 슈트를 입고 나타나자, 페라리의 메카닉들은 마치 유령을 보는 것만 같았다.

라우다는 수술로 재건한 눈꺼풀 사이로 앞을 보며 테스트 트랙을 맹렬히 질주하더니 레이스 복귀를 선언했다. 팀은 이 상황을 어떻게 받아들여야 할지 확신하지 못했다. 그러나 라우다는 사고가 일어난 지 단 42일 만에, 스쿠데리아의 홈 레이스인 몬차에서 경기장을 가득 메운 티포시들이 지켜보는 가운데 페라리 312T에 다시 올라탔다.

그가 이를 악문 채 방화모와 헬멧을 차례로 쓰는 동안 그 아래로는 피와 고름이 배어 나왔다. 포뮬러 1 드라이버라는 직업에 요구되는 용기가 광기에 가까울 수 있다는 사실을 새삼 깨닫는 장면이었다. 그러나 정작 라우다 자신은 정신이 아득할 정도로 겁이 났다. 사실은 금요일 연습 주행 때부터 줄곧 그랬었다. 심장이 미친 듯이 뛰고 속은 메슥거려 먹은 걸 모조리 토해낼 정도였다. 그럼에도 그는 4위로 경기를 마쳤다.

그가 복귀전에서 보여준 가장 놀라운 대목은, 그가 여전히 월드 챔피언십 우승에 근접해 있었다는 점이다. 라우다가 회복하는 동안 헌트가 무려 12점을 따냈음에도, 시즌 최종전인 일본 그랑프리를 앞둔 시점에 두 사람은 막상막하의 접전을 펼치고 있었다. 라우다에게 남은 유일한 문제는 비였다.

마치 노아의 시대가 되돌아온 듯 계속되는 비를 바라보며 라우다는 후지 스피드웨이**Fuji Speedway**에서의 레이스가 너무 위험하다고 목소리를 냈다. 그럼에도 경기가 강행되자 그는 몇 바퀴만 돈 다음 아예 피트로 들어와 차를 세워버렸다. 그해 이미 죽을 뻔한 그에게 다시 한번 무모한 도전은 도저히 무리였다. 그러나 엔초에게는 이 결정이 도무지 탐탁지 않았다. 멀쩡한 페라리를 세워두는 법은 이제까지 없었으며, 더구나 그것이 맥라렌에 우승 타이틀을 넘겨주는 일이라면 더더욱 말이 안 되는 일이었다. 이 일 이후로 엔초와 니키의 관계는 영원히 회복되지 않았다. 다만 계약 관계상 1977년에도 라우다는 페라리에서 뛰어야 했다.

그해 라우다는 거의 앙심 하나로 월드 챔피언 자리에 올랐다.

그는 엔초는 물론이고 팀 동료 카를로스 로이테만**Carlos Reutemann**도 싫어했다. 라우다는 그라운드 이펙트 세대에게 밀려나기 직전, 스쿠데리아가 보유했던 마지막 명차의 위력을 있는 대로 끌어올린 끝에 시즌을 두 경기 남겨두고 챔피언십을 확정 지었다. 그것으로 자기가 할 일은 끝났다고 생각한 그는 토론토에서 엔초에게 전보를 보냈다. 시즌의 마지막 두 그랑프리에 출전하지 않겠다는 내용이었다.

라우다는 자서전에 이렇게 밝혔다. "엔초 페라리의 뺨을 세차게 때리듯이 사표를 던질 수 있어서 속이 후련했다." 그는 스쿠데리아 역사상 최고액 제안에도 뒤도 돌아보지 않았다. 엔초에게 두 번이나 안겨준 타이틀을 이제는 어디에 처박아 두든 맘대로 하라는 식이었다. 라우다는 이렇게 덧붙였다. "이 팀에는 더 이상 미련이 없다."

페라리는 또다시 화가 머리끝까지 치밀었다. 오스트리아 놈의 무례함은 그야말로 상상을 초월할 정도였다. 누구도 이전까지 이렇게 엔초에게 맞선 적은 없었다. 그러나 엔초의 머릿속에서 드라이버란 그저 타이어처럼 언제든 교체 가능한 소모품일 뿐이었다. 마라넬로에서 라우다의 빈자리를 아쉬워하는 사람은 없었다.

그리고 라우다보다 훨씬 고분고분한 남아공 출신의 조디 섹터**Jody Scheckter**를 찾아냈다. 그는 F1의 전체 역사에서 보면 그리 눈에 띄지 않았지만, 1979년 엔초에게 마지막이 된 월드 챔피언십을 안겨주었다. 1980년대는 페라리에 대단히 암울한 시절이었다. 라우다는 오래전에 떠났고, 몬테제몰로는 피아트 본사로 돌아갔다. 그리고 엔초는 여전히 과거의 향수에 빠져 지냈다. 증오의 대상인 영국 팀이 그라운드 이펙트를 개척한 데 이어 소형 터보 엔진 시대를 여는 동안에도 스쿠데리아는 과거에 연연하며 변화를 거부한 채 바닥을 헤맸다. 페라리는 아직도 마력에만 집착할 뿐, 모든 요소가 서로 조화를 이루는 차를 만들 생각이 없었다. 개발 분야가 다른 엔지니어들은 서로 이름도 제대로 모르는 것 같았다.

다른 팀들이 더 똑똑하고 민첩하게 움직일 수 있었던 것은 변덕스러운 노인 한 명에 휘둘릴 필요가 없었기 때문이다.

맥라렌에서 페라리로 이적한 설계 전문가 스티브 니콜스**Steve Nichols**는 이렇게 말했다. "혼다와 맥라렌은 서로 지구 반대편에 있었어요. 그런데도 혼다와 맥라렌의 협업이, 겨우 벽 하나를 사이에 둔 페라리의 섀시와 엔진 개발팀보다 훨씬 더 손발이 잘 맞았습니다."

□ ■ □ ■ □

페라리는 F1에 수많은 유산을 남겼지만, 거기에 '질서'와 '체계'가 포함된다고는 말할 수 없었다. 혁신적인 기술이나 드라이버와의 건전한 관계도 마찬가지였다. 그러나 엔초는 불굴의 고집과 페라리가 지닌 무적의 브랜드의 위력을 무기로 스포츠 역사상 가장 강력한 인물이 되었다.

그의 영향력은 결코 무시할 수 없었고, 따라서 사람들은 그의 변덕도 감내해야 했다. 페라리는 자신의 팀이 한 경기 빠진다는 말을 꺼내기만 해도 주말 티켓 판매량이 곤두박질친다는 것을 잘 알았다. 따라서 그는 개정된 규정이 마음에 들지 않으면 그것을 되돌리기 위해 막대한 영향력을 행사했다. 1987년의 경우가 바로 그랬다. 당시 F1은 3.5리터 V8 엔진을 의무화하는 대대적인 규정 개편을 예고했는데, 페라리는 그보다 더 큰 V12 엔진을 염두에 두고 있었다. F1의 계획이 엔초의 마음에 차지 않을 것임은 자동차광이 아니라도 충분히 알 수 있었다. 세계 최고 모터스포츠에 걸맞지 않은 초라한 엔진이라니, 그의 상식에는 맞지 않았다. F1은 언제나 절대적인 정점에 있어야 했다. 그는 할 수만 있다면 자동차에 제트 엔진이라도 없을 사람이었다.

그래서 엔초는 초강수를 꺼내 들었다. 엔진 합의가 되지 않으면 F1을 떠나겠다고 한 것이다. 모나코도 몬차도 다 필요 없고 인디카INDYCAR 레이스에나 나가겠다는 협박이었다. 실제로 스쿠데리아는 인디용 프로토타입인 페라리 637을 제작하기까지 했다. 결국 F1 측이 굽힐 수밖에 없었다. 90세를 눈앞에 둔 노인이었음에도 엔초의 싸움닭 기질은 여전했다.

그러나 1988년이 되자 마라넬로에는 엔초의 시대가 막바지에 접어들었다는 소문이 돌았다. 그의 건강은 교황 요한 바오로 2세가 직접 '모터스포츠계의 교황'인 자신을 친히 찾아왔을 때조차 마중하지 못할 정도로 쇠약한 상태였다. 바티칸은 이제 그를 이탈리아 청년들을 죽음으로 몰아넣는 무자비한 인물로 보지 않았다. 드디어 그가 만든 차를 교황이 축복하는 날이 올 만큼 세월이 지난 것이다.

엔초는 그해 8월에 세상을 떴다. 그러나 이 스포츠가 어떻게 운영되어야 하는지에 대한 그의 교훈은 지워지지 않는 흔적을 남겼다. 그중에서도 1970년대에 그가 만났던 젊은 영국인 버니 에클스턴Bernie Ecclestone은 이후 40여 년간 포뮬러 1을 세계적인 제국으로 키우게 된다.

에클스턴은 이렇게 말한다. "단언컨대 포뮬러 1은 페라리이며, 페라리는 곧 포뮬러 1이다."

4장 ——————— 수프리모

버니 에클스턴에게 엔초 페라리를 존경할 이유는 차고 넘쳤다.

원래 수완 좋은 중고차 딜러였던 에클스턴은 1970년, 드라이버 에이전트로 변신하며 F1에 입문할 때부터 '일 코멘다토레'라 불리던 엔초가 이 바닥에서 이미 20년 가까이 막강한 영향력을 행사해 온 인물임을 알고 있었다. 엔초는 이탈리아 북부 시골에 살면서도 포뮬러 1의 방향을 좌지우지하게 되기까지, 이것이 단순히 경주에서 우승하는 게임이 아님을 깨달았다. 페라리는 이미지, 즉 겉으로 드러난 품격이 중요함을 이해했다. 그리고 무엇보다, 일이 결국 자기 뜻대로 흘러가게 만드는 것이 중요했다.

엔초는 그에게 이렇게 말한 적이 있었다. "스포츠는 테이블 위에 있고, 비즈니스는 그 아래에서 돌아가고 있다네."

이것은 에클스턴도 어릴 적부터 본능적으로 체득한 가치관이었다. 그는 신문 배달로 번 돈으로 동네 빵집에서 쿠키나 빵을 산

다음 웃돈을 얹어 학교에서 팔았다. 서픽이라는 시골 마을에서 살다 런던 외곽의 켄트로 이사했던 그는 어린 시절부터 한 푼이라도 더 모으며 빠듯하게 살아야 했다. 부모가 도와줄 형편이 아니었기에 마치 고아나 다름없이 홀로 성장하다시피 했다. 아버지는 트롤 어선을 타는 어부에, 어머니는 권위적인 주부였다. 가족이 원래 살던 집에는 실내 화장실조차 없었다.

에클스턴은 타고난 세일즈맨 기질을 발휘하여 생애 처음으로 자전거를 장만했고, 곧 그 관심은 오토바이에 대한 열정으로 이어졌다. 때마침 독일군의 폭격으로 폐허가 되었던 켄트가 회복기를 맞이하면서, 자동차와 오토바이 부품 수요가 급증하자 그는 그 흐름을 빠르게 감지했다. 머지않아 아예 자동차와 오토바이 거래에 뛰어든 그는 런던 토트넘 코트로드의 '포식자' 같은 거래상들 틈바구니에서 내공을 쌓았다. 그가 주행거리를 거꾸로 되돌리거나, 실제로 존재하지도 않는 차량이 섞인 대량의 매물을 묶어 사고파는 식의 잔기술을 배운 것도 바로 이 시기였다. 에클스턴은 비록 157센티미터의 단신이었지만, 동네 건달과 갱단이 뒤섞인 런던 이스트 엔드의 험악한 무대에서 어떻게든 살아남아 입지를 다졌다.

그는 속임수도 불사하는 열정을 불사른 끝에 드디어 런던 남동부 외곽 벡슬리히스에 번쩍이는 새하얀 전시장을 열었다. 그곳은 그가 셔츠 보는 안목을 기르던 고급 양복점 거리 세빌 로와, 저녁마다 카지노에서 카드놀이를 즐기던 메이페어에서 멀리 떨어져 있었다. 그러나 1960년대는 영국의 전후 긴축 정책이 끝나던 시기였으므로 사업은 호황을 구가했다. 어부의 아들이었던 그는 이제 맞춤 정장 차림에 지폐 다발을 두툼히 넣고 다녔으며, 사업장도 그의 외모만큼이나 완벽하게 관리했다. 그는 언제나 바닥을 꼼꼼히 점검하고 조명을 끊임없이 조절하며, 늘어나는 고급 차들을 돋보이게 했다. 그는 카펫에 떨어진 먼지 한 점보다 그 먼지를 들여온 고객이 더 짜증스러웠다.

그러나 그의 명성이 높아지면서 고객층의 수준도 자연스럽게 올라갔다. 카지노에서 알게 된 유명인들이 전시장을 찾아오면서, 그곳은 세련된 스포츠카의 명소가 되었다. 에클스턴이 60년대 런던의 아이콘이던 모델 트위기에게 연녹색의 람보르기니 미우라를 판 순간이야말로 그 시대를 상징하는 장면이었다.

머지않아 에클스턴은 런던의 멋쟁이들을 상대로 자동차를 파는 데서 그치지 않고, 그 차를 살 수 있도록 직접 자금을 빌려주기까지 했다.

그는 자동차 판매와 이자 수입으로 현금을 쓸어 담는 동안에도, 레이싱에 대한 열정을 한 번도 놓지 않았다. 다만 특별히 뛰어난 드라이버는 아니었다. 그는 과거 영국 공군 비행장을 질주하던 시절에 한두 차례 큰 사고를 겪으면서 공포를 느꼈다. 특히 절친이었던 스튜어트 루이스에번스Stuart Lewis-Evans가 1958년 모로코 그랑프리에서 화상을 입고 사망한 이후, 그는 영영 레이싱을 포기했었다.

하지만 이 세계를 완전히 떠날 생각은 없었다. 루이스에번스의 친구이자 매니저이기도 했던 에클스턴은 결국 에이전트 업무로 모터스포츠 무대에 복귀했다. 1960년대 중반, 에클스턴은 F1 관계자들 사이를 오가며 드라이버 요헨 린트와 깊은 유대를 쌓았다. 그리고 두 사람의 우정은 사업 파트너십으로 발전했다. 하지만 그 결말은 다시 한번 비극이었다. 에클스턴은 지금까지도 린트가 로터스 72를 운전하던 도중 사망한 충격에서 벗어나지 못했다고 말한다. 그러나 어쩐 일인지 에클스턴의 모터스포츠에 대한 열정은 이 사고 후에 오히려 더욱 커졌다. 원래 두 사람은 팀을 하나 인수하는 꿈을 꾸곤 했었다. 에클스턴은 혼자서라도 그 꿈을 이루고자 했다. 그렇게 1972년 시즌을 앞두고 팀 브라밤을 10만 파운드(현재 가치로 200만 달러에 조금 못 미친다)에 인수해 마침내 포뮬러 1 클럽의 일원이 되었다.

그런데 막상 인수하고 보니 브라밤은 너무나 엉망이었다. 전시장을 티끌 하나 없이 운영하기로 유명하던 버니는 이 팀의 지저분한 작업장에 경악했다. 사방에 엔진오일이 튀어 있었고, 메카닉들은 어디에 무슨 공구가 있는지도 제대로 몰랐다. 이대로는 도저히 안 될 일이었다. 그러나 팀 오너가 된 그에게는 막강한 특권이 주어졌다. 런던 히스로 공항 근처 포스트 하우스 호텔에서 열리는 영국 컨스트럭터들의 정기 회의에 참석할 수 있게 된 것이다. 이 분야에서 일어나는 긴급한 주요 사안이 모두 그 자리에서 논의되었다. 신참이었던 버니는 우선 차 끓이는 일부터 시작했다.

에클스턴이 세계에서 가장 유명한 자동차 제작자, 엔초 페라리를 만난 것도 바로 이 무렵이었다. 그 두 사람은 많은 시간을 보내지는 않았지만, 에클스톤은 서로를 깊이 이해하고 있다는 느낌이 들었다. 버니는 이렇게 회상한다. "아마 그는 중고차 딜러를 했더라도 크게 성공했을 겁니다."

두 사람은 의견 충돌을 일으키는 법이 없었는데, 그것은 사실 언어 장벽 때문이었다. 그럼에도 에클스턴과 페라리 두 사람 모두 레이싱 팬들이 무엇을 보러 오는지 일찌감치 알아챈 인물이었다. 팬들이 빨간 차를 응원하든, 미워하든 간에 페라리는 F1이라는 무대에서 빠질 수 없는 존재였다. 스쿠데리아의 존재야말로 F1이 다른 모든 모터스포츠와 차별화되는 요소였다. '페라리 인디카' 같은 건 존재하지 않는다. '페라리 나스카NASCAR'는 그 자체로 형용모순이다.° 에클스턴은 이 점을 단 한 순간도 잊은 적이 없었다. 그리고 결국 페라리의 신화를 이용해 그 누구보다 큰 부를 쌓은 인물은, 단 한 번도 마라넬로에서 일한 적 없는 버니 에클스톤이었다.

그의 재산은 훗날 수십억 달러 규모로 불어나지만, 거창한 계획이 있던 적은 없었다고 그는 말한다. 또 지금껏 그의 재산이 과연 얼마나 되는지 아는 사람도 없다. 그가 절대로 말하지 않는 두 가지는 '어젯밤에 일어난 일과 돈 문제'였다. 버니는 서킷의 코너마다 어떤 요철과 연석이 있는지 훤히 아는 드라이버가 아니었다. 그렇다고 공기 흐름과 마력, 타이어의 복잡한 작동 방식을 미리 예측하는 엔지니어도 아니었다. 그러나 F1 무대에서 성공하는 법에 관해서는 그를 따를 사람이 없었다.

° 페라리는 어느 레이스에나 들어갈 수 있는 팀이 아니며, 페라리가 있다는 사실 자체가 그 레이스의 격을 규정한다는 의미

그 비결은 언제나 그렇듯, 허점과 불확실성을 포함해 법적 문서에 명시되지 않은 모든 것을 이용하는 것이었다. 그런 다음에는 마치 스파이처럼 철저히 숨겨야 한다. 그는 도저히 어쩔 수 없을 때가 아닌 한 절대 비밀에 부쳤고, 그 누구에게도 차고만은 공개하지 않았다. 1990년대 초부터 그가 대회에 출전할 때마다 주변에 보이던 모터홈**motor home**°이 '크렘린**The Kremlin**'°°이라는 별명으로 불린 것도 바로 그 때문이다.

버니는 한 측근에게 이렇게 말한 적이 있었다. "당신은 항상 모든 걸 분명히 하려 드는 게 문제예요. 하지만 때로는 명확하지 않은 상태가 더 유리할 때도 있죠."

에클스턴에 관한 수많은 기록과 영상이 있다. 그중에는 공인된 것도, 그렇지 않은 것도 있으며, 만화로 그려진 것도 있다. 세계적인 인기 스포츠에서 90대까지 활동하며 억만장자가 되고, 세 번 결혼하여 그 딸들까지 모두 유명인으로 길러낸 인물이라면 대중의 관심을 한 몸에 받기 마련이다. 그러나 에클스턴이 현대적인 포뮬러 1의 기반을 닦고 40년이 넘도록 팀을 운영해 온 비결은 결국 하나의 능력으로 요약된다. 오랫동안 그의 오른팔 노릇을 해 온 마이클 페인**Michael Payne**은 이렇게 말했다. "그는 거래를 하기 위해 태어난 인물이었습니다."

° 이동식 주거 공간을 갖춘 대형 차량으로, F1에서는 팀 수뇌부와 VIP를 위한 이동식 본부를 의미한다

°° 비밀스러운 곳이라는 점에서 러시아 모스크바의 '크렘린 궁'에서 따온 별명이다

에클스턴은 그 타고난 거래 감각으로 포뮬러 1의 세 가지 핵심 영역에 혁명을 일으켰다. 첫 번째는 각 팀과 서킷, 즉 대회 주최 측 사이의 관계를 장악한 것이었다. 이것은 얼핏 행정적인 문제에 불과한 것 같지만, 알고 보면 거의 쿠데타에 버금가는 중요한 일이었다. 두 번째는 텔레비전을 본격적으로 활용한 것이었다. 사실 오늘날 모든 스포츠 제국의 힘은 바로 텔레비전에서 나온다고 할 수 있다. 세 번째는 스폰서의 중요성을 간파한 것인데, 특히 담배 산업과 긴밀한 협력을 구축했다.

허점을 파고드는 예리한 눈과 팀 오너로서의 타고난 기질을 바탕으로, 이 모든 영역에서 점차 지배력을 키워가던 에클스턴은 이제 포뮬러 1의 규모를 전 세계로 확대한다는 원대한 꿈을 꾸기에 이르렀다. 그리고 그 과정에서 엄청난 부를 끌어모았다. 그가 이 모든 일을 공짜로 했을 리는 만무하니 말이다.

그의 진짜 재능은 언제나 비용을 대신 부담해 줄 사람들이 주변에 넘쳐나도록 만드는 데 있었다.

□ ■ □ ■ □

에클스턴은 F1의 다른 팀 오너들과 가진 첫 모임에서부터 기회를 포착했다. 테이블에 앉아 있던 사람들 중에는 자동차 산업의 거물, 뛰어난 디자이너, 레이서도 많았다. 그러나 솔직히 말해 엔초를 제외하면 그의 적수가 될 만한 인물은 별로 없었다. 그들은 그가 카지노를 들락거리며 만난 도박꾼만큼 교활하지도, 런던에서 알고 지내던 중고차 딜러들처럼 냉혹하지도 않았다.

무엇보다도, 그들 중 누구도 진짜 돈을 쥐고 있지 않았다. 그들이 가진 뛰어난 기술적 식견에도 불구하고, 항상 파산 직전이라고 앓는 소리를 해대는 모습을 보며 에클스턴은 어이가 없었다.

그리고 이유는 곧 분명해졌다. 상업적 감각이 형편없던 컨스트럭터들은 어떤 사안에서도 합의에 이르지 못했다. 버니가 보기에, 이 문제의 근원은 그들이 포뮬러 1의 근본적인 현실을 이해하지 못한 데 있었다. 각 팀은 1년에 고작 12번 정도, 그것도 트랙 위에서 몇 시간 동안만 서로 경쟁할 뿐이었다. 나머지 시간에는 서로 비즈니스 파트너임을 이해해야 했다.

사정이 이런데도 콜린 채프먼이 이끄는 로터스부터 엔초 페라리의 스쿠데리아에 이르는 모든 팀은 오로지 눈앞의 소소한 이익만을 좇으며 따로 움직이고 있었다. 각 팀은 주최 측과 출전 수당을 따로따로 협상하고 있었다. 페라리가 가장 큰 금액을 받는 동안, 영국 팀은 고작 수백 파운드를 벌기 위해 전 세계를 돌아다녔다. 그들은 서로의 재정 형편을 공유하는 일도 절대 없었다. 만약 부족한 돈을 상금으로 메울 수 있다고 생각했다면 큰 오산이었다. 당시 레이스의 우승 상금이라고 해봐야 겨우 1만 달러 수준이었기 때문이다.

게다가 누가 이 대회를 운영하고 있는지조차 불분명했다. 각 레이스가 지역 자동차 클럽별로 운영되다 보니, 저마다의 사소한 변덕과 스폰서와의 이해관계에 얽혀 연간 F1 캘린더는 끊임없이 바뀌었다. 일정이 너무 자주 바뀌는 통에 과연 모든 팀이 모든 대회에 참가할 수 있을지 주최 측조차 장담할 수 없을 지경이었다. 예를 들어 1969년 시즌에는 그랑프리가 11회, 점수에 반영되지 않는 대회가 4회 열렸다. 이듬해에는 13번의 그랑프리, 세 번의 비공식 레이스가 열렸고, 총 12개 팀 중 모든 레이스에 참가한 팀은 고작 7개뿐이었다.

완벽을 중시하는 에클스턴의 눈에, 이런 임기응변식의 적자 구조는 도저히 용납할 수 없는 것이었다. 캐나다나 남아프리카처럼 먼 곳으로 자동차와 드라이버, 엔지니어를 기껏 보내봐야 수천 파운드의 손해만 보고 돌아와야 한다면 도대체 무슨 의미가 있단 말인가. 해답은 분명했다. 모든 팀이 함께 협력해서 조건을 통일하고, 하나의 목소리로 협상해야 했다. 그들은 원하기만 하면 충분히 카르텔을 형성할 수 있었다. 다만 아직 그 사실을 모르고 있었을 뿐이다.

에클스턴은 영국 팀끼리 회사를 차려 포뮬러 1 대회의 물류를 최적화하고, 모든 팀이 공정한 출전료를 제때, 전액 받을 수 있게 하자고 제안했다. 처음에 다른 오너들은 이 제안에 극구 반대했다. 이미 바쁜 와중에 협상과 여러 귀찮은 일을 더 떠안고 싶지 않았다. 이에 에클스턴은 이렇게 말했다. "그럼 나 혼자라도 하겠소. 대신 수수료를 받을 거요."

이 순간을 기억해 둘 필요가 있다. 에클스턴은 자신이 모든 책임과 위험을 감수한 채 팀들이 어디에서 레이스를 하든 합당한 출전 수당을 보장하겠다고 나선 것이다. 바로 이 순간부터 F1 스포츠 전체의 판도가 바뀌기 시작했다. 이후 에클스턴은 각 서킷들과 계약을 맺고 모든 경기가 차질 없이 진행되도록 관리했다. 그 대가로 그는 주최 측이 치러야 할 금액의 8퍼센트를 수수료로 요구했다. 그 자리에 모인 팀들에게 이 금액은 앞으로 이런 문제를 다시 걱정하지 않아도 되는 데 비하면 충분히 저렴한 대가였다. 나중에 그들은 포뮬러 1 컨스트럭터 협회Formula One Constructors' Association, FOCA라는 이름의 정식 모임을 결성했다.

1972년, 포뮬러 1에 발을 들인 그의 첫 시즌이 끝나갈 무렵, 버니는 유럽 전역의 주최 측에 대회 상금을 4만 3,000파운드로 인상해 달라고 요구했다. 그리고 1974년에는 벨기에 현지 주최 측이 무능함을 드러내자 자기가 직접 벨기에 그랑프리를 진행하기까지 했다. 1976년이 되자 그의 요구액은 대회당 15만 파운드로, 1977년에는 다시 16만 5,000파운드, 1978년에는 19만 파운드까지 올랐다. 팀들은 주최 측이 이 금액에 맞춰주지 않는 대회에는 여지없이 보이콧을 단행했다.

모터스포츠 관계자들의 짜증을 유발하는 이러한 협박은 곧 반복되는 패턴이 되었다. 그러나 에클스턴은 그들의 반응에 전혀 개의치 않았다. 그는 비록 겉으로는 안 그런 척했지만, 결국 모든 것은 돈으로 귀결된다는 사실을 알았다. 그걸 가르쳐준 사람이 바로 엔초였다.

엔초 페라리가 에클스턴에게 해준 이야기가 있었다. "매춘업을 하더라도 사람들이 모르게 해야 한다네. 겉으로는 호텔인 척 꾸미고, 매춘은 지하실에서 운영해야지."

FOCA에서의 역할을 맡은 이후, 버니는 거의 10년에 걸쳐 모터스포츠 세계의 이상하고 혼란스러운 정치와 씨름하며 골머리를 앓았다. 이 일에서 그의 든든한 동맹은 영국 상류층 변호사 맥스 모슬리**Max Mosley**였다. 멋진 집안에서 훌륭한 교육을 받으며 자란 모슬리는 버니의 배경과는 정반대였다. 귀족 가문 출신의 모슬리는 프랑스와 독일에서 자라 영국의 기숙학교를 거친 뒤 옥스퍼드로 진학했다.

에클스턴은 이렇게 말한다. "맥스는 제대로 된 영어를 구사했죠. 나는 중고차 딜러 출신이었지만, 그는 법정 변호사였어요."

모슬리 가문에서 그리 자랑스럽지 못한 부분은 오히려 그의 부모였다. 그의 아버지 오스왈드 모슬리**Oswald Mosley**은 1930년대 영국 파시스트 연합의 리더였다. 검은 셔츠 차림의 지지자들과 함께 나치 독일과 무솔리니의 이탈리아를 본뜬 국가를 꿈꿨다. 그와 맥스의 어머니 다이애나 미트포드**Diana Mitford**는 나치의 선전 책임자였던 요제프 괴벨스의 집에서 비공개 결혼식을 올리기도 했다(2008년에 맥스는 이 일로 크게 곤욕을 치렀다. 「뉴스 오브 더 월드**News of the World**」라는 타블로이드 신문이 '나치 잔당, 5명의 매춘부와 놀아나다'라는 제목으로 그의 행적을 보도한 것이었다. 모슬리는 해당 신문을 사생활 침해로 고소했고, 결국 승소했다. 그는 매춘부들과의 일탈 행위 자체는 인정했지만 나치 관련설은 부인했다).

그러나 모슬리가 그런 기괴한 파티로 세간의 화제가 되기 훨씬 이전부터, 그는 에클스턴의 호적수였다. 그는 1969년에 드라이버 생활을 은퇴하고 그해에 마치라는 F1 팀을 공동 설립하며 FOCA의 회원이 되었다. 전 세계를 순회하고 회의에 참석하는 동안 두 사람은 금세 친해졌다.

버니가 상대의 허점을 간파하고 강경한 협상을 주도했던 반면, 감정에 휘둘리지 않는 모슬리는 좀 더 장기적인 판을 내다봤다. 물론 그도 F1 무대에 갓 들어온 이 파트너를 존경할 수밖에 없었다. 과거 에클스턴의 오랜 법률 자문가 가운데 한 명이 모슬리에게 말했듯이, 버니는 "자신이 초래한 곤경에서 빠져나오는 놀라운 재주가 있었다."

모슬리는 에클스턴과 함께 모터스포츠와 관련된 모든 회의에서 FOCA의 이익을 대변하며, 그 재능을 바로 옆에서 지켜보았다. 버니가 의도적으로 상대방의 화를 돋우는 협상 전술을 펴는 동안, 모슬리는 완벽한 콤비 플레이를 펼쳤다. 일종의 회유와 협박 전술이었다. 모슬리가 점잖은 말로 상대방을 회유할 때면 에클스턴은 짐짓 딴청을 부렸다. 심지어 자기 입으로 관심이 없다고 말하거나, 상대방이 말하는 중에 일어나 벽에 걸린 액자를 바로잡기도 했다. 혹은 협상을 서둘러 끝낼 수밖에 없도록 비행기 출발 시간을 회의 시간과 아주 가깝게 예약해 둘 때도 있었다.

1970년대에 그가 하는 일은 거의 협상뿐이었다. 에클스턴이 이끄는 FOCA와 모터스포츠 세계 기구를 표방하는 단체 사이에 벌어진 패권 다툼은 거의 10여 년이나 이어졌다. 처음 이 조직은 국제스포츠위원회Commission Sportive Internationale, CSI라는 이름으로 불렸는데, FIA가 주관하는 대회를 운영했고, 본부는 스포츠계에서 가장 호화로운 장소인 파리 콩코드 광장의 호텔 드 크리용에 두고 있었다(비유하자면 메이저리그 운영 본부가 플라자호텔 스위트룸에 자리 잡은 것과 같다).

그러다가 1978년에는 국제자동차스포츠연맹Fédération Internatio-nale du Sport Automobile, FISA으로 이름이 바뀌었고, 에클스턴이 극도로 싫어하던 허풍쟁이 프랑스인이 회장 자리에 앉았다. 그의 이름은 장 마리 발레스트레Jean-Marie Balestre였는데, 행동거지는 마치 루이 몇 세쯤이나 되는 듯했다. 그는 깐깐한 원칙주의자였고, 과거 고카트go-kart 대회의 운영진이었으며, 무엇보다 제2차 세계대전 당시 나치 친위대에 몸담은 이력이 있었다. 에클스턴은 그와 팽팽하게 맞설 때면 어김없이 이 대목을 언급하며 압박했다.

한번은 발레스트레가 TV 방송에서 천연덕스럽게 거짓말한 적도 있었다. "나는 영국인에 대해 아무 감정도 없습니다. 비록 그들이 잔 다르크를 화형에 처했지만 말입니다."

발레스트레로서는 에클스턴이라는 자가 이 바닥에 등장한 지 불과 몇 년 만에 모든 레이싱 팀 중 거의 절반을 자기편으로 돌려버린 것이 이만저만 큰 문제가 아니었다. 그의 영향력은 도저히 무시할 수 없는 수준이었다. FOCA와 FISA 사이의 싸움은 단지 모터스포츠계의 주도권뿐만 아니라 수많은 이슈에 걸쳐 있었다. 기술 규정, 서킷 운영 등을 놓고 사사건건 다투었고, 무엇보다 돈 문제가 가장 컸다.

FISA의 보수적인 임원 가운데 한 명이 모슬리에게 이렇게 말한 적이 있었다. "당신하고 친한 그 땅딸보 말이오, 그 사람이 매년 출전료를 올려달라는데 주최 측은 그럴 돈이 없어요."

대회는 늘 불안정한 상태에서 치러졌다. 팀이 막판까지 철수하겠다고 나서거나, 드라이버들이 파업을 벌이거나, FISA가 월드 챔피언십 포인트를 박탈하겠다고 위협하는 일이 반복됐다. 이것은 도저히 정상적인 리그라 할 수 없었다. 출전 팀 명단도 정해지지 않은 채 치러지는 NFL을 상상할 수 있는가. 윔블던 주최 측이 선수에게 코트 출입을 무기로 협박하는 것도 있을 수 없는 일이다. 이런 불확실성은 스폰서를 유치하는 데 치명적이었다. 1980년대 초, 상황은 결국 파국 직전까지 치달았다. 여전히 자금난에 시달리던 FOCA 소속 팀들은 FISA와 완전히 결별하여 세계모터스포츠연맹World Federation of Motosport, WFM이라는 기구를 따로 세울 계획이었다. 그들은 총 15개국에서 18개 대회를 치르는 일정을 구상했고, 여기에는 모나코, 몬차, 그리고 새로운 뉴욕 그랑프리가 포함되었다. 출범 예정 시점은 1981년이었다.

그런데 문제는 이 서킷들 중에 FISA에 맞서 WFM 편에 설 준비가 된 곳이 한 군데도 없다는 것이었다. FISA는 그들에게 만약 버니 측에 합류한다면, 해당 서킷에서 F1은 물론 그 어떤 모터스포츠 대회도 개최하지 못할 것이라고 협박했기 때문이다.

상황은 이제 버틸 수 없는 지경에 이르렀다. 1월에 아르헨티나에서 열릴 예정이었던 시즌 첫 그랑프리가 3개월이나 뒤로 미뤄졌다. FISA가 고작 9대의 출전만 보장했기 때문이다. 이어 2월에 남아프리카공화국에서 FOCA 소속 팀끼리 치른 대회는 페라리, 알파로메오, 르노Renault가 빠졌고, 챔피언십 포인트도 걸려 있지 않았다.

한쪽은 언제라도 차를 철수하겠다고 하고, 다른 한쪽은 트랙을 내주지 않겠다고 위협하는 상황 가운데, 에클스턴과 모슬리, 발레스트레는 다시 한번 협상 테이블을 차렸다. 이탈리아와 파리를 거치며 회담을 이어간 그들은 1981년 초에 마침내 타협점을 찾았다. FISA는 기술과 경기 운영에 관한 제반 사항을 관할하고, 막강한 재정력을 쥔 FOCA는 포뮬러 1의 상업적 운영과 흥행을 맡았다. 사실 이것이야말로 버니가 처음부터 원하던 것이었다. 브라밤 팀의 오너로서 명목상은 컨스트럭터였지만, 그는 다음 시즌 규정을 만드는 일에는 별 관심이 없었다. 그는 스포츠계 전체가 미처 알아채기도 전에 F1의 가장 중요한 부분, 즉 돈이 되는 사업 분야를 차지했다.

그해 3월, 버니와 발레스트레는 평화 조약에 서명했다. 이 합의는 발레스트레의 요청에 따라 파리의 FISA 본부가 있던 지명을 따서 '콩코드 협정Concorde Agreement'이라고 불리게 된다.

□ ■ □ ■ □

FOCA와 FISA가 합의에 이른 덕분에 포뮬러 1에는 어느 정도 평화가 찾아왔고, 동시에 포뮬러 1을 버니가 원하는 바로 그 위치에 올려놓았다.

이 합의를 통해 에클스턴이 확보한 여러 권리 중에는 F1의 방송권을 FOCA가 가진다는 조항도 있었다. 당시 영국과 유럽의 열악한 스포츠 경기 중계 환경을 고려하면, 아무도 자신들이 엄청난 미래 수익원을 내어준 줄 몰랐다.

　당시만 해도 경기를 생중계하는 방송사는 거의 없었다. 영국에서 방영된 아주 적은 분량의 경기 영상은 경기 중 일부만 촬영해 영국으로 공수한 뒤 뉴스용 하이라이트로 편집한 것이 전부였다. 영국 방송사들은 그마저도 아예 방송하지 않을 때가 있었다. 1976년에 BBC는 시즌 내내 F1 방송을 거부했는데, 서티스Surtees 팀이 런던러버컴퍼니London Rubber Company와 맺은 스폰서 계약을 문제 삼았기 때문이다. 계약 내용은 차체에 그 회사의 대표 상품인 듀렉스Durex 콘돔의 상표를 새기는 것이었다. 그 바람에 영국 시청자들은 그해 시즌 제임스 헌트와 니키 라우다가 벌인 흥미진진한 대결을 볼 수 없었다.

　당시 방송 환경이 그토록 시대에 뒤처진 데는 다 이유가 있었다. BBC와 그 경쟁사인 ITV가 영국의 국민 스포츠인 축구 경기 90분을 방송하는 것조차 합의하기 어려웠던 마당에, F1까지 신경 쓸 리가 만무했다. 1980년대 중반까지 방송사와 프로 축구 클럽 간의 분쟁으로 축구 경기 생중계가 거의 1년 가까이 사라진 적도 있었다. 그러나 에클스턴은 TV 시대를 내다보고 있었다. 그는 미국에 머물 때 내셔널 풋볼 리그NFL가 어떻게 TV를 자신들의 존재 목적으로 바꾸어놓는지 지켜보았다. 더구나 마크 맥코맥Mark Mc-Cormack이라는 젊은 미국인 스포츠 에이전트와도 맞붙은 적이 있었다. 맥코맥은 1960년대와 70년대에 아놀드 파머를 비롯한 여러 고객을 일약 TV 스타로 만들며 골프와 테니스계를 혁신한 인물이었다.

　콩코드 협정이라는 무기를 손에 쥔 에클스턴은 포뮬러 1에서도 같은 일을 할 수 있는 잠재력을 갖게 되었다.

얼마 안 가 가장 중요한 계약이 성사되었다. 1982년 시즌을 앞두고 유럽방송연합European Broadcasting Union, EBU이라는 거대한 관료 조직과 맺은 계약이었다. 이 조직은 유럽 전역의 약 92개 공영방송사를 대표하고 있었다. 에클스턴은 F1이 그들에게 꼭 필요한 상품이라고 설득했다. 단 몇 가지 조건을 달았다. 그들 마음에 드는 경기만 방송하고 나머지는 버리는 식은 안 된다는 것이었다. F1을 방송하고 싶으면 실버스톤이든 스즈카Suzuka든 그랑프리 전체를 통째로 방송해야 한다는 조건이었다.

정작 EBU에서 나오는 돈은 100만 달러에도 못 미쳤다. 그러나 에클스턴의 진짜 목적은 그 돈 자체가 아니었다. F1 경기 장면이 유럽 전역의 TV를 통해 방송되면서 스폰서를 유치할 수백 시간의 노출 기회가 창출된다는 점이 중요했다. 차량 로고부터 트랙 옆 광고판에 이르는 모든 것이 시청자들의 시선을 끌게 되었고, 덕분에 에클스턴과 팀들은 스폰서로부터 더 많은 돈을 끌어낼 수 있게 되었다.

잉글랜드 축구가 이런 방식을 구사하기 이미 10년도 훨씬 전에 포뮬러 1은 이미 스포츠의 상업화를 위한 발판을 마련했다. 더구나 이것은 시작에 불과했다.

에클스턴은 EBU와의 계약을 한 번 갱신한 뒤인 1980년대 말, 이 계약이 타산에 맞지 않는다고 판단했다. 버니는 유럽 전역의 TV 방송사를 상대로 중고차 딜러 시절의 영업을 펼쳤다. 한때 결정적이었던 EBU와의 딜을 이제 헌신짝처럼 버릴 때가 되었음을 깨달았다. 각국에 방송권을 따로 팔면 거액을 벌 수 있었기 때문이다. BBC 스포츠 국장부터 이탈리아 케이블 TV 경영자 실비오 베를루스코니Silbvio Berulsconi까지, 그동안 인맥을 튼 임원들과 수십 건의 계약을 맺을 수 있는데 굳이 한 건의 큰 계약에 연연할 필요가 없어 보였다. EBU는 에클스턴에게 후회할 날이 올 것이라고 경고했다지만, 에클스턴은 그 말을 한 귀로 흘려들었다.

1990년이 되어 시즌당 전 세계 F1 시청자 수는 무려 12억 명을 넘어섰다.

에클스턴은 시청자 수를 더욱 늘리기 위해 시리즈의 전문성 강화에 박차를 가했다. 모든 그랑프리의 시작 시간을 유럽 시간 기준 오후 2시에 맞춤으로써, 사람들은 언제 어디서 경기를 봐야 할지 쉽게 알 수 있었다. 미국 시간대는 고려하지 않았다. 그리고 방송사를 설득하여 경기 전후로 관련 프로그램을 편성하게 함으로써 차량과 서킷이 화면에 노출되는 시간을 늘렸다. 이 모든 노력 덕분에 5년 치 F1 방송권의 가치는 약 1억 2,000만 달러로 치솟았다.

하지만 그 금액의 규모가 유럽의 다른 어떤 스포츠보다 월등했다는 사실보다 더 놀라운 점은, 바로 그중에서 에클스턴의 몫으로 돌아가는 비중이었다.

1987년 갱신된 콩코드 협약에 따르면, 방송 수입의 30퍼센트는 FIA에 귀속되고, 나머지는 에클스턴과 각 팀에 돌아갔다. 그러나 FIA는 EBU와의 계약 종료 후 텔레비전의 미래에 대해 불안해했다. 이는 버니에게 완벽한 기회였다. 에클스턴의 측근(아일랜드 서킷에서 광고와 접객을 담당하던 업체)의 제안에 따라, FIA는 자신들의 TV 중계권 지분을 연 560만 달러의 고정 금액에 넘겼고, 그 금액은 이후 900만 달러까지 인상되었다. 당시의 발레스트레는 당장의 확실한 현금을 챙기는 대신 장기적으로 얼마나 큰 금액을 잃게 될지는 까맣게 몰랐다.

그가 평생토록 해왔던 수많은 의문스러운 결정 중에서도 가장 값비싼 것이었다. 이로써 둘 사이의 대결은 버니의 KO승으로 끝났다.

□ ■ □ ■ □

에클스턴이 레이싱 팀과 서킷, 방송권을 장악하는 동안(그러면서 파리의 말쑥한 양복쟁이들과도 싸웠다), 또 다른 세력이 자욱한 연기 속에서 등장하고 있었다. 바로 담배회사였다.

담배 산업이 포뮬러 1에 처음 발을 들인 시기는 브리티시 페트롤리엄BP과 쉘Shell이 F1 후원금을 줄이고, 파이어스톤Firestone이 팀들에게 타이어 비용을 청구한 이후부터였다. 1968년에 임페리얼 토바코Imperial Tobacco, IT가 콜린 채프먼의 로터스 차량에 골드 리프 로고를 붙이는 대가로 연간 8만 5,000파운드를 지불한 것이 시작이었다. 곧바로 브리티시 아메리칸 토바코British American Tobacco, BAT가 그 뒤를 따랐다. 그러나 실질적으로 판이 바뀐 것은 1971년에 담배업계의 거물 필립 모리스 인터내셔널Philip Morris International이 등장하면서였다.

타들어 가는 타르 막대와 기름때로 얼룩진 모터스포츠는 얼핏 어울리지 않는 조합처럼 보이기도 한다. 그러나 필립 모리스가 보기에 이보다 더 좋은 조합은 없었다. 이 회사는 북미에서 선풍적인 인기를 끈 '말보로'를 유럽에 팔아먹을 방법을 찾고 있었다. 그들의 성공 비결은 마케팅의 대전환에 있었다. 제2차 세계대전 이전에 우아한 여성들을 위한 세련된 담배로 홍보하던 말보로는, 1950년대 들어 진정한 남성만이 선택하는 담배로 탈바꿈했다. 그들은 순수 카우보이의 이미지를 내세웠다. 진흙 묻은 청바지 차림의 존 웨인이 말에 올라 거친 들을 달리며 투박한 손으로 쥐어 문고급 담배 말이다.

말보로를 유럽으로 가져가 세계 1위 담배 브랜드로 만든 필립 모리스의 임원 패트릭 뒤펠러**Patrick Duffeler**는 이렇게 말했다. "모든 미국인의 마음속에는 카우보이가 있어요. 그들은 고독한 신사들입니다."

문제는 유럽인들이 서부의 정서를 모른다는 점이었다. 영화로 보긴 했지만, 카우보이 이미지는 프랑스나 독일, 이탈리아 소년들이 꿈꾸는 모습과는 거리가 멀었다. 유럽 말보로에는 다른 종류의 카우보이가 필요했다.

그래서 선택된 것이 포뮬러 1의 드라이버였다.

뒤펠러는 50만 달러를 들고 유럽으로 건너갔다. 벨기에 출신으로 미국에서 공부한 후 이스트먼 코닥**Kodak**의 임원을 지낸 그는 귀족층과 잘 노는 드라이버, 까다로운 사업가들로 구성된 유럽 레이싱 업계 인사들을 쉽게 주무를 만한 인물이었다. 필립 모리스의 초기 전략은 우선 드라이버들에게 돈을 써서 차량과 재킷, 방염 레이싱 슈트 등에 빨간색과 흰색 로고를 붙이는 것이었다. 다음으로는 1971년에 모터스포츠 취재 기자들이 가장 원할 만한 것을 주고 언론 노출을 확보하는 것이었다. 공짜 음식과 술, 그리고 예쁜 여자였다.

하지만 이런 접근법은 오래가지 않았다. 1년 후, 뒤펠러는 상사들에게 돈을 좀 더 전략적으로 쓰자고 제안했다.

"언론에 쓰는 돈은 잊어버립시다. 팀 자체에 투자해야 합니다."

과연 어느 팀이었을까? 말보로는 특정 팀을 고르는 대신, 마음에 드는 드라이버를 골라 그들이 타는 차의 스폰서가 되었다. 그들이 선택한 스타 선수는 브라질 드라이버 에메르손 피티팔디Emerson Fittipaldi였다. 그는 온몸이 말보로 로고로 뒤덮여, 경기에 나서면 마치 담뱃갑처럼 보였다. 어쨌든 필립 모리스는 자사가 후원하는 드라이버들을 '말보로 월드 챔피언십 팀'이라고 부르면서, 차를 한 대도 제작하지 않고도 F1 무대에 진입할 수 있었다.

필립 모리스의 뒤를 이어 임페리얼 토바코, 브리티시 아메리칸 토바코도 지금껏 그 어느 팀도 본 적 없는 거액을 쏟아부으며 마침내 경쟁이 시작되었다. F1은 한번 돈맛을 보자 곧바로 중독되었다. 이후 수십 년간 담배 산업은 포뮬러 1에 45억 달러 이상을 쏟아부었다.

담배회사의 돈을 덥석 물지 않은 유일한 팀은 페라리였다. 엔초는 뒤펠러에게 "내 차는 담배를 피우지 않는다"고 말했다. 그러나 결국 시간문제였다. 이후 수년간 말보로 디자인은 페라리 자동차의 상징적인 리버리의 일부가 되었다. 한편, 페라리는 뒤펠러의 제안에 대한 보답으로 바닥에 카발리노가 그려진 노란색의 큼직한 재떨이 하나를 선물로 주었다. 정작 필립 모리스의 뒤펠러는 담배를 피우지 않았지만 말이다.

그러나 그 재떨이가 상징하는 바는 분명했다. 포뮬러 1의 모든 팀이 그에게 활짝 열려 있다는 뜻이었다. 이제 담배회사의 영향력은 보장된 만큼, 뒤펠러가 할 일은 말보로를 대체 불가능한 존재로 만드는 것이었다. 그의 전략 중 하나는 필립 모리스를 F1의 안전 문제에 관여시키는 것이었다. 끔찍한 충돌 사고로 드라이버들이 타죽는 일이 빈번하던 시대에, 뒤펠러는 조금만 돈을 쓰면 서킷의 장벽과 런오프run-off° 구역 같은 시설을 개선하는 데 큰 공을 세울 수 있다는 점을 간파했다.

그는 안 그래도 흡연과 폐암의 관련성을 부인하려 안간힘을 쓰던 자사의 간부들에게 이렇게 말했다. "우리는 사람을 죽이는 회사가 아니라 안전 체계를 뒷받침하는 회사로 알려져야 합니다."

그 결정은 머지않아 놀라운 결과로 돌아왔다. 필립 모리스가 사실상 F1 스포츠 운영에 일부 관여하게 된 것이다. 필립 모리스는 이제 막강한 영향력을 발휘하며 FOCA와 모터스포츠 관계자들 사이의 싸움판 한가운데에 서게 되었다. 이 모든 일은 뒤펠러가 지역별 주최 측과 서킷을 상대로 말보로 광고 영업을 꾸준히 해온 덕분이었다.

F1은 언제나 그랬듯이 여러 단체 사이의 알력으로 가득했다. 뒤

°　　사고를 방지하기 위한 트랙 밖 완충 지대

펠러는 이런 상황에서도 여러 서킷을 월드챔피언십레이싱World Championship Racing, WCR이라는 조직으로 집결하여 에클스턴에 맞서고자 했다. 말보로도 서킷들과 협력하며 그들의 발언권을 키워주려고 했다. 에클스턴은 당연히 그들을 압박했다.

뒤펠러는 이렇게 말한다. "버니는 주최 측이 뭐라고 하든 신경 쓰지 않는다는 자세로 나왔습니다. 그는 자신도 팀들도 대회가 더 많이 개최되지 않아도 상관없으므로 머지않아 제풀에 지치는 쪽은 당신들이 될 것이라고 겁을 주었습니다."

그러나 버니의 전략은 통했다. 그는 주최자들 사이에 경쟁을 붙이고 의심과 분열을 일으킨 끝에 그들의 단결을 깨뜨렸다. 1970년대 중반에 그는 개별 서킷들과 이면 계약을 체결하며 뒤펠러를 완전히 따돌렸다. 물론 그 이후에도 문제가 불거져 FOCA와 FISA의 대립이 몇 년 더 이어졌지만, 에클스턴은 담배 자본을 자신이 보기에 이 스포츠의 가장 적합한 위치에 두는 데 성공했다. 결국 담배회사는 레이스 주최자도, 컨스트럭터도 아닌 돈줄일 뿐이었다. 담배회사들이 그 역할을 수행하는 한, 버니는 그들을 거부할 이유가 없었다.

뒤펠러는 말한다. "에클스턴의 목표는 분명했습니다. 모터스포츠계를 완전히 지배하는 것이었죠."

□ ■ □ ■ □

1990년대에 접어들자 F1 무대의 주인이 과연 누구인가 하는 질문이 진지하게 제기되었다.

버니 에클스턴의 답은 언제나 하나밖에 없었다. 그는 TV 방송 권에 이어 광고를 포함한 상업적 권리까지 손에 넣는 중이었다. 서킷 및 지역별 주최 측과 협상하는 일도 그의 몫이었다. 1993년 에는 절친인 맥스 모슬리가 FIA 회장 자리에 올랐고, 버니는 모터 스포츠 홍보를 담당하는 FIA 부회장 자리에 앉았다. 이 모든 일은 에클스턴이 포뮬러 1을 장악하는 과정이었다.

그는 이렇게 말한다. "내가 하고 싶은 일을 막을 사람은 아무도 없었습니다."

몇몇이 도전장을 내밀었으나 막기는커녕 방해조차 할 수 없었 다. 그들은 에클스턴의 주변에서 일어나는 모든 '혼란스러워 보이 는 모습'이 사실은 그의 가장 강력한 무기라는 점을 깨달았다. 그 누구도 자신이 현재 어떤 처지에 놓였는지, 상황이 언제 어떻게 변할지 제대로 알 수 없었다. 그들은 아무것도 몰랐다. F1의 운영 에 관한 유일하고 완벽하며 정확한 기록은 규정집이나 세금 신고 서가 아니라 에클스턴의 머릿속에만 존재했기 때문이다. 오직 그 만이 모든 것이 어떻게 연결되어 있는지, 약점은 어디인지, 그리 고 이 모든 판이 어떻게 유지되는지를 이해하고 있었다. 그것이 바로 버니가 원하던 목표였다.

그는 이렇게 말한다. "나의 사업 방식은 매우 독특합니다. 나는 계약서를 좋아하지 않아요. 아무도 모르고 읽지도 않는 92쪽짜리 계약서를 들이미는 미국식보다는, 상대방의 눈을 똑바로 보면서 악수하는 편이 더 좋습니다. 나는 한다면 하는 사람입니다. 그리고 내가 뭔가를 하겠다고 하면 하는 것이고, 아니라면 그걸로 끝입니다. 놀랍게도 사람들은 내 방식을 좋아하는 것 같더군요."

물론 그의 방식이 마음에 들지 않은 사람도 있었다. 바로 F1 팀들이었다. 에클스턴은 1988년에 브라밤을 500만 파운드에 매각하고 F1의 전업 프로모터가 된 후로는 드라이버나 차량 같은 사소한 문제에는 관여하지 않았다. 그는 비로소 진짜 관심 있는 일에만 집중할 수 있었다. F1의 주최 장소나 대회 홍보, 무엇보다 수익과 같은 중요한 사안이 모두 버니를 거쳐야만 결정되었다. 일부 드라이버의 연봉이 600만 달러라는 전례 없는 수준에 도달하던 1989년 당시, 에클스턴은 대회당 100만 달러를 챙기고 있었다.

그런 금액 규모가 드러난 것은 그해 US 그랑프리를 개최했던 피닉스의 주최 측이 자신들이 지불해야 할 300만 달러의 개최료를 공개하면서였다. 300만 달러 중 3분의 1은 물류비, 3분의 1은 상금, 나머지 3분의 1이 바로 버니의 몫이었다. 당시 에클스턴은 이 사실을 두고도 여느 때처럼 당당하게 답변했다.

그는 기자들에게 이렇게 말했다. "받을 수 있는 만큼 받는 겁니다. 그것도 사실 충분히 받는 건 아니에요."

얼마 안 가 그는 영국에서 가장 높은 연봉을 받는 경영인이 되었다. 1993년, 그가 TV 방송권과 스폰서십 권리를 판매하는 데 이용한 두 회사에서 받은 연봉을 합하면 총 4,450만 달러였다. 실제로 F1 차량을 설계하고 달리게 만드는 사람들은 자신들의 스포츠에서 무슨 일이 벌어지고 있는지 도무지 이해할 수 없었다. 한때는 에클스턴도 마찬가지였다. 그도 역시 빨리 달리는 자동차를 만들고 그 차의 운전대를 맡길 만한 드라이버를 찾는 컨스트럭터에 불과했기 때문이다. 그랬던 그가 이제는 똑같은 일을 하면서 1960년대와 70년대의 허술하기 짝이 없던 F1을 지켜본 사람이라면 상상도 할 수 없던 수익을 벌어들이고 있었다. 1990년대 초반, 에클스턴이 이 모든 작업을 마쳤을 때 각 팀은 포뮬러 1의 총수익 중 4분의 1도 안 되는 몫을 받고 있음을 알게 되었다.

컨스트럭터였던 켄 티렐은 그를 향해 외쳤다. "당신은 팀들로부터 F1을 훔쳐 갔어!"

버니는 그의 말에 동의하지 않았다. 그가 보기에 팀들이 아직도 자동차에 연료를 넣고 바퀴에 타이어를 끼울 수 있는 이유는 오로지 자신 덕분이었다. 한 가지 분명한 사실은 1990년대 초 에클스턴이 포뮬러 1을 사상 유례없는 인기 종목으로 만들었다는 점이었다. F1은 윌리엄스와 맥라렌 같은 팀의 우수한 두뇌들 덕분에 기술의 정점에 다가가고 있었다. 그리고 이제 100여 개 국가에서 방송되었다. 레이스당 시청자는 2억 명을 넘어섰다.

F1 세계에 이방인으로 발을 들인지 20년 만에, 버니는 실질적인 권력자가 되었다. 포뮬러 1의 주인이 누구인지는 확신하는 사람은 없었을지라도, 패독에서 '수프리모the Supremo'라 불리는 사나이가 모든 실권을 쥐고 있다는 것을 모르는 사람은 없었다.

5장 ——————— 신들의 경주

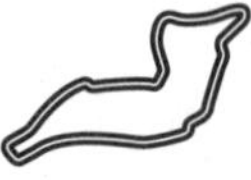

1988년 5월의 햇살 쏟아지는 어느 토요일 오후, 모나코 그랑프리의 최종 예선이 중반에 접어들고 있었다. 이런 주말 경기가 펼쳐질 때면 관중들은 주로 간식을 즐기며 트랙에는 반쯤 관심을 기울인 채, 한 시간짜리 세션의 마지막 순간에 펼쳐질 극적인 드라마를 기다린다.

그런데 이번에는 그럴 때가 아니었다. 모든 관중의 시선이 서킷에서 펼쳐지는 장면에 집중되어 있었다. 노란 헬멧을 쓴 채 빨간색과 흰색의 맥라렌에 올라탄 드라이버가 지금까지 한 번도 본 적 없는 기세로 몬테카를로의 비좁은 거리를 거칠게 질주하고 있었다.

아일톤 세나Ayrton Senna는 완전히 다른 차원에 있었다.

피트 레인을 떠난 지 불과 10분 남짓, 빨간색의 12번을 앞에 단 MP4/4 자동차가 트랙에 올라서자마자, 28세의 이 브라질 청년은 맹렬한 기세로 랩타임을 깎아내리기 시작했다. 주말 내내 다른 드라이버들이 1분 28초의 벽을 넘는 데 애를 먹고 있을 때, 세나는 첫 바퀴 만에 1분 26초 05를 기록했다. 다음에는 1분 25초 06, 그 다음은 1분 24초 04였다. 세나는 단 6바퀴 만에 나머지 선수들과의 차이를 3초로 벌렸다. 폴 포지션은 이미 확보되었다. 그러나 이제 그런 것은 중요하지 않았다. 그는 한계를 돌파하려는 듯이 점점 더 속도를 올렸다.

어떤 면에서 이것은 새로운 장면이 아니었다. 세나는 마치 자신의 기술이 하늘에서 내려오기라도 한 듯이 언제나 거룩한 의식을 치르는 것처럼 예선 경기에 임했다. 그는 포뮬러 1에 처음 출전할 때부터 단 한 바퀴에 자동차의 모든 성능을 마지막 한 방울까지 쥐어 짜내는 남다른 능력을 발휘했다. 지금까지도 F1 팬들은 세나의 수많은 경주 하나하나에 따로 성스러운 이름을 붙여 기념하고 있다. 1985년 포르투갈은 그가 첫 바퀴 만에 무려 3초를 리드를 벌인 경주였다. 1984년 모나코에서는 폭우 속에서도 신기록을 달성했다. 1993년 도닝턴에서는 한 바퀴 만에 3명의 세계 챔피언을 추월했고, 1989년 스즈카에서는 혼다의 홍보 영상 촬영 중 흰 양말에 갈색 로퍼를 신고 아큐라 NSX를 극한까지 몰아붙였다.

그러나 1988년 그날 오후 프랑스 리비에라에서 벌어진 일에 비할 만한 것은 아무것도 없었다. 아홉 번째 바퀴를 시작하며 결승선을 통과해 생트 데보트**Sainte Dévote** 코너를 향해 질주하던 순간, 세나는 그랑프리 역사상 가장 믿을 수 없는 기록을 눈앞에 두고 있었다.

몬테카를로에서 이런 일이 일어날 것이라고는 아무도 예상하지 못했다. 모나코 서킷은 그 어떤 곳보다 드라이버의 정밀한 기술과 집중력, 용기를 철저히 시험하는 트랙이었다. 도로는 터무니없이 좁고, 노면은 울퉁불퉁하며, 코너는 도저히 돌 수 없을 정도로 빡빡하다. 런오프 구역은 상상 속에서나 존재한다. 거의 모든 서킷은 가장자리에 잔디나 완만한 연석이 있어 실수가 나오더라도 어느 정도 만회할 기회가 있다. 그러나 모나코 서킷은 온통 콘크리트 벽이 둘러쳐진 데다 절벽 가장자리를 달려야 한다. 드라이버들은 19개나 되는 코너를 구불구불 도는 약 3.21킬로미터 거리를 마치 바늘귀를 통과하듯 달려야 한다. 월드 챔피언을 세 번 달성한 브라질 드라이버 넬슨 피케**Nelson Piquet**는 이 코스가 마치 거실에서 자전거를 타는 것과 같다고 말한 적도 있다.

그럼에도 세나는 카지노 스퀘어**Casino Square** 구간을 휩쓸 듯 통과하고, 운전대와 씨름하듯 코너를 돌아 언덕을 내려왔다. 그리고 첫 구간의 끝에 자리한 미라보 헤어핀**Mirabeau Hairpin**°을 빠져나오는 순간, 이미 자신의 기록을 0.4초나 앞서고 있었다.

그 순간 가장 놀란 사람은 다름 아닌 맥라렌 차고에 있던 세나의 팀원들이었다. 우선, 그들은 두 바퀴 전에 그에게 속도를 줄이고 피트로 돌아오라고 지시한 상태였다. 그때 이미 폴 포지션은 확보된 상태였기 때문이다. 팀은 그에게 그 이상 차를 위험에 빠뜨

°　헤어핀은 머리핀 형태의 타이트한 U자형 코너를 말한다

려서 얻을 게 없다고 말했다. 그러나 세나의 생각은 달랐다.

세나가 무전으로 응답했다. "제발 달리게 해줘요. 저 자신을 위해서요."

그렇게 불필요한 위험을 감수하는 일은 맥라렌팀 대표 론 데니스Ron Dennis가 발작을 일으킬 만한 행동이었다. 수백 미터 밖 항구에는 그가 주말을 보내기 위해 빌린 초호화 여객선이 정박해 있었고, 그 안에는 맥라렌에 연간 약 5,000만 달러 상당의 스폰서들이 가득 모여 있었다. 데니스에게는 세나가 자기 능력을 과시하기 위해 무의미한 질주를 펼치다 차를 망가뜨리는 것이야말로 가장 원치 않는 상황이었다. 그러나 그 데니스조차 눈앞에 벌어지는 일에 너무 놀라 아무 조치도 취할 수 없었다. 차고 한구석에는 알랭 프로스트Alain Prost가 서 있었다. 두 차례 월드 챔피언이자, 표면상 팀 내 최고의 드라이버였던 그는 빨간색 방염 레이싱 슈트 차림으로 TV 화면을 바라보았다. 그는 이제 그 자리를 내놓게 될지도 모른다는 예감을 한듯 엄숙한 표정을 짓고 있었다.

트랙 위의 세나는 오른손으로 기어 레버를 움켜쥐고, 로우스Loews 코너를 시속 50킬로미터로 통과하기 위해 기어를 1단까지 내렸다. 서킷을 한 바퀴 돌 때마다 해야 하는 총 46번의 변속 중 하나였다. 다음으로 시야가 가려진 우회전을 정확히 통과해 포르티에로 들어선 다음, 곧바로 가속 페달을 끝까지 밟았다. 로우스 호텔 아래 긴 터널을 질주하며 속도는 시속 270킬로미터까지 치솟았고, 콕핏에 있던 그의 머리가 세차게 흔들렸다.

세나의 단일 랩타임에서 가장 놀라운 점은, 통상적인 기준으로 보면 그의 주행이 마치 완전히 엉터리처럼 보인다는 사실이었다. 코너링이 가장 중요한 모터스포츠의 드라이버들은 코너를 돌아 나올 때 되도록 가속 페달을 부드럽게 밟아 앞뒤 타이어에 무게를 고르게 분산하고 그립을 극대화하라고 배운다. 그런데 아일톤 세나는 그렇게 하지 않았다. 운전대를 잡아당기듯 휘두르고 감에 의존하는 그는 코너에서 오히려 가속 페달을 세게 밟았다 뗐다 반복하는 스타일이었다. 객관적으로 볼 때 이것은 매우 무모한 방식이었다. 그러나 그 난폭한 페달 조작 뒤에는 세나가 스스로 개발한 직관에 반하는 복잡한 기술이 숨어 있었다. 그는 차의 접지력을 극한까지 테스트하고자 했다. 그러기 위해서는 드라이버가 조작에 변화를 준 뒤, 이를테면 운전대를 돌렸을 때 어떤 반응이 나타나는지 지켜보는 수밖에 없었다. 그랬을 때 궤적이 안쪽으로 파고든다면 아직 최대 그립이 아니라는 뜻이었다. 반면 운전대를 돌려도 같은 경로를 유지하면 한계에 도달했거나 이미 훨씬 넘어섰을 수도 있다는 의미였다. 세나는 운전대와 가속 페달을 초고속으로 섬세하게 조작하며 실시간으로 자동차의 반응을 살폈고, 이를 통해 극한의 성능을 면도날처럼 유지할 수 있었다.

하지만 이번만큼은 한계에 도달했다는 것을 알기 위해 초고속의 섬세한 조작을 할 필요가 없다. 맥라렌이 두 번째 섹터 끝의 스위밍풀**Swimming Pool** 구간을 돌아 지나갈 때, 그는 자신을 포함한 역대 그 어떤 선수보다 1.1초나 앞서 있었다. 현장에 있던 모든 이가 마법 같은 일이 벌어지고 있음을 직감할 수 있었다.

다만, 그 자리에 없었다면 그 누구도 이 장면을 볼 수 없었다.

세나의 완벽한 주행에서 가장 이해하기 어려운 사실은, 그 어떤 영상도 남아 있지 않다는 점이다. 오늘날 포뮬러 1에서 흔해진 차량 탑재 카메라는 그다음 시즌에야 도입되었다. 그리고 1988년 모나코 그랑프리 예선 TV 중계팀의 촬영 담당은 그 시즌 앞선 두 번의 레이스에서 폴 포지션을 차지한 세나 대신, 알레산드로 나니니**Alessandro Nannini**가 모는 베네통**Benetton** 차량에 카메라를 맞추고 있었다(무명의 드라이버였다).

결국 역대 최고의 예선 랩을 직접 목격한 사람은 현장에 있던 관중들, 피트 크루, 그리고 트랙 위를 10미터쯤 붕 떠 있었을 늠름한 브라질인뿐이었다. 아일톤 세나가 트랙의 마지막 코너를 돌다 나오던 바로 그 순간, 그는 마치 영혼이 몸에서 빠져나가는 듯한 고도의 몰입 상태였을 것이다.

그는 훗날 캐나다 기자 제럴드 도널드슨**Gerald Donaldson**에게 이렇게 말했다. "폴 포지션은 이미 확보했지만, 점점 더 빨라지고 있었어요. 한 바퀴를 돌 때마다 계속해서 빨라졌죠. 어느 순간 문득 팀 동료를 비롯한 그 어떤 누구보다 2초 앞서고 있다는 걸 알았습니다. 문득 제가 더 이상 의식적으로 운전하고 있지 않다는 걸 깨달았지요. 일종의 본능 상태였는데, 마치 다른 세계에 있는 느낌이었어요."

세나가 정신을 차리고 기록을 보니 결승선을 1분 23초 998로 통과해 있었다. 모나코 대회 신기록은 아니었다. 1년 전에 세나가 더 강력한 F1 카를 몰고 달렸을 때보다는 늦은 기록이었다. 그러나 2위로 들어온 프로스트와의 격차는 무려 1.4초였다. MP4/4를 몰지 않았던 게르하르트 베르거**Gerhard Berger**는 그보다 2.6초 늦은 3위로 들어왔다. 세나 자신조차 도대체 무슨 일인지 어안이 벙벙했다. 그는 이렇게 말했다. "그날 이렇게 혼잣말했습니다. '이게 나의 최대치다. 그 이상은 불가능하다.' 그때 그 느낌은 한 번도 다시 느낀 적이 없어요."

다음 날 세나는 또 하나의 충격적인 순간을 연출했고, 이번에는 카메라에 고스란히 담겼다. 출발선을 폭풍처럼 달려 나간 그는 프로스트를 거의 1분이나 앞서 있었다. 그러다 결승선까지 12바퀴를 남긴 그 순간 그는 집중력을 잃었고 운전대를 쥔 손이 느슨해지면서 방호벽을 들이받고 말았다. 크게 낙담한 세나는 망가진 차에서 빠져나오자마자 서킷을 떠났다. 곧장 고층 아파트인 휴스턴팰리스 9층에 있는 자신의 집으로 돌아가 남은 경기를 지켜봤다. 경기가 끝난 후 그는 깊은 잠에 빠져들었다. 몇 시간이 지나도록 맥라렌팀의 그 누구도 세나가 어디 있는지 몰랐다.

레이스의 결과는 세나의 좌절에도 불구하고 그리 큰 의미를 갖지 못했다. 그 주말, 그는 불과 84초도 되지 않는 시간 동안 포뮬러 1 역사상 가장 위대한 랩이라 불릴 만한 순간을 만들어냈다. 곧이어 그가 몰던 차가 역대 최고의 포뮬러 1 레이스카였음이 분명해졌다. 그리고 그 시즌이 끝날 무렵, 그는 생애 처음으로 월드 챔피언에 올랐다.

아일톤 세나를 통해, 포뮬러 1은 마침내 첫 번째 진정한 글로벌 스타를 맞이하게 되었다. 그가 절묘한 타이밍에 포뮬러 1 무대에 등장한 것은 놀랄 일이 아니었다.

　세나가 혜성처럼 등장해 할리우드급 아우라를 발산한 1980년대 중반은 버니 에클스턴의 성공적인 TV 중계권 계약 덕분에 대회가 절정의 인기를 누리던 바로 그 시기였다. 그는 외모와 카리스마, 그리고 차의 성능을 극한까지 몰아붙이고 그 상태를 누구보다 오래 유지하는 비범한 능력까지 두루 갖췄다. 세나는 자신을 모터스포츠에 내린 신의 선물이라고 자부했지만, 사실 그 선물의 수혜자는 버니였다. 세나는 에클스턴이 포뮬러 1을 5대륙으로 확장하며 세계적인 비즈니스로 키워가던 시기에 딱 들어맞는 주연 배우였다.

　그처럼 세계적인 인지도를 자랑한 드라이버는 전무후무했다. 수십 년 전 세계 축구 무대에서 펠레가 그랬듯이 세나는 전형적인 브라질의 아이콘이자 세계적인 우상이었다. 그의 놀라운 스피드와 두려움 없는 질주는 국경을 초월했다. 그가 쓴 노란 헬멧은 상파울루의 F1 팬에게도 영국 스티브니지에서 자란 어린 소년°에게도 똑같이 품격과 모험의 상징이었다.

　세나는 폭우가 쏟아지는 포르투갈 그랑프리에서 첫 우승을 차지한 후부터 숭배의 대상이 되었다. 영국 팀의 위상을 한 단계 높인 후로는 영국인의 사랑을 독차지했다. 그러나 이 브라질 영웅이 가장 열광적인 응원을 받은 곳은 바로 일본이었다. 그가 혼다 엔진을 단 레이스카를 몰고 연전연승을 거듭하는 모습은 마침 일본이 미국을 제치고 세계 최대 자동차 생산국이 되던 시기에 일본

자동차 산업에 정당성을 부여하는 것 같았다. 무엇보다 그 인기는 세나에게 엄청난 부를 안겨주었다.

그를 남들과 구분 지은 것은 냉혹한 성격이었다. 콕핏에서든, 트랙 밖에서든, 협상 테이블에서든, 그는 완고했고 오직 자신만이 옳다고 굳게 믿었다. 거기에 야망까지 더해진 세나는 그 어떤 것도 자신의 앞을 가로막도록 두지 않았다.

그가 처음으로 자동차 레이스를 경험한 것은 21살 때 영국 포뮬러 포드 대회에서 한 시즌을 보낸 일이었다. 당시 세나는 19번의 경주 중 무려 12번이나 우승했지만, 젊은 아내 릴리안은 새로운 환경에 적응하지 못했다. 1980년대 영국 생활은 브라질과는 너무도 달랐다. 그곳은 사시사철 비가 멈추지 않는 회색빛의 우중충한 환경이었다. 결국 이들 부부는 시즌이 끝나기도 전에 귀국했다. 이듬해 세나는 다시 영국으로 돌아갈 때가 되자 아내의 곤경을 해결하지 않으면 두고두고 문제가 될 것임을 알았다.

결국 그는 그녀와 이혼하고 브라질을 떠났다.

세나는 이렇게 말했다. "포뮬러 1에 나서려면 모든 시간과 집중력을 쏟아부어야 했습니다. 그러나 결혼한 상태로는 도저히 그럴 수 없었죠. 그래서 헤어질 수밖에 없었습니다."

그는 비즈니스에서도 마찬가지로 냉정했다. 니키 라우다가 처음으로 시즌당 100만 달러를 받은 지 불과 15년 만인 1993년, 세나는 맥라렌과 말보로를 상대로 레이스당 100만 달러를 받아냈다. 그리고 그 돈을 그랑프리 시작 전 수요일마다 그의 계좌로 입금하라고 요구했다. 한번은 송금이 제때 처리되지 않자, 세나는 포르투갈 그랑프리 출전을 거부하며 상파울루 집을 떠나지 않았다. 팀이 팩스로 입금 확인서를 보내온 뒤에야 세나는 비행기에 올랐다. 그는 급히 날아가는 바람에 엉뚱한 공항에 도착했고, 금요일 연습 주행이 한창 진행될 때야 서킷에 도착했다. 그리고 곧바로 충돌 사고를 냈다.

이런 벼랑 끝 협상술이 F1의 대표적인 협상의 대가인 에클스턴에게는 오히려 호감을 샀다는 건 말할 필요도 없다. 두 사람은 큰 나이 차이에도 불구하고 가까운 사이가 되었다. 아일톤은 버니를 신뢰했는데, 이것은 이 스포츠에서 전례가 없는 일이었다. 브라질에 있던 세나의 넓은 집에서 긴 대화를 나누며, 버니는 아일톤이 F1을 바꿀 수 있는 인물임을 알아보았다. 세나는 챔피언이 되는 데 필요한 모든 것을 갖춘 채 포뮬러 1에 입문했다. 그러나 전설이 되려면 아직 두 가지가 더 필요했다. 하나는 그의 천재성을 드러낼 수 있는 레이스카였고, 다른 하나는 그가 한계를 넘어서게 만들 라이벌이었다.

운 좋게도 그 둘을 모두 제공할 사람이 있었다. 역시 자신만의 방식대로 포뮬러 1을 재창조하고 있던 론 데니스였다.

□ ■ □ ■ □

엔초 페라리가 F1 세계에 끌린 이유는 속도에 대한 사랑 때문이었다. 콜린 채프먼의 경우는 이곳이 자신의 창의적인 광기를 발산할 무대였다. 그러나 론 데니스는 그 두 사람과 전혀 다른 이유

때문이었다.

그에게 F1 팀은 돈을 버는 수단이었다.

끊임없이 변화를 추구하는 이 스포츠에서도, 팀을 운영하는 목적 자체를 다시 정의한 이 발상은 너무나 급진적이었다. 이 급진적인 발상은 런던 외곽의 허름한 산업 단지에 모인 오합지졸에 불과했던 그의 팀을 수십억 달러 규모의 비즈니스 제국으로 탈바꿈시켰다.

데니스는 거의 30년 이상 맥라렌팀 대표로 일하면서 그전까지 가내 수공업이나 다를 바 없던 이 분야에 현대적 경영 관리 기법을 도입했다. 그 결과, 전자 부품에서 기업 홍보 분야를 아우르는 초일류 자동차 대기업을 일구었다. 전통에 연연할 필요가 없었던 맥라렌은 그전까지 어떤 팀도 하지 않았던 방식으로 일하는 데 전혀 부담이 없었고, 오히려 얻을 것만 있었다.

영국 남동부의 서리Surrey에서 나고 자란 데니스는 고등학교를 중퇴한 후 17살에 돈도, 정식 자격도, 자동차 레이싱과 관련된 어떤 배경도 없이 F1 세계에 발을 들였다. 그가 어떻게 메카닉 일자리를 얻었는지는 지금까지 아무도 모른다. 그러나 데니스는 누구보다 먼저 F1이 성장의 변곡점에 서 있다는 사실을 알아보았다. 1980년대를 눈앞에 두었던 당시, F1은 터보 엔진과 탄소 섬유 새시의 도입으로 숨 막힐 정도로 복잡하고 돈이 많이 드는 새로운 시대로 접어들고 있었다.

이제 포뮬러 1에서 가장 중요한 레이스는 재정적 우위를 확보하기 위한 쟁탈전이었다. 데니스는 팀 대표로서 138회의 그랑프리 우승이라는 기록을 달성하기 훨씬 전부터 이 레이스에서 승리하는 법을 알았다. 그는 자신의 철학을 이렇게 피력했다. "사업적 관점에서 회사는 돈을 잃으면 망하고, 벌면 흥할 수밖에 없습니다. 나는 맥라렌이 흥하기를 바랍니다. 내 생각은 지금까지 늘 그래왔고, 앞으로도 변함이 없을 겁니다."

이를 위해 데니스는 투자자가 필요했다. 콜린 채프먼이 로터스 49의 양옆에 골드 리프 담배 로고를 붙인 이후, 수많은 기업이 포뮬러 1이 지닌 매력과 위험, 거침없는 남성성에 열광하면서 너도나도 후원 경쟁에 뛰어들었다. 대머리에 고지식한 인상, 비웃는 듯 굳게 닫힌 입매의 론 데니스는 그런 이미지와는 거리가 멀었다. 그럼에도 F1 역사상 그 누구도 기업 파트너십의 힘을 이용해 자신의 목표를 실현하는 데 데니스만큼 능숙한 사람은 없었다. 데니스는 이렇게 말했다. "나에게 가장 중요한 것은 이미지입니다. 모든 레이스에서 이길 수는 없지만, 언제나 가장 멋져 보일 수는 있죠."

그의 팀은 포뮬러 1에 모습을 보이기 전이었던 하위 리그 시절부터 이미 '보여주는 방식'의 모범이었다. 디테일과 청결에 광적으로 집착하는 성격이었던 그는 자기 팀의 모든 면에 대해 혹독하리만치 높은 기준을 부과했다. 버니 에클스턴이 브라밤팀에 차고 바닥을 청소시키는 획기적인 개념을 도입하던 바로 그 시기에, 데니스는 세션 사이에 차의 도색을 손보기 위해 간판 제작자를 서킷에까지 불러들였고, 팀 트럭 운전사에게는 패독에 차를 주차할 때 타이어의 글자가 모두 같은 방향을 향하도록 신경 쓰라고 했다.

아주 사소한 부분까지 꼼꼼히 챙기는 그의 프로다운 태도를 보여 주는 사례다. 심지어 팀이 우승하는 순간조차, 데니스는 직원들에게 피트 레인에서 냉정하고 침착한 태도를 유지하라고 지시했다.

그는 이렇게 말했다. "의사가 아기를 받을 때 펄쩍펄쩍 뛰지는 않으니까요."

스스로 섹시하고 위험한 스포츠라 자부하는 F1의 내부 사람들의 눈에 데니스의 태도는 너무나 냉담하고, 재미없고, 역겨울 정도로 기업적이었다. 그러나 후원사들은 이런 방식을 열렬히 환영했다. 그리고 필립 모리스는 패트릭 뒤펠러 이후 F1 후원액을 지속적으로 늘려와 1970년대에는 그 어떤 기업보다 더 큰 후원사가 되었다. 그런 필립 모리스가 보기에 데니스는 마치 매디슨 애비뉴°출신인 것처럼 기업 브랜딩 감각을 타고난 사람이었다. 데니스는 말보로의 마케팅 책임자 존 호건John Hogan과 함께 이른바 '후원 교본Book of Sponsorship'이라는 문서를 고안하기도 했다. 그 덕분에 레이스카의 차체를 여러 구획으로 나누고 각 구획에 다른 가격을 매겨, 한 대의 차에 여러 후원사 로고를 붙일 수 있게 되었다.

1979년에 이르러 필립 모리스의 임원들은 데니스의 '프로젝트 포 레이싱 팀Project Four Racing team'이 하위 리그에서 보여준 성과에 깊은 인상을 받았다. 그들은 데니스가 100퍼센트 탄소 섬유 섀시를 사용한 혁신적인 자동차로 포뮬러 1에 진입하겠다는 계획을 밝혔을 때 도저히 거부할 이유를 찾지 못했다. 다만 한 가지 문제

가 있었다. 말보로는 이미 맥라렌 F1 팀과 독점 계약을 맺은 상태였는데, 과거 챔피언이던 그 팀은 이제 대열의 맨 뒤에서 헤매고 있었다.

맥라렌과의 계약을 파기하는 것은 불가능했다. 말보로는 오랫동안 너무 많은 금액을 그 팀에 투자한 터라 하루아침에 손을 털고 나와 처음부터 다시 시작할 수는 없었다. 그러나 데니스의 탄소 섬유 차량 F1 프로젝트를 다른 회사에 뺏기는 것 역시 용납할 수 없는 일이었다. 호건과 필립 모리스 사람들이 이런 딜레마에 빠져 고민하는 동안 데니스는 기회를 포착했다. 그는 수년간 후원사들에 엄청난 가치를 제공했다. 이제 자신이 보상을 받을 차례였다.

1980년 가을의 어느 날 아침, 데니스는 런던 사무실의 호건에게 전화했다. 그가 교착 상태를 풀 방법을 찾아낸 뒤였다.

데니스가 말했다. "내가 맥라렌을 사면 어떻겠습니까?"

호건 팀은 며칠째 수십 가지 아이디어를 떠올리며 해결책을 논의했지만, 이 방법만큼은 떠올리지 못했었다. 마치 동네 슈퍼마켓이 월마트를 인수하겠다는 생각이나 마찬가지였다.

호건이 물었다. "그걸 어떻게 할 생각입니까?"

데니스가 답했다. "아주 쉽습니다. 단, 귀사의 도움이 필요합니다."

호건은 영문도 모른 채 되물었다. "우리가 어떻게 도와드리면 됩니까?"

론 데니스는 포뮬러 1 세계에서 50년을 지내는 동안 거칠고, 자기중심적이며, 냉담하고, 오만한 사람으로 낙인찍혔을지언정 그의 영리한 두뇌만큼은 아무도 욕하는 사람이 없었다.

그는 이렇게 말했다. "맥라렌에게 회사 지분 50퍼센트를 나에게 팔라고 해주세요. 그러지 않으면 맥라렌에 대한 후원을 끊겠다고 말입니다."

호건은 곧바로 납득했다. 1980년 가을, 맥라렌은 말보로의 후원을 유지하고 론 데니스를 새 팀 대표로 영입하여 '맥라렌 인터내셔널'이라는 이름으로 출범했다. 론 데니스가 아니었다면 그 누구도 이렇게 과감한 시도를 성공시키지 못했을 것이라고 해도 과언이 아닐 것이다. 이 모든 일은 그가 지니고 있던 자질, 즉 거대한 야망과 사업적 창의성, 집념, 협상 기술, 그리고 놀랍도록 뚜렷한 비전 덕분이었고, 무엇보다 데니스가 다른 누구보다 훨씬 일찍 F1의 발전 방향을 내다보았기 때문이었다. 그는 포뮬러 1의 모든 핵심 요소, 즉 레이싱, 기술, 재정, 브랜딩, 상업적 잠재력 등이 하나의 거대한 선순환을 이룬다는 점을 꿰뚫어 보았다. 그리고 맥라렌에 들어와 과거 견습 메카닉 시절 자동차에 쏟았던 열정을 그 선순환을 설계하는 데 고스란히 쏟아부었다.

디테일에 집착하는 그의 성격은 이제 극에 달했다. 워킹에 자리한 본사는 5성급 호텔에 버금가는 실내장식과 병원 수준의 특수 용도를 겸비한 최첨단 작업 공간으로 탈바꿈했다. 공장 바닥의 온도(섭씨 21도)부터 조명, 습도에 이르는 모든 요소가 정교하게 조정되었다. 데니스는 최적의 작업 환경을 조성하기 위해 다양한 향기를 도입하기도 했다(색상만큼은 실험이 허용되지 않는 유일한 분야였다. 맥라렌 사무실은 회색으로 통일되었는데, 데니스는 이 색상이 스마트와 전문성을 상징한다고 생각했다. 그는 "정장 색상이 대부분 회색인 데는 다 이유가 있다"라고 말했다.)

다른 팀들이 기업 파트너십이 수익에 중요하다는 사실을 서서히 깨닫던 무렵, 데니스는 이미 그것을 구체적이고 전략적인 목표 달성에 활용하는 수준이었다. 미국의 항공우주 대기업 허큘리스Hercules는 차의 앞부분에 작은 로고를 넣는 대가로 탄소 섬유 모노코크 제작을 맡았다. 그 차에 동력을 공급할 엔진은 사우디 태생의 프랑스 기업가 만수르 오제Mansour Ojjeh로부터 끌어냈다. 마침 그가 운영하던 투자사 테크니크 다방가르드Techniques d'Avant Garde, TAG가 F1에 투자할 기회를 찾고 있었던 덕분이다. 데니스는 이미 포르쉐에 의뢰한 맞춤형 트윈 터보 V6 엔진의 설계·개발·제작에 필요한 전체 자금을 오제가 부담하도록 설득했다. 그 대가로 오제는 맥라렌의 지분 60퍼센트와 '태그-포르쉐 엔진'의 명명권을 얻었다.

데니스는 F1의 경쟁 방정식을 바꿈으로써 다른 경쟁 상대들이 도저히 넘볼 수 없을 수준으로 판을 키웠다. 그전까지 그들은 데니스가 피트에 서류 가방을 들고 와서 '글로벌 포지셔닝'이니, '수직 통합'이니, '계층 관리'니 같은 비즈니스 용어를 쓴다고 놀려대곤 했다.

그런데 맥라렌이 까마득히 앞서가기 시작하자 그들의 얼굴에서는 웃음기가 싹 사라졌다.

데니스는 맥라렌에 합류하자마자 4년 만에 첫 우승을 팀에 안겼다. 1984년에는 태그-포르쉐 엔진을 얹은 MP4/2가 16경기 중 12승을 따내면서 그는 첫 월드 챔피언십을 거머쥐었다. 37세의 데니스는 콜린 채프먼 이후 최연소 챔피언십 우승 팀 대표가 되었다. 그러나 이 단계에서 그는 자신을 단지 F1의 팀 대표로만 여기지 않았다. 데니스는 마음속으로 자신은 그런 아마추어가 아니라 업계를 이끄는 수장에 가깝다고 자부했다.

그는 심지어 다른 사업 분야에 뛰어들기도 했다. 1985년에 만수르 오제와 다시 손잡고 스위스 고가 시계 제조업체를 인수했다. 이 브랜드는 훗날 태그호이어**TAG Heuer**로 알려지게 된다.

나중에 데니스는 이렇게 말했다. "내 묘비에 새기고 싶은 말은 '론 데니스, 1947년에서 언제까지 살다 간 세계 최고의 기업가 중 한 명'입니다. 모터레이싱과 관련된 내용은 필요 없고요."

물론 데니스는 본업에서도 여전히 훌륭한 성적을 거두었다. 맥라렌은 비즈니스를 우선하는 혁명적인 방식으로 1980년대 후반까지 트랙의 지배 세력이자 기술적 완성도의 기준이 되었고, 스폰서십과 마케팅 분야에서도 선구자로 자리매김했다. 데니스는 그야말로 못 할 일이 없는 사람처럼 보였다.

그리고 바로 그때, 그는 그 가설을 직접 시험해 보기로 했다. 1988년 시즌을 앞두고 데니스는 다른 스포츠였다면 전면 재구축에 해당할 정도의 급진적인 조치를 단행했다. 그는 경쟁자들보다 한발 앞서기 위해, 26번의 우승과 세 번의 월드 챔피언십 타이틀을 안겨준 태그-포르쉐 엔진을 과감히 버렸다. 그는 포뮬러 1 역사상 가장 폭발적인 드라이버 2인조를 구성했다. 그리고 고든 머레이라는 수석 디자이너를 영입했는데, 꽃무늬 반바지와 로큰롤 음악, 경량 탄소 섬유를 좋아하는 남아프리카 출신의 괴짜 사나이에게 차량 개발을 맡긴 것이다.

이 결정들 하나하나가 맥라렌이라는 거대한 열차를 탈선시킬 수 있을 만큼 위험한 도박이었다. 하지만 이 모두를 한꺼번에 실행했으니 그야말로 달 착륙 작전에 버금가는 F1 역사상 가장 야심 찬 시도였다.

결과는 대참사여야 마땅했다. 혼다 엔진으로 바꾼다는 결정이 얼마나 갑작스러운 것이었는가 하면, 1988년 시즌 개막 넉 달 전까지만 해도 MP4/4라는 모델은 아예 존재하지도 않았다. 프로토타입이나 설계도, 기본 설계 개념 등 아무것도 없었다. 설상가상으로 맥라렌의 엔지니어들은 이미 새로 합류한 머레이를 달가워하지 않았다. 그가 포뮬러 1의 한계를 허물어뜨릴 정도로 천재적인 디자이너라는 데는 의문의 여지가 없었지만, 마치 쓰리피스 정장에 슬리퍼를 신은 것처럼 맥라렌의 엄격한 문화와는 어울리지 않았다.

게다가 팀의 두 드라이버의 관계도 '앙금'이라는 말로는 부족할 정도였다. 덥수룩한 머리의 프랑스인 알랭 프로스트는 '교수'라는 별명에 걸맞게 명석한 두뇌로 월드 챔피언을 두 번 따낸 팀의 간판 드라이버였다. 그런데 1988년 시즌에 그와 짝을 이루게 된 아일톤 세나는 어느 모로 봐도 2인자에 만족할 사람이 아니었다.

이 모든 혼란 속에서, 프리시즌을 코앞에 둔 시점까지도 MP4/4가 모습을 드러내지 않은 것은 놀라운 일이 아니었다. 차는 아직 준비되지 않았다. 맥라렌은 이몰라에서 진행된 시험 주행 마지막 날에야 겨우 차를 완성해 가져왔다.

그날 아침 먼저 출발선에 나선 드라이버는 프로스트였다. 혼다 엔진이 굉음을 울리며 앞으로 튀어 나가는 차를 보면서, 맥라렌 엔지니어들 상당수는 속으로 최악의 상황을 대비했다. 하지만 10분이 지난 후 스톱워치를 들여다본 그들은 두 눈을 의심했다. 프로스트는 세 번째 바퀴에서 이미 모든 경쟁자를 1.5초 앞질렀다. 다섯 번째 바퀴에서는 격차가 2초로 벌어졌다.

데니스는 이렇게 말했다. "다들 서로를 쳐다보며 도대체 이게 어떻게 된 일이냐고 물었습니다. 도저히 실감이 나지 않았고, 슬로모션으로 재생되는 영화의 한 장면 같았어요."

피트로 돌아온 프로스트는 아무런 내색도 하지 않았다. 그는 마치 어디 우유라도 사러 다녀온 사람처럼 담담했다. 그는 여느 때와 다름없이 메카닉들에게 몇 가지 의견을 전하고, 프론트 서스펜션front suspension과 직결된 풀로드pull-rod°를 약간 조정해 달라고 부탁했다.

세나가 MP4/4를 몰아본 뒤에는 반응이 확연히 달랐다. 다섯 바퀴를 돌고 차고로 돌아온 그는 헬멧을 벗은 후에도 차 안에서 한동안 꼼짝도 하지 않았다. 믿을 수 없다는 표정을 짓고 있던 그는 30초가 지난 후에야 입을 열었다. "이 차, 엄청 빠를 거예요."

통계적으로 F1이 시작된 이래 70년 동안 MP4/4는 가장 압도적인 레이스카로 기록되어 있다. 프로스트와 세나는 16경기에서

° 노면의 진동을 걸러주는 변칙 서스펜션 시스템의 핵심 부품. 휠과 로드를 연결하고 휠이 상승할 때 로드 끝에 달린 스프링을 팽창시킴으로써 노면 충격을 흡수하고 딱딱한 정도를 조절한다

무려 15승을 차지했다. 이탈리아 그랑프리에서 세나가 결승선을 두 바퀴 앞두고 하위권을 달리던 차와 살짝 부딪치지 않았더라면 전승도 가능했다.

시즌 중반, 데니스는 필립 모리스의 알레아르도 부찌^{Aleardo Buzzi} 사장으로부터 전화를 받았다. 아마도 그가 평생 단 한 번 스폰서의 화를 돋운 일이었을 것이다. 부찌는 맥라렌이 우승을 너무 많이 한다고 고함쳤다. 말보로가 후원하는 다른 팀들의 낯도 좀 생각해달라는 것이었다.

맥라렌 드라이버의 우승을 막을 사람은 결국 같은 팀의 드라이버뿐이었다. 프로스트와 세나는 그저 명목상의 팀 동료일 뿐이었다. 엔진오일과 페리에가 섞이지 않듯이 그 둘은 거의 말도 섞지 않았고, 세나는 합류한 첫날부터 데니스에게 팀의 명령 따위는 따르지 않겠다고 딱 잘라 말했다. 프로스트든 세나든 팀의 전략상 선두를 내어주는 일 따위는 상상도 할 수 없었다. 두 사람 사이의 긴장은 세나가 팀에 합류한 첫날부터 시작되었다. 맥라렌은 이미 오래전부터 오직 후원사 로고만 유니폼에 부착하는 것을 원칙으로 삼아왔다. 드라이버가 팀 장비에 개인 후원사 이름을 붙이는 것은 허용되지 않았다. 데니스는 그것이 좀 더 프로다운 모습이며, 드라이버가 거액의 연봉을 누리는 대가가 바로 개인 후원을 포기하는 것이라고 설명해 왔다. 그런데 세나가 맥라렌 차고에 처음 등장했을 때 그의 유니폼 앞에는 브라질 국립은행인 '방코 나시오나우^{Banco Nacional}' 로고가 선명히 박혀 있었다. 데니스가 그에게만은 예외를 적용한 것이었다. 프로스트는 분노했다. 그는 수년간 팀 정책 때문에 개인 후원을 거절해 왔기 때문이다.

두 사람의 관계는 트랙 위에서 빠르게 악화됐다. 1988년 포르투갈 에스토릴 대회에서는 세나가 직선 주로에서 프로스트 쪽으로 차를 밀어붙이는 바람에 그의 차가 거의 피트월에 들이박을 뻔했다. 프로스트는 회상했다. "세나가 우승을 간절히 원한다는 것은 알았지만, 죽을 각오까지 한 줄은 몰랐어요. 그렇게까지 원한다면… 가지라고 하죠."

세나는 정말 그 정도로 간절했다.

시즌을 마치고 보니 둘의 차이가 확연히 드러났다. 세나는 매번 한계를 넘나들며 우승을 여덟 번, 2위를 세 번 차지했다. 프로스트는 일관성의 대가답게 우승과 2위를 각각 7회씩 달성했다. 당시 포인트 제도 아래에서 월드 챔피언은 세나의 차지가 되었다.

두 사람의 불화는 1989년에 전면전으로 불타올랐다. 그들은 산마리노에서 체결한 평화 협정°을 깨고 일본에서 부딪쳤다. 그들의 대결은 언제나 전속력의 '치킨 게임'이었다. 그해 챔피언은 프로스트에게 돌아갔다. 그는 챔피언 타이틀을 챙기자마자 맥라렌을 떠나 페라리로 옮겼다.

그러나 그는 세나를 따돌릴 수 없었다. 1990년 시즌에도 마지막에서 두 번째 경주인 일본 그랑프리에서 만난 두 사람은 똑같이

° 1989년 산마리노 이몰라 서킷에서 레이스 시작 전, 세나와 프로스트가 한 약속. '첫 번째 코너에 먼저 진입하는 사람이 있으면, 서로 충돌을 피하기 위해 추월을 시도하지 않고 순위를 유지한다'는 일종의 불가침 조약이다

선두에서 출발하여 끝장까지 갔다. 세나가 첫 코너에서 프로스트를 앞서려다 둘 다 레이스에서 이탈하고 말았다. 결국 프로스트는 뒤진 점수를 더 이상 따라잡을 수 없게 되었다. 피트로 돌아온 세나는 이미 두 번째 월드 타이틀을 확보한 상태였다.

나중에 프로스트는 분통을 터뜨렸다. "그를 처음 본 순간부터 느꼈지만, 그는 실제 자신에게 없는 모습을 자꾸 과시하려고 합니다. 월드 챔피언십은 스포츠지 전쟁이 아니에요. 그는 그걸 모릅니다."

두 드라이버가 빚은 내부 갈등에도 불구하고 맥라렌은 좀처럼 흔들리지 않았다. 데니스에게 8년간 총 7회에 달하는 드라이버 우승 타이틀은 그의 타협 없는 방식이 옳았음을 보여주는 충분한 증거였다. 그는 꼴찌에서 헤매던 팀을 단 10년 만에 완전히 바꿔놓았고, F1 무대에 분명한 메시지를 던졌다. 혁신적인 업그레이드로 한두 번의 우승은 따낼 수 있지만, 왕조를 구축하려면 그보다 훨씬 더 큰 베팅 위에서만 가능하다는 것. 그는 다음 10년을 내다보면서도 자신의 성공이 멈출 이유를 찾지 못했다. 그에게는 다른 누구보다 큰 예산과 가장 빠른 차, 그리고 가장 유능한 드라이버가 있었다. 그의 앞에는 활짝 열린 직선 주로처럼 밝은 미래가 펼쳐져 있었다.

다만, 론 데니스가 미처 생각지 못한 변수가 딱 하나 있었다. 맥라렌 본부에서 80킬로미터쯤 떨어진 곳에서 또 다른 F1 팀이 독자적인 방식으로 미래를 그리고 있었다. 그들이 구상한 최첨단 자동차는 인간과 자동차의 균형을 절묘하게 허물 뿐만 아니라 모터스포츠의 본질인 '인간의 도전'이라는 기본 관념을 위협할 만큼 기술적으로 앞선 것이었다.

월리엄스팀은 드라이버가 누가 되든 상관없을 정도의 자동차를 개발하고 있었다.

□ ■ □ ■ □

옥스퍼드셔에 있던 프랭크 월리엄스**Frank Williams**의 작은 회사는 1991년 말에 포뮬러 1의 비약적인 도약이 일어날 장소와는 거리가 멀어 보였다. 하물며 그곳은 버려진 카펫 공장을 개조한 장소였다.

월리엄스는 불과 몇 년 전에 일어난 자동차 사고로 휠체어 신세를 지고 있었다. 1986년 봄, 그는 렌터카로 프랑스 남부의 시골길을 달리던 중에 균형을 잃고 도로를 벗어나 벽에 부딪힌 뒤 2.5미터 아래 밭으로 굴러떨어졌다. 차는 거꾸로 뒤집혔고, 월리엄스는 찌그러진 지붕과 좌석 사이에 갇히면서 목이 부러졌다. 그 후 며칠 동안 그는 마르세유의 의사들로부터 세 번이나 임상적 사망진단을 받았다.

월리엄스는 살아남았지만 이후 다시는 걸을 수 없었다. 그는 이 사고로 가슴 아래는 전신마비가 되었다. 당시 마흔셋이던 그는 결혼해서 자녀도 셋이나 있었다.

그때 월리엄스가 이름도 없이 사라졌더라면 포뮬러 1 무대에 신흥 강자가 나타날 일도 없었을 것이다. 그가 팀을 아홉 번이나 월드 챔피언 자리에 올리기 전, 인생을 바꾼 이 교통사고 이전, 훗날 모터스포츠에서 이룩한 업적으로 대영제국 기사 작위를 받기 전까지 윌리엄스는 그저 웃음거리로 여겨졌기 때문이다.

그의 사연은 전후 영국에서 모터스포츠에 매료된 수많은 젊은 이의 이야기와 별로 다르지 않다. 잉글랜드 북동부에서 나고 자란 윌리엄스가 어릴 적부터 꿈꾸던 것은 자동차를 만드는 것이 아니라 운전하는 것이었다. 하지만 그에게는 자신의 꿈을 이룰 재능도, 그에 걸맞은 재산도 없었다. 그래서 그는 차를 운전하는 대신 경주팀을 운영하기로 했고, 운영 자금을 마련하기 위해 자동차 예비 부품 파는 일을 병행했다. 1969년, 브라밤 중고 새시와 포드 코스워스Ford Cosworth 엔진 몇 개를 살 자금을 마련한 그는 드디어 '프랭크 윌리엄스 레이싱카'라는 이름으로 포뮬러 1에 진출했다. 팀의 모터홈은 가족용 카라반이었다.

윌리엄스의 차고에서 벌어지던 일에 관심을 가진 이들은 채권자들뿐이었다. 프랭크는 항상 파산 직전이었다. 청구서 미납으로 전화마저 끊겼을 때는 근처 공중전화 부스에서 업무를 보기도 했다. 그가 피트 레인에 처음 등장했을 때는 다들 '쓸모없는 윌리엄 녀석Wanker Williams'이라 부르며 출발선 담당자쯤으로 취급했다. 푼돈만 건네면 누구든 운전석에 앉힐 사람이라는 뜻이었다.

윌리엄스는 마침내 F1 팀에 돈을 쓰지 못해 안달 난 투자자를 만났을 때조차, 웬일인지 일이 잘 풀리지 않았다. 1975년 4월, 프랭크는 캐나다의 호탕한 석유 재벌 월터 울프Walter Wolf를 소개받았다. 울프는 최근에 이탈리아 람보르기니의 신차 미우라를 막 구입한 상태였는데, 생각보다 속도가 너무 느리다며 아내에게 장보기용 차로 넘겨버린 사람이었다. 그가 찾는 아찔한 스릴을 충족시킬 곳은 오직 F1뿐이었다. 그래서 윌리엄스가 팀의 재정이 빠듯해 새 엔진이 절실하다고 설명하자, 울프는 흔쾌히 하나 사주겠다고 했다.

몇 주 후 윌리엄스는 또 손을 벌렸다. 울프는 당시를 이렇게 회상했다. "1975년 시즌이 끝날 때까지 그에게 엔진 11개를 사줬습니다."

1976년 시즌을 앞두고 두 사람은 더 단순한 합의에 도달했다. 울프는 14만 파운드로 불어난 윌리엄스의 빚을 모두 탕감해 주는 대가로 그의 팀 지분 60퍼센트를 얻었다. 그렇게 프랭크 윌리엄스의 문제가 해결되는 줄 알았지만, 울프가 팀의 주인이 되자 문제가 하나 생겼다. 팀에 프랭크 윌리엄스가 설 자리가 없어진 것이었다. 그는 이름만 주인일 뿐, 사실상 월급쟁이로 전락했다. 윌리엄스는 이렇게 말했다. "지분을 60퍼센트 넘겼죠. 49퍼센트만 내줬어야 했는데. 그는 나보다 훨씬 뛰어난 비즈니스맨이자, 만만치 않은 사람이었습니다."

윌리엄스는 다시 시작하기로 마음먹었다. 그 모든 고난에도 불구하고 모터스포츠에 대한 그의 순수한 열정만큼은 전혀 줄어들지 않았다. 프랭크는 항상 다음 시케인chicane°만 돌면 성공이 기다

°　S자 또는 Z자 모양으로 연속된 급커브 구간을 말한다. 최고 속도를 제한하는 기능을 한다

린다고 생각했다. 그리고 이번에는 그의 믿음이 정말 들어맞았다.

운명이 바뀐 것은 어떤 치밀한 계획이나 갑작스러운 깨달음 때문이 아니었다. F1 우승 팀을 만드는 데 필요한 건, 뛰어난 기술 감독과 돈 많은 스폰서 하나면 충분했다.

기술 감독은 멀리서 찾을 필요가 없었다. 윌리엄스는 울프 레이싱Wolf Racing에 있던 한 젊은 엔지니어가 적임자라고 직감했다. 패트릭 헤드는 크게 될 사람처럼 보였다. 그리고 운 좋게도 적합한 스폰서를 찾는 일 역시 그리 어렵지 않았다. 1977년 런던의 한 광고대행사에서 우연히 만난 한 임원은, 유럽에서 자사 브랜드 인지도를 높일 방법을 찾고 있었다.

당시에는 미처 몰랐지만, 윌리엄스가 만난 사람은 월터 울프 같은 석유 재벌조차 초라해 보일 만큼 압도적인 인물이었다. 윌리엄스는 차 뒤쪽에 로고를 붙인다는 조건과 드라이버들이 포디움에서 샴페인을 마시지 않는다는 약속으로 10만 파운드의 수표와 사우디아라비아 왕국의 지속적인 재정 지원을 받아냈다. 그로부터 2년 만에 알빌라드-사우디아 레이싱 팀 윌리엄스Albilad-Saudia Racing Team Williams는 포뮬러 1 월드 챔피언이 되었고, 영국의 국기와 사우디아라비아의 녹색 국기를 나란히 걸었다.

그 성공의 상당 부분은 헤드의 공로였다. 영국 육군 준장의 아들이었던 헤드는 건장한 체격에 각진 턱을 지녔고, 아버지로부터 거친 목소리와 단호한 걸음걸이, 사람들에게 명령하는 버릇을 물려받은 인물이었다. 허세를 부리지 않는 실용적인 디자이너였던 그는 패독에서 나온 최고의 혁신을 모아 일관되고 기능적인 패키지로 엮어내는 재주가 있었다. 윌리엄스의 첫 우승 레이스카는 본질적으로 그라운드 이펙트 개념을 다듬은 로터스 79의 세련된 버전이었다(콜린 채프먼은 자신의 아이디어를 개선하는 데 거의 관심이 없었다. 그의 머릿속은 이미 그다음 혁신으로 가득했었다).

프랭크의 사고 이후, 사실상 팀의 일상적인 운영을 도맡은 헤드는 유망한 젊은 공기역학자 에이드리언 뉴이를 비롯한 F1 무대 최고의 인재들을 영입했다. 그럼에도 윌리엄스가 론 데니스와 맥라렌을 포디움 정상에서 끌어내릴 혁명을 준비 중이라는 조짐은 보이지 않았다. 헤드의 차들은 신뢰성, 운전 용이성, 안정성으로 유명했을 뿐, 판을 뒤집을 혁명과는 거리가 멀었다.

그러나 패트릭 헤드의 머릿속에는 채프먼의 아이디어 중 하나가 거의 10년 가까이 떠나지 않고 있었다. 아무리 떨쳐내려 해도 사라지지 않는 생각이었다. 수년의 세월이 흐르는 동안 F1의 가장 혁신적인 사람들이 이 개념을 실현하려 애썼지만 번번이 실패했다. 그러나 1991년에 헤드는 그것이 실현 가능할지도 모른다고 생각했다. 이것은 규정의 허점이라기보다는 거의 해킹에 가까운 발상이었다.

패트릭 헤드는 포뮬러 1의 근간을 파괴할 준비를 하고 있었다.

그가 곱씹고 있던 개념은 '액티브 라이드 서스펜션active-ride suspension'°이었다. 이는 F1 엔지니어들이 공기역학을 접한 이래 줄

° 센서와 전자제어 시스템을 통해 차체 높이와 각 바퀴의 상하 이동을 실시간으로 조절하는 장치. 제동·가속·코너링 시 차체 기울기를 안정화해 공기역학 성능을 유지한다

곧 골머리를 앓아온 문제를 단번에 해결할 열쇠였다. 그들은 다운
포스를 극대화하려면 차 바닥을 지면에서 일정한 높이로 유지해
야 한다는 것을 일찌감치 깨달았다. 아울러 울퉁불퉁하고 굽은 레
이스트랙을 시속 300킬로미터로 질주하는 자동차를 지면에서 일
정한 높이로 유지하는 것 자체가 얼마나 터무니없는 일인지도 잘
알고 있었다.

　서스펜션을 아무리 단단하게 만들어도, 2시간짜리 그랑프리를
한 번 치르는 동안 코일 스프링이 F1 카에 가해지는 모든 충격과
힘을 흡수하면서 위아래로 심하게 튀지 않거나 산산조각 나지 않
고 버티는 건 불가능했다.

　다른 방법을 처음 고안해 낸 팀은 채프먼의 로터스였다. 스프
링 대신 유압 장치를 사용하면 각 바퀴의 서스펜션을 선택적으로
조절해 차체를 수평으로 유지할 수 있었다. 윌리엄스 역시 1985년
부터 자체 버전을 개발하기 시작했다. 이는 원래 응급 환자를 수
송하는 구급차를 안정적으로 유지하기 위해 고안된 장치를 개조
한 것이었다. 하지만 초창기의 이런 시도들은 모두 같은 결과를
낳았다. 액티브 서스펜션은 부드러운 승차감을 만들기는 했지만,
속도를 높여주지는 못했다. 넬슨 피케가 시험 주행 후 윌리엄스의
엔지니어들에게 말했다. "놀라운데? 캐딜락**Cadillac**처럼 부드러워.
문제는 핸들링도 캐딜락 같다는 거야."

　헤드는 여전히 액티브 서스펜션이 너무 '사후 대응적**reactive**'임

을 깨달았다. 요철과 코너 특성에 대응해 차체 높이에 미치는 영향을 완화할 수는 있었지만, 그에게 필요한 것은 그런 변수들을 사전에 예측하는 시스템이었다. 차량의 속도와 앞쪽 도로의 윤곽을 계산해 서스펜션을 즉석에서 조정하면 어떤 순간에는 단단하게, 다음 순간에는 부드럽게 바꿀 수 있다. 한 대회나 한 바퀴가 아니라 매번 만나는 코너마다 조정하는 것이다.

1985년만 해도 이런 발상은 먼 미래의 이야기처럼 보였다. 그러나 불과 6년 만에 그 미래가 눈앞에 다가왔다. 컴퓨터 혁명의 여파가 자동차 산업에도 몰아닥쳤다. 그리고 막 태동한 마이크로칩의 힘을 시험하기에 최적의 조건을 갖춘 곳이 바로 윌리엄스 그랑프리 엔지니어링**Williams Grand Prix Engineering**이었다.

헤드는 윌리엄스를 거대한 공장 운영 체제로 키웠다. 그들은 F1에서 자동차의 거의 모든 부품을 자체적으로 설계하고 제작할 수 있는 몇 안 되는 팀 중 하나였다. 양산차 사업도 없이 예비 부품으로 시작한 팀이, 이제 미래를 걸고 자체 제조업체로 재탄생하고 있었다. 그것은 엔진, 배기 시스템, 섀시, 기어박스뿐 아니라 전자 장치까지 직접 생산해야 한다는 의미였다.

그중 마지막 요소가 결정적인 역할을 했다. 1987년, 윌리엄스는 케임브리지대학교를 갓 졸업한 패디 로**Paddy Lowe**를 영입해 액티브 서스펜션 문제를 해결할 전자적 해법을 맡겼다. 로는 4년 만에 F1에서 최초로 제대로 작동하는 온보드 컴퓨터를 만들어냈다.

지금처럼 컴퓨터로 제어되는 차가 흔한 시대에 들으면 별것 아닌 것처럼 들릴 수 있지만, 1991년만 해도 대부분의 상용 컴퓨터는 기내용 캐리어처럼 크고 불편했다. 로가 윌리엄스 자동차의 섀시에 고정한 장치는 작은 문고판 책에 해당하는 크기였고 무게는 1킬로그램 남짓이었다.

이토록 빠른 초고속 자동차에 이런 식으로 실리콘 칩을 활용한 전례는 없었다. 이 컴퓨터는 하드웨어부터 소프트웨어까지 모두 윌리엄스 공장에서 설계·제작된 것으로, 차고에서 원격으로 서스펜션을 재프로그래밍할 수 있었다. 정교하고 신속하게 차체를 높였다 낮췄다 하며 언제나 완벽하게 수평을 유지했다. 트랙 한 바퀴당 1초 이상의 가치가 있었다.

헤드와 그의 팀은 이것이 시작에 불과하다는 것을 깨달았다. 그들은 드라이버의 반응 속도와 반사 신경에 의존하지 않고, 오로지 소프트웨어만으로 굴러가는 자동차를 구상했다. 서스펜션뿐 아니라 엔진 회전수, 변속에 이르는 모든 변수를 코드 한 줄로 제어하여 피트에서 PC로 조정할 수 있는 차를 개발하고자 했다.

한마디로 그들은 시속 320킬로미터로 달리는 슈퍼컴퓨터를 만들고 있었던 셈이다.

1992년 시즌 개막전에서 출발선에 선 윌리엄스팀의 FW14B는 F1에서 한 번도 본 적 없는 가장 복잡한 레이스카였다. 첨단 공기 역학과 획기적인 기술, 기계적 신뢰성이 완벽하게 융합된 결과였다. 온보드 컴퓨터는 액티브 서스펜션뿐 아니라 반자동 기어박스, 트랙션 컨트롤, 온보드 원격 측정, 전자 데이터 기록까지 관리했다. FW14B는 모든 부분이 최첨단이었다.

그러나 딱 하나, 최첨단이 아닌 부분이 있었다.

월리엄스가 이 획기적인 자동차의 운전대를 맡긴 사람은 다소 구시대적인 인물이었다. 실제로 그는 F1의 최고령 드라이버였다. 세 아이의 아버지였던 그는 덥수룩한 콧수염에 배가 나온 나이 서른아홉 중년의 사나이, 나이절 만셀Nigel Mansell이었다. 가장 눈에 띄는 그의 이력은 F1 레이스 최다 출전 기록을 보유하고도 우승한 적은 한 번도 없다는 점이었다.

하지만 그 기록이 곧 바뀔 참이었다. FW14B는 F1에서 가장 빠르고 기술이 뛰어난 드라이버가 필요 없었다. 그 모든 일을 각종 전자 장치가 대신했기 때문이다. 드라이버에게 필요한 것이 있다면 액티브 서스펜션이 작동하기를 기다리며 시속 210킬로미터로 과감히 코너에 진입하는 담력과, 그 순간 생성되는 막대한 다운포스를 버텨내며 차를 트랙 위에 붙잡아둘 수 있는 완력뿐이었다.

만셀이 바로 그런 인물이었다. 그의 무거운 체중은 그런 고속 코너링에서 더해지는 다운포스를 견디기에 충분했고, 172번의 레이스에서 32번이나 충돌 사고를 겪었다는 것은 레이스카를 극한까지 몰아붙이기를 전혀 두려워하지 않았다는 증거였다.

패디 로는 「오토스포츠Autosport」와의 인터뷰에서 이렇게 말했다. "나이절의 배짱에 그 92년형 자동차를 합치면 가히 무적이었지요."

만셀은 시즌 첫 경기에서 출발선을 뛰쳐나가자마자 액셀에서 발을 거의 떼지 않았다. 그는 초반 다섯 번의 경주를 연달아 우승했고, FW14B에 비하면 다른 차들은 마치 경주용 자전거처럼 보일 지경이었다. 만셀은 시즌의 3분의 1 남겨둔 시점에 생애 첫 월드 챔피언 타이틀을 확정지었다.

만셀이 처음으로 월드 챔피언이 되었으니 이제 거액 계약으로 이어질 거라 기대되었지만, 프랭크 윌리엄스의 생각은 달랐다. 그는 이렇게 말하곤 했다. "드라이버는 마치 전구 같은 거야. 그냥 꽂기만 하면 되니까." 만셀은 헝가리 그랑프리에서 챔피언으로 확정된 지 몇 시간도 지나지 않아 F1 은퇴를 선언했다. 1993년 시즌 계약 협상이 결렬되었기 때문이었다(협상의 마지막 걸림돌은 팀이 만셀의 호텔 방에 초코바를 몇 개 넣어줄 것인가였다고 한다.).

윌리엄스는 눈도 깜짝하지 않았다. 입버릇처럼 말했듯이 전구 하나를 교체했을 뿐이다. 서른여덟 살의 알랭 프로스트에게 다시 유니폼을 입힌 것이다. 그는 자신이 몰던 차를 트럭 같다고 말했다가 페라리에서 쫓겨난 뒤 은퇴를 선택했었다. 프로스트에게 배정된 FW15C는 파워스티어링과 ABS(잠김 방지 브레이크)가 추가되어 인간과 기계의 경계를 더욱 모호하게 만든 자동차로, FW14B에 비해 속도와 성능, 스마트 기능이 한층 강화된 버전이었다.

프로스트는 거의 자동주행 상태로 F1을 압도하며 월드 챔피언에 올랐다. 시즌 끝 무렵에는, 원래 모터바이크 선수 출신으로 서른이 넘어서야 그랑프리에 입문한 데이먼 힐**Damon Hill**조차 네 차례 챔피언에 오른 프로스트와 비교해도 전혀 느리지 않게 이 차를 몰고 있었다.

이런 상황은 프로스트에게 참을 수 없는 모욕이었다. 결국 시즌 끝 무렵, 이번에는 정말로 F1을 떠났다. 이번에도 윌리엄스에게는 큰 문제가 아니었다. 그로서는 안전벨트나 맬 줄 알고 포디움에 올라 샴페인 뿌리는 법을 아는 드라이버면 충분했기 때문이다. 다만 이 프랑스인보다 더 불만을 품은 사람이 한 명 있었다. F1의 실질적인 주인이던 그는 이런 상황을 두고 볼 수 없었다.

버니 에클스턴은 윌리엄스가 모든 그랑프리를 석권하는 것쯤은 그래도 참을 수 있었다. 그러나 F1 드라이버가 이름만 드라이버일 뿐 사실상 승객으로 전락하는 상황은 도저히 견딜 수 없었다. 1993년 초, F1A는 다음 시즌부터 전자 방식의 드라이버 보조 장치를 금지하는 규정을 통과시켰다.

윌리엄스는 당연히 그 결정에 항소했다. 그러나 에클스턴은 요지부동이었다. "엔지니어들이란 장난감을 빼앗기면 불만을 품기 마련이지." 그렇게 액티브 서스펜션, 트랙션 제어, ABS는 모두 불법이 되었다.

포뮬러 1의 마지막 위대한 기술 혁신은 법으로 금지되며 역사 속으로 사라지고 말았다.

□ ■ □ ■ □

사실, 윌리엄스의 압도적 우위를 버니 에클스턴보다 더 못 견딘 사람이 있었다.

아일톤 세나는 청백색의 로고를 단 윌리엄스 카들이 까마득히 멀어져 가는 모습을 두 시즌이나 지켜보면서 지칠 대로 지쳐 있었다. 1992년 시즌 내내 나이절 만셀보다 정확히 반 바퀴 뒤처져 달리는 것도 괴로운 일이었지만, 그건 그나마 나았다. 윌리엄스 팀에 하필 알랭 프로스트가 나타나 두 시즌 연속으로 똑같은 굴욕을 안긴 것을 이제 더 이상 견딜 수 없었다. 세나는 홧김에 윌리엄스에서 무보수로라도 뛰겠다고 제안했다. 이미 윌리엄스와의 1993년 시즌 계약을 마쳤던 프로스트는 옛 맥라렌팀 동료와 차고를 함께 써볼까 하는 생각을 1나노초 정도 떠올렸을 뿐, 단호하게 거절했다.

프로스트는 나중에 프랭크 윌리엄스와의 계약 협상에 대해 이렇게 말했다. "내가 요청했던 것은 단 하나였습니다. 보수야 얼마를 받든 괜찮았습니다. 팀의 1번 드라이버가 아니라고 해도 상관없었습니다. 그러나 아일톤과 다시 한 조가 되는 일만큼은 거절하고 싶었습니다."

하지만 세나의 소망은 머지않아 이루어졌다. 프로스트는 1993년 포르투갈 그랑프리에서 네 번째 우승 타이틀을 따낸 뒤 은퇴를 선언했다. F1 최고 팀의 1번 드라이버 자리가 비게 되었다. 불과 보름 뒤, 세나는 1994년 시즌을 앞두고 윌리엄스와 계약을 체결했다. 그는 이렇게 말했다. "윌리엄스 르노를 몬다니 정말 꿈만 같습니다. 제 레이싱 인생의 새로운 장이 열리는 기분입니다."

그러나 세나의 새로운 삶은 비극으로 끝났다. 그는 꿈에 그리던 차로 한 시즌도 채 완주하지 못했다. 1994년은 F1의 주역을 재조명하기는커녕, 이 스포츠 역사상 가장 암울한 해로 남게 된다.

5월 1일, 이몰라의 산마리노 그랑프리에 출전한 세나는 탐부렐로Tamburello 코너를 전속력으로 돌아 나오다 균형을 잃고 콘크리트 벽에 충돌했다. 레이스카의 온보드 원격 기록에 따르면 세나는 균형을 잃던 순간 시속 310킬로미터를 찍고 있었다. 트랙에 난 깊은 바퀴 자국은 세나가 문제를 깨닫자마자 브레이크를 세게 밟았다는 증거였지만, 그가 몰던 FW16는 여전히 시속 약 225킬로미터 속도로 벽에 부딪혔다. 오른쪽 앞바퀴가 운전석 쪽으로 튕겨 올라와 세나의 헬멧을 강타했다.

전 세계 챔피언 키케 로즈버그**Keke Rosberg**는 이렇게 말했다. "탐부렐로는 항상 심박이 목구멍까지 차오르는 코너의 연속이었어요. 거기서 트랙을 벗어나면, 벽을 어떻게 부딪히느냐는 그야말로 운에 달린 문제였거든요."

레이스가 끝난 지 2시간이 조금 지난 현지 시각 오후 6시 40분, 세나는 심각한 두부 손상으로 사망진단을 받았다. 그의 나이 서른넷이었다. 사고 차량의 잔해를 조사한 관계자들은 그의 차 안에서 접힌 오스트리아 국기를 발견했다. 우승했다면 세나는 그 국기를 펼쳐 전날 예선에서 고속 충돌로 목숨을 잃은 잘츠부르크 출신 드라이버 롤랜드 라첸베르거**Roland Ratzenberger**를 기릴 생각이었다.

전 세계가 이 브라질 청년의 죽음을 애도했다. 전성기에 쓰러진 그를 위해 브라질 정부는 3일간의 국가 애도 기간을 선포했고, 상파울루에서 치러진 국장에는 300만 명이 거리로 쏟아져 나왔다. 알랭 프로스트는 운구 행렬의 일원으로 참여했다.

F1에서 가장 인기 있었던 드라이버의 죽음으로 포뮬러 1은 예상했던 변화뿐 아니라, 당혹스러울 만큼 급격한 변화도 겪었다. FIA는 즉시 드라이버 안전을 강화하는 조치를 시행했다. 수많은 서킷

의 구조 변경, 타이어 방벽 테스트 의무화, 헬멧 설계 기준 강화 등이 포함됐다. 1994년 이몰라 사건 이후 30년 가까운 세월 동안, F1 레이스 도중 사망 사고는 단 한 건도 발생하지 않았다.

더 당혹스러웠던 것은 버니 에클스턴의 주장이었다. 세나의 죽음으로 인해 세계적으로 F1의 실질 관중이 증가했다는 것이었다. 그의 충돌 사고가 전 세계에 끊임없이 보도되면서 포뮬러 1에 사상 유례없는 수의 시청자를 끌어들였다는 것이다.

에클스턴은 이렇게 말했다. "그의 죽음은 전 세계적으로 엄청난 홍보 효과를 거두었죠. 그것도 전부 공짜로 말이에요. 이런 일이 벌어지고 나서야 비로소 이런 사실을 깨닫게 되는 법입니다."

한 아이콘의 죽음을 향한 냉혹하고 소름 끼칠 정도의 속물적 시각일 수도 있다. 그러나 에클스턴의 말에는 부정할 수 없는 진실도 담겨 있었다. 1994년 이몰라 이전, F1 레이싱에서 사망 사고가 발생한 것은 12년 전이었다. 이탈리아 드라이버 리카르도 팔레티Riccardo Paletti가 1982년 캐나다 그랑프리 출발선에서 정지한 레이스카 뒤를 들이받아 발생한 사건이었다.

안전 기술의 발전으로 죽음의 그림자는 더 이상 매 경기마다 드리워지지 않게 되었다. 그 누구도 이 발전(그중 많은 부분을 에클스턴이 직접 도입했다)이 좋은 일이라는 데 이의를 제기하지 않았다. 그러나 그것이 F1의 본질적인 요소가 어느 정도 사라졌다고 느끼는 사람도 있었다. 그랑프리 레이싱이 1950년대와 60년대에 인기를 끌었던 이유는, 젊은 남자들이 이국적인 장소의 굽은 트랙을 빠른 차로 달리는 화려함과, 깊은 숲속의 막다른 코너를 빠른 차로 돌아 나오는 위험이 결합된 덕분이었다. 드라이버들이 죽는 장면을 보고 싶은 사람은 아무도 없었지만, 그런 위험 요소가 사라지면서 흥미의 작은 조각도 함께 사라졌다는 인식이 있었다. 드라이버들의 최대 관심사는 이제 연료량과 타이어 성분이었을 뿐, 결승선까지 살아남을지가 아니었다.

세나의 죽음이 시속 300킬로미터로 레이스카를 몰아붙이는 레이싱의 본질적 위험을 사람들에게 얼마나 깨우쳐 줬는지를 수치로 표현할 수는 없다. 그러나 분명하게 수치로 확인할 수 있었던 것은, 관중 규모에 미친 영향이었다. 1990년대 중반, 포뮬러 1 시청자 수는 시즌당 거의 20억 명에 달하며 사상 최대치가 되었다. TV 앞에 앉은 그들은, 한 명의 별을 떠나보낸 자리에서 새로운 왕조가 시작되는 순간을 목격하게 될 참이었다.

6장 —————————— 슈마허

엔초가 세상을 떠난 지 3년이 지났을 무렵, 루카 디 몬테제몰로는 페라리로 돌아오라는 전화를 받았다. 루카는 1970년대의 훨씬 젊은 시절에 '노인'이라 불리던 엔초 페라리의 조수로 경력을 시작해, 팀 매니저로 승진했으며, 혼란에 빠져 있던 스쿠데리아에 질서와 영광을 되찾아 온 인물이었다.

1991년 말이 된 현재, 페라리는 다시 한번 그가 마술을 부려주기를 바라고 있었다.

엔초가 남긴 유산은 토스카나의 근사한 별장이라기보다 이가 빠진 찻잔 세트와 좀먹은 턱시도 더미에 가까웠다. 스쿠데리아는 1년 넘게 그랑프리 우승을 하지 못했고, 드라이버 챔피언십 타이틀은 1979년 이후로 구경도 못 하던 상태였다. 1991년에도 경쟁력 있는 차를 만들지 못한 탓에 컨스트럭터 챔피언십에서 3위에 그쳤다. 더 날렵한 맥라렌과 윌리엄스에게 굴욕을 당한 것이다.

두 팀에게는 더 나은 기술, 더 나은 엔지니어, 더 나은 드라이버가 있었다. 반면 페라리는 마력과 역사만으로 버티고 있었다.

더욱 고민스러웠던 것은 로드카 사업마저 빛을 잃어가고 있다는 사실이었다. 페라리는 화려한 액세서리에 불과했다. 몬테제몰로는 과거 익숙했던 곳을 둘러보고 엔초의 낡은 유산이 쇠락하고 있음을 느꼈다. 페라리에 필요한 것은, 그의 말마따나 '창문을 열어 방에 신선한 공기를 들이는 것'이었다.

엔초의 시대에는 새로운 아이디어가 환영받는 일이 거의 없었다. 그러나 몬테제몰로는 마라넬로를 떠나 있는 동안 이탈리아의 다른 스포츠 현장을 두루 경험했다. 그는 아넬리 가문의 휘하로 들어가 유벤투스 축구 클럽의 부회장을 지냈고, 요트 종목에서는 이탈리아 아주라팀을 이끌고 아메리카컵 무대에 진출했다. 1990년에는 이탈리아 월드컵 조직위를 총괄하기도 했다. 그는 한 달간 개최된 이 행사를 통해 12개 도시에서 52경기를 치렀고, 로마에서는 사상 최초의 '쓰리 테너'°합동 공연까지 성사시킨 바 있었다.

그는 독일의 우승 장면을 이렇게 기억했다. "유일하게 끔찍했던 건 독일과 아르헨티나의 결승전이었죠. 제 인생에서 본 최악의 경기였습니다."

그는 독일이 1대 0으로 우승컵을 차지한 것보다 더 따분한 일이 페라리 공장에서 벌어지고 있음을 곧 알게 되었다. 그곳에서는 아무것도 변하지 않는 듯했다. 그들은 너무나 오랫동안 타성에 젖

° 루치아노 파바로티, 플라시도 도밍고, 호세 카레라스

어 F1 기술 발전의 한 세대를 통째로 놓치고 있었다. 페라리는 공기역학, 전자 장치, 탄소 섬유 기술을 외면한 탓에 최첨단과는 까마득히 멀어져 있었다. 스쿠데리아의 전통은 어디까지나 기계 공학의 괴물을 만드는 것이었지, 바퀴 달린 컴퓨터 유도 미사일을 만드는 게 아니었기 때문이다.

몬테제몰로는 '엔진, 출력, 기어박스'야말로 엔초가 믿는 삼위일체라고 말했다. 페라리를 위기에서 구하려면 약간의 신성 모독과 함께, 2억 달러 정도가 필요했다.

가장 중요한 업그레이드는 최첨단 풍동을 짓는 일이었다. 수십 년간 축소 모형을 바꿔가며 머리카락이 휘날리도록 풍동 연구를 하던 영국 팀들은, 경쟁력 있는 F1 팀이라면 자체적인 공기역학 실험실 정도는 갖추어야 한다는 사실을 이미 알고 있었다. 그저 페라리만 신경 쓰고 있지 않았을 뿐이다. 복귀 초기, 몬테제몰로는 이탈리아 건축가 렌초 피아노**Renzo Piano**에게 설계를 맡겨 거대한 풍동 건설을 지시했다. 이 시설은 F1 카의 50퍼센트 축소 모형은 물론 실제 자동차까지 수용할 수 있는 크기였다. 4.5미터(15피트) 길이의 팬을 갖춘 이 풍동을 돌리는 데는 아파트 2,000가구의 조명과 맞먹는 전력이 필요했다. 페라리는 비용을 아끼지 않고 자체 변전소를 지어 이 전력을 공급했다.

나중에 공장의 나머지 부분을 재구상할 때가 되었을 때도 몬테제몰로의 배포는 남달랐다. 이번에는 여러 수상 경력이 있는 프랑스 건축가 장 누벨**Jean Nouvel**에게 이탈리아 자동차 디자인의 정신적 본거지가 될 건물의 설계를 의뢰했다(몬테제몰로의 미적 감각과 소비자와 제품을 감성적으로 연결하고자 하는 열망은 이후에도 계속되었다. 훗날 이탈리아 고속철도 회사를 창립했을 때 그는 '자기 열차의 창문이 경쟁사보다 30퍼센트 더 크다'고 자랑하곤 했다).

몬테제몰로는 그 건물 안에서 모든 관리 프로세스를 간소화하고 페라리의 F1 협력사들을 재검토했다. 그는 그들 모두에게 더 많은 것을 요구했다. 동시에 파트너들이 스스로 특별하다고 느끼게 만들기 위해 연례 페라리 협력사 시상식을 열었다. 파스타와 술을 대접하며 스쿠데리아의 신비로운 매력에 젖어들게 했다. 페라리가 하는 일은 가라지스타들이나 하는 단순한 조립이 아니라고 역설했다. 그것은 이탈리아의 작은 마을에서 시작된 순수한 이탈리아 장인 정신이었다.

몬테제몰로는 로드카 사업에도 똑같은 성실함과 신화의 정신을 불어넣었다. 페라리에서 레이싱과 로드카는 다른 어느 곳보다 서로 밀접하게 연결된 것이었다. 어느 한쪽이 무너지면 다른 쪽도 흔들렸다. 솔직히 말해 프랜싱 호스의 위상은 더 이상 예전 같지 않았으므로, 아넬리로부터 상황을 타개하라는 지시를 받은 상태였다. 348이나 테스타로사 같은 모델은 구식이 되었고, 페라리는 안주하고 있었다. 더 나쁜 소식은 너무 흔해 빠진 차가 되었다는 점이었다.

몬테제몰로의 첫 조치는 생산량을 즉각 줄이는 것이었다. 1990년 4,300대였던 생산량은 1993년에 약 2,300대로 불과 3년 만에 거의 반토막이 되었다. 희소성과 품질이 핵심이었다. 몬테제몰로는 희소성을 높이기 위해 신차 수를 줄이는 데서 그치지 않고, 의도적으로 차량 인도 기간을 늘리기로 했다. 오늘날 18개월에 달하는 페라리 대기 명단은 바로 몬테제몰로의 발명품이었다.

그는 럭셔리 산업의 핵심 원칙을 이렇게 설명했다. "브랜드의 독점성을 지키려면 수요보다 한 대 적게 파는 게 좋다. 페라리는 갈망의 대상이 되어야 한다."

하지만 페라리에서 일하기를 갈망하는 것은 또 다른 문제였다. 더 세련되고 멋진 경쟁사들보다 몇 년 뒤진 3위 팀에서 누가 일하고 싶겠는가. 이미 페라리에서 일하는 사람조차 흥미를 잃고 있었다. 수석 디자이너 존 바너드**John Barnard**는 맥라렌의 론 데니스 휘하에서 스타였던 인물로, 1980년대 말에 페라리로 합류하면서 마라넬로로 이주하기를 거절했고, 영국 서리주의 자택에서 원격으로 페라리를 설계했다.

물론 바너드는 일부 혁신적인 결과물을 내놓기는 했다. 그는 페라리에 반자동 기어박스를 처음 도입했다. 드라이버들이 기어 레버를 조작하기 위해 한 손을 떼는 대신 운전대 뒤 패들을 튕겨 기어를 바꾸는 방식이었다. 그러나 페라리의 F1 카를 설계하는 사람이 이탈리아에 근처에도 없다는 상황은 몬테제몰로에게는 도저히 용납되지 않았다.

페라리가 얼마나 '이탈리아적'이어야 하는가 하는 문제는 엔초가 바티칸과 등을 진 이후 팀이 늘 안고 있던 이슈였다. 외부인들은 주로 이탈리아다움이 곧 혼란을 의미한다고 믿었다.

버니 에클스턴은 오랫동안 피에로 라르디 페라리에게 이렇게 말했다. "이탈리아인은 다들 자기가 옳은 줄 알지만, 사실은 늘 싸우기만 하죠."

　몬테제몰로는 팀의 국가적 정체성에 관해서는 미묘한 균형이 필요하다고 생각했다. 그는 책임자들이 일하는 장소에 관해서는 타협하지 않았다. 당연히 마라넬로에서 팀의 역사를 호흡하며 살아야 했다. 하지만 그들이 어디 출신인지는 크게 개의치 않았다. 현대 F1 무대에서 경쟁하려면 유연성이 필요하다고 생각한 그는 프랑스인도 서슴없이 팀 대표로 영입했다.

　장 토트Jean Todt는 1993년에 몬테제몰로의 제안으로 스쿠데리아의 팀 대표가 될 때까지만 해도 F1 경력이 전무했다. 동유럽을 떠나 프랑스에 정착한 폴란드 출신 유대인이었던 그는 랠리카rally car를 몰던 사람이었다. 토트는 수백 킬로미터의 야생 지대에서 두 사람이 한 조가 되어 달리는 차를 운전하며 모터스포츠를 만끽했다. 폐쇄형 서킷과 오픈 휠 자동차는 완전히 다른 세계였다. 그래도 몬테제몰로는 그에게 장점이 많다고 봤다. 토트는 페라리팀 대표가 될 만한 두 가지 자질을 갖추고 있었다. 그는 조직에 익숙했고, 정치적 감각이 뛰어났다(몬테제몰로는 토트가 초면에 메르세데스를 몰고 온 실수를 눈감아 주었다).

　토트는 커리어 대부분을 푸조에서 보냈다. 프랑스 동부의 제조사 가문에서 승진을 거듭해 스포츠 부문을 맡은 뒤 파리-다카르Paris-Dakar 세계 랠리 선수권과 르망에서 우승했다. 1975년부터는 랠리 드라이버 대표로 FIA에도 관여하며 모터스포츠 행정의 내부 세계를 배웠다. 토트가 FIA의 언어를 구사할 수 있었던 것은 프랑스인이라서만이 아니었다. 그리고 이제는 이탈리아어도 유창하게 했다.

토트는 페라리가 재건의 초기 단계에 합류했다. 1993년에도 스쿠데리아는 우승이 없었고, 오히려 4위로 밀려났다. 그러나 스페인과 캐나다에서 한두 번 포디움에 오른 것은 몬테제몰로에게 희망을 선사했다.

몬테제몰로는 기자들에게 이렇게 말했다. "사막의 첫 빗방울이 곧 떨어질 겁니다."

본격적인 소나기는 다음 시즌에 찾아왔다. 58경기 동안 이어진 무승 행진은 그해 7월 독일에서 게르하르트 베르거가 가장 먼저 결승선을 통과하며 끝났다. 레이스를 완주한 차가 겨우 여덟 대뿐이었던 것은 상관없었다. 페라리 팬들은 다시 우승을 맛봤다는 사실에 열광했다. 그러나 들떠 있을 때는 아니었다. 발전은 고통스러울 만큼 더뎠다. 1995년에는 스쿠데리아가 절반이 넘는 그랑프리에서 포디움에 올랐는데도 몬테제몰로와 토트는 여전히 단 한 번의 우승에 묶여 있었다. 그들은 차와 공장, 팀원을 모두 정비했음에도 결정적인 업그레이드가 하나 더 필요하다는 걸 깨달았다. 그리고 그것은 그들 힘으로 만들어낼 수 없는 부분이었다.

시즌 초 어느 날, 토트는 생각이 떠오를 때마다 적어두는 노트를 꺼내 할 일 목록에 항목 하나를 추가했다.

'1996년을 위한 드라이버 문제.'

□ ■ □ ■ □

1996년 드라이버 문제를 해결하는 방법은 너무나 분명했다. 페라리가 월드 챔피언 컨스트럭터가 되려면 월드 챔피언 드라이버가 있어야만 했다. 1995년 모나코, 토트와 몬테제몰로는 피아트 회장 조반니 아넬리의 요트 위에서 키 크고 각진 턱의 독일인을 맞이하며 영입 제안을 건넸다.

미하엘 슈마허Michael Schumacher는 아직 역대 최고는 아니었지만, 그 길에 들어선 인물이었다.

그 점은 슈마허의 F1에 입성한 첫 주간을 지켜본 사람이라면 누구나 알 수 있었다. 그의 데뷔는 1991년 여름에 예기치 않게 찾아왔다. 조던Jordan팀이 벨기에 그랑프리를 준비하던 중, 그 팀의 드라이버 한 명이 런던 택시 기사를 폭행하는 바람에 갑자기 공석이 생겼다. 조던팀은 그렇게 '광인'을 잃고 그 자리를 대신할 또 다른 '광인'을 급히 찾아 나섰다. 팀은 경주를 불과 일주일 앞두고 포뮬러 3 대회를 석권하던 뛰어난 독일 젊은이를 위해 짤막한 시험 주행 기회를 마련했다. 영국 시골에서 치러진 몇 바퀴의 주행만으로 조던은 스물두 살 슈마허가 운전대를 맡기에 충분하다는 확신을 얻었다. 슈마허는 팀에 합류하자마자 토요일 예선에서 7위를 차지하며, 그 판단이 옳았음을 분명히 보여줬다. 그러나 일요일에는 별로 깊은 인상을 남기지 못했다. 출발 직후 클러치가 타버려 첫 바퀴도 완주하지 못했기 때문이다.

그러나 슈마허를 가능한 빨리 더 좋은 차에 태우기 위한 작업은 이미 진행되고 있었다. 그리고 여기에는 버니 에클스턴도 참여하고 있었다. 그 '더 좋은 차'는 이탈리아 사업가이자 사기죄로 유죄 판결을 받은 플라비오 브리아토레**Flavio Briatore**가 이끄는 베네통 팀의 것이었다. 그가 어떤 사람인지는 나중에 서바이벌 프로그램 〈어프렌티스**The Apprentice**〉의 이탈리아판 진행자가 된 것만 봐도 알 수 있다.

베네통은 1985년에야 등장한 비교적 신생 팀이었다. 패션 기업가 루치아노 베네통**Luciano Benetton**은 자신의 화려한 스웨트셔츠를 더 파는 데는 F1에 진출하는 것보다 나은 방법이 없다고 판단했다. 그러나 이후 등장하게 될 에너지 드링크 제국이 만든 팀 같은 다소 기괴한 브랜딩 실험들에 비하면 베네통은 아무것도 아니지만 말이다. 이 팀은 기존의 F1 인재들을 고용하여(또는 해고하여) 레이스카를 제작하고, 장차 스타가 될 인물들을 드라이버로 영입했다.

유일하게 이례적인 인사 결정은 바로 최고 책임자였다. 플라비오는 모터스포츠 경력자도 아니었다. 슈퍼모델들과 데이트하며 사치를 즐기는 피에몬테 출신의 이 은발 신사는 원래 베네통의 광고 책임자였다. 그의 옆에는 스코틀랜드 출신의 전 드라이버 톰 워킨쇼**Tom Walkinshaw**가 항상 붙어 있었는데, 워킨쇼의 레이싱 경험은 플라비오의 경력과 묘하게 어울렸다. 1992년이 되자 하늘색 차의 이탈리아 팀은 붉은 차의 이탈리아 팀을 이길 정도로 성장했다.

그 시즌에 브리아토레는 이렇게 말했다. "사람들은 우리를 대단치 않게 여겼을 겁니다. 그저 셔츠나 만드는 사람들인 줄 알았겠죠. 그러나 이제는 새로운 현실을 인정할 수밖에 없게 됐죠."

　새로운 현실이란 브리아토레와 워킨쇼가 패독에서 가장 냉철하고 합리적인 두 사람을 기용할 만큼 똑똑하다는 사실이었다. 하나는 레이스카를 모는 미하엘 슈마허였고, 다른 하나는 레이스카를 설계하는 진지하고 똑똑한 영국인 로스 브런**Ross Brawn**이었다. 워킨쇼는 월드 스포츠카 챔피언십에 출전하던 시절부터 재규어**Jaguar**의 우승 카를 설계하던 브런을 알고 지냈다. 그때의 영광을 F1에서 재현하는 것이 그들의 계획이었다.

　의도치 않게 타이밍도 완벽했다. 1994년 시즌은 F1의 규정이 혼란해진 보기 드문 시기였다. FIA는 윌리엄스의 컴퓨터 보조장치를 금지하는 한편, 엔진 규정은 놀랄 만큼 완화하여 페라리의 마력 욕심을 달래려고 했다. 덕분에 윌리엄스와 맥라렌이 V10 엔진을 쓰는데도 페라리는 변덕스러운 V12 엔진 개발을 계속할 수 있었다. 그 사이에서 베네통은 더 작은 포드 V8 엔진을 고수했다. 대신 부족한 괴력은 레이스 운영 능력으로 메웠다.

　로스 브런은 레이스카가 유일하게 멈추는 순간, 피트스톱**pit stop**에서 속도 우위를 차지할 참이었다.

　F1이 시작된 이래 1983년까지, 피트에 머무는 시간은 언제나 타이어를 교환하고 연료를 주입하려면 어쩔 수 없이 치러야 하는 낭비로 인식되었다. 브런은 그것을 기회로 봤다. 특히 1994년부터는 급유가 다시 허용되었다. 그는 레이스를 스틴트**stint**°로 잘게

쪼개는 혁신적인 방법을 생각해 냈고, 결국 이것은 F1에서 빠질 수 없는 요소가 되었다. 그는 차의 연료 소비량을 정확히 계산하고 타이어 고무의 소모량을 수치화한 끝에 베네통을 F1에서 가장 효율적인 레이스카로 탈바꿈시켰다.

이 방법은 너무나 전문적이어서 완벽한 기량과 지성을 겸비한 드라이버가 꼭 필요했다. 다행히 그 팀의 드라이버는 바로 자동차를 다스리는 달인이었다. 슈마허는 필요할 때가 되면 그 누구보다 연료를 아끼다가도 그다음 몇 바퀴 동안은 한계까지 몰아붙일 줄 알았다.

그는 이렇게 말했다. "난 그저 남들과 겨뤄 이기는 게 좋았어요."

슈마허는 운전대를 잡았을 때 철학적인 질문을 별로 하지 않았다. 알랭 프로스트처럼 엔지니어 기질의 드라이버도 아니었고, 아일톤 세나처럼 콕핏을 신성한 영역으로 여기는 타입도 아니었다. 슈마허는 그저 앞에 있는 차와 싸웠다. 그 차를 앞지르든, 벽에 처박든 상관하지 않았다. F1에서 만나는 모든 일은 그저 풀어야 할 문제였을 뿐이다.

어린 시절 고카트를 몰 때도 핸들링이 좋지 않으면 직접 수리하는 법을 배웠다. F1 엔지니어들이 새로운 세팅을 시도해 보고 싶어 하면 새벽에 시험 주행장에 나와 그 작업을 함께 확인했다. 문제가 윌리엄스의 라이벌 데이먼 힐이면, 슈마허는 그 역시 '처리'했다.

그 사건은 1994년 시즌 마지막에 일어났다. 슈마허는 시즌 최종전이 열리는 호주 애들레이드로 날아갔다. 그는 드라이버 챔피언십 점수에서 힐을 단 1점 차로 앞서 있었고, V8 엔진으로 10년 만에 첫 우승을 거두기 직전이었다. 35바퀴를 돈 시점에서 더 이상 치열할 수 없는 대결이 펼쳐지고 있었다. 슈마허가 1위였고 바로 뒤에 힐이 따라붙었다. 그때 슈마허가 이례적인 실수를 범했다. 좌회전 코너에서 코스를 넓게 벗어나며 타이어가 벽에 닿았다. 힐은 틈을 봤고, 바로 다음 우측 코너에서 인코스로 파고들었다.

하지만 슈마허도 똑같이 했다. 보는 시각에 따라 이것은 정당한 레이싱 동작일 수도, 라이벌을 제거하기 위한 비열한 선택일 수도 있었다. 베네통이 윌리엄스를 들이받고 잠깐 공중으로 뜨더니 타이어 벽에 곧장 처박혔다. 슈마허의 레이스는 명백히 끝난 상태였다. 힐은 이제 5위 안에만 들어도 타이틀을 확정 지을 수 있었다. 그러나 힐의 차 역시 손상을 입었다. 그는 왼쪽 앞바퀴를 질질 끌며 피트로 돌아왔고, 그곳에서 바퀴 마운트와 차체를 연결하는 위시본 wishbone 이 복구 불가라는 통보를 받았다.

힐은 슈마허가 속임수를 썼다고 공개 비난한 적이 없다. 그럴 필요도 없었다. 모든 영국 언론이 대신해 주었기 때문이다. 독일에서 가장 유명한 타블로이드지 「빌트」는 그 비난에 대응해 자국 월드 챔피언을 옹호하는 기사를 1면에 실었다.

"슈미 Schumi°를 상대로 한 증오의 전쟁, 그건 단지 시기일 뿐이다!"

3년 후, 페라리에서 운전하던 슈마허는 다시 한번 챔피언십이

걸린 마지막 날 또 충돌 사고를 일으켰다. 물론, 이번에도 우연이 었을지 모른다.

브런이 말했다. "그는 누구라도 기꺼이 베어버릴 사람이다. 억지로 길을 뚫고라도 앞설 것이다. 코너에서 과연 누가 주인인지 보여준다. 미하엘 슈마허와 경주를 하면, 자비를 기대해서는 안 된다. 그에게는 단 1인치만 틈을 보여도 1피트를 내어줘야 한다."

슈마허는 이번에도 마지막 경기에서 단 1점을 앞서며 우승했다. 또다시 슈마허가 1위였고 윌리엄스가 바로 뒤였다. 하지만 이번에는 금발로 염색한 프랑스계 캐나다인 자크 빌뇌브Jacques Villeneuve가 드라이버였다. 경기 종료까지 22바퀴를 남겨두었을 때 빌뇌브가 우측 코너 안쪽에 생긴 틈으로 과감하게 파고들었다. 슈마허는 핸들을 시계 방향으로 틀었고, 그의 페라리 오른쪽 앞타이어가 윌리엄스를 직격했다.

그가 무엇을 의도했든 결과는 뜻대로 되지 않았다. 슈마허는 스핀하며 코스를 벗어났고, 빌뇌브는 최소한의 손상으로 경기를 이어가 우승을 거머쥐었다. 이번에는 독일 언론조차 그를 변호할 수 없었다. 「빌트」는 이렇게 썼다. "의심의 여지 없이 슈미는 빌뇌브를 밀어내려 했다."

「프랑크푸르터 알게마이네 차이퉁Frankfurter Allgemeine Zeitung」은 이를 두고 "서부 영화에나 나오는 짓"이라고 했다.

그것으로 끝이 아니었다. 몇 주 후 FIA는 슈마허의 행동을 재조사했고, 그것이 고의적이라고 판정했다. 조직위는 차마 출전 정지까지는 가지 않는 대신 1997년 시즌 기록에서 그를 소급해 삭제한 뒤 일종의 사회봉사 명령을 내렸다. 다른 사람도 아닌 미하엘 슈마허가 유럽 전역의 도로 안전 캠페인에 나서야 했다.

슈마허의 도덕성은 확실히 의심스러웠지만, 그의 헌신만큼은 누구도 토를 달지 않았다. 베네통팀은 정식 시험 드라이버도 아예 필요 없었다. 슈마허가 가능한 한 자주 차를 몰겠다고 고집했기 때문이다. 페라리로 옮긴 후에도 그 열정은 식지 않았다. 1996년 시즌을 앞둔 겨울, 슈마허는 신차의 첫 시험 주행을 위해 포르투갈로 갔다. 메카닉들은 평소처럼 오전 8시 15분에 서킷에 도착했다. 그런데 도착해 보니 슈미는 이미 레이싱 슈트를 입은 채 모터홈 계단에 앉아 그들을 기다리고 있었다.

그가 말했다. "이기고 싶으면 아침 일찍 일어나야지."

슈마허는 피곤도 모르는 것 같았다. 다른 드라이버들이 레이스를 마치고 나면 제대로 서 있지 못할 만큼 비틀거리며 포디움에 오르던 반면, 슈미는 마치 마이클 조던이라도 된듯 이리저리 뛰어다니며 체력을 과시했다. 라이벌들을 위협하려는 몸짓이 분명했다. 그는 그러고도 노래방에 갈 만큼 열정이 남아돌았다.

F1 역사에서 슈마허만큼 체력 관리에 진지하게 임한 사람은 없었다. 슈마허는 F1 드라이버가 된다는 것이 곧 프로 운동선수로 살아가는 일이라는 사실을 처음으로 온전히 이해한 사람이었다. 그는 매일 두세 시간씩 하루도 거르지 않고 운동했다. 차 안에서 더 날카로운 감각을 유지하기 위해서였다. F1 드라이버는 레이스카를 트랙 위에 붙잡아두기 위한 끊임없는 육체적 싸움을 벌이는 사람이었기 때문이다. 페달 밟는 일은 레그프레스 운동과 다

름없고, 운전대를 돌리는 것은 맨홀 뚜껑을 조종하는 것과 마찬가지였다. 그 과정에서 체내 수분이 빠져 최대 2킬로그램이나 줄어들기도 했다. 슈마허의 전설적인 훈련 루틴에는 유산소, 코어 운동은 물론, F1 카를 운전할 때 오는 엄청난 중력G-force을 견디기 위한 목 근육 강화 훈련도 포함되어 있었다. 깡마른 혈기왕성한 신인이었던 데뷔 시절과 비교하면, 그의 셔츠 깃 사이즈는 세 치수나 커졌다.

시즌이 끝난 뒤, 라이벌들이 휴가를 즐기는 동안, 그는 따뜻한 페르시아만으로 날아가 훈련하며 보내기도 했다. 실베스터 스텔론과 함께 헬스장에서 운동했다는 이야기를 자랑스럽게 늘어놓은 적도 있었다. 스위스의 자택에 머물 때는 동네 축구팀에 들어가 함께 공을 찼고, 개인용 제트기를 탈 때면 항상 산악자전거를 챙겼다.

슈마허가 스쿠데리아로 옮긴 직후 테크노짐Technogym이라는 이탈리아 회사는 그에게 50만 달러짜리 이동식 운동시설을 만들어주었다. 이 '바퀴 달린 고문실'은 그랑프리든 시험 주행이든 그를 따라다녔다. 페라리는 그를 맞아들일 만반의 준비가 되어 있었다. 미하엘은 원하는 건 무엇이든 얻을 수 있었다. 피오라노에 있는 엔초의 옛 집무실도 포함해서 말이다. 그곳에는 침대와 샤워장이 갖춰져 있어 긴 연습을 마친 날에도 굳이 집에 갈 필요가 없었다.

이탈리아 팀에서 첫 시즌을 보낸 후, 슈미가 보기에 아쉬웠던 것이 딱 하나 있었다. 베네통에는 있었지만 페라리에는 없는 것이었다. 1997년에 슈마허는 로스 브런이 필요하다고 말했다. 몬테제몰로와 토트는 선뜻 허락한 다음 그를 데려왔다. 당시 F1에는 시험 주행에 아무런 횟수 제한이 없었기 때문에, 브런이 도착하자 드라이버와 기술 감독은 늘 하던 대로 루틴을 이어갈 수 있었다.

슈마허와 브런은 가능한 한 빨리 시험 주로에 틀어박혀 일주일을 보냈다.

□ ■ □ ■ □

로스 브런이 F1 피트 레인에서 귀한 존재였던 이유는, 그만큼 보기 드문 자질을 지녔기 때문이었다. 그는 도면에서 기발한 아이디어를 떠올리는 설계의 귀재가 아니었다. 고속으로 달리는 자동차 주변을 흐르는 공기에 뛰어난 감각을 지닌 공기역학 전문가도 아니었다. 피트월에서 바나나를 씹어 먹는 과묵한 이 영국인은 대신 F1 팀을 관리하는 탁월한 재주를 지니고 있었다.

약 500명에 달하는 전문 인력이 모여 팀이 운영되던 그 시절, 브런은 그 방대한 인력을 어떻게 조직해야 더 빠른 차를 만들 수 있는지 누구보다 잘 알았다. 그는 팀원 한 사람 한 사람의 역할을 본능적으로 꿰뚫고 있는 듯 보였다. 그도 그럴 것이, 그는 그 대부분의 일을 실제로 해본 사람이었다.

브런은 1978년에 윌리엄스의 패트릭 헤드 밑에서 기계공으로 F1 경력을 시작했다. 낡은 카펫 공장에 차려진 그 팀의 직원은 그를 포함해 겨우 11명뿐이었다. 그는 이후 20년 동안 승진을 거듭하며 메카닉, R&D 기술자, 공기역학자, 수석 디자이너, 레이싱 전략가, 기술 감독까지, F1의 거의 모든 직책을 거쳤다. 브런은 우편실에서 시작해 이사직까지 오른 인물의 F1 버전이었다.

그는 이런 배경을 바탕으로 F1 규정집을 구성하는 난해한 규제와 사양에 대해 타의 추종을 불허하는 지식을 갖추고 있었다. 루카 디 몬테제몰로가 찾던 바로 그 자질이었다.

몬테제몰로는 팀 내에서 늘 이렇게 말하고 다녔다. "우리 기술자들은 규정을 더욱 공격적으로, '극단적'으로, 덜 보수적으로 해석해야 해."

F1에서의 35년간 브런이 결코 듣지 않았을 비판이 있다면, 규정을 너무 보수적으로 해석한다는 말일 것이다. F1 역사상 가장 창의적이고 논쟁적인 혁신의 주역인 브런은 규정집의 여백을 자기 사무실로 여길 정도로 틈새와 회색 지대를 찾는 데 많은 시간을 보냈다.

그가 베네통에서 슈마허에게 안겨준 두 번의 월드 챔피언십 타이틀에는, 언제나 규정 위반 의혹이 따라다녔다. 그중에는 어느 팀이나 다 하는 꼼수도 있었지만, 일부는 그 선을 조금 더 넘어선 것도 있었다.

1994년 첫 경주가 시작되기 전부터 베네통의 레이스카에는 핵발전소보다 더 뜨거운 독일 젊은이의 심장 말고도 뭔가가 탑재되어 있다는 소문이 돌았다. 그 의혹은 시즌 중반 FIA의 조사에서 사실로 드러났다. B194에는 비밀스럽고 명백히 불법적인 런치 컨트롤lunch control°이 장착돼 있었다.

조사관들이 밝혀낸 바에 따르면, 정지 상태에서 차의 출발을 최적화하도록 설계된 이 시스템은 피트 레인 컴퓨터의 숨겨진 메뉴를 통해서만 활성화할 수 있었고, 그 뒤에는 드라이버가 차 안에서 정교하게 업다운 기어를 조작해야만 작동했다. 1994년이었으니 무슨 일이 벌어지고 있는지 이해하는 건 그리 어렵지 않았다. 슈퍼 닌텐도를 켜고 '위, 아래, 좌, 우, B, A, 그리고 스타트'를 입력해 본 사람이라면 누구나 알 수 있는 일이었다. 베네통의 차에는 말 그대로 '치트키'가 감춰져 있었다.

브런은 당연히 결백을 주장했다. 차에 비밀 런치 컨트롤 기능이 있는 것은 맞다. 그래서 뭐가 문제냐는 식이었다. 그건 단지 시험 주행용이었을 뿐이라는 것이다.

팀원 중 누구도 메뉴 화면의 마지막 항목 아래로 스크롤하면 숨은 '옵션 13' 메뉴가 나타나고, 그걸 선택하면 레이스 직전에 런치 컨트롤이 활성화된다는 사실을 몰랐다는 설명이었다. 차 안에서 업다운 기어 변속을 하는 과정은? 그건 그저 실수로 시스템이 켜지는 걸 방지하는 안전장치일 뿐이라고 덧붙였다.

베네통은 이 모든 해명을 태연한 얼굴로 FIA에 제출했다.

관계자들은 이런 변명이 신뢰의 한계를 넘어서는 것임을 알았다. 그럼에도 베네통은 빠져나갔다. 브런이 규정의 허점을 찾았기 때문이었다. 당시 규정은 트랙션 컨트롤의 '사용'을 금지했을 뿐, 그것을 가능케하는 소프트웨어의 '존재'까지 금지하지 않았다. 베

네통이 비밀 '옵션 13'을 단지 장착했을 뿐 경주에서 실제 사용했다는 증거가 없었으므로 FIA가 할 수 있는 일은 많지 않았다. 베네통은 10만 달러의 벌금만 내고 사건을 마무리 지었다.

이 사건에서 브런이 얻은 교훈은 '다시는 이런 짓을 하지 말자'가 아니었다. 오히려 정반대였다. 그는 F1 규정집에 수천 가지의 정밀한 사양과 측정치가 있지만, 그중 어디에도 '한계를 어디까지 밀어붙일 수 있는가'에 대한 규정은 없다는 사실을 깨달았다. 설사 그들이 완벽한 증거를 찾았다고 해도 대개는 빠져나갈 틈을 찾을 수 있었다. 흑백이 명확히 규정되지 않았다면 그것은 회색 지대다. 브런은 점점 늘어나는 규정 목록을 살펴볼수록 기회가 넘실거리는 회색 지대의 거대한 바다가 눈에 보였다.

그는 그 깨달음은 그가 페라리에 가져갈 수 있는 강력한 영업 비밀 중 하나였다.

□ ■ □ ■ □

마라넬로로 옮긴 지 3년 만에, 브런과 그의 팀은 마침내 우승을 노릴 수 있는 레이스카를 개발했다. 유일한 걸림돌은 드라이버를 잃었다는 것이었다.

1999년 시즌의 4분의 1이 지난 시점에 슈마허는 드라이버 챔피언십 선두를 달리고 있었다. 그런데 영국 그랑프리 개막전에서 브레이크 고장이 발생했고, 그의 페라리는 타이어 벽에 충돌했다. 산산이 부서진 페라리에서 그를 꺼내는 데는 9분이 걸렸다. 슈마허는 오른쪽 무릎 아래에 이중 골절상을 입었고, 사실상 시즌 잔여 경기에 출전하지 못하게 되면서 타이틀 도전도 끝났다.

그러나 페라리의 도전까지 끝난 것은 아니었다. 대중의 인식과 달리 슈마허에게도 팀 동료가 있었다. 요트에서 생활하던 아일랜드 출신의 플레이보이 에디 어바인Eddie Irvine이었다. 다만 어바인은 팀 동료라기보다 부하에 좀 더 가까웠다.

이 위계질서는 브런이 1950년대부터 이어져 온 전통적인 드라이버 운용 방식을 바꾼 결과였다. 그는 단순히 동일한 차 두 대에 두 사람을 태워 서로 경쟁하게 만드는 데에는 관심이 없었다. 브런이 보기에 팀 내 최고 연봉을 받는 두 직원이 서로를 물어뜯게 만드는 건 자원의 비효율적인 배분이었다.

두 드라이버가 각자의 목표를 위해 경쟁하는 것보다, 하나의 팀 목표를 위해 협력하는 편이 더 효율적이라는 판단이었다. 페라리의 목표는 분명했다. 미하엘 슈마허를 월드 챔피언으로 만드는 것이었다.

그래서 어바인은 슈마허와 경쟁하는 대신 그를 보좌하라는 지시를 받았다. 자기 차의 페이스를 통제하여 다른 차들과의 사이에 완충지대를 만들라는 것이었다. 피트 레인에서 만난 경쟁자들은 그를 '슈마허의 집사'라고 놀렸다. 그러나 페라리는 슈마허의 집사가 되는 게 그리 나쁘지 않다고 어바인을 설득할 방법을 찾아냈다. 1998년 새 계약 협상에서 페라리는 전례 없는 조항을 삽입했다. 팀 동료가 타이틀을 따낼 경우, 어바인이 보너스를 받는다는 획기적인 내용이었다.

슈마허가 시즌을 거의 통째로 결장하면서, 페라리의 작전은 어바인이 이어받았다. 그는 비록 드라이버 챔피언 타이틀까지 가져오지는 못했지만, 페라리는 1983년 이후 처음으로 컨스트럭터 챔피언을 차지하며 만족했다. 그것으로 페라리는 뭔가 거대한 일의 문턱에 와 있다는 확신을 얻었다. 이제 남은 건, 그 문을 넘어설 마지막 한 수였다.

현장에서 거의 모든 직위를 거친 로스 브런은, 다음 판도를 바꿀 결정적 우위가 어디에 숨어 있는지 정확히 짚어내는 재주가 있었다. 그의 직감은, 어쩌면 너무 당연해서 그동안 아무도 진지하게 보지 못했던 곳을 가리켰다. F1 차량이 유일하게 도로와 닿는 부분, 바로 타이어였다.

브런은 나중에 쓴 책에서 이렇게 말했다. "분명한 것은, 타이어가 엄청난 영향력을 발휘할 수 있다는 사실이었다."

F1이 시작된 이래 타이어가 주목받은 순간은 굉음을 울리며 터질 때뿐이었다. 디자이너와 엔지니어들은 단 0.1초라도 더 단축하려고 모든 장비를 극단적으로 뜯어고치면서도 차와 지면이 맞닿는 검은 고무 덩어리에는 거의 눈길을 주지 않았다. 그 이유는 주로 타이어가 F1 팀이 자체적으로 설계하지 않는 몇 안 되는 필수 부품 중 하나이기 때문이었다. 모든 팀이 사용하는 타이어는 같은 업체가 생산한 것이었다.

굿이어Goodyear는 수십 년 동안 거의 모든 팀에 공통적인 합성 고무 타이어를 제공했다. 소프트(빠르지만 내구성이 낮음)부터 하드(느리지만 내구성이 높음)까지 다양한 성분을 선택할 수 있었고, 습

한 환경이나 우천용도 따로 있었다. 팀이 타이어를 선택해서 레이스 결과에 영향을 미칠 수 있는 방법은 그 순간 어떤 것을 쓸지 결정하는 것뿐이었다.

그러나 1998년에 포뮬러 1은 사상 최초로 타이어에 관한 규정을 신설했다. 세나의 사망 사고 이후 시작된 안전 강화 조치에 따라, 자동차의 속도를 늦추기 위해 의무적으로 앞뒤 타이어에 홈groove이 들어가야 한다는 내용이었다. 굿이어는 의도적으로 속도를 떨어뜨리기 위해 타이어에 손대봤자 상업적으로 얻을 것이 없다고 판단하고는 곧바로 F1을 떠나버렸다. 그 빈자리를 1998년부터 일본 제조사 브리지스톤Bridge Stone이 채웠다.

여느 F1 신참들과 마찬가지로 브리지스톤도 규정을 따라잡는 데 시간이 좀 걸렸다. 홈이 파인 타이어로 필요한 접지력을 확보하면서도 몇 바퀴 만에 망가지지 않게 만드는 데 어려움을 겪었다. 이 회사의 개발 책임자 하마시마 히로히데浜島裕英에 따르면 브리지스톤은 F1의 공식 타이어 업체로 두 시즌을 치른 후에도 드라이버들로부터 '그리 후하지 못한' 평가를 받았다고 했다.

그래서 1999년 말 프랑스 대기업 미쉐린Michelin이 브리지스톤의 라이벌로 포뮬러 1에 복귀를 선언했을 때, 대부분의 팀은 곧바로 일본 제조사를 버리고 더 가까운 곳의 제품으로 갈아 끼웠다.

그러나 또 한번, F1에서 모두가 같은 방향으로 갈 때 페라리는 엇박자를 놓았다. 페라리는 타이틀 경쟁 팀 중 유일하게 브리지스톤을 고수했다. 브런은 바로 이런 기회를 찾고 있었다. 타이어를 페라리만의 '불공평한 무기'로 삼을 기회였다.

브런의 지시로 브리지스톤은 타이어 공급업체라기보다 페라리의 새로운 부서처럼 움직였다. 일본 엔지니어팀 전체가 이탈리아로 건너왔고, 페라리는 자사 엔지니어팀을 일본에 파견해 상주시켰다. 기밀이나 제한 사항은 아예 없었다. 브런은 도쿄에서 온 사람들에게 "사내 정보를 비롯해 원하는 것은 전부 공유하겠습니다. 귀사도 우리에게 똑같이 대해주기를 희망합니다"라고 말했다.

페라리는 브리지스톤에 섀시, 엔진, 서스펜션 데이터를 모두 제공했다. 그 대가로 브리지스톤은 컴파운드°와 구조 설계에 관한 독점 정보를 넘겨주기로 합의했다.

F1 역사상 그 어떤 팀도 타이어 생산에 이렇게 깊이 관여한 적은 없었다. 브런이 그 과정에 더 깊이 파고든 결과, 타이어가 F1의 다른 어떤 엔지니어링 분야와도 성격이 다르다는 점을 깨달았다. 레이싱카의 다른 모든 부품의 목표는 더 빠르게 만드는 것이었지만, 타이어만큼은 더 천천히 마모되게 만드는 것이 목표였다.

이전까지 브런은 그 문제를 접지력과 내구성 사이의 상충관계, 즉 하나를 얻으면 다른 하나를 포기해야 하는 관계로 이해하고 있었다. 접지력을 높이면 코너를 더 빨리 통과할 수 있지만 타이어는 더 빨리 닳게 된다. 접지력을 줄이면 드라이버가 코너를 좀 더 느리게 돌아야 하지만, 타이어의 수명은 늘어난다. 그러나 브리지스톤 엔지니어들은 사실 조금 더 복잡한 요인이 있다고 설명했다.

타이어 열화에는 수많은 다른 요인이 작용했다. 차의 서스펜션

° 타이어에 사용되는 재료의 조합 또는 타이어 구성 성분

세팅부터 드라이버의 스타일까지, 수학적 모델링만으로는 한계가 있었다. 특정 타이어 성분이 조건에 따라(습하거나 건조할 때, 노면 온도가 높거나 낮을 때, 고속 또는 저속 주행 시) 70바퀴를 도는 동안 어떻게 작동할지 제대로 이해하는 방법은 하나뿐이었다. 끝없이 테스트를 반복하는 수밖에 없었다.

다행히 페라리에는 그 일에 딱 맞는 사람이 있었다. 슈마허는 브리지스톤 타이어를 끈질기게 테스트했다. 그는 수많은 종류의 고무 배합으로 엄청난 바퀴 수를 소화하며 브리지스톤 엔지니어들에게 귀중한 데이터를 제공했다. 그 데이터가 너무 방대해서 결국 일본 회사는 페라리 시험용 레이스카 두 대에 대한 비용을 추가로 지불하기로 합의했다.

브리지스톤이 그 테라바이트 분량의 데이터로 한 일은 F1에서 유례가 없을 정도의 가장 맞춤화된 고무 덩어리를 만드는 것이었다. 미쉐린이 6개 팀이 만족할 타이어를 생산하는 동안 브리지스톤은 미하엘 슈마허가 몰 페라리의 핸들링과 서스펜션 구조에 맞춰 설계된 타이어를 만들었다. 마치 그들만 맞춤 정장을 입고, 나머지 팀은 기성복을 입은 것 같았다.

브런은 이렇게 말한다. "풍동에서 몇 주 몇 달을 보낸 뒤에 얻는 결과는 고작 한 바퀴당 0.5초 정도입니다. 하지만 우리는 새 타이어를 끼우기만 하면 바로 0.5초의 이득을 얻었습니다."

브런은 그 0.5초의 이점을 바탕으로 난공불락의 왕조를 건설하기 시작했다.

타이어는 페라리 레이싱 철학의 기반이 되었다. 섀시 설계부터 레이스 도중의 전략까지 모든 것이 브리지스톤의 높은 그립과 빠른 마모의 특성을 활용하도록 고안되었다. 페라리는 연료 탱크의 크기를 줄인 레이스카를 개발하고, 그에 맞춰 다중 피트스톱 전략을 도입했다. 이는 그랑프리 경주의 본질을 완전히 뒤집는 선택이었다. 페라리는 이제 70바퀴 마라톤이 아니라 여러 개의 단거리 경주를 달리기 시작했다.

아무도 그들을 따라잡지 못했다. 2000년에 슈마허는 맥라렌의 미카 해키넨**Mika Häkkinen**과의 최종전 승부 끝에 페라리의 오랜 드라이버 챔피언 가뭄을 간신히 끝냈다. 그러나 브리지스톤이 본격적으로 페라리에 집중하기 시작하자 슈마허는 사실상 잡을 수 없는 존재가 되었다. 2001년에 슈마허는 58점이라는 기록적인 격차로 타이틀을 지켰고, 다음 해에는 그 기록을 깨고 모든 그랑프리에서 포디움에 오르며 68점 차로 시즌 챔피언이 되었다. 그리고 2004년에 슈미는 18회의 경주 중 13승을 거두며 자신의 최다승 기록을 다시 썼다.

그 많은 승리 중에서 브런의 기지가 가장 뚜렷하게 드러난 경기는 2004년 마니쿠르**Magny-Cours**에서 열린 프랑스 그랑프리였다. 그해는 더 빠른 신인 경쟁자인 스페인 출신의 페르난도 알론소**Fernando Alonso**에 슈마허가 뒤처진 보기 드문 시즌이었다.

페라리는 곧바로 전략을 바꿨다. 슈마허에게 네 번의 피트스톱을 요구하는 전략이었다. 보통이라면 무언가 크게 잘못되었다는 신호였다. 물론 슈마허의 F2004는 완벽하게 작동하고 있었다. 그러나 브런의 팀은 슈마허의 차를 거의 새 타이어로 유지함으로써 피트에서 잃은 시간을 만회하여, 간발의 차로 앞선 알론소를 따라 잡을 수 있다고 계산했다.

알론소 팀이 이 전략을 눈치챘을 때는 이미 늦었다. 페라리는 70바퀴 레이스를 11에서 18바퀴 사이로 구성된 다섯 번의 전력 질주로 바꿨다. 피트 레인에서 차를 세운 채 거의 1분 30초를 썼음에도 불구하고, 슈마허는 무려 8초 차이로 우승했다.

그 시즌 슈마허는 5연속 타이틀과 통산 일곱 번째 챔피언을 여유롭게 따냈다. 그는 브리지스톤의 본거지인 일본에서 챔피언을 확정 지은 후 마침내 긴장을 풀었다. 지게차를 훔쳐 타고, 냉장고를 창문 밖으로 던져버리기도 했다. 운 나쁘게도 슈마허만 졸졸 따라다니던 한 사진작가가 그 전 과정을 필름에 담았고 사건을 담은 사진은 영국의 타블로이드지 「더 선The Sun」에 '사고뭉치 슈마허'라는 제목으로 실렸다.

하지만 이마저도 슈마허의 승리로 돌아갔다. 이미지가 훼손되기는커녕 독자들은 오히려 그가 더 친근하고 더 인간적으로 느껴진다고 말했다. 경쟁자들은 슈마허와 페라리의 시대가 오자 완전히 풀이 죽었다. 하지만 페라리의 부흥이 사업에 도움이 된다는 걸 아는 F1 산업 전체는 드디어 꿈이 실현되었다고 생각했다.

물론 그렇지 않음을 알게 될 때까지는 말이다.

슈마허의 승리가 쌓이고 승차가 커질수록 페라리는 더 이상 '기분 좋은 컴백 스토리'가 아니라 포뮬러 1의 종착역처럼 보이기 시작했다. 스쿠데리아의 예산은 4억 달러로, 이미 맥라렌의 두 배였고 윌리엄스가 쓰는 돈의 네 배에 달했다. 원래 가장 인기 있고 부유한 팀이었던 페라리는 이제 가장 성공한 팀이기도 했다.

그것은 승승장구하는 스쿠데리아의 가장 큰 역설이었다. 모든 사람이 프랜싱 호스가 결승선을 1위로 통과하는 장면에 열광했다. 그러나 그 장면만 계속 보게 되자, 자신들이 보는 것이 더 이상 경주가 아니라는 사실을 깨달았다. 일부 경기장에서는 관중이 50퍼센트까지 줄었고, TV 시청률은 급락했으며, 스폰서들이 투자를 재고하기 시작했다. 영국의 한 신문은 페라리가 포뮬러 1의 숨통을 천천히 쥐어짜고 있다면서, 페라리의 로고를 말 대신 비단뱀으로 바꿔야 한다고 비꼬았다.

브런은 말했다. "5년 동안 우리는 모든 경주에서 승리했습니다. 충분히 예측 가능한 일이었죠."

버니 에클스턴에게 '예측 가능하다'는 말은 '지루하다'는 뜻이었고, 그것은 모터레이싱에서 가장 큰 죄악이었다. 포뮬러 1이 지루해지면 할 수 있는 건 하나뿐이었다. 에클스턴은 "기도하기 좋은 교회나 찾아가야 한다"고 했다.

그것도 아니라면 맥스 모슬리를 찾아 대화를 나누는 수밖에 없었다. 버니는 그렇게 했다. 2005년 시즌을 앞두고 FIA는 갑자기 앞으로 경기 중 타이어 교체를 금지한다고 발표했다. 그 말 한마디로 페라리의 모든 이점, 즉 브리지스톤과의 협력, 수많은 컴파운드 테스트, 다중 피트스톱 전략이 윌리엄스의 슈퍼컴퓨터처럼 역사의 뒤안길로 사라졌다. FIA는 안전 조치를 명분으로 내세웠다. 하지만 브런은 진짜 목적이 무엇인지 대번에 알 수 있었다.

그는 말했다. "이상한 규정이었죠. 순전히 페라리를 엿먹이려고 만든 것이 분명했습니다.”

□ ■ □ ■ □

그 이상한 규정은 성공했다. 페라리는 망했다.

2005년 시즌 개막전부터 스쿠데리아의 시대가 끝났음을 분명히 알 수 있었다. 팀은 눈에 띄게 느려졌고, 신뢰성 문제에도 고전했다. 반면 되살아난 르노가 앞서 달렸다. 에클스턴과 모슬리는 원하는 바를 얻었다.

하지만 그들이 예상하지 못했던 것은, 타이어 규정을 건드리는 일이 F1의 본질에 큰 파장을 낳을 것이라는 점이었다. 그들의 서툰 조치는 F1에서 가장 인기 있는(고통스러울 만큼 따분한) 팀을 멈춰 세웠을 뿐만 아니라, F1에 역사상 가장 큰 굴욕을 안겨주었다. 그해 7월 인디애나폴리스의 더운 주말에 세계 최고의 모터스포츠를 보기 위해 표를 산 관중은 무려 12만 명이었다. 그러나 그들이 목격한 것은 2시간 동안 겨우 6대가 달리는 터무니없는 광경이었다.

당시 그곳에서 당황한 페라리의 또 한 명의 책임자로, 몇 년 후 F1의 CEO가 된 스테파노 도메니칼리**Stefano Domenicali**는 이렇게 말했다. “포뮬러 1에게 매우 힘든 순간이었어요. 지금까지도 그 순간은 잊을 수 없습니다.”

그들이 자초한 재앙은 어느 평범한 금요일 오후 자유 연습 중에 일어났다. 윌리엄스에서 뛰는 미하엘의 동생 랄프 슈마허**Ralf**

Schumacher가 서킷의 12번과 13번 코너를 돌다가 시속 300킬로미터로 벽에 충돌했다. 이 사고로 그는 일요일 경주에 출전하지 못했다.

그러나 이번은 평범한 사고가 아니었다. 문제는 왼쪽 뒤 타이어가 심하게 파열되었는데, 그날 이른 아침 다른 드라이버들이 겪은 타이어 문제와 섬뜩할 정도로 닮아 있었다. 피트월에 있던 모두가 어느 한 팀의 문제가 아니라며 수군대기 시작했다. 금요일 저녁까지 패독 곳곳의 메카닉들이 적어도 6대가 넘는 차에서 같은 문제를 발견했다. 타이어 옆으로 길게 수직 균열이 발생한 것이다. 이 차들의 공통점은 하나였다. 모두 미쉐린 타이어를 달고 있었다.

브리지스톤 타이어를 쓴 페라리, 조던, 미나르디Minardi 3개 팀은 별다른 문제가 없었다. 그러나 미쉐린을 쓴 7개 팀에게는 본격적인 위기로 번지고 있었다. 프랑스 클레르몽페랑 본사의 화학 엔지니어들은 무엇이 잘못됐는지 알아내려 열심히 테스트했다. 알고 보니 프랑스 타이어는 미국의 가장 유명한 이 서킷의 횡경사 구간banked section과 유독 맞지 않았다. 토요일, 미쉐린은 자사 제품이 인디애나폴리스 그랑프리에 쓰기에 안전하지 않다는 끔찍한 사실을 인정했다.

당황한 미쉐린 측은 레이스를 위해 새 타이어를 공수해 오겠다고 제안했다. 그러나 규정 당국은 그 제안을 받아들일 수 없다고 했다. 미쉐린을 사용하는 7개 팀은 대안을 제시했다. 12번과 13번 코너 주변에 시케인을 추가해 드라이버들이 가속 페달을 때도록 만들면 어떻겠냐는 것이었다. 속도가 줄어들면 타이어에 가해지는 부담이 줄어 터지는 걸 막을 수 있었다. 긴급 협상이 진행되면서 10개 팀 중 9개 팀이 이를 합리적인 해결책으로 봤다. 유일한 반대자는 브리지스톤이 후원하는 페라리였다. 그리고 늘 그렇듯 페라리는 FIA와 같은 편인 듯했다.

FIA는 이렇게 설명했다. "일부 팀이 레이스에 적합한 장비를 갖추지 못해 발생한 문제로 코스를 변경하는 것은 규정 위반일 뿐만 아니라, 적합한 타이어를 갖추고 온 팀들에게는 매우 불공평한 일이다."

이 문제는 일요일 아침까지 배기가스와 가벼운 맥주 냄새처럼 인디애나폴리스 브릭야드를 맴돌았다. 관계자들은 미쉐린을 사용하는 팀에 세 가지 선택지가 있다고 확인해 주었다. 타이어를 교체하고 페널티를 받거나. 시간이 많이 걸리는 피트스톱을 여러 차례 하고 추가 페널티를 감수하거나. 아니면 문제 구간에서 천천히 지나가라는 것이었다.

결론적으로 보면 선택지가 없었다. 버니 에클스턴과의 격렬한 미팅에서 분노한 팀들은 보이콧을 거론하기 시작했다. 버니는 그들이 철수하면 그건 그들 몫이라고 경고했다. 12만 명의 관중이 환불을 요청할 테니 그 사태를 감당해야 한다는 것이었다. 그는 그들에게 이렇게 말했다. "당신들이 경주를 안 한다면 여기서 어떻게 빠져나가겠다는 말인지 모르겠소. 그러니 내 조언은 일단 경주를 시작하라는 겁니다… 그러나 두세 바퀴 후에 그만두겠다면 내가 무슨 수로 막을 수 있겠소."

버니는 특유의 에둘러 말하는 화법으로 그들에게 탈출구를 준 셈이었다. 미쉐린 측 7개 팀은 주저하지 않고 그 선택지를 집어들었다. 20명의 드라이버가 모두 포메이션랩**formation lap**°에 나섰으나 실제 출발 그리드에 선 차는 6대뿐이었다. 미쉐린 타이어를 장착한 나머지 14대는 항의의 표시로 피트로 돌아가 버렸다. 50년 넘는 F1 역사상 처음으로 참가자가 10명에 미치지 못한 채 그랑프리를 치르게 되었다.

야유와 빈 병, 조롱이 쏟아지는 가운데 아무런 방해도 받지 않은 미하엘 슈마허는 73바퀴를 돌아 우승을 차지했다. 그가 결승의 바둑판무늬 깃발을 지나치는 모습을 지켜본 관중은 극소수에 지나지 않았다. "올해 첫 우승을 이렇게 하고 싶진 않았습니다." 슈마허는 거짓말했다.

그날 저녁 관객들이 매표소에 환불을 요구하며 줄을 서고, 경찰이 화난 군중을 진정시키려 애쓰는 동안, 페라리는 1위와 2위, 그리고 컨스트럭터 트로피를 들고 본국으로 돌아갔다. 기분 좋은 승리는 아니었다. 브리지스톤을 선택한 덕분에 다시 우승을 차지했지만, 이 트로피들은 마라넬로에서 가장 눈에 띄는 자리에 놓이지는 않을 것이었다. 포뮬러 1의 명성은, 적어도 미국에서만큼은 회복하기 어려운 손상을 입었다.

도메니칼리는 이렇게 말한다. "크게 보면 분명히 문제라는 걸 우리도 알았습니다. 팬들이 배신감을 느꼈으니까요."

7장 ——————— 미국 예외주의

인디애나폴리스에서 겪은 참사는 결정타가 되었다.

이듬해인 2006년에도 인디애나폴리스에서 다시 US 그랑프리가 개최되기는 했으나 버니 에클스턴의 결심은 이미 되돌릴 수 없었다. 그는 수년간 거대한 미개척 시장인 미국을 공략하려 애썼다. F1이 성장하려면 계속 변화해야 한다는 사실을 알았기 때문이다. 그러나 그의 유럽식 로드쇼는 미국과 도무지 섞이지 않았다. 이미 다른 주요 모터스포츠 대회들이 버티고 있었고, 텔레비전의 관심은 아직 미지근했으며, 브릭야드 같은 곳에서 유럽식 호화 상품을 팔기에는 극복할 수 없는 문화적 차이가 있었다. 타이어 안전성 논란은 그저 부수적인 계기에 불과했을 뿐이다.

엔초 페라리였다면 미국인은 그저 촌뜨기 취급하면 된다고 조언했을지 모르지만, 버니는 다른 길이 있다고 생각했다. 아예 상대하지 않는 것이었다. 그는 이후 누구를 만나든 이 입장을 반복했다. 그는 러시아의 한 방송과 인터뷰하면서 이렇게 말했다. "나는 미국 시장에 별로 간절하지 않아요. 미국의 가장 큰 문제는 스스로를 세계 최강이라고 믿는다는 것입니다. 그러나 현실은 그렇지 않습니다. 그저 그들의 믿음일 뿐입니다."

에클스턴은 인디애나에서의 여정이 꼬이기 시작한 순간부터 내내 그렇게 느꼈다. "F1과 미쉐린의 미국 내 전망은 밝지 않습니다."

사실 포뮬러 1은 과거에도 미국에서 별로 좋지 않았다. 1950년대에 이 스포츠가 처음 미국을 찾은 이래 숱한 노력이 늘 헛발질로 끝났다. 세계 최대이자 가장 수익성이 큰 럭셔리 카 시장에서 유럽의 노하우를 과시하고 싶었던 팀들은 1959년 대서양을 건너 플로리다의 세브링 국제 서킷에서 열린 F1 그랑프리에 참가했다. 그러나 그 시도는 미국인들에게 신뢰를 얻지 못했다. 19대 중 결승선을 통과한 차는 고작 7대뿐이었다.

다음 해에 그들은 훨씬 더 먼 지역인 캘리포니아 리버사이드에서 대단치 않은 규모로 행사를 치렀고, 이후로 US 그랑프리는 뉴욕주 북부의 왓킨스글렌Watkins Glen이라는 곳에서 자리 잡아 20년간 머물게 된다. 대회는 여전히 큰돈을 벌지 못했다. 사실 1970년대에 그곳에 참가한 팀들은 적자만 봤다. 그러나 적어도 '집'은 있는 셈이었다. 문제는 중계권료를 확보하기가 쉽지 않았다는 점이었다. 유럽과 달리 정부 보조금도 기대할 수 없었다. 그랑프리의 수입은 대부분 티켓 판매에 의존해야 했는데, 대회가 열리는 곳은 뉴욕시에서 북서쪽으로 400킬로미터 떨어져 있어 화려한 타임스퀘어보다 캐나다에 더 가까웠다.

그러니 1980년, 낡은 서킷을 운영하던 회사의 돈이 바닥났을 때도 누구 하나 놀라지 않았다. 돈이 안 된다는 것을 안 에클스턴은 대회 장소를 뉴욕주 북부보다 좀 더 화려한 곳으로 주저 없이 옮겼다.

그곳은 라스베이거스였다. 에클스턴의 눈에는 목장주가 세우고 마피아가 변모시킨 이 도시가 훨씬 더 나은 정착지로 보였다. 베가스는 아직 주요 관광지로 올라서기 전이었지만, 신 시티sin city 로서의 면모는 이미 갖추고 있었다. 플라밍고, 사하라, 트로피카나, 그리고 스트립에는 그 거대하고 키치스러운 건물인 시저스 팰리스가 있었다. 버니는 바로 그곳에 눈독을 들였다.

네바다에서 그랑프리를 열고자 했던 F1 경영진은 이미 1981년 말에 시저스 팰리스 측 대표들을 런던의 로열 앨버트 홀에 초청해 호화로운 파티로 회유한 바 있었다. 나중에 에클스턴이 계약을 마무리 짓기 위해 맥스 모슬리와 함께 미국을 방문했을 때, 시저스 측은 호텔에서 가장 크고 화려한 스위트룸을 내어주며 당시의 호의에 화답했다. 모슬리가 방에 들어서 보니 천장에 거대한 거울이 달려 있었다.

그는 순진하게도 에클스턴의 방에 전화를 걸어서는 거울이 왜 있느냐고 물었다. 버니는 곧바로 이 도시가 어떤 곳인지 설명해주었다.

"침대에 누워서 머리 빗으라고요."

시저스 팰리스는 언제든, 어떤 취향이든 충족할 수 있는 모든 것을 갖추고 있었다. 그러나 버니가 가장 관심을 보인 것은 주차장이었다. 심지어 유럽의 작은 나라보다 더 넓은 곳이 있을 정도였다. 1981년 10월의 어느 주말, 에클스턴은 그곳이 포뮬러 1 서킷이라면 어떨지 상상했고 이를 구현했다. 주차장을 구불구불 지나 사막으로 나갔다가 다시 돌아오는 형태였다. 미친 듯이 빠른 코너도 몇 개 있고, 기온은 드라이버를 차 안에서 천천히 구워버릴 정도였다. 하지만 많은 팬을 모으지 못했고 TV 쪽에서도 큰 관심을 보이지 않았다. 그 주말은 완전히 실패로 끝났다. 넬슨 피케가 브라밤을 몰고 4위로 들어와 타이틀을 확정했을 때조차 에클스턴은 자기 팀에서 나온 월드 챔피언 드라이버를 축하할 기분이 나지 않았다.

대신 시저스 팰리스의 도박장으로 간 버니는 중국 할머니들이 벌이고 있던 거액의 카드 게임에 끼어들었다. 그리고 곧바로 10만 달러를 잃었다. 미국은 아무래도 에클스턴과 맞지 않았다.

그는 이렇게 말한다. "미국인들은 무엇이든 미국식으로 하길 원했어요."

□ ■ □ ■ □

그럼에도 포뮬러 1은 꾸준히 미국을 찾아왔다. 아직 정복하지 못한 유일한 거대 시장에서 제대로 자리 잡을 조건을 찾으려 애썼다. 1982년에 미국은 유일하게 한 시즌에 세 번의 그랑프리를 개최한 나라가 되었다. 디트로이트와 캘리포니아 롱비치의 거리, 그리고 다시 시저스 팰리스의 주차장에서였다. 1983년에는 뉴욕 그랑프리까지 계획하고 있었다. 뉴저지의 메도우랜즈(NFL의 제츠와 자이언츠의 홈구장), 라과디아 공항 인근의 퀸스, 또는 도시 전경이 뒤로 펼쳐진 롱아일랜드가 후보지였다. 그러나 계획은 몇 달 만에 무산되었다. 댈러스에서 짧은 혼란이 있은 후 1985년까지, 디트로이트는 미국에 남은 유일한 F1 개최지가 되었다. 그리고 미국의 다른 개최지들과 마찬가지로 그곳도 곧 사라졌다.

1989년부터 1991년까지는 애리조나주 피닉스 차례였다. 미국에서 여덟 번째로 대회 유치에 나선 도시였지만, 결과적으로는 역사상 가장 기억에 남지 않는 개최지가 되고 말았다. 피트 레인은 엉망이었고, 관객은 겨우 1만 5,000명에 그쳤다. 1990년에는 급기야 세계 최고를 자랑하는 F1이 도시 변두리 지역 행사에마저 지는 굴욕을 맛보았다. 챈들러 타조 축제였다. 무려 7만 5,000명의 사람들이 F1 대신 날지도 못하는 기괴한 새들의 경주를 보기 위해 몰려들었다.

에클스턴은 피닉스와의 5년 계약을 파기할 기회가 오자마자 곧바로 행동에 옮겼다. 그는 이렇게 말했다. "나는 그 대회를 살리려 애썼습니다. 그런데 피닉스 측은 아예 노력도 하지 않았죠. 애초에 왜 나섰는지 모르겠습니다."

다음 도시를 찾아 나섰다. 이번에는 F1이 타조 축제와 경쟁할 필요가 없기를 바랐다. 에클스턴은 미국 내 프로모터 목록을 계속 살폈다. 이토록 큰 나라치고 적합한 선택지가 그리 많지 않았다. 게다가 이미 괜찮은 후보들과는 다 틀어져 버린 뒤였다.

에클스턴은 1992년에 이렇게 말했다. "우리는 미국에서 꼭 대회를 열고 싶지만, 제대로 된 장소여야 합니다. 다음 결혼은 평생 가야 하니까요."

당시 개인적으로 세 번의 결혼 중 두 번째를 겪고 있던 버니는, 인디애나폴리스야말로 바로 그 상대가 될 수 있겠다고 진심으로 믿었다. 그러나 브릭야드에 몇 차례 방문한 뒤, 이번에도 그의 기대가 빗나갔다는 사실을 곧 알게 되었다. 인디는 2000년에 첫 그랑프리를 열었지만 2005년까지 에클스턴이 바랐던 관심의 물결은 여전히 일지 않았다.

특히 그는 미국인들이 F1 대회를 지상파 TV로 중계하지 않는 데 크게 실망했다. 1980년대 유럽방송연합 협약 때부터 그는 F1이 무료 시청이 가능한 채널에서 중계되어야 한다는 조건을 내걸어 왔다. 그러나 미국 내 어떤 방송사도 선뜻 나서지 않았다. 그는 "미국인들은 모나코 레이스만 보려고 한다"고 말했다. 한 가지 창의적인 해결책이 있기는 했다. 에클스턴은 미국의 슈퍼 에이전트 케이시 와서먼Casey Wasserman과 손잡고 4개의 그랑프리를 묶어 CBS 방송 시간을 통째로 사는 것이었다. 마치 거대한 광고 슬롯을 구매하듯이 말이다. 그러나 그것조차 반쪽짜리에 그쳤다. 4경기 중 마지막은 생중계조차 되지 않았다. 인디에서의 '타이어 사태' 한 달 후에야 채널을 켠 극소수 팬들이 본 것은, 녹화 중계된 독일 그랑프리였다.

프로모터들 역시 불만이 컸다. 인디애나폴리스 모터 스피드웨이The Brickyard Indianapolis Motor Speedway는 그랑프리 개최에 1,500만 달러의 개최료를 지불했지만 티켓 판매 수익은 그에 훨씬 못 미쳤다. 에클스턴은 그 책임이 전적으로 인디 주최 측에 있다고 주장했다. "이 도시를 방문해도 도무지 무슨 행사가 열리는지 알 수 없을 정도입니다. 공격적으로 홍보해야 합니다. F1이 성공한 도시들은 모두 그 점을 이해했습니다만, 이곳 사람들은 그렇지 않은 것 같군요."

에클스턴은 2005년이 상황을 얼마나 더 악화시킬지 미처 알지 못했다. 이 스포츠는 미국을 감동시킬 마지막 기회를 날려버렸다. 그리고 미국은 그 작별에도 전혀 슬퍼하지 않았다.

2005년 어느 월요일 아침 「인디애나폴리스 스타Indianapolis Star」에는 이런 기사가 올라왔다. "F1은 파티에 아무것도 없이 와서는 새 페르시아 양탄자에 진흙투성이 신발을 계속 문질러대기나 하는 무례한 손님과 같다. 그것도 모든 모터스포츠의 메카인 인디애나폴리스 모터 스피드웨이에서 말이다⋯ 그들은 이 장소에 대한 존중은 물론, 팬들에 대한 존중도 없었다."

마지막 문장은 이렇게 끝났다. "안녕, F1. 꺼져줘서 고마워요, 버니 에클스턴."

□ ■ □ ■ □

에클스턴식 F1 캘린더의 비결은 그 누구에게도 정확한 일정을 알려주지 않는 것이었다. 물론 계약과 이론적인 날짜는 있었다. 그러나 F1의 다른 모든 부분이 그렇듯이 시즌의 상당 부분은 해마다 바뀔 수 있었다. 버니의 방식은 어떤 대회도 절대 안심할 수 없게 만드는 것이었다.

　형식적으로는 규칙과 F1의 무결성을 책임지는 최종 결정권자인 FIA가 늘 일정을 발표했다. 그러나 실제로 어디서 대회가 열릴지는 버니에게 달려 있었다. 2005년 시즌은 총 17개국에서 19번의 대회가 열리는 고된 일정이었다. 그는 지역 프로모터 및 서킷들과 끝없는 협상을 통해 실제 개최지보다 개최를 희망하는 곳이 더 많도록 항상 균형을 유지했다. 그래야 언제나 대안이 생겼다. 리우데자네이루가 협조하지 않으면 상파울루를 대기시켜 놓았다. 그가 F1을 이끈 수십 년 동안 경기 일정은 50퍼센트 이상 불어났다.

　이 방식의 천재적인 점은 그랑프리 개최 비용에 일률적인 요금이 없다는 점이었다. 에클스턴은 시장을 살피며, 해당 지역이 F1의 홍보에 꼭 필요한지 아닌지를 따져보고 가격을 불렀다. 버니가 아직 영국 컨스트럭터들의 조합장에 불과하던 1973년에도 그는 유럽의 서킷들에 약 5만 6,000달러, 비유럽 서킷들에는 11만 달러를 개최료로 청구했다. 그리고 머지않아 이 금액은 수천만 달러 대로 불어났다. 더구나 돈의 출처가 얼마나 더럽든 상관하지 않았다.

　2010년대와 2020년대에 전 세계의 축구나 올림픽 종목의 리더들이 최고가 입찰자에게 영혼을 파는 일이 일상이 되기 훨씬 전부터 포뮬러 1은 충분한 돈과 공간만 있으면 누구에게든 그랑프리 권리를 팔았다. 스포츠가 독재자들의 이미지 세탁에 이용되는 문제를 깊이 고민하는 사람은 거의 없었다. 사실 에클스턴과 FIA는 권위주의 국가를 방문하는 데 전혀 개의치 않았다. 오히려 꽤 좋아했다. 그런 지도자들은 국내 여론을 신경 쓰지 않아도 됐고,

공적 자금을 제약 없이 마음껏 대회 주최비로 쓸 수 있었다. 그냥 일을 처리할 수 있었기 때문이다.

그래서 에클스턴과 FIA는 오랫동안 전 세계에 걸쳐 문제적 파트너들의 명단을 쌓아갔다. 1970년대와 80년대만 해도 버니가 이끄는 F1은 후안 페론의 군사 정권이 통치하는 아르헨티나, 인종 차별 정책이 남아 있던 남아프리카공화국, 공산주의 헝가리 등에서 대회를 치렀다. 헝가리에서 대회를 치를 때는 관계자들의 직속상관이 바로 KGB°였다.

에클스턴은 크렘린과 연관된 상대들을 이렇게 말한다. "내가 아는 유일한 사실은 그들이 더 정직하고 거래하기 쉬운 사람들이라는 것입니다. 그들은 내가 '악수 한 번으로 계약을 끝내는 사람'임을 자랑스럽게 여긴다는 걸 압니다. 계약에 지나치게 신경 쓰지 않습니다. 어차피 읽지도 않고 서명하니까요."

이후 다른 스포츠들의 태도와 달리, FIA는 이런 나라들에서 F1을 개최하는 이유를 인도주의적 이유로 포장하지 않았다. '불의를 조명'하거나 '세계를 하나로 잇기' 위해서도 아니었다. 현지 정권을 언급하는 행동은 철저히 금기시되었다. 심지어 1992년에 F1이 요하네스버그 북쪽 키알라미**Kyalami** 서킷에서 열렸을 때는 유엔의 비난에도 아랑곳하지 않았다.

과거 남아프리카공화국을 방문할 당시 FIA 회장이었던 장 마리 발레스트레는 이렇게 말했다. "FIA에는 80개국 4,500만 회원

이 가입해 있습니다. 우리는 그 누구에게도 모두를 만족시키라고 요구하지 않습니다. 그 누구도 F1이 올림픽처럼 정치화되기를 바라지 않습니다."

그러나 F1이 찾아간 독재정권이나 인권 유린 정부보다도 이 스포츠에 치명적인 결과를 미친 개최지들이 있었다. 바로 '충분한 돈을 내지 않으려는 곳'들이었다. 주로 오픈 휠 레이싱의 본고장인 유럽에 산재한 서킷들이 그랬다. 그들은 수십 년에 걸친 전통을 내세우며 할인을 기대했다.

예를 들어 몬차는 1920년대 초부터 자동차 레이싱 대회를 개최했다. 페라리와 메르세데스가 존재하기도 전이었다. 아우토드로모 나치오날레Autodromo Nazionale 서킷은 보수 공사가 있었던 1980년 한 해만 빼면 F1의 모든 시즌에 포함되어 왔다. 그곳은 사실상 페라리의 홈 레이스였다. 만약 일정에서 제외된다면 이탈리아 정부가 전쟁을 시작할지도 모른다. 그 때문에 포뮬러 1은 이곳에 한해서는 조금 더 유연하게 대할 수밖에 없었다.

이것은 F1이 서킷을 선정할 때 늘 신경 써야 하는 부분이다. 전통이 있는 서킷과 돈 되는 서킷 사이의 균형 말이다. 버니 시대에 F1은 40곳이 넘는 다른 장소를 찾아갔다. 그조차 실제로 추진된 계획의 일부에 불과했다. 에클스턴은 한계를 더욱 밀어붙일 생각이었다. 1980년대에 그는 소련 서기장 레오니드 브레즈네프Leonid Brezhnev에게 모스크바나 상트페테르부르크 그랑프리를 제안했었다. 그리고 아무런 성과 없이 20년이 지난 후 그는 모스크바시와 다시 협상했다. 그때는 러시아인들조차 버니를 상대하기 쉽지 않다고 여길 정도였다.

당시 모스크바 시장은 이렇게 말했다. "에클스턴은 모든 권리를 자신이 쥐려고 했습니다. 티켓 판매권, TV 중계권, 광고까지요. 그의 조건을 모두 수락했으면 우리에게 남는 건 자동차 배기가스뿐이었을 겁니다."

해마다 에클스턴을 난감한 처지에 몰아넣는 곳이 딱 한 군데 있었다. F1이 동경하는 모든 조건을 완벽하게 갖춘 유일한 그랑프리였다. 화려함, 매력, 은막의 스타들, 그리고 말 그대로 왕자가 주관하는 대회였다. 서머싯 몸이 "그늘진 사람을 위한 햇살 가득한 곳"이라고 부른 프랑스 리비에라의 모나코 공국. 그곳은 다른 어떤 서킷에도 없는 자랑거리를 가지고 있었다.

그들은 버니 에클스턴을 상대로 협상 우위를 쥐고 있었다.

□ ■ □ ■ □

모나코 공국은 그 자체가 독립 국가로, 13세기 프란체스코 그리말디가 지중해의 바위를 점령한 이래 줄곧 한 가문이 통치해 왔다. 면적은 뉴욕 센트럴파크의 3분의 2 정도에 불과하다. 사실 그런 곳에서 자동차 경주를 하겠다고 생각한 자체가 터무니없는 일이었다.

메카닉들은 이곳에서 드라이버의 시야를 조금이라도 개선하려고 콕핏 안에서 시트를 10, 15밀리미터 높여주지만, 그 효과도 제한적이다. 모나코에서는 평균 주행 속도가 워낙 낮아 엔진이 과열

되기 쉽고, 이 때문에 차량들은 평소보다 훨씬 더 예민해진다. 다시 말해 이 서킷에서는 모든 일이 잘못될 수 있고, 실제로 대개 그렇게 된다. 1994년부터 2001년까지 이곳에서 다섯 번이나 우승한 미하엘 슈마허조차 그곳만큼은 고개를 절레절레 흔들었다. 이 독일 청년은 모나코가 너무나 위험한 곳이라고 솔직하게 인정했다.

2012년에 그는 F1의 수많은 모순 중 하나를 이렇게 지적했다. "우리는 그토록 오랫동안 트랙 안전성을 홍보해 왔는데 이제 와서 모나코에서 대회를 치른다는 게 아이러니죠. 하지만 제 생각엔 1년에 한 번 정도라면 괜찮다고 생각합니다. 무엇보다 운전하는 재미가 대단하니까요."

물론 슈마허가 재미를 느낄 수 있었던 것은 늘 선두를 달렸기 때문이다. 그러나 토요일 예선에서 폴 포지션을 놓치면 일요일에 결승선을 먼저 통과할 확률은 다른 어떤 서킷보다도 낮아진다. 1984년부터 2014년까지 30명의 우승자 중 16명이 폴 포지션에서 출발했다는 사실은 우연이 아니다. 레이스카가 클수록 난이도는 더 높아졌다. 1960년 스털링 모스Stirling Moss가 몬테카를로에서 우승할 때 몰았던 로터스 18은 1989년 우승자 아일톤 세나의 맥라렌 MP4/5에 비해 차폭이 4분의 3도 되지 않았다. 세월이 지나 차는 진화하며 커졌지만, 모나코의 거리 폭은 그대로였다. 대부분의 구간에서 두 대의 차가 나란히 달리는 건 거의 불가능했고, 충돌은 피할 수 없었다.

평균 속도가 가장 낮은데도 불구하고, 매년 모나코 대회에서 결승선을 통과하는 차의 수가 가장 적은 이유도 바로 거기에 있었다.

1996년에는 그 수가 사상 최저인 3대까지 떨어졌다. 그해는 우천과 충돌, 내구성 문제가 더해져 역사상 가장 기이한 대회 중 하나가 되었다. 완주한 드라이버는 모두 포디움에 올랐고, 선두는 올리비에 파니스Olivier Panis라는 무명의 프랑스인이었다. 그가 그랑프리를 우승한 것은 이번이 처음이었고 이후에도 없었다. 너무나 뜻밖이라 그는 그날 저녁 왕자가 개최하는 갈라 디너쇼에서 입을 정장도 미처 준비하지 못했다. 몬테카를로의 일요일이었으니 딱히 구할 데도 없었다. 다행히 모나코의 가장 유력 인사가 여분의 정장을 빌려주었다. 비치 플라자 호텔의 컨시어지였다.

대회 장소로서의 모든 단점에도 불구하고 모나코 그랑프리는 일찍부터 포뮬러 1 전체를 대표하는 강력한 셀링 포인트로 자리 잡았다. 그 배경에는 1950년대의 신혼부부 한 쌍이 있었다. 모나코의 12대 국왕 레니에 3세와 미국의 스타 여배우 그레이스 켈리였다. 그들이 1956년에 동화 같은 결혼식을 올린 후 리비에라의 절벽 동네는 세계에서 가장 화려한 장소로 바뀌었다. 레니에 3세는 모나코 자동차 클럽ACM에 그랑프리 조직과 홍보 권한을 부여했다. 그것은 모두 조세 피난지로 유명한 그의 부유한 소국을 빛내기 위함이었다. 그리고 그레이스는 할리우드 인사들을 대거 끌고 왔다.

머지않아 그녀의 주소록은 곧 그랑프리의 공식 초청 명단이 되었다. 그랑프리 일정이 인근 해안에서 열리는 칸 영화제와 대략 겹친다는 사실도 도움이 됐다. 중요 인사들은 모두 이미 그 근처에 있었고, 왕실에서 날아올 리비에라 시즌의 비공식 개막 초대를 기다리고 있었다. 1960년대에 이르러 국가 원수, 영화계 거물, 배우, 가수, 각국 범죄 조직 인사들까지 모두 5월 말이면 몬테카를로에 있어야 한다는 사실을 알게 되었다. 그들에게 필요한 건 요트 한 척이나 호텔 드 파리의 스위트룸뿐이었다.

대회가 열리는 주말의 모나코는 세계 최고의 인맥을 자랑하는 경연장이 되었다. 여분의 피트 레인 패스는 누가 쥐고 있는지, 바다가 보이는 호텔 방은 없는지, 항구에 정박할 자리가 있는지를 묻는 일이 끊이지 않았다.

켈리의 절친이자 르 로셰**Le Rocher**°의 단골이던 프랭크 시내트라는 그녀의 딸 스테파니 공주의 대부가 되었다. 비틀스는 〈하드 데이즈 나이트**Hard Day's Night**〉를 발표한 후이자 〈서전트 페퍼스**Sgt. Pepper's**〉를 발매하기 전인 1966년에 이 대회장을 찾았다. 롤링 스톤스도 수십 년간 꾸준히 찾아왔다. 그리스 선박왕 아리스토텔레스 오나시스는 모나코 부동산에 일찌감치 투자한 부자답게 자신의 요트 '올림픽 위너'를 타고 대회가 열릴 때마다 참석한 단골이었다. 적어도 오나시스가 모나코를 '지중해의 라스베가스'로 만들려던 계획으로 레니에와 갈등을 빚기 전까지는 그랬다. 수줍은 성격의 레니에는 도박과 녹색 펠트 천보다는 빠른 차와 푸른 바다를 중심으로 자신의 영지를 화려하게 꾸미는 쪽을 훨씬 선호했다. 그에게 그랑프리는 모나코의 상징이어야 했다.

그 점에서 레니에 공과 그레이스 공주는 성공했다.

역대 월드 챔피언들이 깨끗한 거리와 소득세 면제를 누리고자 모나코로 이주한 사실만으로도 모든 것을 알 수 있었다. 사실 모나코는 거의 모든 드라이버에게 홈 레이스나 마찬가지였다. 오늘날 루이스 해밀턴은 모나코 토박이 샤를 르클레르**Charles Leclerc**, 그들의 가장 큰 경쟁자인 막스 베르스타펜 등과 사실상 동네 이웃이다. 그들은 1년에 한 번 열리는 모나코 그랑프리 기간에 자기 침대에서 잠을 자고 출근한다. 그 편리함은 어디와도 비교할 수 없다. 2006년 키미 라이코넨**Kimi Räikkönen**은 레이스카의 방열판에 불이 붙었을 때, 불타오르는 맥라렌을 버려두고 피트 대신 마리나로 걸어갔다. 헬멧과 방화복을 그대로 입은 채 자신의 요트 '노네임**No Name**'호에 올라 남은 레이스 동안 맥주를 들이켰다.

포뮬러 1 드라이버가 아니면서 요트에서 술이나 마시며 대회를 관람하려는 사람은 막대한 지출을 각오해야 한다. 인구 3만 명의 마을에 4일간 모여든 20만 명의 수요가 이곳을 경기장으로 바꿔놓기 때문이다. 그러나 이 나라의 접객 업계가 잘 아는 것처럼, 이 군중은 가격을 따지는 부류가 아니다. 말보로는 1980년대부터 한 주말 동안 접대비로 수백만 달러를 쏟아부었다. 최근에는 호텔 방의 이틀 숙박료가 1만 달러를 쉽게 넘긴다. 객실 점유율은 늘 100퍼센트에 가깝다.

호텔과 카지노, 각종 부동산을 소유한 상장 국영기업인 소시에테 데 방 드 메르**Societe des Bains de Mer**는 그랑프리 주말 단 한 번으로 연간 이익의 5퍼센트를 벌어들인다고 한다. F1을 국가의 상징으로 삼는 평판 가치는, 말 그대로 값을 매길 수가 없다.

팬과 드라이버들에게 이처럼 긴밀하게 얽힌 무형의 역사는 모나코만의 독특한 가치였다. 포뮬러 1에게 그것은 없어서는 안 될 요소였다. 60년이 넘는 세월 동안 모나코 자동차 클럽과 모나코 공국은 F1 주최 측과 모터스포츠 사상 전례 없는 거래를 맺었다. 그들이 F1으로부터 얻어낸 가장 큰 양보는 TV 중계 화면에 대한 편집권이었다. 더구나 버니가 지배하던 기간에도 말이다. 세상 사람들은 모나코가 보여주고 싶은 모나코의 모습만 볼 수 있었다. 그것은 대회가 끝난 뒤에 열리는 시상식에까지 이어졌다. 포디움은 항상 왕실석 계단에 놓이고 군주가 그곳에 참석한다. 다른 그랑프리들과 달리 시상식 내내 보이는 로고는 하나뿐이다. 그것은 석유 회사나 맥주 제조사, 암호화폐 거래소를 비롯한 그 어떤 후원사도 아니다. 오직 모나코 자동차 클럽, ACM의 인장만 허용된다.

서킷 주변의 간판과 스폰서 로고는 여느 곳과 다르지 않지만, 모나코 계약은 ACM이 에클스턴의 포뮬러 1 매니지먼트와 광고 및 상업 수익을 공유하도록 보장했다. 다른 어떤 그랑프리 주최 측도 감히 꿈꾸지 못할 특권이었다. 혜택이 워낙 커서, 업계에서는 F1이 모나코의 개최비를 전액 면제해 준다는 소문까지 돌았다. 모나코라는 비현실적인 곳조차도 이 루머만큼은 사실이 아니었지만, 실제로 모나코는 늘 다른 곳보다 헐값에 대회를 유치한다. 연간 약 1,500만 달러 정도로 추정되는 그 금액은 몬차와 비슷한 수준이다. 그 이후에 들어온 개최지들은 그보다 세 배 정도를 각오해야 한다.

에클스턴은 공국에 더 많은 돈을 청구하고 싶었다. 그러나 계약 갱신 때마다 그는 밀어붙일 수 있는 한계가 어디까지인지 알았다. 영국 레이싱의 본고장 실버스톤을 상대로는 끊겠다고 위협할 수 있었고, 독일 호켄하임 같은 곳은 떨어뜨리겠다고 농담했으며, 결국 행동에 옮기기도 했다. 그러나 모나코와 몬차는 F1에서 거의 건드릴 수 없는 존재에 가까웠다. 버니는 레이니 국왕에게 사석에서 이렇게 말한 적이 있었다. "우리는 여기서 돈을 받지 않고 대회를 치를 수도 있습니다. 그만큼 F1에 가치 있는 곳이니까요. 이론적으로는 그렇다는 겁니다. 다만 저를 시험하지는 마세요."

그렇다고 공개 석상에서의 허세를 멈추지는 않았다. 이는 다른 서킷에 청구하는 가격을 지키기 위한 것이기도 했고, 강경한 협상가라는 자신의 명성을 지키기 위한 것이기도 했다.

2010년에 그는 「인디펜던트 **The Independent**」에 이렇게 말했다. "유럽의 주최 측은 돈을 좀 더 많이 내야 합니다. 아니면 우리는 다른 곳으로 갈 겁니다. 모나코 없이도 할 수 있어요. 그들은 충분히 내지 않거든요."

놀랍지 않게도, 이 발언은 ACM과의 재계약 협상이 절정에 다다른 시점에 나왔다. 몇 주 후 에클스턴은 모나코 서킷과 10년 연장 계약을 맺었다. 그는 그 부족분을 다른 곳에서 메울 수 있다는 점을 누구보다 잘 알았다.

2000년대 초 그는 중국, 말레이시아, 터키를 추가했다(독재자건 뭐건 상관없었다). 그리고 또 하나의 개척지가 떠오르고 있었다. 그 투자자들은 다른 개최지 모두를 가난해 보이게 만들 정도였다. 에클스턴은 자기 서커스단을 걸프 지역으로 데려가고 싶어 했다.

□ ■ □ ■ □

　포뮬러 1이 처음으로 아랍 세계에 진출하기로 결정했을 때, 그 선택이 얼마나 중대한 의미를 지녔는지 알려면 한 가지를 기억할 필요가 있다. 오늘날 스포츠계에 '오일 머니'가 몰아치기 전, 당시는 동트기 전 새벽과 같았다는 점이다. 아직 축구 월드컵 유치를 고려조차 하지 않던 카타르는 그저 미국의 공군 기지로만 알려진 시대였다. 아부다비가 맨체스터 시티를 인수하기까지는 아직 수 년이 남아 있었다. 사우디아라비아 역시 부유했지만(윌리엄스팀에 대한 잠시 투자했던 것을 제외하면) 그때만 해도 지구상에서 가장 폐쇄적인 사회 중 한 곳이었다.

　그러나 2000년대 초, 자동차에 열광하는 왕실을 둔 걸프 지역의 작은 나라가 이미 F1이 자국의 국제적 인지도를 높여줄 수 있음을 깨달았다. 이란의 맞은편에 위치한 이 섬나라는 옆 동네 두바이, 이집트, 레바논과의 경쟁에서 맨 앞자리를 차지하고자 했다. 아라비아 최고의 말 수출국이라는 자부심을 지녔던 바레인은 이제 진짜 '마력horsepower'을 수입하려 했다.

　돌이켜봤을 때 놀라운 점은, 석유와 가스 중심 경제를 갖고 있었음에도 바레인이 아직 중동 초부유층의 전초기지는 아니었다는 사실이다. 1932년, 바레인은 걸프 지역에서 미국 회사들이 처음으로 석유를 발견한 곳이었다. 사우디나 쿠웨이트에서 '검은 황금' 쏟아져 나오기 훨씬 전의 일이었다. 그러나 2000년 당시 바레인의 GDP는 카타르의 절반에 불과했고 세르비아와 자메이카보다도 낮았다.

인구가 겨우 100만 명 남짓한 이 나라는 1700년대부터 군도를 통치해 온 칼리파Al Khalife 가문의 이익을 위해 존재한다고 해도 과언이 아니었다. 제2차 세계대전 후 사실상 영국 통치 아래 있었을 때도 마찬가지였다. 사실 바레인은 영국의 존재를 꽤 반겼다. 바레인 내부에서 누가 권력을 잡든 영국은 이를 뒷받침하는 데 꽤 쓸모 있었기 때문이다. 그러니 해럴드 윌슨 수상이 1971년까지 '수에즈 동쪽'에서 모든 영국군을 철수하겠다고 발표했을 때 칼리파 가문이 느꼈을 실망은 짐작할 만했다.

영국군이 그곳에 계속 주둔하는 대가로 돈을 지불하겠다는 왕족 집단의 제안이 나온 후 바레인 국왕은 이렇게 말했다. "영국은 다시 한번 윈스턴 처칠 같은 인물이 필요합니다. 한때 강성했던 영국이 지금은 너무나 약합니다. 우리를 비롯한 걸프 지역의 모든 나라가 영국이 남아주기를 바랐다는 걸 잘 알겁니다."

1970년대의 그 권력 공백 속에서 7개 왕국이 연합해 아랍에미리트를 결성했다. 원래는 9개국이 참여할 예정이었지만, 왕족들 사이의 내분으로 빠진 두 곳이 카타르와 바레인이었다. 그들은 각자 독립 국가를 이루는 쪽을 택했다. 이후 카타르가 천연가스에 미래를 걸고, 아랍에미리트가 진주 채취에서 석유와 부동산으로 경제를 성공적으로 전환하는 동안, 바레인은 국제적 주목을 끄는 데 실패했다.

상황이 반전된 계기는 버니 에클스턴과 왕세자의 사촌인 자베르 빈 알리 알 칼리파의 만남이었다. 버니는 아랍 세계에서 레이스를 개최하고 싶었고 자베르 왕세자는 바레인 관광을 홍보하고 싶어 했다. 마침 그는 빠른 자동차와 유럽의 공학에 열광한 인물이 었다. 영국 공군에서 F-16 조종사 훈련을 받으며 키워온 취향이 었다. 그 후 왕세자는 낙타를 페라리로 바꿨다고 농담하곤 했다.

수도 마나마 남쪽 사키르Sakhir 서킷의 건설 공사는 2002년 말에 시작되었다. 목표는 2004년 시즌 초 그랑프리를 여는 것이었다. 세계에 선보일 바레인의 쇼윈도였기에 모든 것이 일류여야 했다. 실버스톤처럼 허물어지는 차고나, 몬차처럼 움푹 팬 진입로 따위는 없었다. 1억 5,000만 달러짜리 새 트랙에는 최고 자재만 사용됐다. 바레인은 50명 대표단을 2003년 스페인 그랑프리에 파견해 운영 방식을 연구했다. 팀들이 모터홈을 걸프까지 운송할 필요가 없도록 패독에 영구적인 건물을 세웠고, 슈롭셔 지역의 채석장에서 가장 그립 좋은 트랙 노면 재료를 들여와 깔았다. 서킷 주변 모래가 날아들지 않게 접착 물질을 뿌리기까지 했다. 바레인의 끔찍한 인권 문제와 수도에서 벌어진 시위는 F1을 위해 처리해야 할 또 하나의 불편 사항에 불과했다. 에클스턴은 당시를 이렇게 회상한다. "사람들이 '그들이 우리를 고문한다'는 등의 터무니없는 소리를 해댔지만, 나는 '그 빌어먹을 사람들과 직접 얘기해서, 이게 국가에 얼마나 도움이 되는지 설득하겠다'고 대답했습니다."

그것은 시작에 불과했다. 걸프 전역의 다른 스포츠 행사가 모두 그랬듯이 포뮬러 1은 바레인이 국가 역량을 구축할 완벽한 구실이 되었다. 반짝이는 새 고속도로로 도로망을 확장했고 지멘스Simens

로부터 새 교통 신호등과 연결 케이블로만 채운 16톤짜리 화물을 받았다. 고작 20여 대가 달리는 자동차 경주 하나가 국가 전체의 도로 체계를 재편하고 있었다.

한편, 유럽의 대회들은 간신히 명맥만 유지하고 있었다. 사키르가 사막의 신기루에서 세계 최고 수준의 서킷으로 성장하는 동안, 맥스 모슬리는 2003년에 벨기에와 오스트리아 같은 주력 레이스를 F1 캘린더에서 잘라냈다. 몬트리올도 곧 뒤를 이었다. 바레인은 더 세련된 시설이었던 것은 물론이고 유럽과 북미의 담배 광고 규제의 영향권에서도 벗어나 있었다. 그래서 슈마허가 그곳 첫 대회에서 페라리의 동료 루벤스 바리첼로Rubens Barrichello와 바혼다BAR-Honda팀의 젠슨 버튼Jenson Button을 앞질러 우승했을 때, 포디엄 위에 선 그들의 가슴에는 이렇게 적혀 있었다. 말보로, 말보로, 그리고 럭키스트라이크.

무엇보다 중요한 점은 바레인이 걸프 지역의 다른 국가에 '가능성'을 보여줬다는 사실이었다. 포뮬러 1과의 계약에 따라 이 지역에는 추가로 단 하나의 그랑프리만 더 열 수 있었고, 그 주인공은 아부다비가 됐다. 2006년 초 왕세자와 에클스턴이 처음 마주 앉았을 때 버니는 왜 아부다비에서 대회를 열 수 없는지 말했었다. "이곳의 거리는 모두 직각입니다. 제대로 된 서킷을 지으려면 정말 넓고 탁 트인 공간이 필요합니다."

2009년, 아부다비는 마침내 그런 곳을 찾았다. 아부다비는 야스섬이라는 400억 달러짜리 재개발 중심지에 자리한 10억 달러 규모의 트랙을 공개했다. 에클스턴이 가장 좋아하는 자질인 '일

처리 능력'을 뽐내는 화려한 전시였다. 그곳은 몬테카를로에서 영감을 받은 수정처럼 푸른 마리나 옆에 자리했고, 인접한 곳에는 '페라리 월드'라는 대형 실내 테마파크가 들어섰다. 방문객들은 '포뮬라 로사' 롤러코스터를 타며 페라리의 기분을 내거나, '칼릴 세차장'에 아이들을 맡길 수 있었다.

아부다비는 분명 포뮬러 1이 열리는 주말을 국가 이미지를 재고하기 위한 글로벌 브랜딩 전략의 핵심으로 보았다. 더 이상 이곳은 오일 머니와 의심스러운 인권 기록을 가진 사막의 고립된 독재 국가가 아니었다. 세계에서 가장 권위 있는 레이싱 캘린더의 한 정거장이었다. 에클스턴은 언제나 그랬듯이 가격만 맞으면 기꺼이 그 특권을 팔았다.

다만 당시 버니가 자신의 일을 바라보는 관점에는 한 가지 변화가 생겼다. F1을 맡아 30년간 운영하면서도 거의 보이지 않았던 생각이었다. 2000년대 중반, 상상을 초월하는 부를 쌓고 이제 70대에 접어든 그는, 대회 개최권과 미디어 권리를 팔아치우는 사업이 솔직히 말해 성가신 일로 여겨졌다. 버니는 자신의 가장 큰 칩인 이 스포츠 전체를 현금화해, 통째로 매각할 준비가 되어 있었다.

8장 ——————— 파이어 세일

2005년 런던의 어느 오후, 버니 에클스턴이 CVC 캐피털 파트너스라는 사모펀드의 공동 창립자 도널드 매켄지**Donald Mackenzie**와 점심을 함께했을 때, 그의 머릿속에는 한 가지 생각밖에 없었다. 평소처럼 누가 계산할지 따위의 걱정은 아니었다.

버니는 매켄지에게 F1 사업에 관한 것을 모두 털어놓을 작정이었다. 구체적으로 말하면 이 사업이 빌어먹을 재앙이라는 이야기를 하기 위해서였다.

에클스턴의 말에 따르면, F1 전체가 위기 상황이었다. 팀들은 언제나 더 많은 돈을 요구했고, 신용은 바닥나고 있으며, 미국 시장은 기대만큼 성과를 내지 못하고 있었다. 설상가상으로 유럽연합**EU**이 담배 광고를 금지하겠다고 나서며, 이 판을 완전히 무너뜨릴 태세였다. 30년 만에 처음으로 버니에게는 꺼내 들 비장의 카드도 없었다. 더 나쁜 것은 이제 그의 등에 올라탄 상사가 생겼다는 사실이었다. 자신의 의도와는 무관하게, 이제 에클스턴의 최대 사업 파트너는 그가 생각할 수 있는 것 중 가장 성가신 존재, 독일 은행이었다.

매켄지는 주의 깊게 들었다. 노련한 회계사 출신인 그는 이 스포츠의 소유권과 지배 구조가 엉망임을 대번에 알아챘다. 버니 특유의 '악수 계약'과 의도적으로 불투명한 일 처리 방식이 만들어 온 결과였다. 그러나 동시에 매켄지는 F1에 잠재된 전 세계적 인기 가능성도 보았다. 인기가 있는 곳에는 기회가 있기 마련이었다.

CVC는 지난 20년 가까이 국제 미디어에서 여행 가방 제조업에 이르기까지 매우 다양한 산업에 투자해 왔다. 실적이 항상 뛰어난 것은 아니었다. 이 회사는 크게 베팅해 대성공을 거두거나, 반대로 처참하게 실패하는 것으로 유명했다. 보상 구조 역시 승부수를 키웠다. 거래가 잘되면 경영진은 거액의 보상을 받았으나, 손실을 개인이 떠안아야 할 경우도 있었다. 2005년만 해도 CVC는 콘크리트 자재 제조업체에 투자했다가 2억 4,000만 유로를 잃었고, 10억 달러 규모의 호주 방송사 지분 투자에서 낭패를 당하기도 했다.

그러나 매켄지는 곤경에 처한 저평가 자산을 알아보는 눈이 있었다. 포뮬러 1이 바로 그랬다. 당시 잉글랜드 프리미어리그에서는 파산 직전 클럽들이 수억 달러에 팔리기 시작했고, 영국 축구를 뒷받침하던 유료 방송 시장은 나날이 성장하고 있었다. 해외 투자자들 역시 영국 대표 스포츠 상품들에 관심을 보이기 시작했다. CVC가 보기에 포뮬러 1은 황소처럼 강력한 엔진을 달았지만 타이어 바람이 슬금슬금 빠져 절뚝거리며 달리는 비즈니스 같았다.

매켄지는 에클스턴에게 부드러운 어조로 제안했다. 카르멜로 에스펠레타**Carmelo Ezpeleta**라는 인물에게 전화해 보라고 했다. 그는 세계 최고 모터사이클 대회인 모토 GP를 이끄는 딱 버니 같은 인물이었다. CVC는 1998년부터 모토 GP의 대주주였고, 에스펠레타는 이 펀드가 어떻게 운영되는지 설명해 줄 수 있었다. 그들은 사업을 정상화하고 가치를 높이되, 버니의 백발이 곤두설 만한 간섭은 하지 않을 생각이었다.

매켄지가 말했다. "그쪽 이야기를 들어보고, 마음에 들면 그때 다시 이야기해 봅시다."

□ ■ □ ■ □

전직 중고차 딜러 출신으로 자수성가한 자동차 레이싱 프로모터가 어떻게 자신의 자부심인 F1을 사모펀드에 팔게 되었는지(그러면서도 권력은 유지하려 했는지)에 대한 이야기는 수년 전부터 우여곡절을 겪으며 무르익어 왔다.

이것은 에클스턴이 70세를 앞두고 있던 1990년대 후반에 시작된 일이다. 그는 브라밤팀에서 손을 뗀 지 10년이 지났지만, 모든 팀의 소유주가 그렇듯 그 역시 대부분의 시간을 어디에 썼는지 똑똑히 기억했다. 돈을 더 끌어오는 일이었다. 그것은 F1 전반을 운영하는 데에도 그대로 적용됐다. 그래서 거액을 빠르게 마련하기 위해, 에클스턴은 1990년대 후반에 가장 유행하던 선택을 했다. 20여 개의 영국 축구팀을 포함한 다른 모든 스포츠 종목과 마찬가지로 그도 기업공개IPO를 모색했다.

그의 계획은 살로몬 브라더스Salomon Brothers 투자은행을 통해 F1의 가치를 약 40억 달러로 평가한 다음 런던과 뉴욕 증시에 상장하는 것이었다. 그 말은 곧 버니가 지배하던 F1의 모든 부문을 하나의 지붕 아래 묶어 판다는 뜻이었다. 옛 FOCA를 비롯해 텔레비전 방송권을 위해 그가 분사한 인터내셔널 스포츠월드 커뮤니케이터스ISC, 그리고 그랑프리 개최권을 판매하는 사업부인 포뮬러 원 프로모션스 앤드 어드미니스트레이션FOPA이 포함된 패키지였다.

이 모든 사업을 뒷받침한 것은 1990년대에 폭발적으로 성장한 TV 방송이었다. 에클스턴은 영국 중계권을 BBC가 지불하던 금액의 거의 아홉 배에 달하는 가격으로 ITV에 팔았다. F1은 130개국 약 3억 3,000만 시청자가 매 경기를 시청한다고 주장했는데, 두어 주에 한 번꼴로 슈퍼볼을 뛰어넘는 수치였다.

그러나 1997년, 살로몬 브라더스는 F1의 적정 가치를 매기는 일이 예상보다 훨씬 까다롭다는 사실을 알게 되었다. 은행들은 세금 자료와 소유권 문서를 훑어볼 수는 있었으나 그것들은 에클스턴이 통제하는 전체 사업의 일부에 불과했다. F1을 굴러가게 만드는 진짜 연결망, 권리, 지원 구조, 오래된 계약 등은 거의 파악이 불가능했다. 버니가 파는 것이 정확히 무엇인지 아무도 확신할 수 없었다. 당시 「이코노미스트The Economist」에는 이런 기사가 실렸다. "심지어 그의 나이조차도(65세가 조금 넘었다는 것 외에는) 정확히 알 수 없다."

이런 불투명함이 에클스턴에게는 항상 유리하게 작용해 왔다. 누군가가 손전등을 들고 들여다보기 전까지는 말이다. 그 누군가는 유럽연합이었다. 그들이 보기에 전성기를 누리는 F1은 주식 시장에 상장되기에는 지나치게 독점적이라고 느껴졌다. 에클스턴과 그가 지배하는 회사들, 그리고 그가 부회장으로 있던 FIA 사이의 관계는 지나치게 밀착돼 보였다.

특히 규제 당국이 문제 삼은 것은 FIA와 에클스턴의 '포뮬러 원 어드미니스트레이션Formula One Administration Ltd.,' 사이의 계약이었다. 그 계약은 1997년부터 2010년 말까지 그랑프리 중계권에 대한 독점 지배를 보장했고, 여기에 F1 상업권에 대한 14년 임대권 계약까지 더해져 있었다. EU가 보기에는 너무 긴 기간이었다.

이에 대한 보고서가 EU 경쟁 담당 위원인 벨기에 사회당 전 당수 카렐 반 미에르트의 책상에 올랐다. 1998년에 「월스트리트 저널The Wall Street Journal」 기자와 만난 자리에서 반 미에르트는 F1의 구조와 반독점 이슈가 담긴 서류뭉치를 흔들어대며 격분했다. "수많은 사건을 봤지만, 이렇게 위반 사례가 많은 케이스는 처음입니다. 그들은 브뤼셀까지 날아와서 면제를 원한다고 말한 뒤 비행기 타고 돌아가면 될 줄 알았던 모양입니다."

반 미에르트는 자비를 베풀 기분이 아니었다. EU는 이미 전 유럽에 담배 광고 금지안을 두고 F1과 대립 중이었다. 에클스턴은 F1의 생명줄과도 같은 이 수입원을 잃을까 봐 겁에 질린 나머지 강력한 아군을 끌어들였다. 새로 선출된 영국 총리 토니 블레어였다.

적어도 에클스턴은 그렇게 믿었다. 1997년 5월 영국 총선을 앞두고 버니는 노동당에 100만 파운드를 기부했다. 그는 이 기부가 젊고 역동적인 노동당 지도자에 대한 순수한 존경심에서 우러나온 것일 뿐, 어떤 보상을 기대한 것은 아니라고 주장했다. EU가 담배 광고로 전쟁을 준비 중이었던 것은 순전히 우연이라는 입장이었다.

어쨌든 규제 당국은 더 이상 묵인하지 않겠다는 뜻을 분명히 했다. 당시 담배 회사들은 F1에 연간 약 2억 5,000만 달러를 쏟아붓고 있었고, 그 시즌에 12개 팀 중 7개 팀의 차에는 주요 담배회사 로고가 박혀 있었다. 말보로가 8,000만 달러 이상을 쓴 미하엘 슈마허의 페라리도 그중 하나였다. 베네통과 미나르디팀은 일본 담배 마일드세븐**Mild Seven**을, 맥라렌은 독일 담배 웨스트**West**의 은색과 검은색을 두르고 있었다. 프랑스 리지에**Equipe Ligier**팀은 당연히 골루아즈**Gauloises**를 광고하고 있었다.

에클스턴은 담배회사를 몰아내려는 시도가 곧 F1 전체를 마비시킬 수 있음을 깨달았다. 그렇게 되면 대여섯 팀 정도는 곧바로 파산할 것이다. 서킷들은 핵심정인 광고 수익을 잃게 되며, 수천 시간의 TV 노출이 갑자기 연기로 사라질 것이었다. 따라서 그와 모슬리는 담배회사들과 관계를 유지하고 F1을 살리기 위해 과감한 행동을 준비했다. 만약 담배회사가 유럽을 떠나야 한다면 포뮬러 1도 짐을 싸겠다는 것이었다.

에클스턴은 1997년 「타임스**Times**」에 이렇게 말했다. "유럽에서 대회를 철수하더라도 포뮬러 1은 계속됩니다. 이미 수년 전부터 동쪽으로 옮겨가고 있습니다. 우리는 그곳이 가장 큰 성장 동력이 있는 지역이라고 생각합니다. 우연히도 그곳이 담배 업계의 가장 큰 성장 지역이기도 하지요." 그는 당시 F1 시청자의 64퍼센트가 아시아에 있다면서 말을 이어갔다. "실버스톤 같은 전통적인 서킷을 잃는 건 슬픈 일입니다. 그러나 중요한 건 월드 챔피언십입니다. 새로운 레이스들도 머지않아 전통이 될 겁니다. 이 스포츠에서 전통은 빨리 사라집니다. 우리는 항상 앞으로 갑니다."

그 무렵 막 영국 총리가 된 토니 블레어가 마침 에클스턴에게 유리한 방향으로 변심했다. 담배 광고 금지를 지지한다는 선거 공약에도 불구하고, 새 정부는 스포츠에서 담배 광고를 없앤다면 국가적으로 끔찍한 소식이 될 것이라고 주장했다. 모터스포츠 분야에서만 약 5만 개의 일자리가 걸려 있다는 이유였다.

이런 급격한 입장 전환은 신문에 에클스턴의 거액 기부 소식이 실리면서 정부에 특히 난처한 일이 되고 말았다. 블레어는 스캔들을 잠재우고 부패 의혹을 없애기 위해 노동당에 버니의 100만 파운드를 돌려주라고 지시했다. 그러면서도 정부는 기존의 입장을 고수했다. 영국은 브뤼셀에서 F1에 대한 예외를 계속 요구했고, 결국 담배 광고를 하루아침에 폐지하는 대신 2006년까지 단계적으로 폐지하는 타협안에 도달했다.

이 계약 때문에 담배 광고 금지가 이미 시행 중인 곳을 중심으로 기묘한 눈속임극이 벌어졌다. 팀들은 규정을 지키되 최소한만 지켰다. 차에서 담배 브랜드 이름은 지웠지만, 폰트나 색상은 그대로 유지한 것이다. 사실상 차들은 여전히 바퀴 달린 담뱃갑처럼 보였다. 미카 해키넨과 데이비드 쿨사드David Coulthard가 몰던 맥라렌의 측면에는 은색과 검은색 배색을 그대로 둔 채, 그 위에 '웨스트' 대신 '미카'와 '데이비드'라는 글자만 들어가 있었다. 또 어떤 그랑프리에서 페라리는 리어 윙에 새겨진 '말보로'를 포뮬러 1 로고로 바꾸기만 했다. 말보로 카우보이가 카메라를 향해 직접 윙크하는 것이나 마찬가지였다.

F1의 이런 뻔뻔한 행동 때문에 1998년 브뤼셀의 반 미에르트 책상에 놓인 안건이 F1에 유리하게 풀릴 리가 없었다. 요컨대 EU가 보기에 F1은 에클스턴과 지나치게 가까운 파리의 관료 집단이 관여하는 불공정하고, 흡연을 조장하며, 지나치게 폐쇄적인 조직이었다. 에클스턴은 1996년 자신에게 8,000만 달러를 지급한 데다, EU가 보기에는 각국 총리를 마치 개인 로비스트처럼 부려 먹는 인물이었다.

버니는 EU가 완전히 틀렸다고 생각했다.

그는 당시 이렇게 말했다. "위원들이 가엾게 느껴질 정도예요. F1의 내부인들조차 우리 사업이 어떻게 돌아가는지 절반도 이해하지 못하거든요."

물론 에클스턴은 그들이 알기를 바라지도 않았다. 그러나 분명한 건 F1을 상장해 현금을 마련하려던 계획이 완전히 물거품이 되었다는 점이다. 앞으로 담배회사 돈이 사라질 상황에 대비하려면 다른 선택지를 고민해야 했다. 그가 생각해 낸 차선책은 채권 사업에 뛰어드는 것이었다. 그 계획은 훗날 '버니 본드Bernie Bond'로 불리게 된다.

에클스턴은 1998년 모건 스탠리Morgan Stanley를 끌어들여 채권 발행을 맡겼고, F1의 가치를 20억 달러로 평가하겠다는 은행 측의 약속이 마음에 들었다. 문제는 그 채권에 아무도 손대려 하지 않았다는 점이다. 에클스턴 제국의 주요 회사인 포뮬러 원 어드미니스트레이션은 1997년에 7,650만 파운드(약 1억 달러, 한화 약 1,500억 원)의 영업 이익을 냈지만, 이는 20억 달러 규모의 '버니 본드'에 대한 신뢰를 주기에는 한참 모자랐다.

결국 그 사실을 솔직하게 말해준 사람은 단 한 명뿐이었다. 로빈 손더스Robin Saunders라는 이 미국 여성은 조용한 독일 지역에 있는 웨스트 LB라는 은행에서 일했다. 그녀는 버니 에클스턴을 직접 만나기 전까지 그가 누군지도 몰랐다. 그러나 한 가지 확실했던 것은 그가 제시하는 숫자가 전혀 맞지 않는다는 점이었다.

그들은 프린시스 게이트에 있는 F1 런던 본사, 직원들조차 도청되고 있다고 확신하던 너무 붐비고 더운 작은 회의실에서 그들은 마주 앉았다. 손더스는 에클스턴에게 직설적으로 말했다. 기업 가치는 14억 파운드로 낮춰야 하고, 일정 수준 투명성을 보장해야 한다고, 그렇지 않으면 이 건은 절대 성사되지 않는다고 말이다.

그녀는 이렇게 말한다. "모두가 에클스턴을 무서워했습니다. 그가 천재인지 사기꾼인지 아무도 몰랐죠."

기업 실사 과정에서도 그 의문은 쉽게 풀리지 않았다. 에클스턴은 너무나 비밀주의여서 문서 한 장도 프린시스 게이트 밖으로 나가는 것을 허락하지 않았고, 복사도 금지했다. 변호사와 회계사들이 조사하고 싶은 게 있다면 모두 그 뜨겁고 좁은 회의실 안에서 해야 했다.

포뮬러 1의 거의 모든 지식은 오직 에클스턴의 머릿속에만 있었기 때문에, 어떤 거래든 이른바 '키맨**Key Man**' 조항이 포함되어야 했다. 다시 말해 버니가 이 사업의 핵심이었기 때문에 투자자들은 곧 70세가 되는 이 노인이 은퇴하거나, 갑자기 사망하지 않을 것이라는 확신이 필요했다. 모건 스탠리는 손더스에게 그의 건강 검진 결과에 아무 이상이 없다고 보장했다. 그리고 장장 6개월에 걸친 조사 기간 내내 조급해하던 에클스톤도, 손더스가 내세운 설득력 있는 주장에는 협조적인 태도를 보였다.

그녀가 그에게 말했다. "평생 처음으로 억만장자가 되고 싶다면, 이렇게 해야 합니다."

1999년 초, 마침내 거래가 성사되었다. 그해 봄 어느 금요일에 거액의 자금이 버니 에클스턴의 제국으로 들어갔다. 다만 버니의 개인 계좌로 직접 입금된 것은 아니었다. 공식적으로는 SLEC 홀딩스라는 회사가 수령했는데, 이 회사는 에클스턴의 소유가 아니라 1985년에 그와 결혼한 185센티미터 키의 모델 출신 크로아티아 여성의 것이었다. 슬라비카 에클스턴**Slavica Ecclestone**은 사인 한 번만으로 영국에서 여왕 다음으로 부유한 여성이 되었다.

손더스는 불가능해 보이던 거래를 해냈다. 영국 신문들은 나중에 그녀를 '포뮬러 1의 요정 대모'라고 불렀다. 그러나 그 전에 한 번의 대소동이 더 남아 있었다.

채권이 발행된 지 며칠 후 월요일 아침, 에클스턴이 손더스에게 전화를 걸어 고백했다. 그는 평소 그 누구에게도 뭔가를 털어놓는 법이 없었기에 그녀는 이상함을 감지했다. 이 건이 진행되는 6개월 동안 두 사람은 그 흔한 커피 한 잔도 함께하지 않았다.

에클스턴이 말했다. "로빈, 내가 정말 못된 짓을 했소."

손더스는 당황했다. 맙소사, 드디어 모두가 걱정하던 것이 왔나 싶었다. 그녀는 속으로 그가 역시 사기꾼이었고, 이제야 진실이 드러나는구나 싶었다.

"사실은, 삼중 관상동맥 우회 수술을 받아야 합니다."

손더스는 충격과 분노가 동시에 밀려왔다. 채권 발행의 대전제는 버니의 건강만큼은 당분간 아무 이상 없다는 것이었다. 모건 스탠리가 건강 검진 결과를 보장했고, 에클스턴도 그녀에게 걱정할 것 없다고 누누이 안심시켰다. 이제 손더스는 이 노인이 중요한 사실을 숨겨 자신을 속였고, 그 때문에 자신의 경력마저 위태롭다는 사실을 알았다. 일이 잘못되면 대안조차 없었다.

그녀가 속으로 화를 꾹꾹 누르며 말했다. "알겠어요. 언젭니까?"

버니는 "2시"라고 답했다.

손더스가 대꾸했다. "살아서 나오기만 하세요. 그다음엔 제가 직접 죽여드릴 테니까요."

□ ■ □ ■ □

에클스턴은 수술을 무사히 마쳤다. 나중에 그는 "수많은 사람을 실망시켰다"고 털어놓았다. 손더스는 그를 죽이는 대신 그 회사의 이사직을 수락했다.

그 이후 5년 동안 그녀는 F1 사업이 조각조각 쪼개지고, 팔리고, 다시 재편되는 광란의 과정을 맨 앞자리에서 지켜봤다. 사모펀드 회사, 투자은행, 심지어 최근 미국의 코미디 쇼 시리즈〈머펫 쇼The Muppet Show〉의 권리를 산 독일 미디어 재벌 EM.TV까지 뛰어들었다. 어떤 이들은 F1에 투자했다가 무일푼이 되기도 했다. 그리고 미국 회사 헬먼 앤드 프리드먼Hellman & Friedman처럼 F1 지분을 불과 6개월 남짓 보유하고도 약 5억 달러를 번 곳도 있었다.

그러나 2000년대 초에 광란이 끝나고 보니, 이 사업의 75퍼센트는 한 남자의 손에 모여 있었다. EM.TV의 후원자였던 레오 키르히Leo Kirch였다. 미하엘 슈마허가 그랬듯이 당시는 독일인이 F1에 들어오기에 딱 좋을 때였다.

키르히는 10대 시절에 독일 공군Luftwaffe에 징집되었다가 제2차 세계대전이 끝나기 직전에 탈영한 인물이었다. 그는 해외 영화 권리를 사들여 독일에 배급하는 것으로 제국의 첫 벽돌을 놓았고, 머지않아 독일 미디어계에서 루퍼트 머독Rupert Murdoch과 실비오 베를루스코니에 버금가는 미디어 거물이 되었다. 실제로 그는 유료 TV와 축구 중계에 베팅하며 머독과 베를루스코니의 모델을 그대로 따랐다. 훗날 머독과 파트너가 되어 지금의 스카이 도이칠란트Sky Deutschland를 설립하기도 했다. 단, 미국과 차이가 있다면, 당시 독일인들은 유료 TV에 별 관심이 없었다는 점이다.

2002년 키르히 미디어는 65억 유로에 달하는 빚더미에 올라섰다. 포뮬러 1의 최대 주주가 급속히 파산할 처지에 몰린 것이다. 결국 회사가 무너졌을 때, 이 회사의 채권자들 눈에 우연히 세계에서 가장 인기 있는 레이싱 대회를 비롯한 잔해더미가 들어왔다. 버니 에클스턴, 슬라비카 에클스턴, 그리고 여러 글로벌 투자자를 거친 뒤, F1의 대부분은 이제 그것을 어떻게 할지 전혀 모르는 은행들의 손에 넘어갔다.

그 은행들 중 누구도 F1에 유의미한 통제권은 없었지만, 버니는 바이에른 방크Bayerische Landesbank, JP 모건J.P.Morgan, 리먼 브라더스Lehman Brothers 등에 보고해야 한다는 생각에 한없이 짜증 났다. 이사회가 열릴 때마다 욕설이 난무하는 고함이 오갔다.

에클스턴은 "상전이 너무 많았다"고 했다.

그때 그가 찾은 곳이 CVC였다. 은행들은 돈을 회수하려 필사적이었고 버니도 필사적으로 다른 상전을 찾고 있었다. 에클스턴은 상황을 그리 장밋빛으로 설명하지 않았음에도 CVC는 확실히 관심을 보였다. 그는 은행들과 전쟁 중이며, 사업이 망해가고 있다고 말했다. 화가 난 팀들이 F1을 떠나 자신들만의 대회를 열겠다고 위협하는 상황도 털어놓았다. CVC에서 12년 동안 F1을 담당한 닉 클래리Nick Clarry는 이렇게 말한다. "2001년부터 2005년까지 F1 비즈니스는 좀비 회사나 다름없었죠. 이 회사를 쥔 은행들은 누구든 나타나기만 하면 주식을 팔아 돈을 회수하고, 그 돈으로 대출을 정리하고 싶어 했어요."

CVC에게 문제는 자금 조달이었다. 유럽연합위원회의 경쟁 규제를 준수하기 위해 모토 GP도 매각해야 했기 때문이다. F1은 너무 '독성'이 강해 아무도 손대려 하지 않았다. 딱 한 군데, 이미 윌리엄스팀을 후원하고 있던 로열 뱅크 오브 스코틀랜드Royal Bank of

Scotland, RBS만이 나섰다. CVC는 2006년에 20억 달러 규모의 차입금 인수 방식으로 마침내 F1 그룹을 손에 넣었다. 서류에 서명하기 전, 도널드 매켄지는 에클스턴에게 마지막 질문을 던졌다. 회사에 관해 아직 자신이 모르는 게 있느냐는 것이었다. 혈관 수술 같은 또 다른 깜짝 뉴스가 있으면 큰일 나기 때문이었다.

에클스턴이 대답했다. "그럼 이렇게 하리다. 회사에 방해될 만한 게 없다는 뜻으로 1억 파운드짜리 보증서를 끊어주겠소."

CVC로서는 그 정도면 충분했다. 더구나 버니는 자신이 다시 일할 수 있다고도 했다. "지금 시작하면 어떻겠소?"

□ ■ □ ■ □

F1의 새 주인들은 옛 주인이 여전히 쓸모가 있다는 사실을 곧바로 알아차렸다. 버니 에클스턴은 누구에게 지시받기를 좋아하지 않았고 이따금 파격적인 헤드라인을 만들어내는 인물이었지만, 그의 사업 스타일, 인맥, 휴대폰 주소록 등은 여전히 꽤 쓸모 있는 자산이었다. 특히 F1 캘린더를 다루는 일에서는 더욱 그랬다.

당시 F1 레이스는 크게 세 부류로 나뉘었다. 첫 번째는 모나코나 몬차처럼 역사와 명성으로 버티는 전통적인 개최지였다. 두 번째는 호주나 캐나다처럼 오랜 기간 유지되어 왔지만 필요하다면 언제든 교체될 수 있는 중간급 서킷들이 있었다. 이들은 개최권을 위해 2,000만 달러 이상을 지불했다. 그리고 마지막은 F1이 가장 탐내던 시장인 중국, 아랍에미리트를 비롯해 부다페스트 동쪽 지역의 신규 그랑프리들이었다. 올림픽 스폰서십과 중계 분야의 베테랑으로, 에클스턴을 돕기 위해 들어온 마이클 페인에 따르면 "그들은 엄청난 거금을 지불했다."

그 '최고가' 서킷들이 버니의 주 수입원이었다. CVC는 처음부터 F1을 전 세계로 더 확장하고, 새로운 시장에 진출하겠다는 목표를 분명히 밝혔다. 문제는 언제나 그랬듯이 대회 수를 적정 수준으로 유지하는 것이었다. CVC가 맞이한 첫 시즌에는 18개의 그랑프리가 있었다. 그 이상이면 팀들이 반발했을 것이다. 수익의 절반도 못 받는 상황에서 직원들을 혹사하고 비용을 더 지출할 이유가 없었기 때문이다.

그러나 CVC와 에클스턴이 자세히 살펴보니, 굳이 대회 수를 늘리지 않고도 서킷 구성을 조정할 방법이 많다는 사실을 알았다. 군살만 좀 빼면 되는 것이었다. 2006년 캘린더에는 이탈리아에서 두 경기, 독일에서 두 경기, 그리고 프랑스, 스페인, 영국, 모나코에 각각 한 경기가 있었다. 클래리의 말대로 "유럽에 대단히 치우친 사업이었다."

에클스턴은 이미 2004년에 중국, 2005년에는 터키를 일정에 추가한 상태였다. CVC가 인수한 해에 그는 아부다비 주최 측과 첫 미팅을 가졌고, 인도 개최도 계획 중이었다. 하지만 더 큰 목표가 남아 있었다. 첫 번째는 싱가포르였다. 에클스턴은 최소 10년 전부터 그곳의 대회를 꿈꿔왔다. 그 소원은 2008년에 마리나 베이 시가지**Marina Bay Street**에서 이루어졌다. 유럽 시청자들의 시간대에 맞추기 위해 야간 조명 아래에서 열리는 대회였다. 주최 측 비용은 1억 달러를 훌쩍 넘겼으며, 그중 상당 부분은 싱가포르 정부가 부담했다.

페인은 이렇게 말했다. "글로벌 프랜차이즈로 성공하기 위한 유일한 방법은, 약간의 '자비로운 독재'뿐입니다."

하지만 버니가 그보다 더 원했던 무대가 하나 있었다. 그는 러시아 그랑프리를 너무나 오래 꿈꿔왔다. 그가 처음 그 꿈을 실현하고자 했을 때는 아직 소련이었다. 이 계획은 끝내 무산됐고, 대신 부다페스트를 통해 F1을 철의 장막 뒤에 들여놓는 것으로 만족해야 했다.

그러나 2000년대 후반, 러시아가 세계 스포츠 무대로 다시 등장했다. 러시아는 500억 달러가 넘는 돈을 들여 2014년 소치 동계 올림픽을 준비하고 있었다. 그로부터 4년 후에는 축구 월드컵 개최권까지 확보했다. 러시아의 돈이 국제 스포츠에 흘러드는 것을 보면서 F1은 기회를 포착했다.

때마침 페인은 국제올림픽위원회IOC 시절부터 러시아 올림픽 관계자들과 많은 인맥을 가지고 있었다. 그들에게 접근해 올림픽 이후 소치와 그 주변 지역의 계획을 물었다. "관광지를 어떻게 홍보할 것인가? 소치의 브랜드를 어떻게 구축할 계획인가?" 등을 말이다. 페인은 F1이 흑해의 휴양 도시인 소치를 모나코와 싱가포르 같은 세계적으로 유명한 호화 명소의 반열에 올려놓을 수 있는 기회라고 설명했다. 이른바 '코카서스의 리비에라'라고 불리는 소치가 진짜 리비에라와 같은 반열에 오르게 되는 셈이었다.

수개월의 노력 끝에 페인은 소치 측 고위 인사들을 설득하여 그랑프리가 필요하다는 동의를 끌어냈다. 거기까지는 오히려 쉬웠다. 어려운 일은 정작 버니를 설득하는 것이었다. 그가 오매불망 꿈꾸던 러시아 대회를 마침내 치를 수 있게 되었지만, 그 장소는 흑해 연안뿐이라는 사실을 버니에게 납득시켜야 했다.

에클스턴이 말했다. "쓰레기장 같은 소치는 싫어요. 도대체 왜 거기를 갑니까? 모스크바나 상트페테르부르크에 가고 싶다고요."

페인이 말했다. "죄송하지만, 당신은 지난 20, 30년 동안이나 모스크바와 상트페테르부르크에 가려고 애썼지요. 그럴 수 없었던 데는 다 이유가 있습니다. 그들이 돈을 내지 않으니까요. 돈을 받고 싶으면 소치로 가야 합니다. 더구나 그들이 500억 달러나 들인 다음에는 그렇게 형편없는 곳은 아닐지도 모르죠."

에클스턴은 확신이 서지 않았다. 소치 측 대표단을 모나코 그랑프리에 초대했는데 나타나지 않은 것도 마음에 들지 않았다. 에클스턴의 반응이 점점 냉담해져서 페인은 거의 포기할 지경에 이르렀다. 그러던 2010년 어느 날, 페인이 프린시스 게이트에 들어섰을 때 버니가 말했다. 다음 날 아침 블라디미르 푸틴 대통령을 직접 만나 F1에 관해 논의하기 위해 소치로 초대받았다는 것이었다. 그러나 버니는 가고 싶지 않다고 덧붙였다.

페인이 이유를 되물었다.

에클스턴이 말했다. "내가 바보입니까? 내가 푸틴과 만나 이 계약을 협상할 줄 알았다면 그들은 단단히 착각한 거요. 나보고 오라고 할 거면 먼저 서명한 계약서를 보내줘야지."

페인은 계약서가 200페이지나 되는 데다 수억 달러가 달린 점을 일깨워주었다. 계약하려면 어느 정도 논의는 필요하지 않겠느냐고 말했지만, 에클스턴은 들으려고 하지 않았다. 푸틴이든 누구든, 개최비 보장 없이는 비행기에 오르지 않겠다고 고집 피웠다.

페인에 따르면 2시간 뒤, 계약서는 '쉼표도 하나 바뀌지 않은 채' 사인되어 돌아왔다.

그리고 4년 후, F1 카들이 소치 올림픽 공원을 질주했고, 루이스 해밀턴은 포디움 맨 위에 서서 푸틴을 향해 샴페인을 뿌리고 있었다.

□ ■ □ ■ □

버니의 주소록은 분명 제 몫을 해냈다. 그러나 2006년에 CVC의 이 새 직원은 골치 아픈 일도 꽤 만들어냈다.

F1 산하의 여러 사업체가 연간 약 10억 달러를 벌어들였지만, 그중에서 팀으로 돌아가는 돈은 고작 2억 5,000만 달러에 불과했다. 그들은 모두 에클스턴을 탓했고, 급기야 루퍼트 머독의 자금 지원을 받아 독립할 수도 있다는 소문까지 흘리기 시작했다. 중계 화면에 비치는 F1의 모습도 대폭 개선될 필요가 있었다. 대부분의 대회 중계권은 여전히 현지 파트너에게 있었고, 그들이 자국 드라이버 위주로 촬영한 화면이 그대로 전 세계에 송출되었기 때문이다. 그리고 사소한 문제지만, 브라운관 TV보다 현대적인 미디어 환경에서 F1의 존재감을 키울 방법도 새롭게 찾아야 했다. 에클스턴은 인터넷을 제대로 모른다고 솔직히 인정했고, 배울 생

각도 없다고 말했다.

그래도 처음에는 CVC가 보기에 에클스턴은 대화가 통하는 사람이었다. 적어도 그는 상황을 흥미롭게 만드는 재주가 있었다. 버니는 주말 대회가 너무 조용하다는 생각이 들면 모슬리와 함께 기자 한두 명을 불러 자극적인 발언을 던지곤 했다. 다음 날 신문에서 F1의 지면을 늘리기 위해서였다. 규정 변경 테스트나 그랑프리 축소 소문 등 판을 흔들 수 있는 것이라면 무엇이든 던졌다 (그리고 그건 에클스턴이 2009년에 아돌프 히틀러를 '일을 해낼 줄 아는 사람'이라고 치켜올리기 전의 일이었다).

클래리가 말했다. "버니가 신문에 쏟아낸 모든 발언과 인터뷰를 우리가 다 좋아했느냐고요? 솔직히 말하면 아니죠. 그는 늘 논란을 즐기는 사람이었으니까요. 그러나 그가 타고난 사업가라는 점만은 분명했습니다. 우리는 그를 중심으로 인프라를 구축하고 시스템을 만들었어요."

여기에는 사상 처음으로 그의 위에 이사회를 두는 것도 포함되어 있었다. 그는 현실을 받아들일 수밖에 없었다. 하지만 여전히 많은 부분에서 에클스턴은 완고했다. 예를 들면 후계자 문제는 그 누구도 토를 달 수 없는 주제였다. CVC는 원래 70대 노인의 건강과 정신력만 보고 수십억 달러를 거는 조직이 아니었다. 그러나 그들은 버니를 대체할 수 있는 사람을 결코 찾을 수 없다는 것도 잘 알고 있었다. 버니는 그저 노인이라기에는 대여섯 가지나 되는 굵직한 일을 처리하는 인물이었기 때문이다. CVC가 그의 옆을 보좌할 인재를 뽑으려 들 때마다 에클스턴은 단호하게 이를 가로막았다.

그는 새 상사들에게 말했다. "후계자? 네, 잘 알죠. 그게 중요한 일인 줄은 나도 다 안다고요. 그러니 그 문제는 20, 30년 후쯤 진지하게 이야기해 봅시다."

CVC는 그렇게 오래 버틸 생각이 없었다. 그들은 5년이나 10년 안에 사업을 정상화한 후 매각을 통해 깔끔하게 이익을 낼 계획이었다. 2007년에 각 팀과 광고권 보유자, FIA 사이에 콩코드 협정을 통해 평화가 찾아온 일이 도움이 된 듯했다. 그러나 CVC가 F1의 속을 알 수 없는 비즈니스를 깊이 파고들수록 상황은 복잡해지기만 했다.

담배 광고 문제는 여전히 해결되지 않았고, 스폰서들은 점점이 스포츠에서 떠나가고 있었다. 그러는 동안 팀 지출은 눈덩이처럼 불어났고, 페라리가 장기간 독주한 결과 시청률도 타격을 입었다. 그러나 CVC는 그 모든 문제를 똑똑한 경영과 1960년대 중고차 판매보다 조금만 더 세련된 사업 방식을 도입하면 충분히 해결할 수 있다고 믿었다.

하지만 CVC가 미처 몰랐던 것은 이 치열한 사업이 화상회의나 화려한 모터홈, 프린시스 게이트의 비좁은 회의실 밖에서도 벌어진다는 점이었다. 이곳은 우위를 점하기 위해서라면 수단과 방법을 가리지 않는 백만장자들이 거액을 걸고 펼치는 잔혹한 경쟁의 장이기도 했다.

F1의 새 주인들은 그 사실을 뼈저리게 깨닫게 된다. 포뮬러 1을 인수한 지 2년도 안 되어, 그들이 전혀 예상하지 못했던 폭풍으로

인해 사업 전체가 곧 무너질 위기에 처했기 때문이다. F1 역사상 가장 노골적이고 비싼 부정행위 스캔들이 터졌고, 곧바로 더 노골적이고 비싼 사건이 뒤를 이었다.

그 모든 사태의 진원지는 동네 복사 가게였다.

9장 ——————— 스파이게이트

2007년 6월 초 어느 아침, 트루디 코글런**Trudy Coughlan**은 서리주에 위치한 평범한 복사 가게에 들어섰다. 그녀의 손에는 CD-ROM에 옮기기 위한 780페이지 분량의 두툼한 서류 뭉치가 들려 있었다. 복사 가게 주인 게리 몬테이스**Gary Monteith**는 평소라면 고객이 들고 온 서류 내용에 신경도 쓰지 않았을 것이다. 그러나 종이 뭉치를 엄지로 훑어보던 그때, 인쇄된 무언가가 그의 눈길을 사로잡았다.

누가 봐도 페라리의 프랜싱 호스 로고였다. 몬테이스는 마침 F1 스쿠데리아의 오랜 팬이었고, 그간의 경험을 통해 한 가지는 분명히 알고 있었다. 이곳 서리주 월튼온템스가 마라넬로에서 엄청나게 먼 도시라는 사실이었다. 포뮬러 1 이야기를 나눌 기회라고 생각한 몬테이스가 코글런에게 물었다. "페라리에서 일하세요?"

그녀가 더듬거리며 답했다. "어… 제 남편이에요. 정확히는 예전에요."

　그녀가 말하지 않은 부분은 남편의 현재 직장이었다. 마이크 코글런Mike Coughlan은 사실 맥라렌의 수석 디자이너였다. 그가 가장 최근에 페라리 사람이 될 뻔했던 때는 이탈리아로 이주하기를 거부했던 디자이너 존 버나드John Barnard 밑에서 일할 때뿐이었다. 그러나 2002년부터 그는 워킹Woking에 본거지를 둔 론 데니스의 두터운 신임을 받는 부하 중 한 명이었다.

　이 모든 사실은 트루디 코글런이 가게를 나선 직후, 몬테이스가 인터넷으로 알아낸 사실이다. 검색창에 그녀의 이름을 입력하자 몇 가지 퍼즐 조각들이 맞춰졌다. 그녀의 남편이 맥라렌에서 일한다는 사실은 전혀 이상할 게 없었다. 팀 본사는 그의 가게에서 불과 16킬로미터 정도 떨어져 있었으니까.

　그러나 이해되지 않는 점이 하나 있었다. 맥라렌 직원과 그 아내가 왜 그해 페라리 차량의 상세한 설계 사양을 들고 있는가 하는 점이었다. 뭔가 잘못됐다. 보통 사람들은 복사 가게에 780페이지 분량의 기밀 자료를 들고 오는 법이 없다. 주로 공과금 고지서나 출생증명서 정도가 고작이었다. 몬테이스는 누군가에게 이 사실을 알려야 한다고 생각했다. 그러나 아는 사람이 없었다. F1의 광팬이던 그는 격주 일요일마다 TV에 등장하는 페라리의 운영 감독 스테파노 도메니칼리의 이름을 들은 적이 있었다. 그리고 머지않아 그의 이메일 주소를 알아냈다.

　"친애하는 도메니칼리 씨께. 제 이름은 게리 몬테이스입니다. 저를 모르시겠지만 저는 열렬한 페라리 팬이고 당신이 꼭 알아야 할 것 같아 연락드립니다…"

몬테이스가 추리하기에는 지금 눈에 보이는 780페이지짜리 서류는 어떻게든 적의 손에 들어간 스쿠데리아의 사유 재산이었다. 그게 사실이라면 그 파장은 가늠할 수조차 없을 정도였다. 이 문서의 내용을 개발하는 데에만 최소한 수억 달러가 들었을 것이다. 모든 페이지가 영업 비밀일 것이 틀림없다. 그는 이것이 범죄와 관련된 것일 수도 있다고 생각했다.

몬테이스는 도메니칼리의 주의를 끌기 위해 자신의 우려를 가능한 한 노골적으로 적었다. 그리고 보내기 전에 F1의 역사를 바꾸게 될 두 단어를 추가했다.

"산업 스파이industrial espionage "

□ ■ □ ■ □

훗날 '스파이게이트Spygate'로 불리게 된 이 엄청난 사건에서 가장 뜻밖이었던 점은 스테파노 도메니칼리가 몬테이스의 이메일을 받았을 뿐 아니라 실제로 열어보았다는 것이다. 그는 그 공장에서 일하는 이탈리아인 중 가장 침착한 성격을 지닌 전형적인 회사형 인간이었다. 그는 페라리에 위협이 되는 일은 곧 자신에 대한 위협으로 여기는 사람이었다.

마라넬로에서 100킬로미터도 안 되는 이몰라 태생의 도메니칼리는 스쿠데리아의 전설에 푹 빠져 자랐고, 사실상 페라리 공과대학이나 다름없던 볼로냐 대학에서 공부했다. 그는 졸업한 후에도 가능한 한 빨리 페라리에 입사했다. 그는 물류 관리자를 거쳐 F1 부서에서 차근차근 경력을 쌓아 올렸다. 그리고 그렇게 거의 20년을 일한 지금, 그는 엔초 가문 사람을 제외하고 누구보다 페라리를 잘 아는 사람이 되어 있었다. 그래서 몬테이스의 이메일을 읽자마자 본능적으로 어떤 절차를 밟아야 하는지 알았다. 이메일을 페라리 보안팀에 넘기고 법무팀을 참조한 후 페라리 회장 루카 디 몬테제몰로에게 직접 사본을 보냈다. 이 영국인의 제보를 확인해 줄 사람이 필요했다.

몬테제몰로는 이렇게 말했다. "화가 났습니다. 천만다행으로 전 세계에 페라리 팬이 있었죠. 영국에도 말입니다."

페라리는 이제 영국에서의 법률 자문도 필요했다. 몬테이스가 사기꾼인지 아닌지 알아내는 임무를 맡은 사람은 런던의 변호사 던컨 알드레드Duncan Aldred였다. 그의 전문 분야는 기업 사기였다. 그가 할 일은 몬테이스가 사기 행위를 밝혀낸 것인지 아니면 사기를 저지르는 중인지 알아내는 것이었다. 하기야 당시는 영국 타블로이드 기자들이 아랍의 셰이크나 버킹엄 궁전 하인으로 위장해 함정 취재를 일삼던 시대였으니 의심할 만했다.

알드레드는 몬테이스를 자기 사무실로 초대했다. 만나보니 이 남자는 페라리를 상대로 정교한 사기극을 벌일 위인이 아니라는 판단을 내렸다. 몬테이스가 배낭을 메고 로펌에 들어선 순간부터 정장 차림과 서류 가방을 든 그곳 사람들과 결이 다른 인물임이 너무나 뻔했다. 알드레드는 곧장 본론으로 들어가 문서의 구체적 내용 중 기억나는 것이 있느냐고 묻자, 그 복사 가게 주인은 그저 배낭을 통째로 회의 탁자 위에 쏟아놓았다. 780페이지 분량의 페라리 기밀 자료였다. 몬테이스는 혹시 몰라 따로 사본을 만들어둔 것이다.

알드레드는 상황이 중대함을 곧 알아차렸다. 이건 NFL의 어느 팀이 경쟁 팀의 전술 노트 한 권 정도가 아니라 급여 명세, 신인 선발 후보, 선수 전원의 의료 기록까지 모두 손에 넣은 것과 마찬가지였다. 그해 페라리 F1 차량의 모든 설계 사양이 여기에 다 담겨 있었고, 맥라렌의 누군가가 그 내용을 조간신문 넘기듯 뒤적이고 있다는 뜻이었다. 알드레드는 오랜 경험상 이 문서가 진짜이며, 이것이 최고 수준의 긴급 상황임을 곧바로 알 수 있었다.

그는 페라리에 두 가지 선택지를 알려주었다. 이 건을 형사 소송으로 진행하면 경찰이 수사에 착수하므로 일이 길어질 위험이 있다. 그동안 맥라렌은 아무 일 없다는 듯 운영을 계속할 수도 있다. 단, 알드레드는 영국의 사법 체계를 따르면 다른 선택지도 있다고 소개했다. 페라리 측 변호사들이 민사 법원의 명령을 받아 최대한 신속하게 마이크 코글런의 집을 수색하고 발견된 모든 독점 자료를 회수하는 방법이었다.

페라리는 후자를 선택했다. 그리고 7월 3일 아침 7시 30분, 알드레드와 변호사 팀이 워킹 근처 코글런의 집에 들이닥쳤다. 48세의 맥라렌 엔지니어가 회사에서 지급한 회색 전기 자동차에 육중한 몸을 구겨 넣고 있던 그 순간 그를 덮쳤다.

사태를 깨달은 코글런은 크게 저항하지도 않았고, 입을 여는 것이 최선의 선택임을 알았다. 어차피 그 작은 전기차로 멀리 도

망칠 수도 없었다.

코글런은 자신이 780페이지 자료를 가지고 있었음을 인정했다. 트루디를 보내 디지털화한 것도 사실이었다. 그러나 그는 자료를 불법이나 속임수로 입수한 것은 아니라고 거듭 설명했다. 게다가 남아 있는 건 CD뿐이었다. 원본 자료는 파쇄해서 불태워 버린 것이다. 그 자료는 페라리의 최고위직 메카닉이던 나이절 스테프니Nigel Stepney로부터 직접 받은 것이었다. 같은 영국인으로, 과거 로터스와 베네통에서 함께 일한 사이였다. 코글런의 말로는 스테프니가 수개월 동안이나 그를 따라다니며 페라리의 비밀을 필사적으로 누설하려 했다는 것이었다. 그가 왜 그런 짓을 했는지는 불분명하지만, 코글런은 스테프니가 스쿠데리아 내에서 그리 환영받는 존재가 아니라는 점은 알고 있었다.

로스 브런의 오랜 부하 직원이었던 스테프니는 1990년대 초 페라리에 합류해 수석 메카닉까지 올랐다. 키가 크고 단정히 자른 머리에 수염을 기른 그는 이탈리아어를 익혀 마라넬로로 이주했다. 그는 미하엘 슈마허 왕조 기간 페라리가 누렸던 뛰어난 신뢰성을 구축한 주역으로 브런의 인정을 받았다. 그러나 스테프니는 부하들을 거칠게 대했다. 스쿠데리아의 메카닉들(팀 내에서 강한 세력을 형성하며 페라리 정신의 진정한 수호자를 자처한 이들)은 그를 진심으로 인정하지는 않았다. 이는 2006년 말, 브런이 떠난 후 팀의 기술 감독이 되려던 스테프니의 야망에 치명타가 되었다. 당시 팀 대표로 지내던 장 토트 역시 그런 분위기를 감지하고 있었다.

그는 페라리 사람들에게 이렇게 말했다. "2인자는 결국 영원히

2인자일 뿐이야.”

커리어의 황금기 15년을 팀에 바친 스테프니는 배신감을 느낄 수밖에 없었다. 그리고 이제 전형적인 이탈리아 오페라처럼, 그 배신감을 복수심으로 바꾼 듯했다. 적어도 코글런은 그렇게 묘사했다. 그에 따르면, 수개월간 이어진 전화는 성가신 수준이 됐다. 스테프니는 2007년 초 바르셀로나 시즌을 앞둔 시험 주행 중에 만나자고 요청했고, 코글런은 그 자리에 갔다. 그러나 스테프니에게 연락을 그만두라고 말하기 위해서였다고 했다. 어쨌든 결과적으로 그 자리가 페라리 문서를 넘겨받은 접선 장소로 여겨졌다.

코글런의 말을 들은 사람은 다들 그 주장이 터무니없다고 했다. 압수수색과 문서 증거, 구차한 변명을 모두 전해 들은 맥라렌의 팀 대표 론 데니스는 크게 동요했다. 그는 영국 그랑프리 직전, 코글런을 조용히 정직 처리했다.

그러나 곧 문제가 시끄럽게 터지고 말았다. 바로 그 주, FIA가 조사에 착수한다고 발표했다. 공교롭게도 론 데니스가 실버스톤에서 자신의 새로운 ‘자랑거리’를 공개하려던 참이었다. 그것은 최첨단 공학 기술의 결정체라기보다는, 혁신적인 돈벌이 수단이었다. 우주적인 느낌이 나는 회색빛의 이동식 본부, 즉 맥라렌 ‘브랜드 센터’는 스폰서들에게 자신들이 패독에서 가장 세련되고, 가장 진보적이며, 가장 치밀한 팀의 일원이라고 느끼게 해줄 공간이었다. 하지만 손님과 기자들이 곧 도착할 때가 되어서야 위기 대응에 허둥대던 데니스는, 브랜드 센터에 간과한 한 가지 사항 때문에 패닉에 빠졌다. 산업 스파이 스캔들이 일파만파 번져가는 가운데, 데니스는 맥라렌 직원들에게 서빙 준비 중이던 화이트와인 병을 전부 치우라고 지시했다. 소비뇽 블랑의 생산지가 바로 뉴질랜드의 스파이밸리Spy Valley였기 때문이다.

데니스는 주말 내내 질문을 최대한 피해 다녔다. 맥라렌의 공식 입장은 어디까지나 한 직원이 혼자 저지른 일탈이라는 것이었다. 코글런이 스테프니와 어떤 거래를 했든 팀과는 상관없는 일이었고, 그의 행동으로 맥라렌에 돌아온 이익도 없었다고 말이다. 데니스는 자신들과 팀은 "페라리와 마찬가지로 가해자가 아니라 피해자"라고 해명했다.

FIA 쪽에 있던 맥스 모슬리는 노련한 법률적 본능에 따라 이 사안을 더 면밀히 조사할 필요가 있다는 감이 왔다. 몇 년 전 모슬리는 데니스를 두고 '그리 명석하지는 않은' 사람이라고 평가한 적이 있었다. 어쨌든 그는 법률 전문가는 아니었다. F1의 이미지와 무결성에 막대한 파장을 미칠 수 있는 중대한 사안에서, 모슬리는 그의 발표를 곧이곧대로 믿을 생각이 없었다. 7월 12일, 모슬리는 2주 뒤 파리 콩코드 광장의 세계모터스포츠평의회 본부에서 열릴 '긴급 회의'에 맥라렌을 소환해, 문서 무단 소유 혐의에 대해 해명하라고 통보했다.

데니스가 변호팀을 꾸릴 시간으로는 턱없이 부족했다. 그러나 그는 사안의 중대성을 누구보다 잘 알고 있었다. 수십 년 동안 맥라렌은 강박적인 성격의 데니스가 상상할 수 있는 가장 높은 기준을 스스로에 늘 적용하며, 패독의 다른 모든 팀에 '일처리는 이렇게 해야 한다'는 기준을 제시하는 팀임을 자부해 왔다. 맥라렌은 차고 바닥을 칠한 최초의 팀이자, 메카닉들의 모든 작업 공간을 수술실만큼 청결하고 정성스럽게 관리한 팀이었다. 이 팀은 마치 속도는 물론 흠잡을 데 없는 이미지를 위해 존재하는 것 같았다. 이것이 바로 론 데니스가 평생 일구어온 일이었다. 그런데 이제 그가 지울 수 없는 얼룩을 눈앞에 두고 있었다. 직원의 한 명의 독단적인 행동을 둘러싼 의혹이, 어느새 그의 개인적 신념 전체를 무너뜨리려는 공격으로 번지고 있었다.

7월 26일, 데니스는 어두운 정장에 회색 넥타이를 매고 파리에 도착했다. 24일 동안 지옥을 겪은 기분이었다. 그는 맥라렌의 명예, 더 나아가 자신의 명예를 지키기로 다짐했다. 그는 이렇게 말했다. "나는 명예를 중시하는 사람입니다. 내 회사가 왜곡과 조롱으로 뒤섞인 오물 속으로 끌려 들어갔습니다."

FIA와 맥라렌, 페라리 관계자 20여 명이 본부의 말굽 모양 테이블 주위에 모여 그 주장을 검토했다. 파리답게 에어컨은 제대로 작동하지 않아 실내는 후텁지근했지만, 사람들로 가득 찬 이 법정을 주재하는 모슬리는 자신의 장기를 마음껏 발휘했다. 대화는 곧 데니스에 대한 일대일 심문으로 변했고, 모슬리는 검사와 판사, 심지어 배심원의 역할까지 겸했다.

데니스는 심문을 받는 내내 맥라렌의 공식 입장을 고수하려 애썼다. 코글런은 단독 행동한 불량 직원이었고 스테프니로부터 얻은 페라리 정보는 단 하나도 팀에 전달되지 않았다는 것이다. 그는 이 사건의 전모가 혼다로부터 거액의 이적 제안을 끌어내고자 스테프니가 꾸민 계획이라고 주장했다.

데니스는 이렇게 말했다. "우리 팀에는 섀시 개발에만 집중하는 136명의 엔지니어와 디자이너가 있습니다. 썩은 사과가 하나라도 있으면 바로 드러납니다. 자체 기준에 따라 철저히 검증한 결과, 우리 시설 내에는 페라리 도면이나 아이디어가 일절 없음을 이미 확인했습니다. 코글런은 페라리의 지적 재산에서 나온 어떤 것도 우리 조직에 전달하지 않았습니다."

모슬리가 물었다. "그가 팀에서 한 일은 뭔가요?"

데니스는 말을 더듬었다. "그가 한 일, 그가 한 일은 최종 승인입니다. 업무가 가장 몰리는 기간은 11월부터 1월까지인데, 그때 1만 장에서 1만 5,000장의 도면이 들어옵니다. 누군가는 그 도면들을 '생산 적합'이나 '검토 중', 또는 '구조 특성 검토 중' 등으로 판단해야 합니다. 그건 설계 과정이 아닙니다."

모슬리는 그 대답에 한동안 반응하지 않았다. 데니스의 말은 맥라렌의 수석 설계자가 실제 설계 과정에는 관여하지 않았다는 주장처럼 들렸다.

모슬리가 불쑥 치고 들어왔다. "그러니까 그가 아무런 기여도 하지 않았다는 말씀이군요?"

데니스가 멈칫하더니 이렇게 반박했다. "맥라렌에는 대회 우승에 공헌하지 않는 직원은 단 한 명도 없습니다."

모슬리는 분명히 그를 가지고 놀고 있었다. 페라리의 장 토트를 '토트 씨'라고 정중히 호칭하면서 데니스에게는 '론'이라고 불렀다. 불편해진 것은 데니스뿐만이 아니었다. 방 안의 다른 사람들조차 이 상황을 지켜보기 괴로워했다. 그곳에 있던 한 사람이 기억하듯이, 데니스는 포뮬러 1에서 가장 성공적인 팀을 꾸려온 인물이지만, "그다지 어휘력이 풍부하지는 못했다. 그는 맥스 모슬리와는 사고방식이 달랐고, 모슬리는 그를 바보로 만들고 있었다."

청문회가 진행될수록 데니스는 모슬리가 맥라렌 직원들을 깔보듯 하는 태도에 점점 화가 치밀었다.

팽팽한 긴장감이 흐른 다음 데니스가 이렇게 말했다. "저희 직원이 위협당하는 모습이 보기 참 불편하네요."

모슬리가 말을 꺼냈다. "론…"

"나는 그저 방어적으로 말하는 것뿐입니다." 데니스가 정확한 단어도 고르지 못한 채 끼어들었다.

"우리가 누군가를 위협하고 있다고 생각하지 마세요."

"저는 위협을 느낍니다!"

모슬리가 데니스에게 일깨워주었다. "저 직원은 위협받고 있지 않아요. 당신은 그런지 모르지만 말입니다."

조사는 이런 식으로 몇 시간이나 계속되었다. 그러나 절차가 모두 끝났을 때 맥라렌은 사실상 가벼운 경고만 받고 빠져나왔다. FIA는 맥라렌이 페라리의 지적 재산을 소유하고 있었던 것은 사실이라고 판단했지만, 맥라렌 엔지니어들이 그것을 실제로 사용했다는 증거는 뚜렷하지 않았다.

모슬리는 나중에 이렇게 말했다. "협회의 그 누구도 그들을 믿지 않았지만, 무죄를 선고할 수밖에 없었습니다. 맥라렌이 페라리의 정보를 사용했다는 구체적인 증거가 없었습니다. 증거가 없는 한 맥라렌이 FIA 국제 항소 법원에 항소했다면 결국 이겼을 것입니다.”

페라리는 판결에 격분했다. 화가 난 피아트 CEO 세르지오 마르키온네Sergio Marchionne는 모슬리에게 전화해 이게 어떻게 된 일이냐고 따졌다. “증거 없이 유죄를 선고할 수는 없었습니다.” 모슬리가 다시 말했다. “우리가 아무리 유죄라고 믿어도 어쩔 수 없습니다.”

한편 데니스는 충분히 기뻐할 만했다. 포뮬러 1 퇴출이라는, 맥라렌 제국에 엄청난 파급이 미칠 수 있는 처벌 직전까지 갔다가 사실상 아무런 중징계도 받지 않고 벗어난 것이다. 다만 한 가지가 마음에 걸렸다. 데니스는 FIA 측에 페라리 자료 불법 소유와 관련된 보도와 이후 모든 자료에서 ‘유죄’라는 단어를 빼줄 수 있는지 물었다. 그는 유죄라는 단어가 맥라렌 브랜드에 부정적인 영향을 미칠까 봐 걱정했다.

데니스의 뻔뻔한 태도가 마음에 들지 않았던 모슬리는 결국 그의 요청을 무시했다. 그는 청문회를 마무리 지으며 경고했다. 향후 맥라렌의 위법 증거가 추가로 드러날 경우, 세계모터스포츠평의회를 다시 소집하고 모든 절차를 처음부터 다시 밟을 수 있다고 했다. 그렇게 되면 데니스는 또 뜨거운 자리에 앉아 심문을 받아야 한다.

모슬리는 데니스와 맥라렌 변호사들에게 경고했다. “그래서 만약 우리가 알아야 할 다른 내용이 있다면 지금 알려주는 게 좋습니다. 그런 문제가 나중에 드러나면 훨씬 더 심각해질 겁니다.”

모슬리는 그 ‘문제’는 무엇이든 될 수 있다고 덧붙였다. 예컨대 페라리 레이스카의 '무게 배분' 같은 정보는, 만약 문서에 포함돼 있었다면 맥라렌 내부에서 충분히 논의될 만한 가치가 있을 것 같다고 말했다. 그저 예로 드는 것뿐이라면서 말이다.

맥라렌 측은 침묵을 지켰다. 그러나 모슬리는 하릴없는 소리를 할 사람이 아니었다. 특히 무게 배분처럼 모호하게 들리는 기술 사양에 대해서는 더더욱 그랬다. F1 세계 곳곳에 정보원을 둔 그는 데니스조차 모르는 무언가를 이미 알고 있는 듯했다. 청문회가 끝났지만, 모슬리는 스파이게이트가 끝나지 않았음을 암시하는 것 같았다.

한 증인은 이렇게 말했다. "나는 지금도 맥스 모슬리만 아는 퍼즐 조각이 조금 더 있었다고 생각합니다."

□ ■ □ ■ □

페라리와 맥라렌의 대결은 FIA 본부 안에서만 벌어진 것이 아니었다. 트랙 위에서는 말 그대로 칼부림에 가까운 승부가 이어지고 있었다.

자료를 봤든 보지 않았든, 맥라렌이 2007년 시즌 가장 빠른 차를 만들어냈다는 사실은 분명했다. 더구나 이 팀에는 그 누구도 부정할 수 없는, 당대 가장 빠른 드라이버가 있었다. 르노 소속 당시 월드 챔피언십 2연패를 달성한 페르난도 알론소는 오랫동안 독일 드라이버들이 지배해 온 F1을 스페인 제국으로 바꿔놓을 기세였다. 그의 상대는 페라리의 키미 라이코넨이었다. 그 과묵한

핀란드인은 4년간 맥라렌 드라이버로 뛰던 동안 론 데니스 방식을 따르지 않았다는 이유로 거의 해고될 뻔한 전력이 있었다.

그러나 시즌 초반이 지나면서, 알론소가 상대해야 할 더 큰 위협은 라이코넨이 아니라는 사실이 분명해졌다. 그 위협은 팀 내부에서 나왔다. 루이스 해밀턴이라는 젊은 영국 루키가 데뷔하자마자 아홉 번의 F1 대회에서 모두 포디움에 올랐던 것이다. 해밀턴은 자신이 맥라렌의 2번 드라이버라고 생각하지 않았다. 그리고 시즌 개막 호주 그랑프리 첫 코너에서 아웃코스로 팀 동료를 추월하며 자신의 야망을 과시했다.

그 순간 론 데니스는 이것이 머지않아 자신의 골칫거리가 될 것임을 알았다. 세나와 프로스트 사이의 혈투를 중재했던 장본인이 자기도 모르는 사이에 또 하나의 내부 권력 투쟁을 만들어낸 셈이었다. 젊고 건방진 해밀턴은 그 사실을 알 리가 없었다. 그러나 알론소는 달랐다. 그는 후배 드라이버에게 교훈을 주기로 마음먹었다.

가장 추악한 사건은 헝가리에서 벌어졌다. 알론소는 예선을 치르던 도중 피트 레인에 차를 세워 고의로 해밀턴의 진로를 막았고, 그 결과 해밀턴은 마지막 바퀴를 완주하지 못했다. 그날 앞서 벌어진 '불경죄'에 대한 보복이었다. 해밀턴이 팀의 지시를 어기고 차고에서 먼저 나와 트랙에 진입한 것이다. F1 팀 내부의 섬세한 위계질서를 아는 사람이라면 절대 하지 말아야 할 짓이었지만, 해밀턴은 개의치 않았다.

상황은 이미 그전부터 몇 달째 곪아 있었는데, 이제는 햇볕에 둔 참치샌드위치처럼 급격히 상해가고 있었다. 알론소가 예선에서 폴 포지션을 확보한 토요일 오후, 데니스가 사태를 수습해 보려고 했다. 그러나 알론소는 더 이상 좋게 넘어갈 생각이 없었다. 강박적으로 깔끔함을 중시하는 상사를 일부러 자극하듯, 그는 데니스와 함께 앉은 기자회견 자리에서 그의 또 다른 금기사항을 대놓고 어겼다. 맨손으로 커다란 복숭아를 먹어댄 것이다. 칼과 포크도 쓰지 않고 과즙을 흘려가며 먹는 광경에 데니스는 거의 견딜 수 없었다.

다음 날 아침, 알론소의 화를 더욱 돋우는 일이 일어났다. 그가 피트 레인 사건에 대한 징계로 그리드에서 다섯 칸 밀려나는 페널티를 받아 폴 포지션에서 6번 그리드로 밀려났던 것이다. 팀에 배신감을 느낀 알론소는 팀이 해밀턴에게 서열을 상기시킬 어떤 조치를 취해야 한다고 요구했다.

알론소가 떠올린 방법은 해밀턴에게 완주할 만큼의 연료를 주지 않는 것이었다. 데니스는 그 터무니없는 제안을 바로 일축했다. 그러나 알론소는 농담이 아니었다. 그는 자기 말이 진심임을 데니스에게 보여주기 위해 가장 잔혹한 협박을 꺼내 들었다. 바로 스파이게이트였다. 지난번 청문회를 무사히 벗어난 지 불과 며칠 지나지 않은 그때, 알론소는 페라리 자료 내용이 실제로 맥라렌팀 내부에 널리 공유된 증거가 있다고 말했다. 드라이버들 역시 연루되어 있었고, 이를 입증할 이메일 자료도 있다는 것이었다. 알론소는 데니스가 해밀턴을 징계하지 않으면 모든 걸 폭로하겠다고 했다.

악동이던 세나조차 이 정도로 선을 넘은 적은 없었다.

해밀턴이 승리를 거두며 챔피언십 점수 차를 7점 앞서 나가게 될 레이스가 시작되기 직전이었다. 데니스는 공포에 휩싸였다. 만약 알론소의 말이 사실이라면 맥라렌은 F1에서 영원히 추방될 수도 있었다. 그의 평생에 걸친 경력 전체가 위기에 빠진 셈이었다.

결국 데니스는 선택의 여지가 없다고 생각했다. 그는 이 일로 절대 다시는 대화하고 싶지 않았던 인물, 맥스 모슬리에게 전화를 걸었다. 아마 모슬리도 이미 그 이메일들을 알고 있었을 가능성이 컸다. 그러나 파리 청문회가 끝난 지 채 2주도 지나지 않은 시점에, 그들은 FIA 본부로 돌아가 그 모든 일을 처음부터 반복해야 할 상황이 된 것이다. 모슬리는 9월 13일, 두 번째 세계모터스포츠평의회 긴급 회의를 소집했다. 그리고 알론소의 이야기가 확실히 전달되도록, 증언에 나서는 모든 드라이버에게 사면을 약속했다. 그 순간부터 데니스에게는 보도자료 문구 하나하나를 고민할 여유 따위는 사라졌다.

□ ■ □ ■ □

론 데니스는 두 달 만에 콩코드 광장에 돌아와 사진기자 무리를 뚫고 FIA 본부로 들어갔다. 프랑스 혁명 당시 그 광대한 광장은 루이 16세와 마리 앙투아네트가 단두대로 마지막 발걸음을 내디딘 곳이었다. 론 데니스에게는 맥스 모슬리와 세계모터스포츠평의회 앞에 다시 서는 이 자리가 그보다도 더 끔찍하게 느껴졌다.

맥라렌의 유죄 여부는 더 이상 논쟁거리가 아니었다. 데니스는 자신의 직위와 팀을 지키려는 마음밖에 없었다.

두 번의 청문회 사이에 코글런이 정보를 공유한 범위가 얼마나 광범위했는지 명확해졌고, 그 사실이 드러나며 시즌 전체를 집어삼킬 정도의 공개 스캔들로 번졌다. 페라리가 끌어들인 이탈리아 경찰은 코글런과 스테프니가 주고받은 323건의 문자 메시지를 찾아냈다. 1테라바이트가 넘는 데이터 속에는 페르난도 알론소와 맥라렌 시험 주행 드라이버 페드로 데 라 로사Pedro de la Rosa에게까지 훔친 자료가 제공되었음을 보여주는 결정적 이메일이 쏟아졌다.

3월 21일이 찍힌 한 짧은 문자는 데 라 로사가 코글런에게 직접 보낸 것이었다. "안녕 마이크, 혹시 빨간 차의 무게 배분을 알 수 있을까? 시뮬레이터에서 시험해 보려면 꼭 필요해서 말이야." (지난 7월 청문회 때 모슬리가 데니스에게 그저 예로 들 뿐이라면서 언급했던 '무게 배분'이라는 단어가 다시 등장한 것이다!) 여기서 말하는 '빨간 차'가 무엇인지는 굳이 설명할 필요도 없었다. 코글런이 답한 문자 메시지에는 페라리의 정확한 사양이 담겨 있었다.

스테프니와 코글런의 또 다른 이메일 더미에서는 '항력'이라는 제목으로 페라리 프론트 플로어 공기역학 사양을 주고받은 대화가 드러났다. 내용이 너무 구체적이라서 질문이 필요없었다. 데라 로사가 페라리의 브레이크 시스템을 구체적으로 질문하자, 코글런은 오히려 자신이 너무 많은 정보를 가지고 있어 데 라 로사가 다 이해하지 못할 수도 있다고 생각했다. "네가 이해하기엔 어려울지도 몰라" 그는 그렇게 썼다.

그러나 데 라 로사는 자신을 위해 묻는 게 아니었다. 그는 "페르난도가 알고 싶어한다"고 했다.

그 정보를 넘긴 뒤, 데 라 로사는 알론소에게 그 데이터가 확실하다고 장담할 수 있었다. 그는 이렇게 썼다. "페라리에서 온 모든 정보는 매우 신뢰할 만해. 페라리의 수석 메카닉을 지낸 나이절 스테프니로부터 받은 거야. 지금 어떤 직책인지는 모르겠지만, 호주에서 우리에게 라이코넨이 랩 18에 피트 스톱을 할 거라고 알려준 그 사람이야. 우리 수석 디자이너 마이크 코글런과 아주 가까운 사이고, 그에게 직접 이 정보를 전해줬어."

이쯤 되면 '독단적인 직원 두 명'이라는 주장은 설 자리가 없었다. 라이코넨이 실제로는 랩 19에 피트인했다는 사실 역시 맥라렌에게는 변명이 되지 못했다. 맥라렌은 해밀턴이 이 기술 사양을 하나도 받지 않았으니 팀 내에서 이를 알고 있던 사람은 극소수에 불과했다고 주장했지만, 설득력은 없었다.

두 번째 청문회에서 모슬리의 태도는 훨씬 덜 공격적이었다. 이미 맥라렌의 덜미를 완벽하게 잡았다는 걸 알았기 때문이다. 문제는 어떤 처벌을 내릴 것인가였다.

그는 나중에 이렇게 말했다. "그들은 명백히 유죄였다. 주요 경쟁자의 지적 재산 전체를 비밀리에 손에 쥐고 있었을 뿐 아니라, 페라리 내부의 '두더지' 나이절 스테프니로부터 추가 정보까지 지속적으로 제공받았다. 맥라렌은 명백하고도 전적으로 불법적인 이점을 누리고 있었다. 이는 F1 차원의 처벌이 필요한 사안이었다."

2007년 챔피언십에서 맥라렌을 배제하는 것이 가장 합리적인 처벌로 보였다. 론 데니스와 그의 팀은 컨스트럭터 챔피언십을 사실상 손에 넣은 상태였지만, 그 타이틀을 인정받을 수는 없었다. 또 다른 문제는 이미 9월이라는 점이었다. 맥라렌은 이미 2008년 시즌 신차 개발에 들어갔을 것이고, 그렇다면 2007년뿐만 아니라 그다음 시즌도 불법일 가능성이 매우 컸다. 비록 맥라렌은 페라리에서 그대로 복제한 부품이 단 하나도 없다고 주장했지만 말이다. 페라리 측에는 통하지 않는 변명이었다.

페라리 측 변호사가 평의회에 말했다. "육상 경기에서 선수가 금지 약물을 복용하면 곧바로 실격입니다. 그 선수가 실제로 이점을 얻었는지 입증할 필요는 없습니다. 금지 약물을 복용했다는 사실만으로 충분합니다."

모슬리도 이에 동의했다. F1은 항상 어느 정도 표절은 눈감아주었다. 팀들은 서로를 연구하고 아이디어를 빌리며, 잠재적 이점을 주는 설계상의 허점을 그대로 베끼기도 했다. 그러나 이번에는 지나쳤다. 스테프니와 코글런의 행동은 너무 노골적이었고, 누구도 명확히 선을 그을 수 없지만 모두가 본능적으로 느끼는 경계를 넘어선 것이었다. 규정을 교묘하게 이용하는 것과 중요하지 않은 듯 행동하는 것은 전혀 다른 문제였다. 규정집의 이름을 딴 스포츠에서 아무 일도 없었다는 듯이 넘어갈 수는 없었다.

그럼에도 모슬리는 고민이었다. 두 시즌의 수입을 통째로 날려버리는 결정이 론 데니스 개인이 아니라(데니스를 벌하는 것이 목적이었다) 그 밑에서 일하는 천여 명의 직원들에게 미칠 영향에 대한 걱정이었다. 그의 뇌리에는 워킹에서 벌어질 대량 해고 사태가 떠올렸다. "그들에게는 절망적이었을 것이다." 그는 이렇게 회고했다. 그럼에도 불구하고 모슬리는 평의회가 처벌을 논의하는 과정에서 출전 금지를 주장했다. 결과는 부결이었다.

대신 그들이 내린 결론은 프로 스포츠 역사상 최대 규모의 벌금 1억 달러였다.

너무나 대조적으로, 같은 날 NFL이 뉴잉글랜드 패트리어츠의 스파이게이트 사건에 내려진 처벌은 팀 25만 달러, 코치 빌 벨리치크에 50만 달러의 벌금과 신인 드래프트 1라운드 지명권 박탈이었다. NFL에서는 사상 최고 수준의 처벌이었다. 하지만 F1에서 이런 액수는 스티어링 휠 몇 개와 리어 윙 하나 값에 불과했다. F1의 터무니없는 지출 규모에 비춰봐도 맥라렌에 내려진 벌금은 정말 충격적인 거액이었다. 다른 팀이라면 치명상을 입을 액수였다. 물론 벌금의 상당 부분은 상금 보류 형태로 집행되었지만, 데니스는 4,000만 달러가 넘는 수표를 직접 끊어야 했다(팀은 이 비용을 세금 공제로 처리하려 했지만 실패했다).

그럼에도 모슬리는 맥라렌이 너무 가볍게 처벌받았다고 생각했다. 모슬리는 두 차례 청문회 내내 보인 데니스의 과장된 행동과 얼버무리기에 대해 불쾌감을 느끼고 있었다. 버니 에클스턴이 사석에서 농담조로 건넨 말에 따르면, 이 엄청난 벌금의 내역은 이랬다. 실제 위반 행위에 대한 벌금 500만 달러, 그리고 론이 '개같이 굴었기' 때문에 9,500만 달러.

막대한 벌금에 엎친 데 덮친 격으로, 그 시즌 맥라렌 소속 두 드라이버 중 누구도 타이틀을 차지하지 못했다. 알론소와 해밀턴 모두 키미 라이코넨에게 단 1점 뒤진 채 시즌을 마쳤다. 그나마 위안이라면, 두 사람이 더 이상 하루라도 팀 동료로 지낼 필요가 없다는 점이었다.

하지만 적대 관계가 거기서 끝난 것은 아니었다. 2008년 해밀턴은 맥라렌의 1번 드라이버로 인정받았고, 알론소는 르노로 자리를 옮겼다. 알론소의 문제는 짜증 나는 팀 동료를 떼어내는 대신, 맥라렌의 경쟁력 있는 레이스카까지 타지 못하게 된 것이었다. 시즌 15번째 대회인 싱가포르 그랑프리에서 해밀턴은 첫 월드 챔피언 타이틀을 두고 다시 경쟁에 뛰어들고 있었지만, 알론소는 시즌 내내 단 한 번도 포디움에 오르지 못한 상태였다.

알론소가 마리나 베이 서킷의 찌는 듯한 밤에 15위로 대회를 시작했을 때도 상황이 바뀔 기미는 보이지 않았다. 피트에 일찍 들어오는 작전은 상황만 더 악화시켜 꼴찌로 밀려나고 말았다. 그러나 불과 3바퀴 뒤, 알론소의 새 동료였던 브라질의 넬슨 피케 주니어**Nelson Piquet Jr.**가 차량 제어력을 잃은 듯 벽에 충돌했다. 이로 인해 세이프티 카**Safety Car**°가 투입되었고, 요원들이 잔해를 치울 동안 차량 대열은 서행하게 되었다. 이린 상황은 그랑프리에서 흔

히 있는 일로서, 보통 피트스톱을 하기에 유리한 순간이다.

그런데 이번에는 상황이 좀 특별했다. 당시 알론소만 유일하게 피트스톱이 필요 없는 드라이버이기 때문이었다. 다른 모든 드라이버들이 세이프티 카 상황을 이용해 새 타이어를 교체하러 피트에 들어가는 사이, 알론소는 순식간에 선두권으로 치고 나가 우승 후보들을 모두 앞질렀다. 가장 큰 피해를 본 사람은 해밀턴과 치열하게 경쟁하며 선두를 달리던 페라리의 브라질 드라이버 펠리페 마사Felipe Massa였다. 그는 연료 호스를 붙인 채 피트를 나오는 실수를 저질러 최하위로 떨어지고 말았다.

알론소는 결국 그랑프리에서 우승했다. 그러나 그가 경쟁자들을 단숨에 제친 방식은 FIA에게, 그리고 13위로 레이스를 마친 마사에게는 뭔가 수상한 구석이 있다는 인상을 주었다. 하필 세이프티 카가 나온 타이밍이 지나치게 절묘했기 때문이다.

그날 저녁, 패독 전체가 이 이야기로 들썩였다. 다른 팀 대표들은 포디엄 위의 알론소를 지켜보며 그의 우승 세리머니가 유난히 절제되어 있다는 점을 눈치챘다.

피트월에서 지켜본 한 전직 팀 대표는 이렇게 말했다. "전혀 예상 못 한 상황에서 생애 첫 우승을 차지한 사람처럼 보이진 않았어요. 뭔가 마음에 걸리는 게 있는 사람 같았죠. 알 카포네는 자기가 보내준 창녀와 관계를 맺지 않는 부하를 죽여 버렸다는 얘기가 있잖아요. 그날 저녁 알론소가 딱 그런 심정이었을 것 같습니다."

결국 불똥을 맞은 사람은 알론소의 팀 동료 넬슨 피케 주니어였다. 2009년 시즌 중반, 르노의 수장 플라비오 브리아토레는

10경기 동안 단 1점도 따지 못한 피케를 방출하기로 했다. 얼마 지나지 않아, 브라질 언론에서 기묘한 이야기가 흘러나왔다.

비록 FIA가 전년도 싱가포르에서 일어난 미심쩍은 사건에 대해 아무런 조치도 취하지 않았음에도, 글로보Globo TV는 폭로성 보도를 냈다. 그 경주에서 피케가 일으킨 충돌이 사실은 우연이 아니었을 가능성이 있다는 것이었다. 그는 알론소의 순위를 올리기 위해 고의로 콘크리트 벽에 들이받으라는 지시를 받았고, 그 때문에 연쇄 반응이 일어나 마사가 월드 챔피언 타이틀을 놓쳤을 뿐 아니라 브라질은 세나 이후 처음으로 챔피언을 배출할 기회를 날렸다는 주장이었다.

맥스 모슬리는 또 한 번 일어난 부정행위를 조사하기 위해 2년 만에 세 번째로 세계모터스포츠평의회 긴급 회의를 소집했다. F1이 윤리 의식도 없고, 드라이버의 목숨을 서슴없이 위험에 빠뜨리는 냉혹한 광인들로 가득 찬 무법천지처럼 보이기 시작한 것은 어느 정도 사실이었다. F1은 끝없는 위기로 비틀거리고 있었다. 이 스포츠의 본질이었던 '끝없는 우위 추구를 위한 경쟁'은 훨씬 더 해로운 무언가로 변질되고 있었다. 이제 언론은 팀들의 최첨단 혁신이나 드라이버들의 용맹함에는 관심이 없었다. 헤드라인은 F1이 회복 불가능할 정도로 망가진 것은 아닌지 묻기 시작했다.

FIA이 조사에 착수한 지 얼마 되지 않아, 르노가 실제로 피케에게 고의로 차를 들이받으라고 지시한 사실이 드러났다. 심지어 경주가 시작되기 전에 팀 리더들이 그를 불러 앉혀 놓고 지도 위에서 정확히 어느 코너에서 사고를 내야 하는지까지 짚어주었다. 17번 코너가 이상적이라는 설명이었다. 그곳에는 크레인이 없어서 사고 차량을 치우는 데 시간이 오래 걸리고 세이프티 카 투입이 불가피했기 때문이다. 계획은 기묘하게 영리했지만, 치명적인 결함이 하나 있었다. 드라이버가 고의로 충돌할 경우 반드시 차량 원격 데이터telemetry 기록에 남는다는 점이 있었다. 데이터에 따르면, 피케는 17번 코너에 들어서며 바퀴가 미끄러지는 걸 느꼈을 때 통상적인 반응과는 다른 반응을 보였다. 가속 페달을 끝까지 밟은 것이다.

평의회는 신속하게 르노가 유죄라고 판결했다. FIA는 르노의 행위가 "유례없이 심각"하다고 비난하며 "스포츠의 무결성을 훼손했을 뿐 아니라 관중, 관계자, 다른 경쟁자, 그리고 넬슨 피케 주니어 본인의 생명까지 위험에 빠뜨렸다"고 판결했다.

이번에는 1억 달러 벌금은 없었다. 르노는 2년의 집행유예 처분을 받았고, 또 다른 사건이 발생하면 즉각 실격시키겠다는 조건이 붙었다. 진짜 대가를 치른 사람은 르노의 수장 브리아토레였다. 미하엘 슈마허의 초창기 우승과 알론소의 두 차례 월드 타이틀을 이끌었던 전 베네통 사업 귀재는 F1에서 영구 제명 처분을 받았다(나중에 프랑스 법원에 의해 약 3년으로 감형되었다). 그러나 브리아토레가 사라진 후에도(버니 에클스턴과 함께 퀸즈파크 레인저스 축구팀의 소유주로 돌아갔다) F1에 남겨진 큰 상처는 지울 수 없었다.

모슬리의 뒤를 이어 FIA 회장 출마를 준비하던 전 드라이버 아리 바타넨Ari Vatanen은 영국 「선데이 텔레그래프Sunday Telegraph」에 이렇게 말했다. "르노에서 일어난 일은 빙산의 일각일 뿐, 더 큰 문제가 도사리고 있습니다. 최근 들어 F1의 이미지는 심각하게 훼손됐습니다. 유출된 문건들을 보세요. '스파이게이트'에서 '크래시게이트Crashgate'로 이어졌고, 그 사이에도 수많은 사건이 있었습니다. 대중의 눈에 비치는 건 부패한 스포츠입니다. 도저히 믿을 수 없는 곳이 된 거지요."

승리를 위해서라면 수단과 방법을 가리지 않으려는 팀들의 태도가 통제 불능으로 치닫고 있었다. 산업 스파이, 고의 충돌, 대대적인 은폐, 그럼에도 책임은 묻지 않는 풍토가 겹친 최악의 타이밍에, F1에는 더 큰 암운이 찾아오고 있었다. 세계 금융 위기 속에서 CVC가 F1 관련 사업 전체를 지탱하려 안간힘을 쓰는 가운데 자동차 산업 붕괴, 담배 자금 철수, 스폰서십과 중계 수익 급감 등이 더해져 F1 경쟁의 정당성마저 위협받고 있었다.

세 차례 월드 챔피언에 오른 재키 스튜어트Jackie Stewart는 이렇게 말했다. "포뮬러 1의 심장부에는 근본적으로 썩고 잘못된 무언가가 있습니다. 내 경험상 포뮬러 1이 이렇게 자멸적인 분위기에 휩싸인 적은 없었습니다."

10장 ——————— 피라냐 클럽

이제 더 이상 숨길 수 없게 되었다. 포뮬러 1은 지구상에서 가장 치졸하고, 터무니없으며, 잔인한 스포츠가 되어버렸다. 자아도취에 빠진 인물들이 주도한 두 차례의 부정 스캔들로 인해, F1 전체는 무너질 지경이었다. 그 과정에서 드러난 기괴한 세부 사항들 때문에 이 스포츠를 진지한 글로벌 비즈니스로 받아들이고 투자하거나, 관람하거나, 구제할 가치가 있는지조차 의심스러워졌다.

이 일련의 사건들로 분명해진 것은 F1이 현실과 너무 동떨어져 버렸다는 사실이었다. 규정집을 놓고 끊임없이 밀고 당기는 긴장 관계라는 F1의 본질이 이제는 존재 자체를 위협하는 요소가 되어버린 것이다. 스파이게이트와 크래시게이트는 선을 넘었다. 규정을 비틀며 발전해 온 F1의 정신이, 결국 그 스포츠를 망가뜨린 셈이었다. 부정에도 정도가 있는데, 이건 분명 그중에서도 최악의 부정이었다.

하지만 이처럼 요란한 부정행위 이면에는 사람들이 이제 막 인식하기 시작한 더 깊고 구조적인 균열이 존재했다. 그것은 산업 스파이나 고의적인 충돌만큼 선정적이거나 충격적이지는 않았지만, 오히려 이 문제가 F1의 미래에는 더 큰 위험을 드리웠다. 바로 F1이 재정적으로 지속 불가한 지경이었다는 점이었다.

물론 소유주들에게는 해당되지 않는 이야기였다. CVC는 버니 에클스턴이 의도적으로 모호하게 유지해 온 운영 방식에 질서와 체계를 도입하며 비즈니스를 최적화하고 있었다. 그러나 팀들로서는 상황이 달랐다. 한 해의 대부분 동안·두 대의 차와 수백 명의 인력을 전 세계로 보내고도 계속 패배만 맛보는 팀들의 수익은 빠르게 제로에 가까워졌다. 살아남기 위해 돈을 태워야 하고, 동시에 스폰서에 끊임없이 더 많은 돈을 요구해야 했던 2000년대 후반은 F1에 몸담기에 최악의 시기였다. 일부 팀은 투자자들이 너무 자주 바뀌는 바람에 차량 색상을 계속 바꿀 페인트값을 감당하는 게 놀라울 정도였다. 페라리나 맥라렌이 아니라면 누구라도 우리가 지금 도대체 뭘 하고 있나 하는 자조가 나올 수밖에 없었다.

예컨대 과거 조던이라는 팀이 있었다. 2005년부터 2008년까지 불과 4년 사이에 그 팀은 조던, 미들랜드, 스파이커, 포스 인디아라는 이름으로 옮겨가는 바람에 노랑, 빨강, 주황, 흰색을 바꿔 칠해야 했다. 소유주 명단을 말하자면 아일랜드 모터스포츠 애호가, 러시아 철강 재벌, 네덜란드 슈퍼카 제조업자, 인도 주류 재벌 순이었다. 변하지 않은 유일한 것이 있다면 성적이었다. 차에 어떤 이름이 붙든 트랙 위에서는 늘 존재감이 없었다. 이 4시즌 동안 드라이버들은 딱 한 번 포디움에 올랐을 뿐이다.

자동차 산업 전체로 따져도 크게 다르지 않았다. 사실 전 세계적으로 완전히 침체된 상태였다. 2008년 한 해에만 미국의 거물 제너럴모터스의 매출은 41퍼센트나 급감했고, 혼다는 31.6퍼센트나 떨어졌다. 일반 승용차조차 팔리지 않던 시기에 F1 카 두 대에 돈을 쏟아붓는 건 더욱 무모해 보였다. 2008년 말, 혼다가 포뮬러 1에서 완전히 철수한다고 발표한 것도 그리 놀라운 일이 아니었다.

남아 있는 이들에게 F1에 머무는 것은 이제 파산으로 가는 고속도로처럼 보였다. 그 점은 파산 직전에 있던 윌리엄스가 가장 잘 알았다. 윌리엄스는 F1에서의 존재 자체가 늘 파산 직전에서 버텨온 역사인 팀이었다. 물론 그들은 어떻게든 살아남았고, 1990년대에는 프랭크 윌리엄스가 포뮬러 1 역사상 가장 큰 규정상의 허점 두 가지를 결합하며 눈부신 성공을 거두기도 했다. 하나는 차량 내부를 컴퓨터로 가득 채워 거의 자율주행에 가깝게 만든 것이었고, 다른 하나는 외부 설계를 에이드리언 뉴이에게 맡긴 것이었다.

하지만 알랭 프로스트와 아일톤 세나, 그리고 FW14B로 구가했던 전성기에서 10년이 넘게 흐른 지금, 기술적 허점 공략만으로는 더 이상 버틸 수 없었다. 천문학적인 비용의 시대에 프랭크 윌리엄스에게 필요한 사람은 제도판 위나 풍동 실험실에서 답을 찾는 공학자가 아니라, 대차대조표에서 경쟁 우위를 찾아낼 수 있는 또 다른 유형의 천재였다. 마침 그 무렵, 오클랜드의 형편없는 야구팀이 '머니볼' 전략으로 기적 같은 반전을 이루고 있었고, 월리엄스도 포뮬러 1에서 같은 시도를 해보고 싶었다.

그가 찾아낸 인물은 바로 애덤 파Adam Parr였다. 이튼과 케임브리지를 졸업하고 광산 대기업 리오 틴토Rio Tinto에서 활약한 물류 전문가였다. 그는 호주 북서부에서 철광석을 채굴하려면 꼭 불러야 할 사람이었지만, F1 팀을 운영할 사람으로는 쉽게 떠올릴 만한 선택지는 아니었다. 그는 모터레이싱에 대해 거의 아는 것이 없었다.

두 사람은 2000년에 처음 서신을 주고받았다. 파는 윌리엄스에게 F1 팀이 어떻게 전 세계를 이동하는지 궁금하다고 했다. 이후 두 사람은 퍼스에서 만나 차를 마셨고, 곧 윌리엄스는 그를 그랑프리에 초대했다. 프랭크는 무엇보다도 파의 비즈니스 감각에 감탄했다. 그것은 자신에게 가장 부족한 능력이기도 했다. 2002년 어느 늦은 밤, 윌리엄스는 파에게 전화를 걸어 그 점에 감명받았다면서 한 가지 아이디어를 전했다.

"애덤, 프랭크입니다. 언젠가 내 뒤를 이어 우리 팀을 맡아 운영해 보는 걸 생각해 봤으면 해요."

그 말은 4년 뒤 현실이 되었다. 당시 윌리엄스는 64세였고 본인과 팀 모두 건강한 상태는 아니었다. 세나의 죽음과 전자식 드라이버 보조장치의 퇴출로 윌리엄스는 두 가지 가장 큰 우위를 잃었다. 1996년과 1997년까지는 월드 챔피언십을 따냈지만, 진짜 문제는 1998년을 앞두고 시작됐다. 에이드리언 뉴이는 이미 전년도에 맥라렌으로 떠났고, 선호하던 엔진도 사라졌다. 르노가 F1에서 철수했기 때문이다. 상장 기업이 된 르노는 최소 몇 년간은 주주들에게 F1의 터무니없는 비용을 설득할 수 없었다.

　결국 윌리엄스는 구식 르노 엔진에서 사실상 이름만 바꾼 메카크롬Mecachrome 엔진을 쓰게 되었다. 이듬해인 1999년에는 수퍼텍Supertec 엔진으로 옮겨 갔는데, 그것 역시 메카크롬에서 이름만 바꾼 것에 불과했다. 2000년부터 2005년까지 윌리엄스는 BMW와 손잡은 덕에 다시 몇 번 우승을 하기는 했지만, 1990년대 중반의 전성기와는 거리가 멀었다. 파가 프랭크의 제안을 고려하던 시점은 그의 팀이 역대 최저 포인트를 기록하고 8위로 마치기 직전이었다. 게다가 3,000만 파운드 정도의 부채까지 안고 있었다. 최고의 기술력을 자랑하던 팀이 10년도 채 안 되어 적자에 허덕이며 들러리로 전락해 있었다. 파는 이성적인 판단을 뒤로하고 결국 그 자리를 수락했다.

　그는 이렇게 말한다. "실사조차 하지 않았지요. 그게 가장 큰 실수였다고 생각합니다."

　그 사실을 깨닫기 전인 그해 11월, 파는 모나코로 가는 비행기에 몸을 실었다. 첫 팀 대표 회의에 참석하기 위해서였다. 최근까지도 호주 대륙의 광물 구성에 몰두하던 사람이 이제는 돈을 걸고 자동차 경주를 벌이는 책략가들 틈에 끼어 있었다. 파는 같은 테이블에 둘러앉은 플라비오 브리아토레, 론 데니스, 장 토트를 둘러보며 자신이 지금 왜 여기에 있는지 의문을 품지 않을 수 없었다. 그들은 파가 막 발을 들인 이 스포츠를 지배해 왔을 뿐만 아니라, 그 자체를 빚어온 인물들이었다. 그들 모두는 최소 12번의 월드 챔피언십을 거머쥐었다. 그럼에도 파는 자신이 그들에게 없는 무언가가 있다고 확신했다. 신선한 외부 시각과 현실 세계 비즈니스 방식에 대한 명확한 이해였다. 그는 그들처럼 '레이싱을 위해' 사는 사람이 아니었고, 그것이 오히려 장점이라고 생각했다. 파는 F1이 F1 다움을 조금 덜어낼 필요가 있다고 여겼다.

파는 격주마다 커다란 무전 헤드셋을 쓰고 트랙에 나가면서도, 일반 기업에서처럼 일하려고 애썼다. 대차대조표를 분석하고 프로세스를 간소화하고, 새로운 수입원을 찾으려 했다. CVC의 체제 아래에서 이제 팀들은 TV 중계 수익의 50퍼센트를 배분받게 되었다. 적어도 나눠 갖는 파이 조각이 좀 커지기는 한 것이다. 그러나 F1 팀을 운영하는 일은 여전히, 큰 재산을 가장 확실하게 탕진하는 방법 중 하나였다.

□ ■ □ ■ □

파는 수십 년 전 그의 전임자가 그랬던 것처럼, 새로운 스폰서를 잡아들이기 위해 가능한 한 그물을 넓게 던졌다. 1970년대에 프랭크 윌리엄스가 사우디 왕자들을 상대로 구애했다면, 2000년대의 파는 앙골라에서 몇 주를 보내며 르완다의 투자회사 리지 솔루션스Ridge Solutions를 붙잡고 협상을 벌이고 있었다.

'우승도 못 하는 F1 카에 로고를 노출하는 것도 수백만 달러의 가치가 있다'는 논리로 파가 공들여 설득해 차에 올린 스폰서들은 그 구성이 꽤나 잡다했다. 비교적 전통적인 쪽에는 스코틀랜드 왕립은행(CVC가 F1을 인수할 자금을 빌린 곳), 브라질 국영 석유기업

페트로브라스Petrobras, 스위스 시계회사 오리스Oris가 있었다. 금융, 에너지, 사치품. 이 정도는 F1 팬들에게 익숙한 분야였다. 다소 생소한 이름으로는 런던의 장난감 가게 햄리스Hamley's가 있었다. 이들은 사이드팟에 자사 웹사이트 로고를 커다랗게 박았다. 파 입장에서는 돈이 문제없이 입금만 되면, 스폰서를 가릴 처지가 아니었다. 전 세계가 긴축하는 마당에 스폰서를 하나라도 더 유치했다면, 대단한 성과였다. 그래서 윌리엄스는 부다페스트의 나이트클럽 냄새가 물씬 나는 헝가리 에너지 드링크에도 기꺼이 자리를 내주었다. 그 이름은 '헬Hell'이었다.

파의 개인적인 입지 또한 진전이 있었다. 장소는 옥스퍼드셔에 있는 윌리엄스 공장이었다. 좋은 관리자가 그렇듯, 그는 직원들에게 자신이 현장에서 함께 구르고 있다는 걸 보여주고 싶어 했다. 파는 매일 아침 사무실에서 가장 먼 주차 구역에 차를 세웠다. 그리고 풍동 옆 입구로 들어가 공기역학 부서를 들른 뒤, 여러 엔지니어링 부서를 지나며 얼굴을 비추고, 레이싱 팀의 일상 업무를 보았다. 파는 심지어 프랭크 윌리엄스 근처에 있던 자기 자리를 옮겨 작업장이 내려다보이는 더 허름한 사무실로 옮기기도 했다.

그렇게 함으로써 현장 사람들과 더 가까이 지낼 수 있었지만, 그가 해줄 수 있는 실질적인 조언은 별로 없었다. 그는 "내가 무슨 말을 해도 다 헛소리로 들렸을 것"이라고 했다. 그러나 그 덕에 따가잡기엔 자원이 턱없이 부족한 팀의 실상을 가까이에서 볼 수 있었다. 개발 단계에서 한번 내려진 결정들은 윌리엄스가 시즌 내내 감당해야 했다. 업그레이드는 제한적이었다. 하물며 막대한 비용을 들어 섀시를 전면 개편하는 계획은(맥라렌이나 페라리는 언제든 휘두를 수 있는 카드인) 애초에 가능한 선택지가 아니었다.

파는 이렇게 말한다. "자신의 위치에 대해 굉장히 솔직하고 현실적이어야 합니다. 그러나 동시에, 할 수 있는 일이 있다는 희망과 믿음도 꼭 필요하죠."

파는 엔지니어가 아니었으므로 그쪽으로는 할 수 있는 일이 없었다. 드라이버 출신도 아니어서 트랙 위에 대한 통찰도 없었다. 하지만 그는 법률가 교육을 받은 사람이었다. 윌리엄스에서 크게 개선할 수 있는 분야가 있다면, 바로 정치 영역이었다. "프랭크는 다른 팀에 이의를 제기한 적이 없었습니다. FIA의 어떤 결정에도 도전하지 않았죠. 내가 합류한 뒤, 우리는 그걸 바꿨습니다."

파는 이제는 나이 든 자신의 보스보다 훨씬 공격적인 접근을 택했다. 그는 페라리의 로스 브런과 가까이 지내면서 FIA '제소'라는 어두운 기술들에 눈을 떴다. 내가 모르던 허점을 다른 팀이 찾아 앞서간다면 그것은 이의제기할 가치가 충분했다. 그리고 FIA의 분위기를 잘 읽는다면 적어도 하루쯤은 경쟁 상대의 하루를 망칠 수 있었다.

그러나 파는 F1의 내부 알력 같은 트랙 바깥에서 벌어지는 일을 좀 더 알수록, 여기에 더 큰 싸움이 벌어지고 있다는 사실을 깨달았다. 누가 항의를 얼마나 많이 하든, 엔지니어를 얼마나 새로 고용하든, 이 스포츠의 서열 자체를 바꾸는 일은 불가능해 보였다. 페라리는 페라리였고, 맥라렌은 맥라렌이었다. 2억 달러나 들여서 만들어낸 격차를 기술적 허점 하나로 좁힐 수는 없었다. 반세기 동안 F1을 정의했던 방법으로는 두 거물을 따라잡을 수 없다는 게 증명되어, 아예 경쟁 자체가 사라지고 있었다. 나머지 팀들은 간신히 제자리를 지키면서 파산을 향해 치닫고 있었다.

파는 5년 동안 그랑프리를 80번 정도 치르면서 자신의 드라이버들이 단 두 번 포디엄에 오르는 것을 지켜본 후 이렇게 말했다. "견딜 만한 순간도 있었지만, 정말 힘든 주말이 훨씬 더 많았습니다. 특히 재정적으로는 더 힘들었어요. 엔지니어들이 원하는 건 고사하고 다른 팀과 비슷한 수준으로도 맞춰주지 못했으니까요."

이런 어려움은 윌리엄스만 겪는 것이 아니었다.

F1에 여전히 베팅하고 있던 팀들과 제조사들에게, 사업 방식을 모두 뜯어고치는 일은 생존이 달린 문제였다. 파는 자신의 시간 대부분을 '공평한 경기장을 만드는 데' 쏟아부었다. 그는 예산이 대형 제조사들의 3분의 1에 불과한 상황에서, 그 수준까지 자기 팀을 끌어올리는 건 불가능하다는 걸 알고 있었다. F1에는 새로운 중간 지점이 필요했다. 거대 팀들이 지출을 조금 줄이고, 경주는 더 치열해지며, F1 전체가 재정적으로 지속 가능해지게 할 방법 말이다.

문제는 이 사업이 숫자보다도 세 핵심 세력 간의 관계에 달려 있다는 점이었다. 그들은 F1의 광고권을 쥔 버니 에클스턴, 규제 담당자 맥스 모슬리, 그리고 각 팀의 대표들이었다. 이들은 통틀어 '피라냐 클럽Piranha Club'이라 불렸다. 이들은 하버드 경영대학원에서 가르치는 모범 사례나 일반적인 인간의 이성에 따라 움직이는 사람들이 아니었다.

한번은 새 콩코드 협약, 즉 팀들을 F1에 묶어두는 계약 조건을 놓고 줄다리기가 펼쳐질 때였다. 에클스턴은 론 데니스에게 '올해 안에 이 계약서가 서명된다'에 10만 달러를 걸겠다고 했다. 데니스는 코웃음 쳤다. 거의 모든 페이지마다 걸림돌이 있을 게 뻔하기 때문이었다. 이건 돈 10만 달러가 생긴 것이나 마찬가지라고 생각했다.

데니스가 내기를 수락하자마자 에클스턴은 서류를 낚아채더니 마지막 페이지에 서명한 뒤, 이제 10만 달러를 내놓으라고 말했다. 데니스는 멍하니 그를 바라봤다. 버니가 웃으며 말했다. "내가 '당신이' 서명할 거라고 말한 적은 없잖소."

그 장면을 지켜보던 파는 이토록 엉망인 판에서 도대체 어떻게 일이 돌아가는지 의아했다. 그럼에도 시도할 준비가 되어 있었다. 이기지도 못할 판에 스스로를 불구덩이 속으로 밀어 넣고 있던 F1의 모든 팀을 구할 희망의 빛이 조금이라도 있다면 그는 기꺼이 해낼 생각이었다. 그리고 몇 년을 이 스포츠에서 보낸 끝에, 그는 해결책의 실마리를 잡게 되었다.

포뮬러 1에는 예산 상한제**budget cap**가 필요했다.

▫ ▪ ▫ ▪ ▫

스포츠 규칙에 관한 논의가 모두 그렇듯이 예산 제한 논의도 싸움으로 번졌다. 다만 이번 싸움은 스포츠 전체를 산산조각 낼 수도 있는 수준이었다.

포뮬러 1이 절벽을 향해 질주하고 있다는 사실을 알아차린 것은 애덤 파만이 아니었다. 2008년, 스파이게이트 직후 맥스 모슬리는 10개 팀에 보낸 편지에서 그들의 인정 여부와 상관없이 명백한 사실을 짚었다.

"포뮬러 1은 지속 불가해지고 있습니다. 오늘날 주요 컨스트럭터들은 두 대의 차를 출전시키는 데 최대 1,000명의 인력을 고용하고 있습니다. 모든 기업이 어려운 시장 상황에 처한 지금, 이것은 도저히 감내할 수 없는 구조입니다."

이렇게 적나라한 표현을 마주하고 보니, 이 거대한 사업 전체가 다소 우스꽝스럽게 느껴질 정도였다. 모슬리는 말을 이어갔다. 그는 팩토리 팀들(페라리처럼 직접 엔진을 생산하는 팀)에게 비용을 50퍼센트 줄일 것을 요구했다. 한편, 독립 팀들은 장기적으로 재정적 자립이 가능해져야 했다. 소유주의 관심이 식는 순간 연기처럼 사라지는, 적자투성이의 허영심 가득한 프로젝트를 허용할 여지가 더는 없었다.

전 세계 모든 기업이 직원들에게 더 적은 자원으로 더 많은 성과를 내라고 요구하던 시대였으므로, FIA 역시 포뮬러 1의 모든 팀에게 똑같은 요구를 내걸었다. 단순히 비용을 줄이는 것만으로는 부족했다. F1은 '한가한 백만장자들의 사치스러운 취미'라는 이미지를 쇄신해야 했고, '연료 사용에 있어 덜 방탕해져야' 했다. 모슬리가 제시한 과제는 2015년까지 연료 소비를 절반으로 줄이면서 트랙 위 속도는 그대로 유지하는 것이었다. 그렇게 개발된 기술은 연비가 좋은 상용 자동차로 이어질 수 있을 터였다. F1은 자동차 업계의 최고 R&D 부서로서 본래의 목적을 상기해야 했다.

모슬리는 이렇게 덧붙였다. "다만 이 모든 과정은 경기의 볼거리를 조금도 해치지 않으면서 달성해야 합니다. 이것은 매우 시급한 문제입니다."

과제를 어떻게 달성할지는 각 팀의 몫이었다. 팀들은 2010년부터 발효될 새 규정에 대한 제안을 제출할 수 있었다. 만약 팀이 이 과제를 수행할 수 없다면 FIA가 기꺼이 직접 규정을 정해주겠다고 했다.

그동안 FIA는 시작점이 될 만한 영역들을 친절하게 제안해 주었다. 예컨대 컴퓨터를 이용한 공기역학 시스템 분석CFD 시간을 제한할 수 있을 것이다. 혹은 풍동 실험에 대한 중독에서 벗어나는 것도 방법이었다(페라리 파워스테이션이여, 안녕). 기어박스처럼 F1 분야에 사용되는 몇몇 부품을 표준화하는 방안도 있었다. 그리고 팩토리 팀들이 F1에서 계속 살아남고 싶다면, 독립 팀들에게 약 200만 유로 수준의 저렴한 엔진을 공급해야 할 터였다.

이제 각 팀이 계산기를 두드릴 차례였다.

10개 팀은 가장 먼저 지난 반세기 동안 다른 모든 스포츠 종목보다 잘해온 일을 했다. 약어로 된 단체를 또 하나 만드는 것이었다. 그렇게 '포뮬러 원 팀 협회Formula One Teams Association, FOTA'가 탄생했다. 초대 회장은 다름 아닌 페라리의 루카 디 몬테제몰로였다. 이로써 F1 역사상 처음으로 모든 팀이 공동 목표 아래 뭉친 듯 보였다.

2008년 이탈리안 그랑프리 직후, 그들은 작업에 착수했다. 그리고 얼마 지나지 않아, 이 연합은 서서히 균열을 드러냈다.

모두가 비용 상한제가 필요하다는 데는 동의했지만, 그 형태에 대해서는 팀마다 생각이 달랐다. 재무제표를 들여다보며 기적을 바라는 애덤 파와 같은 사람에게는 상한이 낮을수록 합리적이라고 생각했다. 그러나 귀족적인 기질의 몬테제몰로는 일률적으로 지출을 제한하면 F1에서 가장 인기 있는 팀들을 불리하게 만들고, 경쟁 자체를 망칠 것이라 여겼다. 그는 각 팀의 2010년 예산을 2008년 예산 대비 절반으로 줄이자는 방안을 제안했다. 그렇게 하면 페라리는 차에 연간 1억 달러 이상을 쓸 수 있으면서도, 동시에 작은 팀들은 파산을 면할 수 있었다. 몬테제몰로는 심지어 팩토리 팀들이 필요하다면 자금 여유가 없는 파트너 팀을 위해 세 번째 차를 만들어줄 수도 있다고 제안했다.

그러나 바로 그 무렵, 모슬리는 훨씬 더 뼈를 깎는 조치가 필요하다고 확신하고 있었다.

그의 최종 목표는 새로운 투자자를 유치해 F1 팀의 수를 10개에서 13개로 늘리는 것이었다. 따라서 진입 비용을 낮추기 위해 FIA가 처음에 내놓은 제안은 예산 상한을 3,000만 파운드(약 4,200만 달러)로 정하는 것이었다. 이 안이 너무 과하다고 생각하는 이들에게 모슬리는 이것이 절대적인 상한은 아니라고 설명했다. 더 쓰고 싶은 사람은 그럴 수 있지만, 대신 그에 상응하는 대가를 치러야 한다고 했다. 앞뒤 윙 변경이 금지되고 엔진 회전수를 제한하는 등 레이스카의 속도를 제한하는 규정이 제안되었다.

몬테제몰로에게는 이 제안이 마치 페라리에 바퀴를 3개만 달고 달리라고 강요하는 것이나 다름없다고 생각했다. 그는 이런 상황이 "심각하고도 너무 터무니없다"고 표현했다.

모슬리가 제시한 예산 규모라면, 마라넬로 인력의 4분의 3을 잘라야 한다는 뜻이었다. 더 나쁜 점은 포뮬러 1의 모든 시즌에 참가해 온 유일한 팀인 페라리를 무력화할 것이라는 점이었다.

전투의 전선이 그어졌다. 가을이 지나도록 팀들은 새 규정에 합의하지 못했다. 그리고 봄이 되자 싸움은 페라리와 FIA가 F1의 정체성을 놓고 벌이는 줄다리기가 됐다. 양측 모두 자신들만이 이 스포츠의 진정한 수호자라는 확신과 오만에 가득 차 있었기에, 이러한 대립 구도는 서로의 이해관계에 부합했다.

그 사이 미국 증시는 붕괴했고 세계 경제는 빠르게 추락하고 있었다. 모슬리는 하루 빨리 과감한 조치를 취하지 않으면 포뮬러 1의 존재 자체가 아예 사라질 것이라 주장했다.

모슬리는 스쿠데리아에 서한을 보냈다. "우리는(회계사와 변호사를 포함하여) 예산 상한을 충분히 실행할 수 있다고 확신합니다. 가장 똑똑한 팀이 이길 것이며, 기술을 제한하는 암울한 방식도 필요 없을 것입니다."

모슬리는 주저 없이 언론을 통해서도 주장을 밀어붙였다. 「파이낸셜 타임스Financial Times」와의 인터뷰에서는 페라리가 없는 미래를 암시하기까지 했다. "그들을 잃는다는 건 너무 슬픈 일입니다. 그들은 F1의 시작부터 함께해 온 팀이니까요. 하지만 페라리의 실패냐, F1의 붕괴냐 둘 중 하나를 선택해야 할 상황이 온다면, 우리는 그들을 붙잡기 위해 무리수를 두지는 않을 것입니다."

이제는 몬테제몰로가 달아오를 차례였다. 페라리가 F1에 핵무기(탈퇴)를 꺼내 들며 위협한 건 이번이 처음이 아니었다. 사실 너무 자주 써먹은 탓에, 그것이 일종의 협상 카드 정도로 여겨질 정도였다. 가장 최근에는 2005년에 콩코드 협정이 진행되던 당시, 페라리는 다른 팀을 규합해 F1 수익의 배당 인상과 발언권 강화를 요구하며 팀들을 이끈 바 있었다. 그때는 결국 벼랑 끝에서 한 발 물러섰다. 당시 다른 팀들이 몰랐던 사실은, 페라리가 강력하고 당혹스러운 양보를 얻어냈다는 점이었다. 바로 향후 중대한 규정 변경에 대해 행사할 수 있는 거부권과 그 사실에 대한 비밀 보장이었다. F1에서 가장 오래되고 강력한 팀이라는 스쿠데리아의 지위가 비밀리에 법제화된 것이다.

몬테제몰로는 가장 성공한 팀들의 차가 손발이 묶인 채 출전하는 대회를 도저히 받아들일 수 없었다. 그건 명백한 신성모독이었다. 손님에게 피노 그리지오와 볼로네제 요리를 같이 대접하는 격이었다.° 그렇게 명백하고 인위적인 불이익을 안고 대회에 나서는 것이 도대체 무슨 의미가 있나. 차라리 핸드 브레이크를 건 채 서킷을 도는 게 나았다. 엔초의 아들 피에로 페라리는 이 제안을 '가난한 축구팀이 필드에 더 많은 선수를 내보내게 허용하는 것'에 비유했다. 그 비유가 뭐든 이건 도저히 용납할 수 없었다.

모슬리가 편지를 보낸 후 2주도 안 돼 페라리는 F1에서 완전히 떠나겠다고 위협했다. 스쿠데리아는 팀 웹사이트에 'F1을 위대하

° 화이트 와인과 토마토 소스는 서로 어울리지 않는 조합이다

게 만든 자부심'이라는 제목의 글을 올려 F1이 무엇을 잃게 될지 보여주었다. 페라리는 버니 에클스턴이 엔초와 처음 만났을 때부터 깨달았던 교훈을 다시 한번 상기시킨 것이었다. 페라리가 없다면 그 어떤 레이싱 시리즈도 모터스포츠의 정점이라 자부할 수 없다는 사실 말이다. '프랜싱 호스'는 단순히 거대한 역사와 팬덤을 가진 성공적인 팀 그 이상이었다. 그들은 F1의 정당성 상당 부분을 짊어지고 있었다. 페라리가 필수라는 점은 누구나 알고 있었다. 맥스 모슬리만 빼고 말이다.

FIA 회장은 마라넬로 사람들의 시위에 전혀 동요하지 않았다. 어느 순간부터는 비용 상한의 세부 조항은 논의되지 않는 것처럼 보였다. 위기 상황에서 모슬리는 가장 날카로운 발언으로 페라리의 전술을 정면으로 저격했다.

FIA가 말했다. "좋은 지배구조governance란, 페라리가 통치해야 한다는 뜻이 아닙니다."

지금에 와서는 몬테제몰로 역시 '개인적인 감정 차이'가 양측 모두에 작용했음을 인정한다. 이제 대화와 보도자료, 신문을 통해 오가던 공방은 끝났다. 모슬리, 에클스턴, 그리고 FOTA의 반란 연합 간의 최후 회동이 플라비오 브리아토레의 슈퍼요트 '포스 블루호'에서 열렸으나 아무런 성과도 내지 못했다.

팀들은 최악의 상황을 대비했다. 르노는 F1을 떠나게 될 경우, 공급사들과의 거래에 큰 타격을 입을 수 있다고 미리 경고했다. 훗날 악명 높은 횡령 스캔들로 일본에서 도망치기 몇 년 전이던 르노의 CEO 카를로스 곤Carlos Ghosn은 이 모든 소동에 진절머리가 났다고 발표했다.

그는 이렇게 말했다. "오늘날 우리는 포뮬러 1에 있으려고 돈을 내고 있습니다. 이건 정상이 아닙니다. 중개인(버니와 CVC)들은 충분히 돈을 벌었습니다. 우리는 포뮬러 1의 통제권을 되찾고 싶습니다."

팀들은 2009년 6월 19일에 그 말을 행동으로 옮겼다. 페라리를 선두로 한 8개 팀이 2010년 시즌에 참가하지 않겠다고 발표했다. 60년 동안 달려온 포뮬러 1이 완전 붕괴로 치닫고 있었다.

모슬리와 FIA를 지지한 유일한 팀은 위기 전에도 간신히 레이싱을 이어가던 애덤 파의 윌리엄스뿐이었다. 이론적으로는 포스 인디아와, 예산 상한제 덕분에 F1 입성이 가능해진 3개의 신생 팀이 합류할 예정이었다. 그러나 이 5개 팀의 잡다한 조합으로는, 결코 위신 있는 레이싱 대회라는 명함을 내밀 수 없었다.

그렇다고 FOTA 작전이 훨씬 나을 거라 확신하는 사람도 없었다. 동맹인 맥스를 지지하는 입장과 자신의 캐시카우가 살아남기를 바라는 마음 사이에 끼인 버니는 몬테제몰로 진영의 전략을 높이 평가하지 않았다(버니는 1970년대에도 이와 비슷한 팀 연합으로 권력을 구축했던 장본인이 바로 자신이었다는 사실을 잊은 지 오래였다).

버니가 말했다. "그들은 자기 팀도 제대로 운영을 못 합니다. 팀들이 소유하면 스포츠를 망칠 겁니다. 아무것도 합의하지 못할 테니 재앙이 될 수밖에 없습니다."

그의 말 중 하나는 맞았다. 새로운 대회, 즉 버니도 FIA도 없는 F1을 만드는 일은 헤라클레스급 노력이 필요했다. FOTA 팀들은 서킷과 스폰서, 방송사들을 찾아다니며 팀의 명성만을 믿고 검증되지 않은 시장으로 갈아타라고 설득해야 했다. 내세울 판매 실적도 없었지만 플라비오 브리아토레는 그 도전을 맞이할 각오가 되어 있었다. 그는 새로운 F1의 에클스턴으로 자리매김하려 했다. 그리고 몇 주 만에 그와 몬테제몰로는 버니와 맥스가 평생 쌓아온 제국을 잠식할 계획을 세웠다.

수십 년의 작업을 몇 달로 압축해야 했다. 그리고 수개월이 걸리는 다음 시즌 준비 역시, 몇 주 만에 해내야 했다.

결국 FOTA 프로젝트는 고작 닷새 만에 막을 내렸다. F1 팬들이 판이 붕괴될 것을 우려하는 사이, 몬테제몰로는 FIA의 핵심 인사들과 대화를 이어갔다. 파리에서 열린 최후의 담판에서 몬테제몰로, 에클스턴, 모슬리는 마침내 해결책에 도달했다.

몬테제몰로는 말한다. "버니는 우리가 장난을 치고 있는 게 아니라는 걸 이해했다. 우리는 분열 직전까지 단 1센티미터만을 남겨두고 있었다."

FOTA 팀들은 2010년에도 포뮬러 1에서 달리기로 약속했고, 강제적인 상한선 없이 비용을 통제하는 데 합의했다. 목표는 2년 안에 예산을 약 5,000만 달러 수준으로 낮추는 것이었다. 또한 팀들은 2012년까지 F1에 남을 것을 약속하고, FIA를 유일한 통제 기관으로 완전히 인정하기로 했다. 이제 F1은 벼랑 끝에서 빠져나올 수 있었다.

그 대가로, 개인 감정까지 뒤섞인 쓰디쓴 결투의 끝에서 몬테제몰로는 원하던 것을 얻었다. 맥스 모슬리가 그해 10월 임기가 끝나면 FIA 회장직에서 물러나기로 합의한 것이다. 몬테제몰로는 승리의 기자회견에서 이렇게 선언했다. "이제 독재자는 없습니다."

□ ■ □ ■ □

포뮬러 1은 비용 상한제를 도입했으나 그렇다고 그 상한선이 싸다고 할 수 있는 수준은 아니었다. 윌리엄스 같은 팀들은 여전히 트랙 위에서 거의 성과도 내지 못하면서 거액을 쓰고 있었다. 2010년 윌리엄스의 최고 성적은 발렌시아에서 열린 유럽 그랑프리의 4위와 실버스톤에서의 5위가 전부였다. 5,000만 달러가 넘는 돈을 들인 차에서 기대했던 결과는 아니었다. 게다가 이 금액은 윌리엄스의 드라이버들에게 단 한 푼도 지급하기 전의 이야기였다.

새 규정에 따라 드라이버 급여는 비용 상한에서 제외되었지만, 어차피 팀들이 그들에게 쓸 자금을 넉넉히 가진 것도 아니었다. 팀들은 창의력을 발휘해야 했다. 사실상 드라이버에게 자기 연봉을 스스로 마련해 오라고 요구하는 방식이었다.

다시 말해, 각 팀의 드라이버 중 최소한 한 명은 F1 카를 몰 수 있을 만큼 실력이 있으면서, 동시에 개인 스폰서를 달고 다닐 정도의 스타 드라이버로 채우는 것이었다.

F1에는 수십 년 전부터 이런 관행이 있기는 했지만, 이 정도 규모로 확대되기는 처음이었다. 니키 라우다는 페라리에 발탁되기 전까지, 자신의 생명보험을 담보로 대출을 받아 초기 시즌을 치렀다.

필립 모리스는 말보로 월드 챔피언십 팀 시절부터 드라이버들의 연봉을 대신 지급해 왔다. 그리고 프랭크 윌리엄스는 원래 페이 드라이버**pay driver**°를 적극적으로 고용하는 것으로 유명했다. 1975년에는 윌리엄스 콕핏이 거의 돈벌이용 회전목마나 마찬가지였다. 그 시즌에만 11명의 서로 다른 드라이버가 윌리엄스 레이스카를 타고 최소 한 차례 이상 그랑프리에 출전했다.

2012년에 이르러서는 대부분의 F1 팀에게 페이 드라이버에 의존하는 일이 재정적으로 불가피한 선택이 되었다. 24명의 F1 드라이버 중 무려 3분의 1이 이런 페이 드라이버들이었다. 세르히오 페레스**Sergio Pérez**는 멕시코 통신회사의 후원을 등에 업고 2011년 F1에 들어왔다. 이 회사의 창업주는 멕시코의 최고 부자 카를로스 슬림이었다. 러시아의 비탈리 페트로프**Vitaly Petrov**는 캐터햄**Cater-ham**팀에 고용될 때 시즌당 약 500만 달러를 가져오는 걸로 알려졌으며, 이 팀은 머지않아 러시아 석유화학 회사 한 곳과 스폰서십 계약을 맺었다. 프랑스인 드라이버 로망 그로장**Romain Grosjean**이 로터스와 계약할 때도 이미 에너지 대기업 토탈**Total**로부터 약 500만 달러를 약속받은 상태였다.

한편, 그 시즌 윌리엄스의 형편은 두 명 모두 페이 드라이버로 채워야 할 정도였다. 레이스카 한 대에는 브라질에서 약 1,800만 달러 규모의 스폰서를 동반한 아일톤 세나의 조카 브루노 세나**Bruno Senna**를 앉혔다. 다른 한 대에는 애덤 파가 2년 가까이 영입을 추

진해 온 드라이버가 앉았다. 그의 이름은 파스토르 말도나도**Pastor Maldonado**. 그는 베네수엘라의 '소프트 파워**soft power**'°를 대표해 달리고 있었다. 이번 스폰서는 은행이나 소매업체, 심지어 앙골라 기업가도 아니었다. 베네수엘라의 국영 석유회사**PDVSA**였다. 이 회사는 최근 자국이 사우디아라비아, 이란, 이라크를 제치고 세계 최대 원유 매장량을 보유하고 있다는 사실을 확인한 상태였다.

당시 25살이던 말도나도는 포뮬러 1의 바로 아래 단계인 GP2에서 꾸준히 좋은 성적을 내고 있었다. 그러나 2011년 시즌을 윌리엄스에서 치르게 하려면, 애덤 파가 베네수엘라 정부 장관과 계약 조건을 합의해야 했다. 파는 계약을 성사하고자 런던에서 마이애미를 거쳐 카라카스로 날아갔지만 장관은 나타나지 않았다. 파가 다시 영국으로 돌아온 뒤에야 다시 호출이 왔다. 파는 고분고분 다시 갔다. 일주일 만에 두 번째로 히스로 공항에서 마이애미 국제공항을 거쳐 시몬 볼리바르 국제공항에 도착했다. 이번에는 필요한 승인을 모두 손에 쥔 채 돌아올 수 있었다.

말도나도는 마침내 포뮬러 1에 입성했다는 사실에 들떠 있었다. 그러나 실제로 그가 마주한 현실은 예상보다 재미가 없었다.

시간이 흐른 뒤, 말도나도는 이렇게 털어놓았다. "모든 면에서 압박이 엄청 났어요. 팀에서도, 스폰서에서도, 국가, 그리고 팬들로부터도요. 가장 힘들었던 건 제가 다른 환경에서 경주하고 있다

° 군사력이나 경제 재재 같은 강압이 아니라, 이미지·문화·호감·상징을 통해 영향력을 행사하는 힘을 말한다

는 점이었어요. 솔직히 충격이었지만, 불리한 조건에 적응할 수밖에 없었죠. 경쟁 팀들은 시즌 중에 우리보다 훨씬 많은 업그레이드를 했고, 더 좋은 패키지를 갖고 있었고, 기술 개발에 더 많은 돈을 썼거든요.”

기술 부서의 대대적인 개편도 즉각적인 성과로 이어지지는 않았다. 팀의 프랑크푸르트 증시 상장과 윌리엄스 하이브리드파워 사업의 성장으로 팀의 재무 전망은 나아졌으나, 성적은 여전히 처참했다. 2011년 시즌에 윌리엄스는 고작 5점을 기록하며 12개 팀 중 9위로 마쳤다. 컨스트럭터 타이틀을 차지한 팀과는 무려 645점 차였다.

파의 통제 밖의 힘들이 윌리엄스 안팎에서 그를 압박하고 있었다. 다음 콩코드 협정을 앞두고, 파는 버니 에클스턴을 공개적으로 비판한 몇 안 되는 팀 대표 중 하나로, 그의 심기를 건드렸다. 버니는 곧바로 맞대응에 나섰다. 에클스턴은 윌리엄스의 조직 개편 이후 진짜 변화는 윗선에서 필요하다고 말했다. 그리고 실제로 그는 팀에서 파를 밀어내고 더 큰 역할을 맡길 적임자를 염두에 두고 있었다. 오스트리아 출신의 소액 주주 토토 볼프였다.

에클스턴은 팀 대표들에게(특히 프랭크 윌리엄스에게) 파가 책임자로 남아 있는 한 콩코드 협정이 체결될 수 없다는 사실을 공공연히 알렸다. 이번에는 10만 달러 내기를 따내기 위한 버니식 술책이 아니었다. 파는 완전히 궁지에 몰렸다. 불과 몇 주 전까지만 해도 윌리엄스는 2010년에 그를 회장으로 승진시키고 ‘자연스럽게 후계자’가 될 것이라고 공개적으로 언급했었다. 하지만 이제

69세가 된 윌리엄스는 더 이상 버니와 맞붙을 만큼 강하지 않았다. 파를 구할 방법은 없었다.

애덤 파는 F1에 들어올 때 자신의 새로운 시각과 경영 감각이 윌리엄스가 필요로 하는 돌파구를 마련해 줄 수 있다고 생각했다. 수십 년 전이라면 가능했을지도 모른다. 하지만 2010년대 초 F1은 단지 새로운 관점만으로는 레이스에서 이길 수 없었고, 챔피언십은 더더욱 불가능했다. 그해 3월, 파가 윌리엄스에서 물러난다는 보도자료가 나왔다. 말레이시아에서 시즌 두 번째 그랑프리가 열린 주말이 끝난 뒤 월요일 아침이었다. F1은 5년 동안 그를 질겅질겅 씹은 뒤 마침내 뱉어냈다. 파는 그해 말도나도가 스페인 그랑프리에서 우승하며 팀의 8년 만의 첫 승을 거두는 장면조차 보지 못했다(윌리엄스답게 우승 축하 도중 차고에 불이 나기도 했다).

그 단 한 번의 승리는 파가 F1에서 쌓아온 노력이 빛을 발하는 순간이었다. 그리고 그가 알게 된 F1 세계의 전형적인 모습답게, 그는 샴페인을 터뜨리기 불과 두 달 전에 해고됐다.

그는 당시를 돌이키며 이렇게 말한다. "아내는 항상 나더러 뭘 기대했냐고 말하곤 합니다. 거기가 무슨 국민보건서비스인 줄 알았냐는 거지요. 피라냐 클럽이라는 별명이 붙은 게 다 이유가 있더군요."

□ ■ □ ■ □

포뮬러 1이 분열의 위기를 겪으며 혼란과 드라마를 연출하는 마당이었지만, 한 남자는 여전히 규정의 허점을 파고들 수 있었다. 그게 바로 로스 브런의 특기였다.

아담 파 같은 인물이 머니볼 전술로 F1을 뒤흔들고 구하려다 지쳐 떠난 외부인이라면, 브런은 궁극의 F1의 내부자였다. 그는 엔지니어링을 알고, 정치를 할 줄 알았으며, F1을 자기 마음대로 주무른 사람이었다. 그리고 그 과정에서 상상도 못 할 정도로 부자가 됐다.

브런의 경력에서 가장 미친 듯한 해는 2008년 말 혼다팀에서 시작됐다. 일본 제조사 혼다는 2006년 포뮬러 1에 복귀했고, 이듬해 페라리에서 전성기를 누리고 막 은퇴했던 브런을 영입해 휘청이는 팀을 재정비하게 했다. 그러나 경제 위기와 부진한 성적이 계속되면서, 혼다는 F1에 대한 인내심이 바닥났다. 회사는 철수를 결심했다.

브런은 혼다가 F1에서 물러난다는 결정에 크게 놀라지는 않았다. 그는 몇 주 전부터 혼다가 영국 브래클리에 있던 일본인 핵심 인력을 도쿄로 소환한다는 사실을 알아차렸기 때문이다. 우려는 현실이 되었다. 2008년 11월, 브런과 그의 사업 파트너 닉 프라이Nick Fry는 혼다의 안경 쓴 COO 오시마 히로시大島寬가 묵던 히스로 공항 근처 한 호텔로 호출되었다.

오시마는 비어 있는 작은 회의실에서 그들과 마주 앉은 다음 탁자에 안경을 내려놓았다.

그리고 이렇게 말했다. "좋지 않습니다. 전혀 좋지 않아요. 죄송합니다. 우리는 여기서 그만두겠습니다."

세 번의 평범한 시즌과 단 한 번의 우승 끝에 도쿄는 플러그를 뽑기로 했다. 폭탄선언의 여파가 가라앉기도 전에 오시마가 브런과 프라이를 더 큰 회의실로 안내했다. 그 자리에는 이미 변호사와 재무 담당자들이 처형을 시작하려는 듯 테이블을 둘러앉아 있었다.

혼다의 지시는 모두 집으로 보내고 불을 끄라는 것이었다.

브런은 일이 그렇게 간단하지 않다고 설명했다. 그냥 문을 닫을 수는 없었다. 고용된 직원들이 있었고, 해고 통보 기간도 있었던 데다, 무엇보다 2009년 시즌을 위해 개발 중인 F1 카가 있었다. 브런은 그 차가 버리기에 너무 아까운 수준이라고 생각했다. 마지막으로 그는 프라이와 함께 마련한 비상 계획을 제시했다. 2억 파운드(약 3,900억 원)에 달하는 예산을 30퍼센트 줄이는 방안이었다. 그러나 오시마는 요지부동이었다. 금융 위기가 혼다를 강타하고 있었고, 회사 측은 2009년도에 엄청난 적자를 예상하고 있다는 것이었다. 미국 딜러들은 차가 팔릴 리 없다면서 신차 인수를 거부하고 있었다. 예상 손실액은 거의 '30억 달러'에 달했다.

브런은 문제 해결 모드에 돌입했다. 혼다가 팀을 폐쇄하는 대신 매각하는 건 어떠냐고 제안했다. 그는 한술 더 떠 어차피 하루이틀 걸릴 일이 아니므로 구매자가 나타날 때까지 혼다가 계속 비용을 부담해 줄 수 있느냐고도 물었다.

놀랍게도 혼다는 그 제안을 수락했다. 브런에게 일어난 첫 번째 기적이었다. 두 번째 기적은 메르세데스가 혼다를 대신해 팀의 엔진 공급사가 되기로 한 것이었다(당시 메르세데스의 F1 사업은 맥

라렌 같은 팀에 엔진을 판매하는 정도였고, 아직 자체 레이싱 팀은 없었
다). 오직 전년도 사양의 엔진만 제공하겠다고 한 페라리와 달리,
메르세데스는 최신 사양을 기꺼이 제공했다. 단, 엔진값으로 시즌
당 800만 유로를 선불로 내라는 조건이었다. 브런은 24시간 안에
송금하겠다고 약속했다.

이 혼란을 통해 브런의 팀은 기묘한 처지에 놓이게 되었다. 완
전히 죽은 것도 아니지만, 100퍼센트 살아 있는 것도 아니었다.
불확실성 속에서 공장은 광란의 도가니가 되었다. 좀비 신세가 된
혼다의 메카닉들과 엔지니어들은 단 한 번의 대회도 치르지 못할
지도 모르는 차를 계속 개발했다. 그러나 그들에게는 선택지가 없
었다. 팀이 팔리려면 그만한 가치가 있도록 만들어야 했다.

혼다의 매각 발표가 나온 후 몇 주 동안 수많은 인수 희망자가
나타났다. 인도의 주류 재벌 비제이 말야가 관심을 표했다. 뒤이
어 전직 여행사 대표인 아킬레아스 칼라키스(본명은 스테판 콜라키
스였다)가 나섰다. 이후 그는 2012년에 영국 사상 최대 모기지 사
기 혐의로 유죄 판결을 받았다. 다음으로 버진^{Virgin} 그룹 설립자이
자 열기구 조종사이기도 한 억만장자 리처드 브랜슨이 나섰다. 브
런과 프라이는 브래클리 본사에서 이들 모두를 극진히 대접했다.
그러나 그들 중 누구도 적임자로 느껴지지 않았다.

그때 아직 이름조차 없는 이 '로스 브런 프로젝트'에 또 다른
잠재적 구매자가 나타났다. 로스 브런 본인이었다. 1월 초, 그는
오시마를 찾아가 프라이와 함께 경영진 인수^{MBO}라는 대담한 계
획을 제안했다. 혼다 경영진은 회의적이었다. 도쿄 본사의 고위

간부들에게 F1에 남아 있어야 할 유일한 이유는, 어떤 수를 써서라도 토요타Toyota를 꺾는 것이었다. 3년 동안 토요타를 상대로 고작 1승을 거둔 브런 일행의 운영 방식이 그들 눈에 신통치 않을 수밖에 없었다.

하지만 브런과 프라이는 혼다가 잘 알고 있는 사람들이었다. 그들은 부채를 포함한 F1 운영 전체를 1파운드에 인수하겠다고 했다. 브런이 지분의 절반을 조금 넘게 가지며 대주주가 되고, 나머지는 프라이와 다른 이사진들이 나눠 갖기로 했다. 그 대가로 혼다는 2009년 시즌을 버틸 만큼의 자금을 지원하기로 했다. 스폰서도 없고, 전년도 성적으로 에클스턴에게 받을 상금 1,000만 파운드가 전부였기에, 그들에게는 상당한 액수가 필요했다. 브런과 프라이는 혼다에 최소 1억 파운드가 필요하다고 말했다.

한편 이 시점에서 버니가 상황을 눈치챘다. 그는 좋은 거래가 오가는데 자신이 끼지 못하는 것을 싫어했고, 그는 브런을 제치고 팀 전체를 사들일 가능성을 탐색했다.

프라이는 이렇게 썼다. "버니는 로스를 좋아하지 않았다. 버니는 로스가 F1에서 자신에게 빚지지 않은 극소수 중 하나라는 사실을 못마땅해했다."

혼다를 설득하는 과정은 한 달을 훌쩍 넘어 끈질기게 이어졌다. 프라이는 도쿄 주재 영국 대사를 포함해 가능한 모든 인맥을 동원했다. 그는 대사를 설득해 혼다 CEO에 직접 편지를 전달했다. 인수를 승인하여 브래클리의 소중한 일자리를 지켜달라고 애원하는 내용이었다.

　　브런의 설득 작전은 효과가 있었다. 2009년 2월 23일, 호주 개막전을 불과 한 달 남짓 잠겨둔 시점에 혼다 이사회는 브런 그룹에 F1 팀을 매각하는 안을 최종 승인했다. 법적 절차는 3월 5일까지 이어졌다. 이제 멜버른까지 남은 시간은 3주였다. 모두가 미친 듯이 일하면 간신히 맞출 수 있는 일정이었다. 그러나 3월 중순 바르셀로나에서 열리는 프리시즌 마지막 테스트까지는 무리였다. 브런은 아예 테스트를 건너뛰고, 사실상 아무런 데이터 없이 시즌에 돌입해야만 했다.

　　외부의 시각으로는 이 팀이 과연 존속할 수 있는지 의심되는 게 당연했다. 멜버른 대회 조직위원회조차 그 팀 차량이 호주에 도착할 수나 있을지 의심한 나머지, '브런 GP'(버니가 개인적으로 반대했던 이름이다)라는 이름의 팀은 대회 공식 프로그램 책자에 실리지도 못했다. 그도 그럴 것이, 그 누구도 이들의 차를 보기는커녕 존재하는지조차 확신할 수 없었다.

　　오직 브래클리 공장 사람들만이 이 차의 비밀 무기 관한 설명을 듣고 성공을 믿었다. 그리고 그들은 시뮬레이션 랩타임을 확인한 순간, 4개월 전만 해도 그 누구도 상상치 못했던 것을 확신했다. 브런 GP 레이스카는 존재했고, 엄청나게 빨랐다.

　　그 믿을 수 없는 출력과 다운포스의 조합은 호주 그랑프리 금요일 첫 연습 주행부터 완전히 드러났다. 토요일 예선이 되자 이것이 우연이 아님을 모두가 깨달았다. 브런 GP 카들이 그리드의 1, 2위를 차지했고, 일요일에도 그 순서대로 결승선을 통과했다. 브런 GP는 1954년 메르세데스벤츠 이후 데뷔전에서 포디움 가장 높은 두 자리를 차지한 최초의 신생 팀이 되었다.

F1의 패독은 이 결과의 원인을 즉각 파악했다. 브런의 비밀 무기는 '더블 디퓨저double diffuser'°라는 혁신적인 공기역학 기술이었다.

2008년 당시, 혼다의 한 일본인 엔지니어가 2009년형 차를 개발하다가 플로어와 리어 액슬rear axle이 만나는 부분을 규정하는 조항에 회색 지대가 있음을 발견했다. 정확한 작동 원리를 이해하려면 대학원 수준의 물리학 지식이 필요하지만, 요점은 이렇다. 더블 디퓨저를 통과하는 공기 흐름이 일반 디퓨저보다 차체 아래에 더 낮은 저압 구간을 형성하여 차를 지면에 더 강하게 밀착시킨다는 것이다. 접지력이 높아지면 코너링 속도가 빨라지고, 코너링이 빨라지면 우승으로 이어진다.

"매우 영리한 장치입니다." FIA 회장 임기를 마치기 몇 달 전, 맥스 모슬리가 대회를 앞두고 기자들에게 말했다. 그것이 곧 자신에게 문제가 될 거라는 걸 알면서 말이다. "합법이든 불법이든 양쪽 다 주장의 근거가 있습니다."

윌리엄스와 토요타 두 팀도 더블 디퓨저에 대한 규정 해석을 찾아냈고 비슷한 성능 향상을 경험했다. 호주 대회에서 토요타 차들은 브런의 뒤를 이어 3위와 4위를 차지했고, 윌리엄스의 레이스카 한 대는 6위로 마쳤다. 페라리와 맥라렌은 어디에도 보이지 않

° 공기 흐름이 두 층으로 나뉘어 이동하도록 해 강력한 다운포스를 발생시키는 디퓨저

았다. 비록 잠깐이었지만 현대 F1의 서열 전체가 완전히 뒤집힌 셈이었다.

"짐작하시는 대로 우리로서는 믿기 어려울 정도로 충격적인 일이었습니다." 브런의 라이벌 에이드리언 뉴이가 말했다. 그는 즉시 FIA에 해명을 요구했다.

그는 그 정도로 다운포스가 크다면 이 차들은 안전 문제 위반이 틀림없다고 의혹을 제기했다. 뉴이는 실제로 브런 GP 레이스카가 너무 빨라서 위험하므로 금지해야 한다고 주장했다. 모슬리는 그의 말이 옳다면서 더블 디퓨저가 곧 금지될 것이라고 말했다. 하지만 조사가 길어지면서 뉴이는 점점 그의 말을 믿을 수 없었다. 공식 항의는 아무 성과도 없이 사라졌다. 그리고 그해 4월, 브런이 계속 필드를 지배해도 된다는 청신호가 켜졌다. 팀의 1번 드라이버였던 29세의 영국인 젠슨 버튼Jenson Button이 첫 일곱 번의 경주 중 여섯 번을 우승했다.

그해 봄 터키에서 버튼이 무전으로 환호성을 질렀다. "나에게 괴물 같은 차를 만들어줬군요!"

버튼이 월드 챔피언십 선두에 있다는 사실은, 브런을 비판하던 사람들에게 그 팀의 차가 괴물 같은 존재이며 F1을 망치고 있다는 증거로 충분했다. 버튼은 훌륭한 드라이버라는 평을 들었지만, 아일톤 세나에 비길 만한 인물은 아니었다. 그는 브런을 만나기 전까지 10년 동안 단 1승밖에 거두지 못한 드라이버였다. 반면 그의 팀 동료인 36세의 루벤스 바리첼로는 슈마허 뒤에서 페라리의 2번 드라이버로 전성기를 보냈고, 이번 시즌을 앞두고 은퇴를 고민하던 처지였다. 브런 GP가 질주하는 동안, 필드에 있던 3명의 전 세계 챔피언(페르난도 알론소, 루이스 해밀턴, 키미 라이코넨)은 시즌 5경기 동안 단 한 번의 포디움도 기록하지 못했다.

교묘하고 자의적인 규칙 변경으로 승부가 결정된다는 평판을 좀처럼 떨쳐내지 못하던 F1에게, 이 상황은 결코 좋은 모양새가 아니었다. 비판자들은 트랙이 아니라 FIA의 심판석과 비밀회의에서 타이틀이 결정되고 있다고 비난했다.

이후 크래시게이트로 F1에서 쫓겨나기 직전, 플라비오 브리아토레는 분노한 어조로 이탈리아 언론에 말했다. "우리 드라이버들은 현 월드 챔피언이거나 전 챔피언이었습니다. 그런데 거의 은퇴할 뻔한 드라이버(바리첼로)와 콘크리트 기둥 같은 드라이버(버튼)가 우승을 다투고 있습니다. F1이 믿을만하다 말할 수 있을지 의문입니다."

F1에 있어 다행스러운 점은, 이런 치명적인 우위가 오래가지 않는다는 사실이었다. 특히 상위 팀과 나머지 팀 사이에 재정 격차를 고려하면 더욱 그렇다. 윌리엄스가 페라리 왕조를 지배하던 시절에는 기술적 허점을 발견하면 한 시즌 이상 우위를 점할 수 있었다. 하지만 브런은 지금 그 격차가 겨우 몇 달밖에 안 간다는 사실을 깨달았다. 돈이 계산을 바꿔놓았다. 시즌 중반이 되자 브런 GP와 다른 팀들의 격차는 이미 좁혀지기 시작했다. 경쟁자 중에는 추격을 위해 대회당 200만 파운드를 새 부품을 만드는 데 쏟아붓는 팀도 있었지만, 브런은 추가 개발에(아니 다른 어떤 것에도) 쓸 여유가 한 푼도 없었다. 호화 제트기를 타고 세계를 누비는

다른 팀 보스들과 달리, 로스 브런은 유럽 대회에 고작 저가 항공기를 타고 이동했다.

몇 년 만에 나타난 가장 압도적인 차이에도 불구하고 시즌 막바지 그랑프리에 가서야 겨우 타이틀을 확정한 것도 바로 그 때문이었다. 버튼은 6월 이후 단 한 번도 우승하지 못했다. 긴장과 트랙에서의 실수로 속도가 떨어졌지만, 겨우 점수를 모아 결승선을 넘었고 10월 왕관을 차지했다. 10개월 전만 해도 사라질 위기에 놓였던 브런 GP는 이제 드라이버와 컨스트럭터 타이틀을 모두 거머쥐었다.

로스 브런에게 이 성과는 인생 최대의 위험한 베팅에 대한 완벽한 명예 회복이었다. 동시에 하나의 거대한 질문도 따라왔다. 이제 무엇을 할 것인가?

혼다로부터 받은 자금은 바닥났다. 2010년형 차량 개발은 거의 전무했다. 브런은 단기 운영만을 목적으로 만들어진 이 팀을 어떻게 해야 할지 결정해야 했다. 해결책을 찾던 그는, 그 답이 이미 자기 차 안에 있다는 사실을 깨달았다. 메르세데스와 대화를 나눠봐야 했다.

독일 자동차 제조사인 메르세데스는 업계 경쟁사들만큼 글로벌 경제 위기를 심하게 겪지 않았다. 2009년에 메르세데스의 모회사 다임러Daimler는 아부다비에서 대주주를 끌어들여 마련한 돈으로 사업을 안정시켰다. 그래서 브런과 프라이가 팀 인수를 제안했을 때, F1이 그리 어리석은 투자처로 보이지 않았다.

F1의 지형을 한 바퀴만 둘러봐도 메르세데스에게 곧바로 우승

할 기회가 있음을 알 수 있었다. 다른 제조사들이 모두 F1을 떠나는 시점에 디펜딩 월드 챔피언 팀을 살 수 있는 기회였다. 혼다는 이미 떠났고, 토요타와 BMW도 2009년 이후 철수를 선언했다. 르노도 역시 좌절하며 팩토리 팀을 매각하고 엔진 공급사로만 남는 축소 계획을 밝혔다. 소규모 팀들은 코스워스의 기성 엔진을 쓰고 있었다. 페라리는 여전히 스스로 발목을 잡는 것으로 유명했다.

슈투트가르트의 임원들은 메르세데스가 1950년대 이후 다시 우승컵을 거머쥐려면 이보다 더 좋은 타이밍이 없음을 알고 있었다.

그해 11월 메르세데스는 맥라렌과의 파트너십을 정리하고 브런 GP의 지분 75퍼센트를 인수한다고 발표했다. 인수 금액은 약 2억 유로로, 브런은 상상도 못 했던 벼락부자가 되었다. 더구나 브런이 계속 책임을 맡기로 하면서 성공은 거의 보장된 것이나 다름없어 보였다. 반세기 가까이 주변부에 머물렀던 메르세데스가 다시 돌아와, 속도나 전통에서 도저히 비교도 안 되는 경쟁자들을 압도할 준비가 되어 있었다.

하지만 메르세데스가 예상하지 못했던 것이 있었다. 탄산음료를 만드는 회사가 만든 차들이 얼마나 빠를 수 있는지에 대해서 말이다.

11장 ——— 황소의 질주

디트리히 마테시츠^{Dietrich Mateschitz}는 포뮬러 1 월드 챔피언 팀을 만들 생각이 전혀 없었다. 그러나 그렇게 따지면 애초에 세계적인 에너지 드링크 제국을 만들 생각도 없기는 마찬가지였다.

그가 큰 야망이 없었는데도 이 두 가지 불가능해 보이는 일을 달성할 수 있었던 것은 단 하나, 인생이 지루했기 때문이다.

1980년대 초, 그는 개인 위생용품 업계에서 단조롭게 일하고 있었다. 그는 오스트리아 출신의 마케팅 임원으로 세계를 누비며 치약, 세제, 여성 화장품을 팔았다. 40세를 눈앞에 두고 있던 그는 다람쥐 쳇바퀴 같은 회사 생활에 지쳐 있었다. "늘 눈에 보이는 것은 똑같은 회색 비행기, 똑같은 회색 정장, 똑같은 회색 얼굴들뿐이었습니다. 호텔의 바도 다 똑같아 보였고, 그 너머에 있는 여자들도 마찬가지였습니다."

이 온통 회색빛 풍경은 론 데니스가 꿈꿀 법한 환상처럼 들릴 수도 있지만, 마테시츠는 이 단조로운 생활에서 벗어날 길을 필사적으로 찾고 있었다. 그러다가 1982년에 태국으로 떠난 출장에서 그 출구를 발견한다. 늘 시차 적응에 시달리던 마테시츠는 현지 장거리 트럭 운전사들이 피로 회복제로 즐겨 마시는 음료가 있다는 말을 들었다. 태국 약사가 만든 끈적한 황갈색의 시럽 같은 숙취 해소제였다. 그가 한번 마셔 보니 에스프레소 석 잔을 들이부은 것처럼 눈이 번쩍 뜨였다. 그는 「이코노미스트」에 이렇게 말했다. "딱 한 잔 마셨을 뿐인데 시차 피로가 날아가 버렸습니다." 몇 달 후 그는 직장을 그만두고, 이 기적의 음료를 서구 시장에 팔기 위한 회사를 차렸다.

다만 마테시츠는 제품을 매장에 풀기 전에 레시피에 몇 가지 변화를 주었다. 트럭 운전사들을 위해 만든 점성이 강한 용액은 일반 대중에게 다소 강할 수 있었기 때문이다. 마테시츠는 여기에 탄산을 조금 넣고, 농도를 낮추었고, 성분도 핵심만 남겼다. 아미노산의 일종인 타우린과 글루쿠로노락톤이라는 탄수화물, 그리고 산업용에 가까운 고용량 카페인이었다. 그리고 캔 디자인도 바꿨다. 틀에 박힌 탄산음료 캔 대신 200그램 정도의 총알 모양으로 바꾸고 개당 2달러의 가격을 매겨 이것이 또 하나의 콜라가 아님을 보여주었다. 그리고 원래 '붉은 물소'라는 뜻의 태국어 이름 '크라팅 댕Krating Daeng'보다 귀에 쏙 들어오는 명칭을 고민하다 '레드불Red Bull'로 바꿨다.

그렇게 해서 탄생한 '레드불'은 1998년 무렵 '에너지 드링크'라는 완전히 새로운 음료 카테고리를 독자적으로 만들었고, 전 세계에 3억 캔이 팔려나가며 마테시츠를 억만장자로 만들었다.

레드불의 성공 비결은 맛(형편없었음)이나 건강 효과(더 나빴음) 때문은 아니었다. 핵심은 독창적인 마케팅 기법이었다. 마테시츠는 이 음료를 스포츠 드링크라기보다 카르페디엠**carpe diem**과 욜로 **YOLO** 같은 라이프스타일의 상징으로 포지셔닝했다. 이를 위해 기존의 인쇄나 TV 광고 대신 음악 페스티벌, 광란의 파티, 그리고 무엇보다 익스트림 스포츠를 중심으로 한 마케팅 캠페인에 집중했다. 레드불 로고는 스케이트보더, 베이스 점퍼, 절벽 다이빙 선수, 아이스 클라이머, 울트라 마라토너, 폭포 카약 선수들에게 붙었고, 스릴을 찾는 미치광이들이 직접 만든 비행체를 타고 부두 끝에서 뛰어내리는 괴짜 이벤트에도 빠지지 않았다.

이 모든 수익은 마테시츠의 또 다른 취향을 가능하게 했다. 그는 티토 전 유고슬라비아 독재자가 소유했던 DC-6B를 포함한 역사적 항공기 컬렉션을 모았고, 피지의 개인 섬을 소유하고 싶어했다. 그는 블룸버그**Bloomberg**와의 인터뷰에서 "누구나 남태평양에 섬 하나 정도는 갖고 싶지 않나요?"라고 말했다.

그러나 레드불의 본질적 요소인 속도, 뚝심, 그리고 언제든 죽을 수 있다는 위협을 구현하는 데는 포뮬러 1만 한 것이 없었다. 말보로 임원들이 F1 드라이버들을 미국 카우보이의 후계자로 본 지 20년쯤 지나, 마테시츠는 비로소 그들의 실체를 꿰뚫어 보았다. 그들은 개인의 안전 따위는 안중에도 없는, 카페인과 아드레날린에 과도하게 중독된 자들이었다. 마케팅 측면에서 이보다 완벽한 조합은 없었다. 1989년에 오스트리아 드라이버 게르하르트 베르거가 레드불의 후원을 받은 첫 프로 운동선수가 되었다. 6년 후 이 회사는 스위스 F1 팀 자우버Sauber의 타이틀 스폰서를 맡았다. 그리고 2001년, 레드불은 F1 잠재력을 지닌 젊은 유망주를 발굴하는 드라이버 육성 프로그램을 만들었다. 그렇게 발굴된 인재가 12살의 카트 신동 소년 세바스티안 베텔Sebastian Vettel이었다.

1989년부터 2001년까지 10년이 조금 넘는 동안 레드불은 포뮬러 1의 패독 어디에나 보이는 얼굴이었다. 마케팅 감각과 속도에 갈증을 가진 다른 억만장자들조차 마테시츠가 F1에 쏟아붓는 투자 속도에 놀랐다. 버니 에클스턴은 이렇게 말한다. "그가 포뮬러 1에 들어오지 않을 줄 알았습니다. 풍선에서 뛰어내리는 사람들만으로도 홍보 효과는 충분했으니까. 그러나 그는 브랜드를 구축하는 데 매우 뛰어난 사람입니다."

그 브랜드는 이제 세계 최고의 모터스포츠 대회와 떼려야 뗄 수 없는 존재가 되었다. 그래도 마테시츠의 갈증은 충족되지 않았다. 금세 지루함이 찾아왔다. 우선 자우버팀이 그저 그런 성적에 머무르는 모습이 걱정이었다. 처음에는 그의 신생 브랜드와 약체 팀의 결합이 자연스러워 보였다. 그러나 7시즌 동안 포디움에 다섯 번밖에 오르지 못하자 그는 영원히 꼴찌를 전전하는 모습이 비즈니스에 별로 도움이 되지 않겠다고 판단했다. "보험회사가 후원한 팀은 웬만큼 지더라도 사람들이 보험회사를 쉽게 바꾸지 않습니다. 그러나 레드불이 지면 사람들은 다른 음료를 마십니다."

물론 그런 이유도 있었지만, 그는 F1 피트 레인에 늘어선 수많은 기업 로고 중 하나로 남고 싶지 않았다. 레드불의 익스트림 스포츠 철학은 현장에 직접 뛰어들어 무언가를 만들어내는 것이었다. 이 회사는 단순히 선수를 후원하는 데 그치지 않고, 그들이 참여하는 이벤트 자체를 기획하고 조직해 왔다. 그러나 2000년대 초에 마테시츠가 F1을 보면서 느낀 점은 레드불이 리어 윙에 박힌 흔한 이름이 되어 있다는 것이었다. 이 스포츠는 'BMW 대 메르세데스, 혼다 대 토요타'의 대결로 축소되어 있었다. 그 광경은 온통 회색으로 물든 공항 라운지와 점점 닮아가고 있었다. 포뮬러 1에는 강력한 타우린 주입이 필요했다.

2005년, 말보로, 캐멀, 럭키스트라이크 등 '부작용이 의심되던' 다른 멋진 라이프스타일 브랜드들이 F1에서 퇴출되던 그 시점에, 마테시츠는 포드 소유의 재규어 F1 팀의 잔해를 단돈 1파운드에 사들여 이름을 '레드불 레이싱**Red Bull Racing**'으로 바꿨다.

이번에도 그는 본능적으로 '레시피'를 손봤다. 패독 전체가 F1에서 가장 빠른 팀이 되는 데 집착하는 동안, 레드불은 기꺼이 가장 시끄러운 팀이 되는 데 집중했다.

당시 레드불 F1 마케팅 책임자를 맡고 있던 도미니크 미치**Dominik Mitsch**는 이렇게 말했다. "우리는 늘 생각했습니다. 기존 팀들이 해온 방식이 반드시 레드불이 가야 할 길인가? 만약 아니라면, 왜 우리가 바꿀 수 없겠는가?"

팀은 그런 태도를 2005년 시즌 유럽 개막전 산마리노 그랑프리에서 분명히 드러냈다. 이 대회는 각 팀이 자체 제작한 모터홈을 트랙에 가져올 첫 기회였다. 레드불의 모터홈은 금방 눈에 띄었다. 프랭크 윌리엄스가 가족용 카라반에서 팀을 운영하던 시절

이후 모터홈은 분명 꽤 발전했지만, 여전히 스폰서를 접대하고 기술 회의를 열기 위한 용도의 짐차에 불과했다. 레드불은 조금 다른 것을 생각했다. 이몰라 서킷에 도착한 다른 팀들의 눈에 보인 것은 유압식 지붕이 설치된 반짝이는 유리와 강철로 된 3층 건물이었다. 밤이 되면 지붕을 열고 데크에서 나이트클럽이 펼쳐졌다. 이름은 '에너지 스테이션'이었지만, 사실 우주선이 패독에 착륙한 것처럼 보였다. 하필 자리도 맥라렌 모터홈 바로 옆이었다.

론 데니스는 거의 졸도할 지경이었다.

레이스 주말이 시작되자, 에너지 스테이션의 가장 파격적인 점은 디자인이 아니라 '출입 정책'임이 드러났다. 본래 팀 모터홈은 패독에서 가장 신성하고 폐쇄적인 공간 중 하나로, 거래가 이루어지고 레이스 전략이 세워지는 곳이었다. 그러나 레드불은 문을 활짝 열고 모두를 환영했다. 메카닉, 드라이버, 엔지니어, 팀 대표, 패독 출입증을 목에 건 사람이라면 누구나 소속과 상관없이 에너지 스테이션 지붕에서 열리는 '칠드 서스트데이Chilled Thirstday' 파티에 초대되었다. 손님들은 은은한 일렉트로닉 댄스 음악을 들으며 맥주나 보드카 레드불을 즐길 수 있었다.

다른 팀들은 당연히 이 따뜻한 환대에 의혹의 눈길을 보냈다. 그중에서도 맥라렌이 특히 그랬다. 그들은 직원들이 바로 옆 에너지 스테이션에 들어가는 것을 엄격히 금지했다. 그렇다고 그들을 막을 수는 없었다. 맥라렌 직원들은 전형적인 포뮬러 1 스타일대로 곧 허점을 발견했다. 레드불팀에 처음으로 합류한 베테랑 F1 드라이버 데이비드 쿨사드는 이렇게 말했다. "그들은 맥라렌 셔츠 대신 사복으로 갈아입고 들어왔죠. 원래 철저히 분리된 곳이었던 패독이 조금씩 열리기 시작했어요."

에너지 스테이션은 시작에 불과했다. 레드불은 곧 모든 불문율과 표준에 도전하며 F1의 최고 파괴자로 자리 잡았다. 그중에서도 가장 크게 허물어진 건, 포뮬러 1이 매우 진지한 사업이어야 한다는 관념이었다. 레드불은 F1이 재미있는 곳이라는 파격적인 생각을 품고 있었다. 그래서 한 공동 프로모션의 일환으로 피트 크루들은 〈스타워즈〉의 스톰트루퍼스로 분장하고 등장하기도 했다. 이 팀은 24시간 내내 차고에 음악을 크게 틀어놓았다. 대회가 열릴 때마다 미인 대회를 통해 선발된 '포뮬라 우나스Formula Unas' 라는 젊은 여성 군대를 데려오기도 했다. 그리고 런던 언론계의 베테랑 노먼 하웰Norman Howell을 고용해 「더 레드 불리틴The Red Bulletin」이라는 타블로이드지를 창간했다. 이 선정적인 잡지의 편집 사명은 'F1을 놀려대는 것'이었다. 하웰은 「뉴욕 타임스」에 이렇게 말했다. "F1이 너무 잘난 체하니까요."

레드불이 보기에 가장 잘난 체하는 곳은 F1 무대에서 화려하기로 둘째가라면 서러워할 모나코였다. 이것이 레드불이 모나코를 처음 방문했을 때 전통과 가장 먼 행보를 보인 이유였다. 레드불은 에너지 스테이션이 몬테카를로의 비좁은 패독 공간에 들어갈 수 없다는 걸 미리 알고, 조금 더 넓은 장소로 눈을 돌렸다. 바로 지중해였다. 팀은 거대한 부유식 폰툰pontoon을 주문 제작했다. 이 구조물은 알프스에서 조립된 채 보관되었다가, 그랑프리 몇 주 전에 북이탈리아 임페리아로 옮겨졌다. 그리고 거기서 70여 명의 엔지니어가 21일 동안 폰툰 위에 에너지 스테이션을 건설했다. 이번에는 DJ 부스와 수영장까지 갖췄다. 이후 또 6시간에 걸쳐, 해안선을 따라 60킬로미터쯤 남쪽으로 항해시켜 모나코 항구의 슈퍼요트들 바로 옆에 정박시켰다. 마테시츠가 대회 전에 탑승했을 때는 그보다 더 크고 대담하며 부력도 더 센 2차 버전의 에너지 스테이션이 공개를 기다리고 있었다. 마테시츠는 그 안을 거닐며 조지 루카스와 담소를 나누었고, 심지어 브라질 축구 스타 호베르투 카를루스와 가벼운 축구 시합을 즐길 공간도 있었다.

이제야 마테시츠가 포뮬러 1에 투자하면서 그렸던 그림에 가까워졌다. 사실 그는 너무 즐거운 나머지, 곧 F1 팀 하나만으로는 부족하다고 느끼게 됐다. 아무리 억만장자라고 해도 F1 팀을 하나 소유하는 것만으로 재정이 휘청거리는 일이 흔했지만, 그는 아랑곳하지 않았다. 레드불 레이싱을 만든 지 1년도 안 되어 마테시츠는 두 번째 팀을 인수했다. 이전에 '미나르디'로 알려진 팀을 인수해 '스쿠데리아 토로 로소Scuderia Toro Rosso'로 이름을 바꿨다. 레드불 드라이버 육성 프로그램 수료생들에게 F1에 진입할 길을 확실히 열어주려는 목적도 있었다. 이 팀은 장기전을 염두에 두고 있었다.

레드불은 한때 하나의 마케팅 술책으로 치부되었고, 우당탕 사고나 치면서 수억 달러를 쓴 뒤 두어 시즌 만에 조용히 사라질 시끄러운 불청객 취급을 받았다. 그러나 이제 마테시츠와 그의 레드불 제국은 어디로도 떠나지 않을 것이라는 사실이 분명해졌다. 조용히 머무를 생각도 없었다.

한편, 마테시츠도 깨달은 바가 있었다. 에너지 스테이션이나 〈스타워즈〉와의 콜라보는 레드불을 눈에 띄게 만드는 좋은 방법이었다. 그러나 그는 F1의 오너가 되기 전부터 그것만으로는 한계가 있다는 것을 알고 있었다. F1에서 진짜 소란을 피우는 방법은 하나뿐이었다. 레드불 레이싱이 이겨야 했다. 마테시츠는 뻔뻔한 아웃사이더에서 페라리와 맥라렌 같은 F1의 명문 팀을 무너뜨리는 진짜 경쟁자로 발돋움하기 위해 인생 최대의 도박을 걸기로 했다.

그는 레드불 레이싱이 출범한 지 얼마 안 된 시점에 F1 역사상 가장 어린 팀 대표를 영입해 운영을 맡기고 한발 물러섰다.

□ ■ □ ■ □

2005년 1월 어느 오후, 크리스천 호너는 자리에서 일어나 목을 한 번 가다듬고 공장 바닥에서 자신을 뚫어지게 쳐다보는 수많은 얼굴들을 바라보았다. 그 순간, 태어나서 처음이자 마지막으로 '자신이 F1 팀을 이끌 자질이 없을지도 모른다'는 생각이 들었다.

참으로 난처한 상황이었다. 불과 몇 시간 전에 디트리히 마테시츠는 새로 인수한 레드불 레이싱의 전무이사와 기술이사를 단번에 해고하고, 31세의 호너를 단독 책임자로 임명했다. 호너는 F1 카을 운전하기는커녕 F1 팀에서 일해본 적도 없었으며, 엔지니어링이나 디자인, 공기역학 분야의 전문 지식도 전무했다. 다만 마테시츠는 모터스포츠의 하위 카테고리에서 레이싱 팀의 자원

을 어떻게 운용하는지를 꿰뚫고 있는 그의 날카로운 감각을 눈여
겨보았다. 그러나 레드불의 나머지 직원들의 마음을 사는 일은 또
다른 문제였다.

수백 명의 낯선 직원들을 상대로 연설을 앞두고 있던 호너는,
의구심을 가진 사람이 자신뿐만이 아님을 느낄 수 있었다. 모두에
게 불안한 하루였고 방 안에 있는 모두의 얼굴에서 분노와 혼란,
불안을 읽을 수 있었다. 그리고 이제 새 상사랍시고 호너가 그들
앞에 서자 회의감도 뚜렷이 보였다. '도대체 이 녀석은 누구란 말
인가' 하는 표정이 역력했다.

사실 호너가 완전히 무명이었던 것은 아니다. 그는 영국 모터
스포츠계에서는 주니어 대회의 유망 드라이버로 알려진 인물이
었다. 카트에서 시작한 그는 포뮬러 르노를 거쳐 나중에는 F1 바
로 아래에 해당하는 포뮬러 3000까지 올라갔다. 하지만 챔피언
F1 드라이버가 되겠다는 그의 어린 시절 꿈이 방향을 틀게 된 곳
도 그곳이었다. 문제는 그 전환이 호너에게 필요했던 것보다 뒤늦
게 일어났다는 점이었다.

1998년 초 포르투갈 에스토릴 서킷**Autódromo do Estoril**에서 열린
프리시즌 테스트 도중, 피트 레인을 나오던 호너는 1코너로 향하
는 콜롬비안 드라이버 후안 파블로 몬토야**Juan Pable Montoya** 바로
뒤에서 달리게 되었다. 그곳은 런오프 구역이 거의 없는 고속 코
너였다.

그는 몬토야가 전속력으로 레이스카를 코너로 몰아가는 모습
을 지켜보았다. 몬토야는 가드레일을 불과 몇 인치 남겨둔 채 시

속 210킬로미터로 코너를 밀어붙였고, 차는 마치 물리 법칙을 무시하는 듯한 각도로 기울었다. 횡력이 너무 커서 뒷타이어가 림에서 떨어져 나갈 것만 같았다. 그래도 몬토야는 눈 하나 깜짝하지 않았다. 호너는 헬멧 안에서 숨을 들이마셨다.

호너가 말했다. "그때 깨달았어요. 나에겐 그런 능력이 없다는 것을요. 내 발과 뇌 사이에는 일종의 자기 보호 본능이 가로막고 있어서, 그런 일은 시도조차 할 수 없었습니다. 그 순간 그 해가 나의 마지막 시즌이 될 거라는 것을 알았습니다."

그러나 그것이 모터스포츠에서의 마지막 시즌은 아니었다. 당시 호너는 아버지에게 빌린 돈으로 전년도에 자신이 창단한 팀, 아르덴 인터내셔널Arden International에서 드라이버로 활동하고 있었다. 드라이버로서의 한계를 깨달은 그는 책임감 있는 팀 오너가 마땅히 해야 할 일을 했다. 자신을 스스로 해고하고 대체 선수를 찾은 것이다.

다행히 그 대체 선수들은 자기 보호 본능에 발목 잡히지 않았다. 호너의 아르덴팀은 포뮬러 3000에서 3년 연속 챔피언을 차지했다. 그리고 2004년경, 드라이버에서 팀 대표로 변신한 호너는 이제 포뮬러 1으로 올라갈 준비가 되었다고 느꼈다.

F1의 유력 인사 중 적어도 한 명은 그와 같은 생각이었다. F1에 젊은 피가 필요하다고 생각하던 버니 에클스턴은 호너에게 당시 아일랜드 기업가 에디 조던Eddie Jordan이 소유하고 있던 팀의 인수를 권했다. 호너는 시설을 둘러보고 장부를 검토하며 제안서를 준비했다. 그는 조던에게 모든 부채를 떠안는 대가로 상징적

가격인 1파운드를 제안했다. 돌아온 답변은 짧고 직설적이었다. 호너는 "그가 몇 분 동안 욕을 퍼부었어요. 아마 대부분의 단어가 'F'로 시작했을 겁니다"라고 했다.

그렇게 호너의 야망은 잠시 보류되는 듯했다. 그러던 2004년 11월 말 한 통의 전화를 받았다. 레드불이 재규어팀 인수를 완료한 지 2주 뒤였다. 수화기 너머의 목소리는 레드불 주니어 프로그램을 관리하던 오스트리아 출신의 전직 드라이버 헬무트 마르코Helmut Marko였다. 그는 마테시츠가 호너를 만나고 싶어 한다고 전했다. 며칠 후 두 사람은 잘츠부르크에서 점심을 함께했다.

마테시츠가 호너에게 말했다. "나는 이 팀을 통해 큰 야망을 꿈꾸고 있어요. 나는 다르게 만들고 싶습니다. 다른 에너지를 가진 팀으로요. 우리는 다른 회사들처럼 하지 않고 레드불 방식으로 할 겁니다."

레드불 방식이란 실패를 두려워하지 않는 것이었다. 직감을 믿고, 젊음에 기회를 주며, 때로는 주사위를 굴리는 태도였다. 마테시츠가 말했다. "그리고 지금, 그 도박을 해볼 생각입니다. 당신에게 걸어보죠."

웨이터가 디저트를 내올 무렵 호너는 이미 결정을 내렸다. 그가 기다려온 기회였다. 그러나 몇 주 뒤, 레드불 공장 전체 회의에 서서야 그는 비로소 그가 맡은 임무의 규모가 피부로 느껴지기 시작했다. 아르덴에서 책임지던 25명 정도가 아니라 450명을 앞에 두고 연설해야 했기 때문이다. 그들 중 대부분은 크리스천 호너가 감당하기 벅찬 자리를 맡았다고 생각하고 있었다.

호너는 취임 연설을 통해 직원들의 생각을 돌려놓으려 애썼다. 그는 앞으로의 도전에 대한 기대, 레드불을 반드시 성공시키겠다는 결의, 포뮬러 3000에서 쌓은 경험이 포뮬러 1에서 우승하는 팀을 만드는 데 도움이 될 것이라는 확신을 표했다. "막중한 일입니다. 그러나 기본은 같습니다. 결국 사람이에요. 이 방에 모인 여러분이야말로 우리의 가장 큰 자산입니다."

연설이 끝나고 호너가 자리에 앉자, 사람들은 항의의 표시로 곧바로 자리를 박차고 나갔다.

사실상 텅 빈 공장에서 호너는 자신의 사무실로 돌아왔다. 책상 위에는 전임자가 남긴 크리스마스카드와 반쯤 마신 커피가 놓여 있었다. 밖에는 비서가 울고 있었다. 레드불 첫 시즌 개막까지는 단 8주가 남아 있었다.

호너가 혼잣말했다. "좋아, 이제 진짜 시작이군."

□ ■ □ ■ □

직원들은 결국 일터로 돌아왔다. 그들도 아이들과 대출을 걱정할 수밖에 없었다. 그는 재규어가 고작 컨스트럭터 챔피언십 7위, 총 10포인트에 그친 지난해 성적을 개선하기 위해 무엇이 필요한지 평가하기 시작했다. 얼핏 보기에는 그리 어렵지 않아 보였다. 레드불의 데뷔전이었던 2005년 호주 그랑프리에서 데이비드 쿨사드는 4위, 2번 드라이버 크리스천 클리엔Christian Klien이 7위를 기록했고, 팀은 단숨에 7포인트를 땄다. 두 번째 경주가 끝날 무럼 레드불은 이미 재규어의 시즌 전체 포인트를 넘어섰다.

호너는 레드불과 2년 계약하면서 재규어의 2004년 기록보다 1점씩 더 딸 때마다 보너스를 받기로 했기 때문에, 팀 성적을 극대화하기 위해 할 수 있는 모든 수단을 동원했다. 2번 차량의 드라이버를 번갈아 기용하고, 피트로 들어오는 속도를 높이는 데 특별히 집중했다. 코스워스 엔진의 출력을 공급사가 권장한 것보다 훨씬 높은 출력 모드로 자주 돌리는 바람에 엔진 출력을 낮추라고 비명을 지르는 코스워스 임원들의 목소리는 그 시즌의 배경음악처럼 따라다녔다. 호너는 회상했다. "무모한 짓인 줄 알면서도 항상 극한까지 밀어붙였습니다." 시즌을 마친 후 레드불은 여전히 7위였지만 34점을 따냈다.

호너는 레드불이 진정한 강팀이 되기까지는 아직 갈 길이 멀다는 것을 알았다. 우승과 챔피언에 도전할 팀을 만들려면 시즌의 반 동안 엔진을 한계치까지 몰아붙이는 것만으로는 부족했다. 팀에는 안정성이 필요했고, 더 많은 엔지니어링 노하우와 기술 전문성, 더 뛰어난 드라이버, 더 강력한 마력이 필요했다. 호너는 체크리스트를 볼 때마다 똑같은 질문을 던졌다. 대체 어디서부터 시작해야 하지?

그의 최우선 과제는 더 강력한 기술적 리더십과 방향 설정이었다. 하지만 이 분야는 정식 공학 자격을 갖추지 못한 호너가 대처하기에 다소 버거운 영역이었다. 그가 물려받은 기술 운영 책임자는 오스트리아 접경 알프스 출신의 열정적인 이탈리아인으로, 이상한 억양과 욕설에는 달인이었지만, 공기역학에 관해서는 지식이 그리 깊지 않았다. 그의 이름은 귄터 슈타이너Guenter Steiner였다. 레드불의 데뷔 시즌이 진행되면서 호너는 곧 슈타이너를 교체해야 한다는 결론에 도달했다. "귄터는 그때나 지금이나 개성 넘치는 인물이었고 지금도 그렇지만, 기술적 리더가 아니라는 점은 분명했습니다."

대신 호너는 패독에서 가장 높이 평가받는 공기역학 전문가에게 눈독을 들였다. 우연히도 그는 호너의 새로운 이웃이기도 했다. 레드불 에너지 스테이션이 맥라렌 모터홈 바로 옆에 자리 잡은 일은, 론 데니스에게는 하늘의 장난처럼 느껴졌겠지만 호너에게는 기가 막힌 기회였다. 그는 맥라렌 본부와 이웃이라는 점을 이용해 데니스의 가장 소중한 직원을 빼앗을 계획이었다.

호너와 에이드리언 뉴이의 첫 만남은 완전히 우연이었다. 2005년 산마리노 그랑프리 당시, 뉴이는 레드불 에너지 스테이션이 도대체 어떤 곳인지 궁금했다. 맥라렌의 기술 감독이었던 그는 그날 저녁 슬쩍 넘어와 구경하려다가 호너와 마주쳤다. 호너는 그를 안으로 초대해 술을 한잔 대접했다. 그 시즌의 다음 만남들은 결코 우연이 아니었다. 호너가 뉴이와 가능한 한 자주 얼굴을 마주하기 위해 뉴이를 졸졸 따라다녔기 때문이다. 뉴이는 나중에 이렇게 말했다. "그의 전략은 패독에서 '우연히' 나와 마주치며 관계를 쌓는 거였어요. 내가 걸어가고 있으면, 꼭 그가 반대쪽에서 나타나서는 '어, 마침 여기서 만났네요' 하는 식이었습니다."

그해 5월 에이드리언 뉴이는 〈스타워즈 에피소드 3〉 시사회에 초대받았고, 자신의 바로 옆자리에 앉은 사람이 하필 호너라는 사실을 알게 됐다. 몇 주 후, 그는 모나코 항구에 떠 있는 에너지 스테이션에 있는 자신을 발견했다. 그리고 7월에는 런던 킹스 로드의 블루버드 레스토랑에서 호너와 쿨사드와 함께 저녁 식사를 하고 있었다. 두 사람은 레드불의 야망을 강하게 어필했다. 이때쯤 뉴이는 F1에서 가장 유서 깊은 팀 중 하나를 떠나 F1계의 '스타트업' 같은 팀으로 옮기는 것을 적어도 고려하고 있음이 분명했다. 그 단계에서 아직 논의되지 않은 유일한 주제는 돈이었다.

그 논의는 10월로 미뤄졌다. 호너와 뉴이는 잘츠부르크로 날아간 다음 다시 헬리콥터로 알프스까지 가서 마테시츠와 가벼운 점심을 나누었다. 호너는 그 만남에 관해 말했다. "우리는 그에게 레드불이 어떤 곳인지 조금 보여줬습니다. 우리 알파 제트 전투기에 태워 키츠뷔엘 150미터 상공에서 거꾸로 나는 체험도 선사했고요."

뉴이는 비행 후 약간 메스꺼움을 느꼈지만, 다음 날 마테시츠가 받은 충격에 비하면 아무것도 아니었다. 세계 최고 연봉을 받는 레이스카 디자이너가 요구한 금액을 확인한 뒤, 뉴이가 과연 수백만 달러의 가치가 있는지 확신이 서지 않았던 마테시츠는, 레드불의 F1 드라이버 출신이자 가장 가까운 조언자인 게르하르트 베르거에게 전화했다.

마테시츠가 사정을 설명했다. "게르하르트, 여기 잘츠부르크에 에이드리언 뉴이라는 친구가 있는데 몸값이 어마어마해. 어떻게 해야 할까?"

베르거가 답했다. "그야, 랩당 1초의 가치를 얼마로 치느냐에 달렸죠."

　에이드리언 뉴이는 2005년 11월, 팀을 챔피언십 경쟁자로 만들겠다는 목표와 함께 레드불의 최고 기술 책임자CTO로 공식 소개되었다. 그리고 7경기 만에 팀은 첫 포디움을 달성했다. 2006년 모나코 그랑프리에서 쿨사드가 3위로 들어온 것이다. 예상대로 그날 밤 축하 행사는 유쾌하고 과했다. 맥라렌 직원들이 대회 승리를 마치 의사가 신생아를 받듯이 엄숙하게 여기라는 지시를 받은 지 약 30년 후, 호너는 레드불의 시즌 마지막 우승을 기념해 빨간 슈퍼맨 망토만 걸친 채 옥상 수영장에 뛰어들었다. "우리에게는 에너지가 있었습니다. 우리는 막 뜨기 시작한 젊은 록밴드 같았지요."

　그 록밴드의 첫 히트작은 2009년에 나온 'RB5'라 불리는 차였다. 그 시즌이 시작되기 전에 FIA는 경기 중 추월을 장려하는 대대적인 규정 변경을 도입했다. 변화는 차체에서 타이어까지 모든 것에 미쳤고, 새로운 혁신 기술인 키네틱 에너지 회수 시스템, 즉 KERS가 등장하여 매 랩마다 짧은 시간 동안 출력을 증강할 수 있게 되었다. 한마디로 2006년에 처음 제안된 이 규정 변화는 패독 안팎의 디자이너들에게 백지를 한 장씩 던져준 셈이었다. 그리고 백지 앞에서 누구보다 편안한 디자이너는 에이드리언 뉴이였다. 그는 HB 연필을 들고, A4 용지를 제도판에 고정한 뒤 스케치를 시작했다.

　뉴이가 말했다. "나는 규정이 바뀌는 걸 즐깁니다. 아마도 내 일에서 가장 재미있는 부분은, 규정이 의미하는 바를 파악하고 그

의도가 무엇인지, 또 그 미묘한 차이가 어떤 가능성을 열어주는지 알아내는 것입니다.”

그 탐색의 결과로 탄생한 레드불의 차는, 이전에 팀이 만들었던 어떤 것과도 닮지 않은 모습이었다. 앞쪽에 더 낮은 윙, 뒤쪽에는 높고 좁은 윙, 그리고 리어 윙까지 쭉 뻗은 혁신적인 ‘샤크 핀shark fin’° 엔진 커버를 갖추고 있었다. 1998년 맥라렌에서 그랬듯이 뉴이는 규정 변화를 완벽히 소화해 대담하고 혁명적인 디자인을 내놓았고, 그 차는 로켓처럼 빠르게 달렸다. 다만 불행히도, 그것은 다른 누군가의 것만큼 대담하거나 혁명적이지는 못했다.

그 시즌은 바로 브런 GP의 더블 디퓨저 허점이 결정적인 변수가 된 해이기도 했다. RB5는 분명 시즌 후반에 가장 빠른 차였지만, 뉴이의 눈부신 창조물조차 시즌 전반 브런이 논란 속 해석으로 만들어낸 다운포스를 따라잡지는 못했다.

2010년에 에이드리언 뉴이는 다음번에는 이런 부족을 겪지 않겠다고 결심하며 차를 업그레이드하는 데 집중했다. 그 결과로 나온 RB6는 사실상 더블 디퓨저를 장착한 RB5였다. 뉴이는 이 레이스카가 포뮬러 1 역사상 어떤 차보다 강력한 다운포스를 만들어내리라고 봤다. 그 덕분에 RB6는 F1에서 가장 빠른 코너들조차 전속력으로 통과할 수 있었다. 실버스톤의 콥스Copse나 바르셀로

엔진 덮개 위에 솟아 있는 상어 지느러미 모양의 판. 고속 주행 시 뒤쪽으로 흐르는 공기를 곧게 펴서 차체가 옆으로 흔들리지 않게 중심을 잡아준다

나 백 스트레이트°의 긴 코너 같은 곳에서도 레드불 드라이버들은 마음껏 가속 페달을 밟아댈 수 있었다. 마치 차가 트랙에 붙어 있는 것처럼 보였다.

호너와 레드불은 F1에 들어온 지 5년 만에 모든 것을 갖췄다. 기술 전문성, 팀의 리더십, 가장 빠른 차, 그리고 챔피언십을 다툴 두 드라이버, 독일 신동 세바스티안 베텔과 호주의 베테랑 마크 웨버**Mark Webber**가 있었다. 문제는 그들이 챔피언십보다 서로 싸우는 데 더 관심이 많았다는 점이었다.

호너는 F1의 정통에 도전하는 신생 팀의 보스였음에도 한 영역에서만큼은 확실히 구식이었다. 호너는 슈마허의 페라리가 성공한 이후 F1의 표준이 된 1번과 2번 드라이버 체제를 끝내 받아들이지 않았다. 드라이버 출신이라는 그의 배경이 영향을 주었을 수도 있겠지만, 호너는 신호가 꺼진 뒤에는 드라이버들이 마음껏 경주하게 내버려두겠다고 고집했다.

물론 드라이버들에게 그들이 동료이지 적이 아님을 부드럽게 일러주어야 할 때도 있었다. 2007년 중국 그랑프리에서 쿨사드와 웨버가 충돌했을 때가 그랬다. 쿨사드는 이렇게 회상했다. "레이스 후 그가 우리를 불러서는 목에 핏대가 서도록 둘 다 팀 이익을 위해 뛰어야 한다고 호통쳤지요. 마크도 나도 그보다 키가 컸습니다. 하지만 그 순간 그가 소리 지르는 모습을 보면서 누가 보스인지 깨달았습니다."

°   결승선 반대편 직선 구간

그런 방식은 호너가 F1 팀을 맡은 지 5년 반 동안은 효과가 있었으나, 2010년 터키 그랑프리에서 그는 통제력을 잃었다. 레드불팀은 웨버가 앞서고 베텔이 그 뒤를 따라붙으며 1, 2위를 무난히 차지할 것 같았다. 그러나 40번째 바퀴에서 웨버가 연료 절약 모드에 들어간 틈에 독일 청년 베텔이 움직였다. 베텔은 긴 백 스트레이트에서 동료의 앞을 추월하기 위해 차를 들이밀었다. 그 순간 두 대의 레드불이 서로 충돌했다. 베텔이 주로에서 이탈하고 웨버는 간신히 3위로 들어왔다. 이 사건으로 향후 3시즌 동안 이어질 처절한 라이벌 관계에 불이 붙었다.

호너는 웨버와 베텔에게 호통쳤다. 이번에는 목에 핏대를 세워 봤자 통하지 않았다. 둘 사이의 불화는 시즌 내내 계속되었다. 몇 주 후 영국 그랑프리에서 웨버가 베텔을 꺾고 우승하자 웨버는 무전으로 "2번 드라이버치고 나쁘지 않네!"라고 소리쳤다.

호너는 "2010년 중반부터는 사실상 둘의 관계가 깨졌다"고 말했다.

다행히 차에는 문제가 없었다. 레드불은 그해 19번의 레이스 중 폴 포지션을 15번이나 차지했고, 시즌 최종 그랑프리에서 첫 월드 챔피언 타이틀을 따냈다. 베텔은 아부다비에서 펼쳐진 한 번의 격정적인 레이스에서 우승을 거머쥐며 그해 처음으로 종합 선두에 올랐다.

이후 세 시즌 동안 베텔과 웨버의 사이가 점점 더 악화하면서 호너는 상처 입은 자존심들과 갈라진 팀 분위기를 수습하느라 애를 먹었다. 그러나 그의 수많은 선배들도 알았듯이, 두 드라이버가 서로 죽일 듯이 달려들더라도, 가장 빠른 차를 가지고 있다면 별로 문제될 것이 없었다. 마테시츠의 투자, 호너의 리더십, 에이드리언 뉴이의 천재성 덕분에 레드불은 마침내 우승의 공식을 풀어냈다.

그 공식의 핵심 요소는 네 가지였다. 공기역학 효율, 기계적 효율, 엔진, 그리고 드라이버였다. 수석 디자이너 롭 마셜**Rob Marshall**은 이렇게 말했다. "공기역학에 우위를 확보하고 나머지 셋 중 두 가지만 더 있어도 훌륭한 작품이 됩니다. 만약 네 가지를 다 갖췄다면 무적이지요." 레드불은 바로 그 '풀하우스'를 손에 쥐고 있었다.

팀은 4연속 타이틀을 휩쓸었고 네 번 모두 주인공은 레드불이 처음부터 키워온 베텔이었다. 2013년까지 디트리히 마테시츠의 팀은 너무나 강력하고 성공적이며 F1의 미래에 없어서는 안 될 존재가 되었다. 이제 그들은 더 이상 아웃사이더가 아니라 어엿한 기득권 집단의 일원이었다. 귀족들을 뒤집으려던 팀이 이제 그 자동차 거물들과 같은 반열에 오른 것이다.

레드불의 새로운 위상을 가장 분명히 보여준 장면은 2012년 8월 스위스에서 열린 한 축하 행사였다. 이번에는 대회 우승이나 드라이버 타이틀을 축하하는 자리가 아니었다. 호너는 버니 에클스턴의 세 번째 결혼식에서 신랑 들러리로 참석했다.

12장 ——————— 은빛 탄환

메르세데스가 포뮬러 1에 복귀한 지 불과 몇 년 만에 내린 고통스러운 결론은, 상황이 전혀 좋지 않게 돌아가고 있다는 사실이었다.

2009년 시즌 직후 '브런 GP'를 인수할 당시만 해도, 슈투트가르트 사람들은 이제 곧바로 우승을 노릴 수 있는 완벽한 챔피언 팀을 손에 넣었다고 믿었다. '은빛 화살Silver Arrow'이라는 별명을 가진 이 팀이 반세기 만에 처음으로 포뮬러 1에 돌아왔을 때 독일 보스들은 그들의 야심을 숨기지 않았다. 단순히 항공 마일리지를 쌓으려고 복귀한 게 아니었다.

메르세데스는 3년 전에 은퇴한 미하엘 슈마허를 설득해 복귀시키고, 전 독일 F1 챔피언의 아들 니코 로즈버그Nico Rosberg를 2번 드라이버로 영입해 짝 지어주었다. 애초에 귀족 혈통이 본질인 데다 '최고가 아니면 아무것도 아니다The Best or Nothing'를 슬로건으로 내세우는 메르세데스치고도 이런 모습은 너무 노골적이기까지 했다.

그래서 독일 임원들에게는 F1 프로젝트가 '아무것도 아닌noth-ing' 쪽으로 기울어지고 있다는 사실에 큰 충격을 받지 않을 수 없었다. 2010년과 2011년 컨스트럭터 챔피언십에서 두 번 연속 4위에 그친 메르세데스의 이미지는 이제 우아함이나 성능이 아니었다. '무관심'이었다. 그들은 1955년 르망 대회에서 충돌 사고를 일으켜 80여 명의 관중이 사망하는 비극을 겪은 후 모터스포츠에서 완전히 손을 뗀 적이 있었다. 그런데 이제 그들은 단지 실력이 형편없다는 이유로 다시 한번 철수를 고민하고 있었다.

메르세데스의 모기업인 다임러벤츠의 보스들에게는 팀을 새로운 시각으로 살펴보고 무슨 문제가 있는지 설명해 줄 사람이 필요했다. 이 사업을 이해하면서 독일어를 할 줄 알아야 했다. 오스트리아 억양이 조금 섞여도 상관없었다. 그들이 호출한 사람은 토토 볼프였다.

그 시점의 볼프는 아직 3개 국어를 유창하게 구사하며 크리스천 호너와 설전을 주고받는 패독의 세련된 왕자가 아니었다. 2012년 시즌을 앞둔 그는 40세였고 윌리엄스의 주주로 프랭크 밑에서 일하고 있었다. 팀은 아예 제자리걸음을 하는 중이었다. 그러나 그는 F1이 어떻게 돌아가는지에 대한 감각을 갖고 있었고, 메르세데스 모터스포츠 부서에서도 이미 유명한 인물이었다. 그는 이 회사의 주니어 드라이버 프로그램 투자자였고, 메르세데스-AMG 투어링 카팀의 49퍼센트를 보유한 주주였기 때문이다. 그 팀은 일종의 스톡카stock car° 경주 대회에 출전했다. 그는 메르세데스 F1 팀이 왜 제자리걸음인지 정확히 알고 있었다.

볼프는 다임러벤츠가 지시한 보고 자리가 사실상 구직 면접일 수도 있다고 생각했지만, 너무 앞서 나가지는 않았다. 우선 해야 할 일은 불편한 진실을 말하는 것이었다. 그는 숫자와 조직을 살펴보고 슈투트가르트와 브래클리 공장의 관계가 문제임을 깨달았다.

그는 '기능 장애'라고 진단했다.

슈투트가르트는 팀이 레드불과 페라리를 상대로 경쟁해야 한다고 생각했다. 반면 브래클리 공장은 예산을 보며, 우리가 정말 레드불과 페라리와 같은 종목에 출전하는 팀인지부터 의문을 품었다. 메르세데스는 브런 GP를 인수할 때 장밋빛 전망을 철석같이 믿었지만, 볼프는 브런 GP가 애초에 미래를 염두에 두고 만들어진 팀이 아니었다는 점을 지적했다.

2009년 우승 당시에도 팀은 시즌이 끝나기 전에 돈이 바닥나기 시작했고, 머지않아 성능은 눈에 띄게 떨어졌다. 레드불이 계속해서 차를 업그레이드하는 동안, 브런 GP는 거의 봄에 공장에서 나온 상태 그대로였다. 더블 디퓨저와 혼다와의 1억 파운드 계약은 잠깐 우승하는 데는 효과가 있었으나 장기적으로 지속 가능한 우위는 아니었다. 볼프가 말했다. "그건 모두 팀이 2009년 챔피언을 가능케 했던 특수한 상황에서 벌어진 것이었습니다. 팀의 진짜 상태는 한 번도 윗선에 보고된 적이 없었습니다."

°   일반 승용차를 개조한 경주용 차

볼프가 메르세데스 임원들에게 기대치를 묻자 "우리는 월드 챔피언 팀을 샀으니 월드 챔피언에 오르고 싶다"는 답이 돌아왔다. 그러나 볼프는 직설적으로 말했다.

"저도 똑같은 예산으로 윌리엄스를 운영하는데 5위 안에 드는 걸 목표로 삼고 있습니다. 그러니 우리 중 어느 한쪽은 틀린 생각을 하고 있는 겁니다."

다임러 사람들은 그런 말을 달가워하지 않았다. 흰 콧수염을 덥수룩하게 기른 자동차 업계 베테랑 디터 제체Dieter Zetsche가 볼프의 말이 헛소리라며 호통쳤다. 그러자 볼프가 두 손을 들더니 이렇게 말했다. "그저 사실을 말씀드리는 것뿐입니다."

메르세데스는 그의 조언을 깊이 새겼다. 그리고 그를 고용했다.

□ ■ □ ■ □

처음에 볼프는 메르세데스의 제안을 거절할 생각이었다. 윌리엄스의 주주로 남는 것이 사실상의 팀의 부대표이자 구단주로서 더 큰 권한을 누릴 수 있었기 때문이다. 그래서 메르세데스는 더욱 달콤한 조건을 내걸었다. 회사는 최근 아부다비 국부 펀드로부터 자사 F1 팀의 지분 40퍼센트를 되사들였다면서 토토가 관심이 있다면 그 지분을 기꺼이 그에게 넘기겠다고 제안한 것이다.

볼프는 거부할 수 없었다. 그는 나중에 이렇게 말했다. "이제껏 메르세데스의 핵심 사업을 공동 소유할 기회를 얻은 사람은 없었습니다."

비엔나 출신의 그에게 독일 대기업의 F1 팀을 운영하는 것은 조금 묘한 기분이었을 것이다. F1의 다른 오스트리아인들은 모두 레드불에서 일하는 것처럼 보였기 때문이다(사실 볼프 본인도 과거 레드불에서 투어링카 드라이버로 뛴 적이 있었다). 그러나 그는 디트리히 마테시츠와는 '애증 관계'였다고 말했다.

몇 년 전 마테시츠는 볼프가 윌리엄스를 증시에 상장할 계획임을 알고 혼란스러워했다. 그는 IPO가 윌리엄스의 우승에 무슨 도움이 되느냐고 물었다. 볼프는 이렇게 답했다. "저는 여기 오래 머물 생각이 없습니다. 지분을 팔 겁니다. 당신이 하는 일과는 전혀 다르다고요. 저는 벤처 캐피털리스트니까요."

더구나 볼프는 새로운 팀에서 고향 사람을 만나게 된다. 현재 메르세데스-AMG 페트로나스 F1 팀이라 불리는 곳에서 그가 집행 이사 겸 경영 파트너를 맡기 몇 달 전, 팀은 또 다른 투자자 니키 라우다를 영입한 상태였다.

볼프가 메르세데스에 합류한 뒤, 그들이 가장 먼저 마주한 사실은 로스 브런이 어려운 처지를 자초했다는 것이다. 그는 맥라렌에 엔진을 공급하던 메르세데스를 꼬드겨 그 위에 브런 GP의 성공을 이룩한 후, 팀 전체를 슈투트가르트 사람들에게 매각하는 천재적인 솜씨를 선보인 처지에, 이제 와서 팀에 돈이 더 필요하다고 손을 벌리기가 어려웠다. 브런은 메르세데스에 '자급자족이 가능해 보이는 우승 팀'을 팔았고 그 과정에서 약 1억 6,000만 달러를 챙겼다. 그러나 실상은 브런 GP가 2010년을 대비한 경쟁력 있는 차를 개발하는 데 한 푼도 쓰지 않았고, 로스는 메르세데스에 추가 지원을 요청할 면목이 없었다. 브런은 교착 상태에 빠졌다. 이 번에는 빠져나갈 명확한 허점도 보이지 않았다.

그는 이렇게 말했다. "2010년부터 2012년까지는 황무지에 있는 것 같았습니다. 메르세데스는 팀을 인수했고, 추가 자금 투입 없이도 팀을 운영할 수 있다고 확신하고 있었습니다."

브런은 그 이유가 메르세데스가 새로운 자원 제한 협약**RRA** (2009년 분열 시도 끝에 나온 비용 상한선)에 따라 추가 비용을 들이지 않고도 스폰서 수익만으로 충분히 예산 내에서 팀을 운영할 수 있다고 판단했기 때문이라고 보았다. 브런은 이렇게 덧붙였다. "그러나 페라리와 레드불은 RRA를 전혀 신경 쓰지 않았죠. 게다가 우리는 꽤 비싼 드라이버들과도 계약한 상태였습니다."

볼프는 그들로부터 일자리를 제안받기도 전, 프레젠테이션을 통해 다임러 사람들에게 이 모든 내용을 이미 지적한 바 있었다. 그리고 2013년 무렵, 기류가 어떻게 흐르는지 뚜렷해졌다. 브런이 만든 조직은 이제 그와 미래를 함께 할 생각이 없었다. 솔직히 말해 그의 생각도 마찬가지였다.

볼프가 인수한 뒤 그는 가능한 모든 곳에 자신의 완벽주의적인 색깔을 입히기 시작했다. 엔지니어링 지식이 부족한 부분은 기업적 전문성으로 메웠다. 브래클리의 본사부터 브릭스워스의 파워트레인**powertrain°** 공장, 그랑프리에 가져가는 모터홈에 이르기까

    차를 움직이게 만드는 모든 동력 계통의 총칭. 엔진, 에너지 회수 및 저장 시스템, 변속기, 동력 전달 장치 등이 있다

지 팀이 손대는 모든 것은 매끄럽고 흠잡을 데 없어야 했다. 팬데믹으로 전 세계가 결벽증에 걸리기 훨씬 전부터 곳곳에 손 소독제가 비치되었다. 차고는 론 데니스조차 인정할 만한 수준으로 청소되었다. 화장실은 표면 접촉을 최소화하고 입자 공기 흐름을 극대화하도록 재설계되었다.

볼프는 이렇게 말한다. "엔지니어링 중심의 스포츠에서 이런 것들은 우선순위가 아니었습니다. 건물을 청소한다고 차가 더 빨라지지는 않죠. 하지만 실제로는 그렇습니다. 제가 받은 피드백이 그걸 보여줬어요. 그것이 디테일에 얼마나 신경 쓰는지를 드러내고, 완벽을 추구하고 있다는 신호가 되니까요. 건물도 깨끗하게 유지하지 못한다면, 그 팀의 차가 어떻게 보이겠습니까?"

그리고 이렇게 덧붙였다. "이것이 바로 기준을 다시 세우는 일입니다."

그러나 모든 것을 완전히 다시 세울 수는 없었다. 볼프는 이미 두 가지 중요한 퍼즐 조각이 맞춰지고 있음을 간파했다. 브런은 뛰어난 운영 감각으로 2014시즌을 앞두고 도입될 대대적인 규정 변화, 즉 새로운 V6 하이브리드 엔진의 도입이 메르세데스를 그리드 최전선으로 끌어올릴 절호의 기회임을 파악했다. 메르세데스 엔지니어들은 거의 2년 동안 팀의 나머지 부서와 떨어진 채 새 규격의 엔진을 비밀리에 개발해 왔다. 브런은 브리지스톤 타이어와 혼다의 더블 디퓨저를 F1의 비밀 병기로 알아본 사람이었으며, 떠나기 전 2014년 차량인 메르세데스 W05 하이브리드 개발에 시간을 투자하는 것이 또 다른 게임 체인저가 될 것임을 이미 알고 있었다.

　그리고 그 무렵, 니키 라우다는 메르세데스의 그 차를 운전할 단 한 사람을 데려오는 데 성공했다.

□ ■ □ ■ □

　루이스 해밀턴의 경력에 정체기가 있었다는 사실이 지금은 낯설게 들릴지 모른다. 그러나 2012년 시즌 후반, 27살이 된 이 천재 드라이버는 자꾸만 말썽을 부리는 맥라렌 차를 몰며 고민에 빠져 있었다. 왜 자신이 아직도 단 한 번의 월드 챔피언십에 머물러 있는지 의문이었다.

　이건 해밀턴이 있어야 할 자리가 아니었다. 그는 2007년 포뮬러 1에 데뷔할 때부터 의심의 여지 없는 확실한 유망주였다. 본능적인 핸들링, 압도적인 속도, 그리고 운전대 뒤에서의 지능까지, 그는 이미 수차례 월드 챔피언을 차지했어야 마땅했다. 팀은 그가 10대 초반이던 시절부터 이를 확신하고 있었다. 해밀턴이 론 데니스를 처음 만난 때는 10살에 영국 카트 챔피언십을 우승한 직후였다. 해밀턴은 맥라렌 보스인 그에게 언젠가 그 팀에서 뛰고 싶다고 말했다. 데니스는 자신의 전화번호를 건네면서 "9년 후에 전화해라. 그때 뭔가 해보자"라고 말했다.

　하지만 전화기를 먼저 든 쪽은 데니스였다. 불과 3년 만에 그는 해밀턴을 맥라렌의 드라이버 육성 프로그램에 등록시켰다. 이 프로그램은 루이스가 잠재력을 증명하기만 하면 포뮬러 1 시트로

직행하는 길이었다. 맥라렌은 그의 레이싱 꿈을 실현해 줄 꿈의 무대였다.

그랬던 해밀턴이 2012년에 팀에 대한 애정이 식어가는 자신을 발견했다는 것은, 그의 인생에서 가장 오래된 관계 중 하나가 예상치 못한 국면에 접어들었음을 의미했다. 맥라렌은 루이스가 어린 시절 스페인에서 처음 고카트 운전대를 잡은 이후로 늘 갈망했던 팀이었다. 그 팀은 성공과 속도를 상징했다. 그리고 무엇보다 맥라렌은 해밀턴의 영웅인 아일톤 세나를 의미했다.

그는 「월스트리트 저널」에 이렇게 말한 적이 있다. "내 꿈은 항상 그분처럼 되는 것이었습니다."

해밀턴은 2살 때 부모가 헤어진 후 아버지와 함께 살며 브라질의 천재 드라이버에 관한 모든 것을 탐독했다. 그는 〈경주는 내 혈통Racing Is in My Blood〉이라는 비디오테이프를 너덜너덜해질 때까지 돌려봤고, 『아일톤 세나의 경주법Ayrton Senna's Principles of Race Driving』이라는 책은 레이싱 라인과 기어 변속의 교과서로 삼다시피 했다. 그리고 트랙에서는 코너 진입 직전까지 브레이크를 늦게 밟는 세나의 변칙 기법, 레이트 브레이킹late breaking을 혹독한 시행착오를 통해 몸에 익혔다. 해밀턴도, 그의 아버지 앤서니도 이전에 어떤 모터스포츠와도 인연이 없었다. 그래서 아버지는 세 가지 일을 동시에 뛰며 고카트 엔진 수리법을 독학해 아들의 뒷바라지를 했고, 두 사람이 함께 대회를 다니며 할 수 있는 것은 오직 현장에서 부딪히며 깨닫는 것뿐이었다.

두 사람은 다른 아이들을 유심히 관찰하며 루이스가 더 빨라질 방법을 고민했다. 해밀턴은 말한다. "나는 카트를 타는 내내 내 아버지처럼 트랙에 나가서 분석하는 아버지는 본 적이 없습니다."

앤서니는 코너 안쪽에 서서 루이스 또래의 가장 빠른 드라이버가 어디에서 브레이크를 밟는지 확인했다. 그런 다음 그 지점보다 몇 걸음 앞쪽으로 걸어가서 노면을 가리켰다. "여기서 브레이크를 밟는 거야." 해밀턴은 자신이 해낼 수 있을지 확신이 없었다. 시도할 때마다 차가 스핀을 일으키거나 도로 반대편으로 튕겨나가곤 했다. 그러다 어느 순간, 감각이 깨어났다.

그는 세나가 그랬던 것처럼 코너를 통과하는 궤적을 최대한 덜 휘게 만드는 법을 터득했다. 덕분에 해밀턴은 빠른 속도로 코너에 진입해 강하게 브레이크를 밟은뒤, 누구보다 빠르게 다시 가속 페달을 밟을 수 있게 되었다. 루이스는 이렇게 차에서 느낀 감각과 습득한 기술을 하나하나 노트에 적으며 자신만의 '레이싱 백과사전'을 만들어갔다. 그는 고카트 세계에서 노동자 계층이자 유일한 흑인 가정 출신인 자신에게 그 누구도 공짜로 조언해 줄 리가 없음을 알았다. 그는 이렇게 떠올린다. "사람들이 '너는 충분하지 않아, 절대 할 수 없을 거야, 아무것도 이룰 수 없을 거야'라고 말하던 게 기억납니다. 오히려 그런 말이 불에 기름을 끼얹은 셈이었지요. '아니, 나는 할 수 있어.' 카트는 나의 분출구였습니다. 나는 운전대를 쥘 때마다 레이스카와 연결되었고, 주변 사람들이 못 하는 일을 난 해낼 수 있다는 것을 깨달았습니다. 그건 마치 내 초능력과도 같았어요."

해밀턴은 론 데니스에게 깊은 인상을 남긴 뒤, 맥라렌 프로그램에 합류해서 약 6만 달러를 지원받으며, 일반적인 F1 드라이버들보다 훨씬 전문적인 '엘리트 코스'를 밟았다. 다른 아이들은 대개 부유한 가정 출신으로, 카트에 막대한 돈을 쏟아붓다 실패하는 것이 보통이었다. 후원금(일부는 아버지 돈으로 보충했다)을 끌어낼 만큼 잘하게 되면 하위 리그에서 뛸 자리를 사는 페이 드라이버가 되었다. 거기서 충분한 실력을 증명하면 F1까지 진출할 수도 있었다. 그러나 앤서니 해밀턴은 론 데니스를 제외한 다른 이들에게 루이스가 충분히 투자할 만한 가치가 있다는 점을 설득하는 데 큰 어려움을 겪었다.

루이스는 이렇게 회상한다. "아버지는 이렇게 말하곤 했습니다. '최초의 흑인 F1 드라이버를 후원해 보시는 건 어떻습니까?' 그러고는 돌아와서 '후원금을 구하려고 여러 미팅에 다녔지만 안타깝게도 답을 해주는 사람은 없더구나'라고 하셨지요."

그러나 사람들의 무관심도 루이스의 질주를 막을 순 없었다. 영국 운전면허를 딸 수 있기 4년 전부터 맥라렌으로 가는 길이 열렸다. 1998년에 「오토위크Autoweek」로부터 언제쯤 F1에 갈 수 있을 것 같냐는 질문을 받았을 때, 13살의 루이스는 "2005년쯤"이라고 답했다.

2006년, 아직 F1 바로 아래 리그에 있던 21살 해밀턴은 자신이 예정보다 약 1년 늦어졌다고 생각했다. 그러나 점점 가까워지고 있었고, 맥라렌팀도 그 사실을 알았다. 그해 6월 데니스는 실버스톤 GP2 스프린트 레이스에서 행어 스트레이트Hanger Straight°를 따라 있는 관람석 한 구역을 통째로 빌렸다. 그 덕에 맥라렌 엔지니어와 메카닉 무리는 트랙에서 가장 아찔한 매곳츠^{Maggotts}, 베켓츠^{Becketts}, 채플^{Chapel}의 세 코너 연속 구간을 정면으로 내려다볼 수 있었다. 그곳에서 해밀턴은 고카트 트랙에서 막 튀어나온 듯한 거친 기동을 그대로 선보였다.

해밀턴은 매곳츠로 들어서며 이미 휠 투 휠^{wheel-to-wheel °°} 접전을 벌이던 두 대의 경쟁 차량 뒤에 바짝 붙었다. 코너에 진입할 무렵 루이스는 바깥쪽을 공략해 3대의 차가 나란히 달리는 상황을 만들었고, 그 덕분에 그는 다음 코너에서 두 대를 모두 앞지르며 통과할 완벽한 위치를 차지했다. 한 번에 두 대를 추월하면서 미래의 고용주들에게 자신이 어떤 드라이버인지 확실히 각인시켰다.

맥라렌 엔지니어 마이크 엘리엇이 옆 사람에게 말했다. "그래, 내년엔 저 친구가 우리 차에 앉아 있겠군."

실제로 해밀턴의 첫 시즌은 모든 이들의 예상했던 그대로 흘러갔다. 맥라렌에서 페르난도 알론소와 짝을 이룬 22살의 루이스는 노련한 팀 동료를 거침없이 압도했다. 그뿐 아니라 해밀턴은 동일한 차로 순수한 속도와 실력을 겨루는 가장 잔인한 지표인 예선에서도 알론소를 앞섰다. 17번의 그랑프리 예선에서 해밀턴은 알론소를 9대 8로 앞섰다.

알론소는 완전히 미칠 지경이었다. 그는 론 데니스가 해밀턴을

편애해 중요한 데이터와 업그레이드를 자신에게 숨겼다는 의심을 떨칠 수 없었다. 맥라렌의 메카닉을 지낸 어떤 이는 알론소의 측근이 차고의 모든 사람에게 1,500유로가 든 갈색 종이봉투를 나눠 주면서도, 해밀턴의 레이스카를 담당하는 크루는 제외했다고 기억했다.

놀랍게도 알론소와 해밀턴은 똑같이 109점으로 시즌을 마쳤다. 두 사람 모두에게 전혀 만족스럽지 않은 결과였다. 더 굴욕적인 사실은, 두 사람 중 누구도 월드 챔피언에 오르지 못했다는 것이었다. 그들이 내분을 벌이는 동안, 타이틀은 단 1점 차로 페라리의 키미 라이코넨에게 돌아갔다.

알론소는 이렇게 말한다. "그해 팀 운영이 잘되지 않았던 것 같습니다."

그해 겨울에 알론소가 팀을 떠난 것은 누구나 예상한 바였다. 해밀턴은 2008년에 팀 동료의 방해 없이 홀가분하게 타이틀 사냥에 나설 수 있게 되었다. 아이러니하게도 이번에는 알론소가 의도치 않게 해밀턴의 타이틀 획득을 도왔다. '크래시게이트' 사건으로 혼란한 와중에 페라리의 펠리페 마사가 싱가포르에서 결정적인 승점을 잃었고, 덕분에 해밀턴은 시즌 최종전에서 극적으로 1점 차로 챔피언을 차지했다.

운명의 일요일, 루이스는 브라질에서 5위 이상만 기록하면 월드 챔피언이 될 수 있었다. 그러나 3바퀴를 남겨두고 선두 마사가 질주하는 동안, 해밀턴은 인터라고스Interlagos의 젖은 트랙에서 세바스티안 베텔에 밀려 6위로 처져 있었다. 앞쪽에는 한 바퀴 뒤처진 주자, 백마커backmarkers들과 젖은 노면에 맞지 않는 드라이 타이어를 끼운 토요타의 티모 글록Timo Glock이 엉켜 있었다. 해밀턴은 계속 밀어붙였다. 혼란과 쏟아지는 비, 그리고 맥라렌 측의 패닉 속에서 루이스가 누군가를 추월했다. 그는 물보라 치는 마지막 코너를 돌아 나오면서도 자신이 누구를 지나쳤는지 몰랐다.

베텔이 아니었다. 베텔은 저 멀리 앞서 4위로 올라서 있었다. 그래서 해밀턴은 결승선을 통과하면서 문득 깨달았다. '방금 그게 글록이었나? 내가 정말 5위인가?'

루이스가 무전기에 대고 소리쳤다. "맞아? 나 챔피언 맞냐고!"

해밀턴이 해낸 것이다. 그는 결승선을 5위로 통과하며 23살에 생애 처음으로 월드 타이틀을 거머쥐었고, 이제 연달아 타이틀을 쓸어 담을 준비가 된 듯 보였다. 그는 완벽한 실력을 타고났고, 뛰어난 맥라렌을 몰았으며, 이제 슈마허 이후 F1에 나타난 가장 뜨거운 신성이라는 증명까지 마쳤다. 이제 두 번째, 세 번째 챔피언은 시간문제로 보였다. 머지않아 세나와 어깨를 나란히 하게 될 터였다.

하지만 그때, 마치 클러치가 제대로 물리지 않은 기어처럼 삐걱거리며 커리어 정체기가 찾아왔다.

□ ■ □ ■ □

불운도 일부 작용했다. 2008년 챔피언 타이틀 방어전이 공교롭게도 브런 GP 시즌과 겹쳤고, 그 후에는 에이드리언 뉴이가 레드불에서 선보인 천재적인 설계 앞에 속수무책으로 무너졌다.

그리고 맥라렌의 잘못도 있었다. 론 데니스는 스파이게이트 사건에서 맡은 역할 때문에 위상이 크게 꺾였고, 메르세데스가 브런 GP를 인수하면서 메르세데스의 엔진도 놓치게 되었다.

그러나 가장 큰 요인은 루이스의 미숙함에 있었다. 그는 F1 월드 챔피언이었지만, 여전히 공격적이고 호전적인 주행으로 서킷을 누비며 맥라렌의 한계와 규정의 경계를 시험했다. 그는 자신의 우상인 세나처럼 공략할 수 없는 틈은 없다고 믿었다. 심지어 그 틈이 분명히 너무 좁을 때조차 말이다. 그러면서 충돌이 잦아졌고, 경기 심의위원인 스튜어드들은 수시로 그를 주시했다. 마이크 엘리엇은 이렇게 말했다. "그는 차를 고카트처럼 몰았습니다. 두 눈을 의심할 정도였지요."

2011년 한 해 동안, 해밀턴의 공격적인 주행은 FIA로부터 열네 차례나 별도의 조사를 받았다.

영국 언론도 그에게 별로 호의적이지 않았다. 런던 언론**Fleet Street**이 젊고 부유한 흑인을 거론할 때면 꼭 그의 이름이 등장했다. 신문들은 2007년에 그가 세금 목적으로 주 거주지를 스위스로 옮겼을 때부터 그를 몰아붙였고, 2009년에는 호주 그랑프리에서 벌어진 사건에 관해 스튜어드들에게 거짓말한 사실을 인정하자 다시 한번 칼을 뽑아 들었다.

그날 레이스는 충돌 사고 때문에 세이프티 카 뒤에서 느리게 진행되고 있었다. 해밀턴은 야르노 트룰리**Jarno Trulli**라는 드라이버 바로 뒤에 있었는데, 트룰리가 코너를 돌다 크게 라인을 벗어났다. 해밀턴은 그를 추월했다. 세이프티 카 상황에서는 보통 추월이 허용되지 않았으므로 모든 드라이버가 위치를 유지한다. 페널티가 두려웠던 해밀턴은 곧 속도를 줄여 자리를 다시 내주었다. 그러나 트룰리가 3위로, 해밀턴이 그 뒤로 결승선을 통과할 무렵 맥라렌은 아까 해밀턴이 했던 추월이 합법이라는 소식을 들었다. 팀은 즉각 어필했고, 트룰리가 해밀턴을 다시 추월한 것이 규정 위반이라고 주장했다. 결국 트룰리는 세이프티 카 상황에서 추월했다는 이유로 25초 가산 페널티를 받았다.

그러나 스튜어드들이 해밀턴을 불러 조사했을 때, 그는 자리를 돌려주기 위해 감속했다는 사실을 솔직하게 말하지 않았다. 트룰리가 공격적으로 밀고 들어와 추월한 것처럼 받아들이도록 그냥 입을 다물어버렸다. 런던 「이브닝 스탠더드Evening Standard」는 이렇게 보도했다. "루이스 해밀턴의 착한 이미지, '라이게이트Lie-gate(거짓말 사건)'으로 타격을 입었다." FIA는 결국 그를 실격시켰다.

2009년부터 2011년까지 그를 미치게 했던 세 시즌 동안 해밀턴은 도무지 운이 따르지 않는다고 생각했다. 월드 챔피언십 최종 성적은 5위, 4위, 5위를 기록했고, 두 번째 F1 왕관은 175센티미터의 루이스가 NBA 타이틀을 따는 것만큼이나 너무도 멀게 느껴졌다. 그는 2011년 말, 기자들에게 이렇게 말했다. "최악의 한 해였습니다. 레이스를 그따위로 마쳤는데 행복할 리가 없지요."

2012년에 해밀턴은 경력의 전환을 통해 새롭게 출발해야겠다고 결심했다. 그가 아는 유일한 F1 팀인 맥라렌을 떠날 때가 되었다고 생각한 것이다. 10살 꼬마가 론 데니스에게 자신을 소개한 이후, 가장 큰 결단을 내린 루이스는, 자신에게 월드 챔피언십을 안겨줄 수 있는 차와 자신의 진가를 진심으로 인정해 줄 보스, 그리고 자신만의 유산을 쌓아 올릴 수 있는 팀을 찾기로 했다. 그런 팀은 하나뿐이었다.

그는 레드불을 찾아갔다.

□ ■ □ ■ □

해밀턴이 한때 '제조사도 아니다'라며 깎아내렸던 그 팀과 계약을 맺었다면, 최근 F1의 역사가 얼마나 달라졌을까. 그는 2011년에 "레드불은 그저 음료 회사일 뿐"이라고 말했다. 그랬던 그가 거의 그 팀에서 뛸 뻔했다. 그런데 메르세데스의 니키 라우다가 대화에 끼어들었다.

2012년 당시 해밀턴은 라우다가 자신을 좋아하는지조차 확신하지 못했다. 세 차례 월드 챔피언에 오른, 강철 같은 전문성을 가진 라우다는 언론을 통해 루이스의 미성숙한 점을 비판해 온 인물이었다. 그러나 해밀턴은 그해 싱가포르 그랑프리에서 그를 만나기로 했다. 그리고 갑자기 60대의 오스트리아인과 스티브니지 출신의 떠오르는 록스타는 둘 사이에 공통점이 꽤 있다는 사실을 알게 되었다.

라우다가 쉰 목소리의 독특한 억양으로 말했다. "당신은 나를 쏙 빼닮았소."

해밀턴이 대답했다. "그렇죠. 나도 드라이버니까요."

"아니, 그 말이 아니고, 당신도 지독한 노력파란 말이오."

해밀턴은 F1에 들어올 때부터 스스로 초자연적 본능에 기대어 달리는 소년 레이서, 세나의 계보에 선 드라이버라고 여겼다. 그러나 그와 함께 일했던 맥라렌과 메르세데스를 거친 엔지니어 패디 로의 평가는 달랐다. 로는 해밀턴에 대해 "여기가 엄청난 기회라는 것을 알고 있고, 동시에 자기가 포뮬러 1 레이스에 관해 아무것도 모른다는 사실을 인정할 줄 아는 백지 같은 사람"이라고 말했다. 니키 라우다는 그를 끊임없이 자신을 갈아 넣는 타입으로 봤다.

2013년 해밀턴은 메르세데스로 옮긴 뒤 곧 자신만의 모습을 찾았다. 그는 트랙 안팎에서 성숙해졌다. 그는 맥라렌 시절이 끝날 무렵 론 데니스라는 아버지 같은 존재와 친부 앤서니로부터도 벗어났다. 그의 매니저 아버지가 해임되고, 2011년 스파이스 걸스와 〈아메리칸 아이돌American Idol〉 같은 문화적 현상을 만들어낸 사이먼 풀러Simon Fuller의 XIX 엔터테인먼트가 그의 소속사가 되었다. 루이스를 아직 인지도가 부족한 F1 무대를 넘어 글로벌 아이콘으로 만들겠다는 의도였다.

2014년, 무적으로 보이는 메르세데스를 몰며 압도적인 성적으로 타이틀을 따낸 것은 큰 도움이 되었다. 그해 '은빛 화살' 프로젝트는 브런 GP 시절부터 준비해 온 결과물을 마침내 풀어놓았다. 2년 넘게 비밀리에 개발해 온 하이브리드 엔진이었다. 메르세데스는 볼프의 지휘 아래 19번의 그랑프리 중 16번을 우승했다. 해밀턴은 그중 11승을 차지하며 생애 두 번째 월드 챔피언을 차지했다.

다음 시즌에도 같은 결과가 반복되자, F1을 보는 사람들은 이제 메르세데스가 최고의 드라이버를 최고의 차에 태웠다는 사실을 분명히 깨달았다. 기술 규정이 다시 바뀌기 전까지 이 조합은 F1의 지배자가 될 것이 틀림없었다. 해밀턴은 역대 최고의 반열에 오르기 직전이었다.

그 과정에서 해밀턴은 F1 특유의, 아주 특수한 형태의 유명세를 경험하게 됐다. 2014년 해밀턴은 'BBC 올해의 스포츠 선수상'을 받았다. 영국 밖에서는 아무도 신경 쓰지 않는 상으로, 영국 밖에서는 전혀 들어본 적 없는 선수들이 주로 받는 상이었다. 그러나 당대 영국이 어떤 스포츠에 열광하는지를 보여주는 지표이기도 했다. 해밀턴 이전 수상자는 축구 선수, 기수, 사이클 선수 두 명, 그리고 테니스 선수 앤디 머레이였다.

영국에서 유명해진다고 곧 비틀즈가 되는 것은 아니었다. F1 드라이버가 공항을 들썩일 수 있을 만한 지역은 유럽, 아시아, 남아메리카에 국한되어 있었다. 해밀턴은 진정한 명성, 혹은 그가 어울리고 싶은 진짜 유명인은 미국에 있다는 걸 알고 있었다.

2015년 그는 패션계의 핫한 연례 행사인 '멧 갈라'에 처음 초대받으며 진짜 A급 유명인에 바싹 다가갔다. 뉴욕 메트로폴리탄 미술관에서 「보그Vogue」가 주최하는 이 행사는 누가 핫하고 힙한지 알 수 있는 행사다. 해밀턴은 먼저 라스베이거스에 들러 플로이드 메이웨더 주니어와 매니 파퀴아오의 복싱 경기를 지켜봤다. 그리고 이제 막 오트 쿠튀르 진출을 노리던 영국 브랜드의 홍보

행사에 젊은 에밀리 라타이코프스키와 벨라 하디드를 대동하고 등장하기도 했다.

이듬해, 루이스의 위상은 확실히 더 올랐다. 그는 다시 멧 갈라에 나타났는데, 이번에는 돌체 앤 가바나**Dolce & Gabbana**를 몸에 휘감고 카니예 웨스트, 킴 카다시안, 비욘세와 어깨를 나란히 했다. 그러나 해밀턴의 급상승하는 유명세에는 역설이 있었다. 그는 젊고 매력적이며 화려한 스포츠의 정점에 있었기에 다른 유명인들 사이에서 큰 인기를 끌었다. 리한나, 저스틴 비버, 세리나 윌리엄스 같은 이들과의 가깝고 공개적인 우정은 인스타그램과 벨벳 로프 뒤에서 펼쳐졌다. 해밀턴은 유럽에서는 좀처럼 찾아보기 힘든, 음악·패션·스포츠가 교차하며 흑인의 탁월함**Black excellence**을 찬양하는 미국의 독특한 문화에 자연스럽게 녹아들었다. 그는 A급 중의 A급 스타로 성장하고 있었다. 멧 갈라에 모인 모든 이들이 그와 사진을 찍고 싶어 했다. 그러나 루이스가 밖으로 나와 5번가에 서면 여전히 아무 방해 없이 걸어 다닐 수 있었다. 미국 대중에게 F1은 별로 유명하지 않았다.

그렇다고 해밀턴이 유럽에서 완전히 환영받는 느낌을 받은 것도 아니었다. 포뮬러 1 최초의 흑인 드라이버인 그는 결코 잊지 못할 인종차별을 맞닥뜨린 적이 있었다(1986년 미국 드라이버 윌리 리브스**Willy T. Ribbs**가 브라밤 소속으로 F1의 테스트 주행을 한 최초의 흑인이었지만, 정식 경기에 출전한 흑인은 해밀턴이 처음이다). 2008년 스페인에서 검은 복면 차림의 팬들이 '해밀턴의 가족'이라고 적힌 티셔츠를 입고 나타났다.

그는 이렇게 말한다. "거기에 대해 뭐라고 하는 사람이 아무도 없었습니다. F1의 모든 이들이 그저 침묵하더군요."

해밀턴은 자신이 F1 드라이버의 역사적 전형에 맞지 않는다는 사실을 끊임없이 상기해야 했다. 아무리 지위가 올라가도 그 꼬리표는 뗄 수 없었다. 고카트에서 만났던 다른 아이들, 아빠가 쓰리 잡을 뛰지 않아도 되었던 그들은 이제 포뮬러 1에서 흔히 부딪히는 존재가 되었다. 그중 한 명인 니코 로즈버그는 심지어 그의 팀 동료였다. 해밀턴과 똑같은 세계 최강의 장비를 타는 유일한 사람이었던 니코는 모나코에서 자란 전 독일인 F1 챔피언의 독일인 아들이었다. 2016년이 되자 둘 사이의 겉치레식 우정은 완전히 벗겨졌다.

그래서 메르세데스 차고에서 일하는 사람들은 유난히 불편한 시즌을 보낼 수밖에 없었다. 그 해 은빛 화살은 21번의 그랑프리에서 19승을 거뒀고, 해밀턴이 10승, 로즈버그가 9승을 나눠 가졌다. 그러나 로즈버그는 두 가지 요인으로 팀 동료를 역전할 기회를 맞았다. 하나는 우승하지 못한 경기에서도 손실을 최소화하여 2위 다섯 번, 3위 두 번을 기록한 점이었다. 다른 하나는 시즌 내내 해밀턴의 레이스카에서 발생한 네 차례의 심각한 엔진 고장이었다. 결국 모두가 지칠 정도로 팽팽한 긴장감이 감돌았다.

시즌이 막바지에 이르렀을 때 토토 볼프는 「월스트리트 저널」에 이렇게 말했다. "두 명의 넘버원 드라이버가 챔피언십을 놓고 싸우는 상황을 1, 2년이 넘도록 관리해 낸 팀은 없습니다. 우리는 벌써 4년째죠."

그는 그 시즌 결과가 어떻게 나오든 5년째는 없을 것임을 알았다. "10년이나 20년 후에 사람들이 '그래도 꽤 잘 버텼다'고 말해주길 바랄 뿐입니다." 그의 말이었다.

그러나 그들은 버티지 못했다. 볼프는 양쪽 드라이버의 레이스카를 담당하는 두 팀의 메카닉과 엔지니어 사이에 냉랭한 기운을 눈치챘다. 해밀턴이 아부다비 마지막 그랑프리까지 로즈버그와의 점수 차를 좁히면서 분위기는 더욱 얼어붙었다. 그러나 로즈버그는 마지막 4경기를 모두 루이스에 내주고 2위를 기록했음에도 아버지 키케처럼 끈질기게 점수를 지켜내며 월드 챔피언 타이틀을 따냈다. 해밀턴이 불운에 시달리면서도 끝까지 치열한 싸움을 펼쳤음을 알았던 로즈버그는 다시 도전할 엄두를 내지 못했다. 48시간도 채 지나지 않아 로즈버그는 은퇴를 발표했다. 그의 나이는 겨우 31살이었다.

그는 이렇게 말했다. "끝나서 정말 다행이에요."

메르세데스가 압도적으로 강했던 시절이었으므로, 메르세데스 팀 내부의 이 갈등은 포뮬러 1이 주목하는 드라마의 전부였다. 볼프조차도 이런 상황이 F1이라는 스포츠의 흥행에 위험 요소가 된다는 점을 인정하지 않을 수 없었다. 그가 할 수 있는 최선은 드라이버들을 서로 자유롭게 경주하게 내버려두고, 팀의 명령으로 억지로 통제하지 않는 것뿐이었다. 그러나 현실적으로는, 메르세데스를 정말 좋아하는 팬이 아니라면 이 싸움을 지켜볼 이유가 없었다.

로즈버그가 떠나자마자, 볼프는 확실한 1번 드라이버를 두지 않는 실험을 끝낼 수밖에 없었다. 그는 곧 2인자 역할도 쉽게 받아들일 만한 사람을 데려왔다. 핀란드 출신의 충성파 발테리 보타스 **Valtteri Bottas**였다. 덕분에 해밀턴은 다시 경쟁자들을 쓸어버리는 데 집중할 수 있었다. 2017년부터 2019년까지 그는 62번의 그랑프리 중 정확히 절반을 우승했다. 슈마허 시대를 기억하는 사람들은 상황이 섬뜩할 정도로 익숙해지고 있음을 느꼈다. 오죽하면 2018년에 페르난도 알론소가 F1이 너무 뻔해졌으므로 이곳을 잠시 떠나 인디 혹은 르망에서 뛰겠다고 발표했겠는가.

메르세데스의 독주가 절정에 달했을 때 실버스톤의 프로모터는 「인디펜던트」에 이렇게 불평했다. "이런 엉터리 상품으로는 티켓을 팔 수가 없어요. 사람들은 데이터 화면만 들여다보는 사람들을 보러 오지 않아요. 머지않아 드라이버 대신 기술 감독이 포디움에 오르지 않는다고 누가 말할 수 있겠습니까?"

비록 실버스톤의 티켓 판매는 타격을 입었을지 모르지만, 메르세데스가 무적인 상황에서도 2016년 F1 비즈니스 전반은 오랜만에 조금 나아진 상태였다. 2015년 시즌 전체 시청자가 15억 2,000만 명으로 줄었음에도 F1은 2016년에 흑자를 냈고, CVC 캐피털 파트너스는 2006년보다 다섯 배 많은 금액을 팀들에게 분배할 수 있었다. 그것은 팀들이 중계권 수익만이 아니라 F1의 모든 수익을 공유하는 합의가 이뤄진 덕분이었다. 그제야 CVC는 이 자산을 충분히 오래 쥐고 있었다고 느끼기 시작했다.

포뮬러 1 주변에서 10년을 보낸 CVC는 이 스포츠가 이렇게 잠잠한 채 오래 갈 리가 없다는 것을 알고 있었다. 트랙 위에서 별

다른 사건은 없었지만, 재정적으로 안정되고 스캔들도 없는 이때 야말로 손을 떼기에 적절한 순간일 수 있었다.

다행히 F1을 단순히 지루한 대회가 이어지는 곳 이상으로 보는 인수 희망자들이 줄을 섰다. 그들이 보기에 F1은 화려함과 자랑스러운 역사, 그리고 다른 모든 스포츠가 탐낼 만한 글로벌 잠재력을 지닌 잠든 거인이었다.

버니 에클스턴은 1970년대부터 TV 중계권과 스폰서십의 공급자, 서킷들과의 협상가, 그리고 팀과 FIA 사이의 중재자로 막대한 수수료를 받으며 F1의 덩치를 키워왔다. 그러나 CVC와 이 회사의 최고령 직원(에클스턴)으로부터 대회를 인수할 누군가에게, 이 상품의 본질은 훨씬 더 단순한 것으로 귀결되어야 했다. 2017년의 포뮬러 1은 그 본질 그대로 하나의 엔터테인먼트 상품, 즉 최고급 TV 드라마여야 했다.

13장 ——— 권력의 교체

현대 포뮬러 1의 역사를 돌이킬 수 없게 바꾼 일련의 사건이 모나코 항구에 떠 있는 전세 요트 위에서 시작되었다는 사실은 마치 짜여진 각본처럼 완벽해 보인다. 그러나 몇 달에 걸쳐 이 모터 레이싱 시리즈의 인수자를 물색하던 CVC는, 약간의 클리셰가 큰 효과를 낼 수 있다는 걸 잘 알고 있었다.

그래서 2016년 봄, CVC의 도널드 매켄지는 수십 명의 잠재 입찰자(일부는 진지하고 일부는 그렇지 않았다)를 검토한 후 리버티 미디어Liberty Media라는 회사의 임원진 부부들을 초대했다. 버니 에클스턴은 그들과 함께 클래식 그랑프리를 지켜보며 자신이 매물로 내놓은 이 '귀중한 자산'의 가장 매혹적인 모습을 직접 보여주고 싶었다. F1을 10년간 소유해 온 매켄지는 이제 현금화할 때가 되었다고 생각했다.

사모펀드 회사는 어떤 자산이든 영원히 쥐고 있지 않는다. 10년은 CVC에게 통상적인 자산 보유 기간의 두 배에 해당했다. F1은 드문 예외였다. 2012년에 F1을 증시에 상장하려던 시도는 실패했지만, CVC는 초기 투자금 10억 달러 중 회사의 여러 지분을 매각하며 총 45억 달러가량을 회수하는 데 성공했다. 이제 남은 35퍼센트의 지분 역시 그에 못지않은 가치를 지니기를 바랐다.

관심을 보이는 곳을 찾는 것은 문제가 아니었다. 수십 명의 구혼자들이 전화를 걸어오며 이미 세계적인 스포츠 리그인 이곳의 잠재력을 극대화할 사람이 자신일 것이라고 상상했다. 사실 팬들에게 CVC는 그리 환영받는 구단주가 아니었다. 그들은 CVC가 F1에서 돈을 빼내 갈 뿐 재투자하지 않는다고 생각했다. 그러나 애초에 그들에게 무엇을 기대하겠는가? CVC는 어디까지나 사모펀드였지 F1 자선단체가 아니었다.

게다가 CVC는 이미 이 스포츠가 끌어 올릴 수 있는 한계치까지 왔다는 판단을 하고 있었다. 물론 미국을 비롯해 아직 정복할 시장은 남아 있었다. 매켄지는 미국에서 대회를 더 열어서 나스카의 점유율을 뺏어오겠다는 비전을 품고 있었다. 또한 F1은 뉴미디어를 활용하는 방식에도 대대적인 업데이트가 필요했다. 그러나 CVC는 그러한 계획에 수년의 노력이 더 필요하다는 것을 알았고, 이제 매켄지는 매각할 준비가 되어 있었다.

새로운 과제는 진지한 구혼자와 겉치레뿐인 자를 가려내는 일이었다. 마이애미 돌핀스의 구단주이자 유럽의 축구팀을 미국에 들여와 큰돈을 번 스티븐 로스가 진지하게 검토했고, 엔터테인먼트 업계의 거물 윌리엄 모리스 엔데버**WME**의 CEO 아리 에마뉘엘도 관심을 보였다. 으레 그랬듯이 루퍼트 머독이 입찰을 고려한다는 소문이 돌기도 했다. 그러나 매켄지는 이내 리버티 미디어의 임원들에게 호감을 느꼈다. 그들은 조건을 거의 완벽하게 충족했기 때문이다.

1991년에 통신업계의 거물 존 말론John C. Malone(그는 한때 뉴스 코퍼레이션 주식의 거의 3분의 1을 보유해 머독을 긴장하게 만들기도 했다)이 설립한 리버티 미디어는 미국 케이블 TV의 급격한 규제 완화에 편승하여 미국 엔터테인먼트와 통신의 전 분야로 영향력을 뻗친 회사였다. 그리고 여러 기회를 통해 라디오 방송국, 지역 TV 방송국, 반스 앤드 노블 서점, 스프린트 이동통신망까지 다양한 지분을 보유하며, 말론이 "500개 채널로 이루어진 우주"라 부른 무한한 콘텐츠 세계를 꿈꿨다. 그 결과 2016년 말까지 리버티의 시가총액은 120억 달러에 육박했다.

그때까지 이 회사가 메이저 스포츠 분야에 참여한 이력은 애틀랜타 브레이브스 야구팀이 전부였다. 이는 그들의 서점 체인만큼이나 포뮬러 1과는 거리가 멀어 보였다. 그렇다고 그들이 스포츠 비즈니스에 무지했던 것은 아니다. CVC의 눈에 리버티를 돋보이게 한 결정적 요인은, 독특한 콧수염만큼이나 뛰어난 명성을 지닌 한 임원, 케이블 TV 업계의 베테랑이자 머독의 수제자인 체이스 캐리Chase Carey였다. 그는 21세기 폭스21th Century Fox의 회장을 지냈을 뿐 아니라, 무엇보다 폭스 스포츠FOX Sports의 성공적인 출범을 도운 인물이었다. 그리고 캐리의 옆에는 업계 베테랑 그렉 마페이Greg Maffei와 숀 브래치스Sean Bratches가 함께했다.

이들이 적임자일지도 모른다는 기대 속에, 매켄지는 모나코의 주말 내내 이들과 어울리며 저스틴 비버를 소개해 주기도 했다. 그는 패독을 돌며 자신이 팔고자 하는 상품의 가장 화려하고 관능적인 면면을 보여주었다. 모나코는 수 세대에 걸쳐 팬들에게 F1을 파는 무대였고, 이제는 미국인 사업가들에게 F1이라는 비즈니스를 파는 무대로 활용되고 있었다.

모든 게 계획대로 진행되고 가격에 합의할 수 있다면, 이들이 CVC로부터 F1을 넘겨받을 터였다. 그렇게 되면 매켄지는 캐리가 언젠가 버니 에클스턴의 자리를 이어받을 수 있다고 보았다. 물론 그때까지만 해도 캐리는 그렇게 생각하지 않았지만 말이다.

□ ■ □ ■ □

CVC가 포뮬러 1을 소유하던 시절 내내, 버니에게는 늘 크고 작은 법적 분쟁이 따라다녔다. 대부분은 대수롭지 않게 여기거나, 충분한 돈을 써서 무마할 수 있었다. 그러나 2010년대 들어서면서 스캔들의 냄새는 점점 더 짙어졌고, 이는 사모펀드의 주주들에게도 부담이 되기 시작했다.

결국 에클스턴이 인생에서 가장 값비싼 사건의 중심에 서게 된다. 상대는 팀 대표도, 제작자도, 분노한 프로모터도 아니었다. 뜻밖의 천적은 게르하르트 그리브코브스키Gerhard Gribkowsky라는 독일 은행가였다. 그리고 그는 상당히 충격적인 주장을 하고 있었다.

그리브코브스키는 바이에른 주립은행의 최고 위험관리 책임자였다. 2000년대 초 포뮬러 1 사업의 지분 상당 부분을 보유했다가 이를 CVC에 매각하는 데 결정적 영향력을 행사한 인물이었다. 그러나 2013년 뮌헨 법원은 그리브코브스키가 CVC에 매각을 권고한 시점과 거의 동시에 에클스턴으로부터 4,400만 달러를 지급받았다는 사실관계를 밝혀냈다. 그 돈의 일부는 버니가 직접 서명한 개인 수표의 형태였다. 그 결과 그리브코브스키는 사기와 횡령으로 징역 8년 6개월을 선고받았다. 법원은 에클스턴이 CVC로부터 최고경영자 자리를 보장받기 위해서 그리브코브스키에게 부당한 영향력을 행사해 자신이 선호하는 구매자인 CVC에 매각하도록 유도했다고 판결했다.

외부인의 눈에 이것은 영락 없는 뇌물 사건처럼 보였으나, 에클스턴은 이를 부인했다. 그러나 콘스탄틴 메디엔Constantin Medien이라는 독일 기업을 포함한 F1의 전 주주들이 가만있을 리 없었다. 이들은 영국 법원에 소송을 제기하며, 에클스턴과 그리브코브스키의 '부패한 합의' 탓에 포뮬러 1의 가치가 저평가된 채 매각되었으며, 그로 인해 자신들이 1억 5,000만 달러 이상의 손실을 입었다고 주장했다.

에클스턴은 4,400만 달러를 지급한 사실 자체는 부인하지 않았다. 그 증거는 공개되어 있었기 때문이다. 대신 그는 자신이 오히려 피해자라고 주장했다.

뮌헨 검찰이 런던 소송에 관심을 갖게 되면서, 2014년 에클스턴은 법정에 서게 된다. 그곳에서 버니는 그리브코브스키가 에클레스턴 가족 신탁의 비밀 자금을 영국 국세청에 폭로하겠다고 협박하며 자신을 갈취했다고 증언했다. 그랬다면 자신은 20억 달러의 세금을 물어야 했을 것이라고도 덧붙였다. 런던과 뮌헨을 오가며 몇 달간 소송이 이어진 끝에 최종 판결이 나왔고, 에클스턴은 다시 한번 빗줄기 사이를 빠져나갔다. 다만 이번에는 대가가 꽤 컸다.

런던 법원은 콘스탄틴 메디엔의 손을 들어주지 않았고, 독일 검찰은 유죄 판결을 끌어내는 데 실패했다. 법원은 버니가 1억 달러를 내는 대가로 '유죄도 무죄도 아닌' 상태로 사건을 종결해 주었다. 이는 독일 사법 체계에서 흔히 볼 수 있는 절차였다. 에클스턴은 이를 악물고 벌금을 냈다. 적어도 그것으로 다시 일에 복귀할 수 있었다. 다만 소송이 진행되는 동안에는 F1의 고삐를 자신의 오랜 법률 고문인 사차 우드워드힐Sacha Woodward-Hill에게 넘겨주어야 했다. 1996년에 그가 직접 영입한 케임브리지 출신의 변호사였다. 이제 84세가 된 에클스턴은 다시 모터스포츠에 집중할 수 있었다. 하지만 그는 크리스마스 무렵이 되어서도 그 사건의 여파에서 벗어나지 못한 기색이 역력했다.

버니가 작성한 2014년 연하장에는 만화가 그려져 있었다. 눈 덮인 독일 거리에서 '1억 달러'라고 적힌 돈 자루를 끌고 가는 자신의 캐리커처가 실려 있었다. 복면 쓴 강도가 그에게 총을 겨누고 있었다.

강도가 이렇게 말하고 있었다. "나는 강도가 아니다. 바이에른 주 벌금 징수원이다."

CVC에게 이런 일련의 사태는 너무나 비싸고, 열받고, 수치스러운 일이었다. 그러나 에클스턴과 10년간 함께해 오면서 익숙해진 일이기도 했다. 더 근본적이고 장기적인 문제는 전략에 있었다. CVC가 F1 이후의 삶을 고민하기 시작했을 때, 에클스턴은 점점 시대와 동떨어진 인물로 보이기 시작했다. 그가 40년 동안 F1에서 구축한 모델은 더 이상 예전만큼 설득력이 없었다. 특히 CVC가 F1에 여전히 성장의 여지가 있다고 본 두 영역에서, 에클스턴은 전혀 적임자가 아니었다.

첫 번째는 미국 시장이었다. 그들은 버니가 미국을 어떻게 생각하는지 알고 있었다. 그는 라스베이거스의 주차장, 피닉스의 타조 축제, 인디애나폴리스의 타이어 파열 사고로 미국에서 완전히 정을 뗐다. 그가 원하는 새로운 시장은 오직 프린시스 게이트 사무실 동쪽에만 있었다.

두 번째는 뉴미디어 환경에 대한 적응이었다. 인터넷과 소셜 미디어를 필수품으로 여기는 젊은 세대에게 다가가는 일에서 F1은 심각하게 뒤처져 있었다. 트위터 계정은 있었지만 운영을 잘하지 못했고, 웹사이트는 있었지만 2018년이 되어서야 배너 광고를 판매하기 시작했다. 버니에게 젊은 관객을 끌어들이는 것은 우선순위가 아니었다. 그들은 '롤렉스를 사지 않기' 때문이었다.

이 태도에 특히 분노한 젊은 F1 팬이 있었다. 그가 원했던 것은 단지 에클스턴과 충돌하지 않으면서 자신의 수많은 소셜 미디어 팔로워들에게 F1 콘텐츠를 공유하는 것뿐이었다. 그러나 사진이나 영상을 올릴 때마다 프린시스 게이트의 변호사들로부터 F1의 지적 재산권 침해를 이유로 경고장을 받았다. 그 젊은이는 바로 루이스 해밀턴이었다. 그는 스포츠 스타들을 외면하는 스포츠는 21세기에 새로운 관객을 얻을 수 없다는 사실을 잘 알고 있었다.

그러나 소유주가 리버티라면 이야기가 완전히 달라질 수 있었다. 매각이 성사되기 몇 달 전 숀 브래치스는 런던에서 F1의 이미지를 완전히 개편할 계획을 세우고 있었다. 로체스터 공과대학에서 라크로스 선수였던 그는 1980년대에 ESPN 출범 초기의 자유분방한 분위기에 입사해 30년을 보낸 뒤 2016년 중반 캐리와 마페이에게 스카우트되었다. 브래치스의 눈에 F1은 '자기 체급에 어울리는 펀치를 날리지 못하고' 있었다. F1의 역사와 영향력을 알고 있던 그는, 왜 아무도 이 종목을 이야기하지 않는지 이해할 수 없었다.

브래치스는 와이든 앤드 케네디Wieden+Kennedy에 F1을 위한 글로벌 브랜드 조사를 의뢰했다. 그곳은 브라질 축구 국가대표팀부터 사이클 선수 랜스 암스트롱에 이르는 수많은 스포츠의 서사를 새로 써온 전설적인 광고회사였다. 브래치스는 누가 이 경기를 보고 있는지, 그리고 더 중요하게는 누가 보지 않는지를 정확히 알고 싶었다. 전 세계 4개 대륙에서 24개의 포커스 그룹이 구성됐다. 가벼운 팬, 열성팬, F1이 뭔지도 잘 모르는 사람들까지 포함한 수 시간의 인터뷰 끝에, 2017년 F1 시청 현황에 관한 밀도 높은 보고서가 완성됐다.

조사 결과에서 가장 두드러진 점은, 팬들이 F1을 '침투가 불가능할 정도로 배타적인' 스포츠로 인식하고 있었다. 사실 그럴 만도 했다.

레이스를 본다는 경험은 종종 중년 남자들이 타이어가 얼마나 빨리 닳아빠지는가를 놓고 벌이는 논쟁하는 소리를 듣는 것으로 귀결됐다. 순수한 속도감에 이끌려 입문한 사람들은 어느새 난해한 규정에 관한 끝없는 설명을 들어야 했다. 그리고 수많은 스폰서들은 F1을 '동경의 대상'으로 만들겠다고 떠들어댔지만, 실제로는 롤렉스 광고를 비롯해 부를 과시하는 듯한 광고의 향연에 어느 순간 시청자들은 여기는 도저히 내가 있을 곳이 아니라고 느낄 수밖에 없었다. 간단히 말해 포뮬러 1은 엄청난 잠재력을 품고 있었지만, 동시에 자기 자신이 가장 큰 적이 되어 있었다.

브래치스가 내린 결론은 명확했다. F1이 너무나 오랫동안 '버니와 팀들'의 독점적 이익을 위해 '버니와 팀들'에 의해 운영되었다고 말이다. 이 스포츠는 다시 소비자에게 초점을 맞춰야 했고, 리버티의 임무는 '지구상 최고의 레이싱 스펙터클을 마음껏 풀어놓는 것'이었다.

만약 이 말이 매디슨가에서 나온 기업 슬로건처럼 다소 과하다고 느껴졌다면, 이제 겨우 시작이니 마음 단단히 먹는 게 좋을 것이다. 그는 ESPN 시절 '여기는 스포츠센터입니다This is SportsCenter'라는 캐치프레이즈를 개발했던 인물이다. F1의 문제를 파악하고 해결책을 모색하던 브래치스는 곧 F1과 팬들을 위한 다섯 가지 '핵심 행동 지침'을 정립했다.

순서와 무관하게 나열하자면 이렇다. "레이싱에 빠져들 것Revel in the racing", "스펙터클을 더 스펙터클하게 만들 것Make the spectacle more spectacular", "국경을 허물 것Break down borders", "기름 냄새를 느낄 것Taste the oil", "피가 끓는 걸 느낄 것Feel the blood boil". 잠시 이 문장들을 음미해 보자.

'기름 냄새를 느낀다는' 표현에 너무 집착하지 않는다면, 다소 어설픈 이 슬로건들은 더 큰 진실을 정확히 관통하고 있었다. 리버티가 하고 싶었던 말은, F1의 가장 큰 문제가 '지루함'과 '폐쇄성'이라는 것이었다. 지리적으로나 콘텐츠 배포 방식에 있어서나 잠재 고객들에게 도저히 닿지 못하고 있었다. 버니는 언제나 F1을 '닫힌 가게'처럼 운영하는 것을 선호했다. 그래야 세상에 흘러나가는 F1의 모든 콘텐츠를 통제하고, 다시 말해 수익화할 수 있었기 때문이다. 브래치스에 따르면, 2017년 3월 그가 F1의 가장 대표적인 스타인 루이스 해밀턴과 처음 점심을 나누었을 때, 해밀턴은 그동안 인스타그램에 그랑프리의 비하인드 사진을 올렸다는 이유로 받아온 수많은 경고장 뭉치를 직접 가져왔다고 말한다.

이런 상황은 바뀌어야 했다. F1 곳곳의 모호한 규정들도 마찬가지였다. 물론 그러기 위해서는 FIA와의 복잡한 관계를 리버티가 어떻게 관리하느냐가 관건이었다. 경기의 너무 많은 부분이 트랙 밖에서 결정되고 있었고, 이는 라이트 유저들의 흥미를 떨어뜨리고 있었다.

훗날 체이스 캐리는 투자자 회의에서 이렇게 말했다. "복잡한 페널티와 규칙이 너무 많습니다. 규정집의 분량은 무려 100페이지에 달합니다. 이 사업을 더 쉽게 만들어야 합니다. 팬들이 따라오기 힘든 복잡한 부분을 과감히 덜어내야 합니다."

그는 이어서 이렇게 덧붙였다. "물론 F1은 본질적으로 경쟁과 기술이 결합한 복잡한 종목일 수밖에 없습니다. 그러나 팬들이 보고 싶고, 흥분되며, 활력을 느낄 수 있는 방향으로 맞춰나가야 합니다.”

리버티에게 손대지 못할 만큼 뿌리 깊은 관행이라는 것은 없었다. 적어도 그렇게 시도해 볼 생각이었다. 그들에게 포뮬러 1은 결국 방송과 관객이라는 문제를 풀어야 할 또 하나의 엔터테인먼트 사업에 불과했다. 그들은 거대한 미디어 그룹이면서도 F1을 스타트업처럼 운영하겠다는 포부를 밝혔다. 수십 년간 세계에서 가장 변함없던 최고의 모터스포츠가 미국인들의 손에서 일종의 ‘언더독 underdog 이야기’로 재구성되고 있었다. 더 이상 롤렉스 시계를 알아보지도 못할 일반 대중에게 값비싼 제품을 팔아치우기 위해 억만장자들이 운영하는 그런 스포츠에 머물지 않겠다는 선언이었다.

사실 포뮬러 1은 자동차광이 자동차광을 위해 만든 노동 계급의 스포츠였다. 그런데 어느 순간 글로벌 럭셔리 카탈로그로 진화하더니 오랫동안 그 상태에 멈춰 있었다. 21세기에 들어 인기가 떨어졌음에도 F1은 여전히 로데오 거리의 거만한 판매원처럼 행동했다. 고급 시계를 차고 페라리를 몰지 않는 사람은 아예 고객도 아니라는 듯이 외면하고 있었다. 가격이 얼마인지 묻는다는 것은 애초에 살 수 없는 사람이란 식이었다.

리버티는 F1이 이제 그 오만함에서 벗어나야 한다는 것을 알았다.

물론 앞으로도 억만장자들이 운영하는 것은 변함이 없겠지만,

이제 그들은 e스포츠와 소셜 미디어, 그리고 그들조차 예상하지 못했던 넷플릭스 같은 중간 지점에서 관객을 만나고자 했다. 이번 프로젝트의 목적은 F1의 세계를 조금 더 호감 가게 만드는 것이었다. 그러기 위해서는 F1 내부의 몇 가지 관점부터 조정해야 했다.

지난 70년 가까이 팀들은 매 시즌 살아남기 위해, 자신이 가진 모든 우위와 돈을 쏟으며 혼신을 바쳐 싸워왔다. 리버티는 이들에게 새로운 현실을 제시했다. 이제 서로 라이벌이기 이전에, 모두가 하나의 거대한 영원한 비즈니스 파트너라는 사실을 받아들이라는 것이었다. 콩코드 협상 자리에 가끔 모여 에클스턴으로부터 방송이나 광고 수익을 조금씩 더 뜯어내는 것만으로는 충분하지 않았다. F1의 인기는 서로 소모전을 펼치는 것이 그 누구에게도 도움이 되지 않음을 깨닫는 데 달려 있었다. CVC 체제에서 도입된 자원 제한 협약은 F1의 재정을 조금 개선한 첫걸음이었지만, 더 강력한 허리띠 졸라매기가 필요했다. 비록 그것이 합리성과는 거리가 멀었던 이 스포츠의 본질을 근본적으로 뒤흔드는 일일지라도 말이다. 한때는 기술의 최전선에 서기 위해 각 팀이 돈을 쏟아붓던 무한 경쟁의 장이었던 F1은, 이제는 계속 줄어드는 예산 상한선 안에서 최선을 다하는 구도로 바뀌어야 했다.

인간이 도달할 수 있는 가장 빠른 속도를 추구하던 스포츠가, 이제는 '재정적으로 허용되는 범위 내에서' 가장 빠른 속도를 추구하는 스포츠로 변모하고 있었다. 게다가 리버티는 F1이 단지 속도만 파는 사업이 아님을 잘 알고 있었다. '레이싱에 빠져들 것'은 다섯 가지 행동 지침 중 하나일 뿐이었다. 엔터테인먼트 산업에

종사하는 미국인이라면 누구나 알듯이, 결국 핵심은 '캐릭터'를 파는 것이었다.

□ ■ □ ■ □

리버티가 만들고자 했던 포뮬러 1의 이미지는 점차 선명해지고 있었다. 길고 지루한 협상이 몇 달이나 이어지는 동안에도 그들은 이 사업에 대해 알아야 할 내용들을 속속들이 꿰게 되었다. 프린시스 게이트의 비좁은 회의실에서 단 한 장의 문서도 밖으로 유출하거나 복사하지 말라는 엄격한 감시 속에서 진행되었는데도 말이다. 적어도 그들에게는 계획이 있었다. 그리고 예상과 달리 에클스턴은 체이스 캐리에게 비교적 협조적인 태도를 보였다.

어느 날 두 사람이 함께 프린시스 게이트를 나서던 중에 버니가 기자들에게 말했다. "이번에는 일을 제대로 할 줄 아는 사람이 왔네요."

그러자 캐리가 화답했다. "아닙니다. 제가 버니에게 많이 배우고 있습니다."

캐리는 머지않아 자신이 옛 스승으로부터 얼마나 빠르게 기술을 흡수했는지를 보여주게 된다. 2016년 9월 리버티는 F1을 44억 달러에 인수하고 모든 부채를 떠안는 데 합의했다고 발표했다. 캐리가 회장이 되고 에클스턴은 CEO 자리를 유지하는 구조였다. 그들은 버니에게 중간에 별다른 사유가 없는 한 3년 계약을 주기로 했다. 그러다 갑자기, 계획이 바뀌었다.

40년 동안이나 좀처럼 속내를 드러내지 않으며 주변 사람들의 속을 끓였던 에클스턴은 이제 말론, 캐리, 마페이 등이 사업을 파악하고 거래 조건을 조정하는 동안 자신이 똑같은 처지가 되었다. 그리고 그해 겨울 리버티의 새 주인들이 버니를 보는 시각은 달라지고 있었다. F1을 더 들여다볼수록, 젊은 관객과 미국, 인터넷을 공략하려는 자신들의 목표에 있어 에클스턴이 할 수 있는 일이 별로 없어 보였기 때문이다. 80대 중반에 이른 포뮬러 1의 핵심 인물은 이제 더 이상 '필수 요소'가 아니었다.

2017년 1월 22일 일요일, 리버티가 버니에게 남겨두기로 했던 소수 지분까지 모두 사들이며 완전 인수를 발표하기 하루 전날, 캐리는 에클스턴에게 전화해 월요일 오전 10시, 프린시스 게이트에서 회의를 잡았다.

버니가 건물 안으로 들어섰을 때, 그는 이미 무슨 일이 벌어질지 느껴졌다. 두 사람은 마주 앉았고, 인사는 생략했다.

캐리는 먼저 리버티가 회사를 인수했다고 말한 뒤 변화가 있을 거라고 했다. 그중 가장 큰 변화는 역시 새 CEO를 임명하는 일이었다.

"내가 당신 자리를 맡겠습니다." 캐리가 말했다.

평생 처음은 아니지만 에클스턴은 허를 찔렸다. 이번에는 돌이킬 길이 없었다. 그의 오랜 측근 우드워드힐이 서류를 들고 나타났다. 그가 포뮬러 1에서 물러난다는 공식 사임서였다. 버니는 스스로를 모터스포츠의 정점이라 자부하던 이 난잡한 서커스에 처음 손댄 지 40년 만에 자신이 일군 제국의 열쇠를 넘겨주고 있었다. 그의 지분 가치는 수억 달러에 달했지만, 그게 위안이 되지는 않았다. 이번만큼은 그에게 돈은 안중에도 없었다.

에클스턴은 이렇게 말한다. "그들은 나와 관련된 것은 전부 정리하려고 작정했더군요. 그들은 '80대 노인이 40년 넘게 이 스포츠를 제멋대로 주물러왔으니, 우리가 하면 훨씬 더 잘할 수 있을 거야'라고 생각했겠죠."

그는 굳은 표정으로 펜과 서류를 집어 들더니 평소처럼 한 자도 읽지 않은 채 서명했다. 리버티는 미리 준비된 성명서를 통해 그의 공로에 감사를 표했고, 에클스턴은 이제 자신의 직함이 명예 회장임을 알게 되었다(물론 라틴어의 적절한 표현으로는 페르소나 논 그라타persona non grata, 즉 환영받지 못하는 자에 가까웠을 것이다). "지난 40년 동안 내가 구축한 사업과 포뮬러 1에서 이룬 모든 것이 자랑스럽습니다." 리버티가 대신 써준 에클스턴의 보도자료는 이렇게 시작한 후 팀, 스폰서, 방송사에 대한 감사로 이어졌다. 하지만 사석에서 버니의 태도는 훨씬 더 직설적이었다.

그는 캐리에게 통제권을 넘기고 난 후 이렇게 말했다. "차를 샀으니 이제 당신이 직접 몰아보시오."

14장 ——————— 마법의 소스

“우리가 알고 있던 건 오직 ‘버니의 세계’뿐이었습니다.” 토토 볼프의 말이다.

버니의 세계는 본질적으로 5개 대륙에 걸쳐 정신없이 자극을 쏟아붓는 놀이공원 같은 곳이었지만, 그것을 세계에서 가장 행복한 장소로 착각한 이는 아무도 없었다. 그러나 적어도 사람들은 그 버전의 F1이 어떻게 돌아가는지는 알고 있었다. 그들은 버니의 실적과 그의 결점, 그리고 그와 논쟁하는 법도 알고 있었다. 포뮬러 1은 완벽한 사업과는 거리가 멀었지만 어떻게든 굴러가고 있었다. CVC 덕에 팀들은 그 어느 때보다 많은 돈을 벌었고, 이스탄불에서 멕시코시티까지 새 영토를 넓혔다. 사소한 분쟁이 끊이지 않았지만, 전체 시스템은 어쨌든 굴러가고 있었다. F1은 결코 진보적인 조직은 아니었으나, 버니 에클스턴이 40년 넘게 승리를 거둔 덕분에 모든 이들이 같은 공간에서 레이스를 계속 펼칠 정도의 부는 창출할 수 있었다. 물론 포뮬러 1에 몸담은 거의 모두는 그가 그냥 은퇴해 버리기를 바란 순간들도 있었다. 그런데 이제, 그 일이 실제로 벌어졌다. 키 '157센티미터의 악마'는, 한 번도 만나본 적 없는 '기업의 악마'에 비하면 갑자기 훨씬 덜 무섭게 느껴졌다.

볼프는 이렇게 덧붙인다. "그 모든 업적을 이룩하고, 지금의 우리를 있게 한 사람을 어떻게 의심할 수 있겠습니까? 그런데 갑자기 새로운 주인이 나타난 거죠. 이 스포츠에 관해서는 하나도 모르지만, 미디어 권리에 관해서는 전문가인 미국인들 말입니다."

볼프의 깊은 회의에도 불구하고(패독의 다른 팀 대표들과 몇 안 되는 공감대이기도 했다) 리버티 임원들의 열정만큼은 흠잡을 데가 없었다. 포스트 버니 시대 초반, 그는 회사의 새로운 상업 부문 책임자 숀 브래치스를 만나 F1을 더 크고 젊은 온라인 중심의 관객에게 가져가겠다는 구상을 들었다. 브래치스는 새로운 플랫폼을 활용해 팬들을 패독 깊숙이 끌어들이겠다는 계획을 밝혔다. 그는 스포츠 스타들을 가까이에서, 가공 없이 담아내 국제적 유명 인사로 끌어올린다는 생각이었다. 볼프는 F1이 앞으로 어떻게 될지 알 것 같았다.

브래치스의 혁명적인 계획은 지금까지 어떤 스포츠도 아직 성공시킨 적이 없는 것이었다. 그의 계획은 한마디로 패독과 팀 차고 앞을 지나가는 '골프 카트 열차'를 운영하자는 것이었다. 에클스턴이 무슨 대가를 치러서라도 지키려 했던 내부의 성역이(패독 클럽과 우수 고객 기업이 되기 위해 터무니없는 돈을 낸 이들을 제외하고) NASA나 할리우드 투어 상품 같이 될 날이 머지않았다. 볼프는 방을 나설 때까지 자기 생각을 입 밖에 꺼내지 않았다.

방을 나서며, 그가 옆에 있던 메르세데스의 동료를 돌아보며 말했다.

"방금 저게 다 뭐였지?"

□ ■ □ ■ □

브래치스는 이후 골프 카트 열차 말고도 여러 아이디어를 내놓았지만, 사실 F1 내부의 반응은 크게 다르지 않았다. 나중에 F1을 한 단계 도약시키고 리버티를 천재로 보이게 만들 그 계획조차, 처음에는 엄청난 저항에 부딪쳤다. 그러나 브래치스는 현재 넷플릭스에서 일하고 있는 ESPN 시절 옛 동료와 이야기를 나눈 뒤, 이 계획이 통하겠다고 확신했다.

F1은 스스로를 주인공으로 한 10부작 리얼리티 시리즈를 제작할 계획이었다. F1은 끊임없는 자기 혁신으로 정의되는 스포츠였지만, 지금까지 그 누구도 피트 레인의 신성함에는 손을 댈 엄두를 내지 못했다. 이곳은 레이싱의 진면목이 드러나고 팀들이 진정으로 주도권을 쥐고 있는 유일한 장소였다. 차고에서 일어난 일은 밖으로 새어 나가는 법이 없었다. 그곳은 F1의 마지막 성역이었다. 그런데 이제 브래치스는 그 안에 촬영팀을 들여보내고 싶어 했다.

〈F1, 본능의 질주Drive to Survive〉라는 이름이 붙은 이 프로젝트에 팀들의 참여를 강요할 수는 없었다. 하지만 그는 에클스턴이 그토록 오랫동안 막아왔던 일을 하는 것이 어떤 이득을 가져다줄지 깨닫기를 바랐다. 8개 팀이 즉시 서명했다. 스폰서들을 최대한 노출해야 하는 그들의 임무를 생각하면, 비밀 유지는 어느 정도 양보할 수밖에 없다고 생각했다.

끝까지 참여를 거부한 두 팀, 페라리와 메르세데스는 화면 노출이 그리 아쉽지 않은 곳들이었다. 실제로 메르세데스는 이미 아마존과 자체 다큐멘터리 계약을 진행 중이었다. 그리고 페라리는 늘 그래왔듯이, 거절했다. 브래치스의 말마따나 마라넬로는 언제나 "안 합니다, 그런데 질문이 뭐였죠?" 하는 식이었다.

비공식적으로는, 두 팀 모두 넷플릭스가 지불하는 접근 권한 비용이 생각보다 너무 적다는 데에 경악했다. 전 세계 방송사가 대회 생중계에 수천만 달러를 내고 있는 반면, 세계에서 가장 인기 있는 스트리밍 서비스는 초기 계약 내용에 정통한 한 관계자에 따르면, 겨우 '몇백만 달러'에 이 스포츠의 내부를 들여다볼 전례 없는 기회를 얻고 있었다.

반면, 패독의 8개 팀은 그런 거리낌이 없었다. 이 시리즈를 제작하는 박스 투 박스Box to Box Films 제작진은 2017년 말 브라질 그랑프리에 미리 도착해 현장 이곳저곳을 둘러봤다. 두 명의 프로듀서 제임스 게이리스James Gay-Rees와 폴 마틴Paul Martin은 〈F1, 본능의 질주〉가 어떤 모습이 될지 전혀 감을 잡지 못하고 있었다. 촬영은 3개월 뒤에 시작될 예정이었다.

포뮬러 1의 장막을 걷어내는 작업이 까다로운 이유는, 전통적인 팬이 열광하는 요소를 카메라에 담는 일이 원래 어렵다는 데 있다. 피트 스톱이나 레이스 전략을 둘러싼 체스 같은 수싸움은 일반 시청자에게는 이해하기 어려운 영역이다. 시즌 전체의 흐름은 시즌이 시작되기 전 영국의 각 공장에서 열리는 고도로 기술적인 회의에서 이미 결정된다. 심지어 드라이버들도 할리우드 스타처럼 잘생긴 외모를 헬멧 속에 숨기고 있어야 하므로, 마치 흔들 인형처럼 모두 똑같아 보일 뿐이다.

〈F1, 본능의 질주〉 제작진이 들이닥친 곳은 이전까지 카메라에 담긴 적이 없던 공간들이었기 때문에, 패독에 있던 사람들은 어떻게 행동해야 할지조차 몰랐다. 수많은 메카닉이 자신도 모르게 카메라 렌즈를 정면으로 쳐다보곤 했다. 프로 생활 내내 촬영팀을 끌고 다녔던 루이스 해밀턴은 이렇게 말한다. "엔지니어들이 다들 '오, 카메라가 내 얼굴을 비추네'라며 얼어붙어 있더군요."

그러나 지금껏 무명에 지나지 않았던 패독 사람들이 카메라와 마이크에 익숙해지자, 예상치 못한 장면들이 하나둘 드러나기 시작했다. 제작진조차 예상치 못한 수확이었다. 기업 스폰서의 번지르르한 로고를 뒤집어쓴 로봇 같은 모범생인 줄 알았던 F1의 드라이버와 팀 대표들이 사실은 월드 챔피언급 험담꾼과 프리마돈나라는 점이었다. 그 순간 그들이 만드는 것이 정통 다큐멘터리도, 르포도 아님을 깨달았다. 이것은 결코 〈식스티 미니츠**60 Minutes**〉°가 될 수 없었다.

브래치스는 이렇게 말한다. "스포츠야말로 원조 리얼리티 TV죠."

이 점을 본능적으로 파악한 사람들은 즉시 쇼의 스타가 되었다. 특히 시즌 1에는 페라리와 메르세데스가 빠졌기 때문에 더욱 절호의 기회였다. 유명해질 이유가 전혀 없었던 이탈리안 엔지니어 귄터 슈타이너는 한때 레드불에서도 쫓겨난 처지였지만, 이번에는 만년 꼴찌인 자신의 하스**Hass**팀에 닥친 불운에 입에 담지 못할 욕설을 퍼부으며 시청자들을 사로잡았다(그가 뱉은 "이제 우린 빌어먹을 멍청이 집단이야"라는 말은 F1 어록에 남은 수많은 명언 중 하나다). 그전까지 피트월의 수많은 영국인 중 한 명에 불과했던 크리스천 호너는 라이벌에게 독설을 툭툭 내뱉으며 사이먼 코웰 이후 TV에 나오는 가장 악랄한 빌런이 되었고, 시청자들을 즐겁게 하기 위해 그 역할을 기꺼이 즐겼다. 그리고 언제나 상의를 벗어 재낀 채 등장하는 레드불의 호주인 드라이버 다니엘 리카르도**Daniel Ricciardo**는 경주에서 이긴 적은 거의 없었지만, 백만 불짜리 미소와 능청스러운 캐릭터로 새로운 팬층을 대거 끌어들였다.

이런 스타성은 팀의 실제 에이스인 우울한 표정의 네덜란드인 막스 베르스타펜과 극명한 대조를 이루었다. 그는 F1의 중하위권 드라이버인 요스 베르스타펜**Jos Verstappen**과 고카트 레이서 출신인 소피 쿰펜**Sophie Kumpen**의 아들로 태어나, 사실상 패독에서 자라다시피 한 사람이었다. 16살에 이미 레드불 프로그램에 들어가 토로 로소팀의 테스트 드라이버로 시작했고, 17살에 F1 그리드에 섰는데, 이는 역대 최연소 그랑프리 데뷔 기록이었다(이후 FIA는 포뮬러 1 드라이버가 되는 최소 연령을 18세로 높여 그의 기록이 오래

남도록 했다).

루이스 해밀턴 이후 이토록 천부적인 재능을 가진 이는 없었다. 막스가 보여준 10대 특유의 오만함과 공격적인 주행은 젊은 시절의 해밀턴을 떠올리게 했다. 해밀턴이 누가 봐도 아일톤 세나의 후계자였다면, 엔지니어들에게 소리치고 지시를 좀처럼 듣지 않는 베르스타펜은 미하엘 슈마허와 더 가까웠다. 그는 훗날 자신의 라이벌이 될 인물과는 달리, 패션이나 레드 카펫, 글로벌 유명인사 같은 데는 전혀 관심이 없었다. 차라리 막스는 방구석에서 컴퓨터로 F1 비디오 게임을 하는 편이 더 좋았다. 어쩌면 그래서, 카메라맨들은 대회에서 우승하는 레드불 드라이버보다 외향적인 리카르도를 조금 더 좋아했을지도 모른다.

〈F1, 본능의 질주〉는 정통 다큐멘터리가 아니었으므로 그 문법을 따를 필요가 없었다. 대본은 없었지만 그렇다고 모든 대화가 자연스러운 것도 아니었다. 제작진이 한두 마디 질문을 던져 대화를 유도하기도 했고, 때때로 선정적인 방향으로 편집되기도 했다. 네 번째 벽을 깨는 장면°도 반복적으로 등장했다. 그러나 모두 상관없었다. 이곳이야말로 리얼리티 TV쇼의 금광이었다.

볼프는 이렇게 말한다. "처음에는 나도 싫었습니다. 호주로 가는 비행기에서 시즌 1 몇 편을 봤는데 끔찍했어요. 포뮬러 1이 할리우드로 변해 있더군요."

° 화면 속 세계와 관객 사이에 있다고 여겨지는 보이지 않는 벽을 깨는 연출. 예컨대 인물이 카메라를 직접 바라보며 시청자들에게 말을 거는 식이다

　그동안 '락커룸 내부'를 보여주려는 스포츠 시리즈는 많았다. 〈하드 녹스**Hard Knocks**〉는 2001년부터 NFL 팀의 내부가 어떻게 돌아가는지를 보여줬고, 아마존도 비슷한 내용의 스포츠 광고물인 〈올 오어 낫싱**All or Nothing**〉 시리즈를 제작했다. 〈F1, 본능의 질주〉가 그들과 다른 점은 어느 한 팀에만 집중하지 않았다는 데 있었다. 이 시리즈는 F1 전체에 걸쳐 이야기를 끌어내고 라이벌 구도를 캐낼 수 있었다. 제작자들은 미처 예상치 못한 장면들을 너무 많이 건져 올려, 오히려 어떻게 써야 할지 모를 정도였다. 스파이게이트 하나로 실제 붕괴 직전까지 갔던 F1의 은밀한 세계가 이렇게 솔직해질 줄은 누구도 예상하지 못했다.

　〈F1, 본능의 질주〉의 프로듀서 폴 마틴은 이렇게 말한다. "유럽의 성공한 사업가와 억만장자들이 노스햄프턴셔 주차장에 있는 자동차 앞날개 때문에 화를 내는 모습을 볼 수 있는 TV쇼는 흔치 않습니다."

　번번이 지는 팀에까지 관심을 끌어낼 수 있는 스포츠 쇼도 흔치 않다. 그러나 넷플릭스는 그리드 후미의 패배자들을 영웅으로 만들었고, 9위를 두고 펼치는 대결을 거리의 혈투처럼 그려냈다. 1980년대와 1990년대 F1의 전성기에도 열성팬들조차 2군 팀 드라이버들을 구분하기 어려워했다. 하지만 이제 그들은 매 시즌당 10편의 에피소드 속에서 희망과 꿈, 무전기를 통해 터뜨리는 분노를 지켜보며 그들의 생생한 이야기를 속속들이 알게 되었다. 〈F1, 본능의 질주〉는 누가 이겼는지를 아는 것이 스포츠 프로그램이라는 기존 관념을 정면으로 거부했다. 식상해진 경쟁을 재포장한 것에 불과한 이 프로그램이 통한 이유는, 애초에 승부의 결과가 그다지 중요하지 않았기 때문이다.

팀들의 개방성보다 더 놀라운 점은 이 쇼가 대히트를 기록했다는 것이다. 넷플릭스는 새로운 사이드팟 설계만큼이나 시청 통계를 철저히 숨겼지만, 이 프로그램의 출연자들은 관객층의 증가세를 일상에서 피부로 느낄 수 있었다. 친구, 친척, 이웃들이 갑자기 중하위권 팀과 드라이버에 관심을 보였을 뿐만 아니라 그랑프리 티켓을 구해달라고 부탁했다.

해밀턴은 이렇게 말한다. "사람들이 F1을 이해하는 데 필요한 몇 년의 시간을 순식간에 앞당겼어요. 오랫동안 F1을 보지 않던 사람들이 열성팬이 되었다고 나에게 연락해 옵니다."

쇼는 그 자체만으로도 매우 볼만했다. 입문자를 위한 친절한 설명, 극적으로 조명된 고해성사 인터뷰, 꿈 같은 로케이션에서 펼쳐진 차고 안과 트랙을 비춘 영상까지. 그러나 세계 어떤 제작자도 예측하지 못한 것은 〈F1, 본능의 질주〉가 나온 절묘한 타이밍이었다.

2020년 2월 28일에 공개된 시즌 2에는 이제 메르세데스와 페라리가 합류했다. 그다음에 일어난 일은 다들 기억할 것이다. 포뮬러 1에 조금도 관심 없었던 수많은 사람들이 집에 머물며 넷플릭스를 정주행하게 될 운명이었다.

포뮬러 1도 팬데믹을 피할 수는 없었다. 다만 상황의 심각성에 대한 깨달음은 다른 곳들보다 빨리 찾아왔다. 팀과 관계자들은 3월 중순 시즌 첫 그랑프리를 위해 지구 반 바퀴를 돌아 멜버른에

도착했다. '신종 코로나바이러스'라는 헤드라인이 신문 1면을 장식해 공포를 유발하기 시작하던 바로 그때였다. 그러나 금요일 첫 연습 주행이 시작되기 몇 시간 전까지만 해도 F1은 대회를 치를 준비가 되어 있었다. 그러다 갑자기 상황이 변했다. 팀들은 단 한 바퀴도 돌지 못한 채 장비를 싸서 호주를 떠났다. 언제 다시 트랙에 오를 수 있을지는 불확실했다.

그랑프리가 열리지 않은 채 4개월이 지나갔다. 그러나 F1은 〈F1, 본능의 질주〉를 통해 팬데믹 초기 사람들이 집착하는 대상 중 하나가 되고 있음을 감지했다. '사워도우 빵 굽기'나 '바지 안 입고 화상회의 참석하기'와 마찬가지로 말이다. 2020년 넷플릭스의 히트작에는 사설 호랑이 동물원 이야기 〈타이거 킹〉과 가상의 체스 천재 이야기 〈퀸스 갬빗〉, 그리고 70년 역사를 자랑하는 모터스포츠 레이싱 시리즈가 포함되었다. 말도 안 되게, F1은 인류 역사상 가장 기묘한 미디어 환경 속에서 자신만의 영역을 확고히 다졌다. F1은 이 기회를 흘려보낼 수 없었다.

그래서 F1은 7월부터 12월 사이에 17번의 대회를 열기 위해 대대적인 노력을 기울였다. 모나코, 베트남, 캐나다, 미국 경기는 일정에서 빠졌고, 같은 장소에서 두 주 연속 레이스를 치르는 '백 투백' 방식이 도입되었다. 가상의 방역 버블° 안에서였다(F1은 큰 무리 없이 이렇게 할 수 있었다. 각 그랑프리 자체가 원래부터 하나의 버

° 레이스 운영에 필요한 모두를 외부와 접촉하지 못하게 격리한 집단 격리 시스템. 지정된 호텔과 서킷만을 오가며, 식사부터 이동까지 철저히 격리된 상태로 생활했다

블이나 다름없었기 때문이다). 오스트리아의 레드불 링**Red Bull Ring**, 영국의 실버스톤, 바레인의 사키르에서 연속된 일요일 레이스가 열렸다. 나머지 기간에는 각국의 방역 규정이 허용하는 지역으로 이동했다. 꼼짝없이 집에 갇힌 글로벌 시청자들의 TV를 사수하려는 F1의 노력은 효과가 있었다. 닐슨 조사에 따르면 2021년 말까지 F1은 10대 주요 시장에서 약 7,300만 명의 신규 팬을 확보했다. 분명히 무언가는 작동하고 있었고, 그 중심에는 넷플릭스가 있었다. F1의 내부자들조차 놀랐다. 누군가 〈F1, 본능의 질주〉가 글로벌 히트작이 될 것을 미리 알았다고 말한다면 그것은 거짓말일 것이다.

볼프는 이렇게 말한다. "그것이 천재적인 한 수였는지, 그저 운이었는지 우리는 모릅니다. 어떤 재료가 이 마법 소스를 만들었는지도 정확히 알 수 없죠."

□ ■ □ ■ □

중독성 강한 TV쇼를 통해 F1의 인기가 급증한 것에서 가장 인상적인 점은, 'F1 팬'이라는 개념 자체가 확장되었다는 데 있다. 이 쇼의 열성팬들은 이제 가능한 한 많은 콘텐츠를 흡수하려 했고, 주말마다 레이스 시청에 몇 시간이라도 기꺼이 투자했다. 2시간이나 이어지는 그랑프리가 여전히 기술적이고 지루하기는 마찬가지였음에도 말이다. 반면 타이어 전략이든, 심지어 누가 몇 위로 들어왔든 전혀 신경 쓰지 않는 팬들도 있었다. 그들이 보고 싶어 한 것은 토토와 크리스천이 설전을 벌이는 장면, 루이스가 파리 오트 쿠튀르를 입고 등장한 모습, 요트 위에서 펼쳐지는 셀럽들의 화려한 모습, 그리고 다니엘 리카르도가 인스타그램에서 장난치는 풍경이었다.

정작 F1 자체의 위계질서는 거의 변하지 않았다. 메르세데스가 여전히 압도적인 선두였던 탓에 그들의 독주가 도드라지게 보이지 않을 정도였고, 소규모 팀들은 여전히 승점 몇 점을 놓고 절박하게 다투었으며, 페라리는 여전히 팬들의 화를 돋울 또 다른 방법을 찾아내고 있었다.

2021년 초에 리버티가 F1의 CEO로 임명한 전 페라리 사장 스테파노 도메니칼리는 이렇게 말한다. "우리는 서로 다른 관객층을 보유하고 있고, 그 모두를 존중해야 합니다. 먼저, 우리의 라이프스타일에 관심 있는 관객이 있습니다. 이제 F1은 '와야 할 곳'으로 인식되고 있고, 그래서 그 관객들의 언어로 말해야 합니다. 그런가 하면 기술적인 면에서 아주 정밀한 분석을 원하는 팬들도 있습니다. 그들에게는 그에 맞는 서비스와 콘텐츠, 데이터 분석을 제공해야 합니다. 그리고 F1을 비즈니스 관점에서 논하는 또 다른 커뮤니티가 등장했습니다. 이것이 바로 오늘날 우리가 처한 상황의 묘미입니다."

리버티 F1 본사 내부에서는 이제 새로 유입된 팬들을 하나의 깔때기처럼 상상했다. 전형적인 컨설트식 표현이지만, 〈F1, 본능의 질주〉나 드라이버들의 SNS 같은 깔때기 입구를 통해 팬층을 흡수했으니, 이제 그 아래에 있는 진짜 사업, 레이싱이 그들을 받아먹는다는 전략이었다. 문제는 팬들을 이 깔때기의 입구에서 바닥으로 이동시킬 방법을 찾는 것이었다. 그러나 머지않아 F1의 방송 책임자 이언 홈즈**Ian Holmes**는 놀라운 사실을 깨닫게 된다. 그 깔때기 안에 있는 사람 중에는 F1의 팬을 자처하며 상품도 사고 F1 콘텐츠를 소비하면서도, 정작 그랑프리를 처음부터 끝까지 볼 생각은 전혀 없는 사람들이 있었다.

홈즈는 이렇게 말한다. "레이싱 시청 단계까지 가지 않는 사람도 분명히 있을 겁니다. 그러나 그들이 다양한 방식으로 F1과 소통할 기회를 주는 것이 우리의 역할입니다."

넷플릭스에서 드라마틱한 시리즈를 보다가 생중계 F1 경주로 옮겨간 이들은 곧 이전과는 상당히 달라진 방송을 눈으로 확인했다. 트랙 포지션과 소수 전문가의 분석에 치중하던 구태를 벗어던지고, 새로운 접근 권한과 데이터로 빠르게 채워지기 시작했다. 에클스턴이 의도적으로 방송에서 배제해 왔던 것들, 이를테면 차고의 내부 영상이나 무선 교신 내용까지도 모두 화면에 오르고 있었다.

그 프로젝트를 총괄한 인물은 루퍼트 머독의 열성적인 호주인 제자이자, 스포츠를 TV에 멋지게 나오도록 하는 일에 30년을 바쳐온 데이비드 힐**David Hill**이었다. 그는 1970년대에 호주의 크리켓 중계를 혁신하며 미디어 사업주인 케리 패커**Kerry Packer**를 구렁텅이에서 건져 올리고, 1990년대 초에는 영국 프리미어리그를 영국 TV 상품으로 탈바꿈시키며 루퍼트를 구했으며, 1993년에 폭스가 미국 NFL 권리를 획득할 때 루퍼트를 두 번째로 구했다고 농담처

럼 말하곤 했다. 이제 그는 오랜 친구인 체이스 캐리와 포뮬러
1을 위해 다시 한번 그 일을 하려고 했다.

힐과 캐리는 미국 폭스 스포츠의 초창기부터 함께 일해온 사이
였다. 당시 그들은 미국의 스포츠 시청자에 대해 급진적으로 재평
가하는 작업을 몇 가지 함께 해냈다. 그중 하나는 미국 스포츠 팬
들은 흔히 생각하던 것보다 유럽인과 훨씬 더 비슷하다는 사실을
알게 되었다. 다시 말해 그들의 취향은 다양하고 이질적이었다.
미국은 야구의 나라도, 미식축구의 나라도, 농구의 나라도 아니었
다. 네브래스카 콘허스커스, 시카고 불스, 시애틀 매리너스처럼
각 지역마다 열렬한 추종자를 거느린 팀들의 집합체였고, 그래서
탄생한 것이 폭스 스포츠 지역 네트워크였다. 그것은 특정 시장의
팬을 공략한 새로운 방식이었을 뿐만 아니라, 폭스 스포츠가 전국
네트워크를 이미 확보한 ESPN과 맞붙지 않기 위해 택한 우회 전
략이기도 했다.

힐의 시각을 바꾼 또 하나의 프로젝트는, 모두가 미국에서는 관
심 없을 거라 말하던 또 다른 스포츠, 즉 축구 전용 채널을 런칭한
일이었다. "우리가 축구 채널을 시작할 때 모두가 비웃었습니다."

그러나 캐리는 생각이 달랐다. 캐리와 함께 혁신적인 변화를
이끌어낸 경험이 있었던 힐은, 리버티가 F1을 인수하자마자 캐리
에게서 가장 먼저 전화를 받은 인물 중 하나였다. 그들은 다시 한
번 모든 사람이 유럽 전용 상품으로 여기던 것을 재포장해서 팔아
야 했다. 수요가 별로 없어 보이는 미국 시장에 말이다.

힐이 파악한 첫 번째 문제는 F1이 TV쇼가 아니라 공학 프로젝

트처럼 보인다는 것이었다. 따라서 F1을 한 번도 본 적 없는 사람들에게는 불친절하게 느껴졌고, 큰맘 먹고 한두 번 구경해 본 사람들에게는 굉장히 난해하다고 여겨졌으며, 힐이 보기에는 도무지 끝까지 시청하기 어려운 프로그램처럼 느껴졌다. 그는 뭔가 이상하다는 생각이 들었다. 1980년대 중반에 그가 호주에서 처음으로 F1 중계를 제작하면서 받은 첫인상은 이 스포츠가 절대적인 탁월함과 성능, 완벽주의를 상징하는 듯했기 때문이다. 그들은 왜 그동안 그런 이미지를 팔지 않았을까?

힐은 처음으로 지켜본 그랑프리를 이렇게 말한다. "포뮬러 1을 처음 봤을 때 마치 다른 문명에 들어선 것 같았어요. 그곳에서는 트럭을 모는 사람조차 세계 최고의 트럭 운전사로 보였지요."

이제 그의 임무는, 수년간 차들이 대열을 지어 빙빙 도는 모습만 지켜보느라 무감각해진 관중에게 그 사실을 전달하는 것이었다. 그 출발점은 접근성, F1을 쉽게 다가갈 수 있는 존재로 만드는 작업이었다. 그동안 버니가 꼭꼭 감춰왔던 정보를 화면에 모두 풀어내야 했다. 힐은 직원들에게 "우리 안에 성역은 없다"고 선언했다.

힐은 서킷과 패독에 카메라를 더 많이 설치하도록 했다. 음향 설계를 어떻게 하느냐에 따라 그 어떤 영상보다 팬들의 본능적인 반응을 더 끌어낼 수 있다고 생각한 그는, 첫 몇 바퀴 동안에 모든 마이크의 볼륨을 최대한 올리라고 지시하기도 했다. 이는 폭스에서 나스카 프로그램을 제작하며 터득한 요령이었다. 팬들이 출발 신호와 함께 터져나오는 굉음을 들어야만 20대의 F1 카가 첫 코너로 돌진할 때의 진동을 느낄 수 있다고 믿었다. 무엇보다 힐은 생중계 화면에 항상 실시간 기록 정보와 순위가 표시되어 있어야 한다고 생각했다. 그래야 사람들이 막 채널을 돌린 시청자도 무슨 상황인지 즉각 파악할 수 있기 때문이다.

아이러니하게도, 이 마지막 요구야말로 가장 설득하기 어려운 부분이었다. 힐은 화면의 잡다한 장식들이 얼마나 논쟁적인 요소가 될 수 있는지 경험으로 알고 있었다. 1990년대 초 스카이스포츠Sky Sports가 프리미어리그 중계에 경기 시간 기계를 도입했을 때, 축구 팬들은 이를 싫어했다. 하지만 힐이 NFL 방송에서 도입한 '폭스 박스'에 미식축구 팬들이 기겁한 정도만큼은 아니었다. 그것은 시청자에게 경기 점수와 남은 시간을 알려주는 기능이었다.

"살해 협박을 다섯 번이나 받았어요." 힐은 말했다.

힐이 미식축구 경기 화면에 추가한 '퍼스트 다운 라인first-down line' 은 한결 나은 반응이었다. 시청자들은 그 선을 통해 팀이 플레이 마다 해야 할 일을 알 수 있었다. 포뮬러 1에서는 각각의 드라이 버의 위치와 앞차와의 격차, 그리고 열성팬들을 위해 타이어 종류 가 무엇인지까지도 보여줄 필요가 있었다.

힐은 F1이라는 쇼에 어울리는 새로운 사운드트랙을 입혔다. 수 십 년 동안 포뮬러 1의 상징과도 같았던 테마곡은 BBC가 선택한 플릿우드 맥의 1977년작 〈더 체인The Chain〉에서 약 3분 지점에 흐 르는 기타 연주 부분이었다. 힐은 그 테마가 '아재들의 음악'이라 고 생각했다. 새로운 팬에게는 여름 블록버스터와 고급 비디오 게 임을 연상시키는 웅장하고 가슴 벅찬 사운드가 필요했다. 그래서 그는 영화 〈분노의 질주〉 시리즈와 〈어쌔신 크리드〉 게임 시리즈의 테마 음악을 작곡한 브라이언 타일러에게 곡을 의뢰했다. 힐이 부탁한 곡의 분위기는 '다가오는 파멸'이었다. 예를 들면 숀 코너리 주연의 잠수함 영화 〈붉은 10월〉이나 소련 국가의 느낌이 나야 했다.

타일러가 만든 곡을 30초만 들어보면 이런 조건을 완벽하게 충족했음을 알 수 있다.

곧 그랑프리를 보는 경험 자체가 변하기 시작했다. F1은 다르게 보이고 다르게 들리기 시작했다. F1이 '일요일 오후의 낮잠 유도 방송'이라는 평을 벗어날 수 있다면, 이러한 중계 철학의 급진적인 변화가 그 공의 8할을 차지할 터였다. 그리고 그 모든 변화의 밑바탕에는 F1이 존재한 이래 67년간 거의 고민해 본 적 없는 근본적인 관점 전환이 자리하고 있었다. 즉 제작진에게 무엇이 진짜 중요한지 알려주는 일이었다.

힐은 이렇게 말한다. "버니 시절에는 그저 트랙을 도는 차들을 따라다니는 게 중계의 임무였죠. 그러나 스타는 드라이버지, 차가 아니지요."

그것은 〈F1, 본능의 질주〉 제작진이 깨달은 바와도 일치했다. 현역 그랑프리 드라이버는 단 20명에 불과하다. 오늘날 지구상에서 포뮬러 1 차량 운전을 생계로 삼는 사람은 뉴욕 양키스 선수보다도 적다. 그리고 양키스 선수 중 누구도 출근할 때마다 목숨을 걸지는 않는다. 힐은 이 젊은이들이 현대의 검투사라는 사실을 세상에 상기시키고 싶었다. 그리고 다행히 F1의 드라이버들은 대부분 꽤 잘생긴 외모를 지녔다. 그래서 중계 화면의 모든 요소는 드라이버의 얼굴을 화면에 오래 담도록 재구성되었다. 사람은 기본적으로 사람에게 끌리지, 1,000마력의 기계나 차량 색상에 반응하지는 않는다. 관객들을 계속 불러 모으는 힘은 드라이버들과 느끼는 유대감에서 나온다. 리버티 미디어 임원들이 그들의 드라이버가 패독에서 헬멧을 쓴 채 걸어다니는 모습을 볼 때마다 가슴을 친 것도 바로 그 때문이었다. TV쇼에는 그들의 얼굴이 필요했다.

리버티는 곧 그 직감이 옳았다는 증거를 얻었다. 더 신선해진 중계와 〈F1, 본능의 질주〉 효과가 더해지면서 거의 모든 지역에서 시청률이 오르기 시작했다. 그러나 그들을 가장 고무시킨 것은, CVC가 뚫지 못했고 버니 에클스턴이 애초에 애쓸 가치도 없다고 여겼던 바로 그 시장에서 나온 수치였다.

□ ■ □ ■ □

포뮬러 1은 오랫동안 미국 텔레비전 중계를 얻기 위해 애써왔다. 이 스포츠는 테이프 녹화 중계의 황무지를 거쳤고, '스피드 채널'이라는 무명 케이블TV의 변방을 떠돌았으며, 그리고 NBC와 함께한 4시즌은 리버티에 인수되며 성과 없이 막을 내렸다. NBC가 방송 사업의 직접적인 경쟁자에게 F1이 인수되는 것을 보고 계약 갱신을 거절한 것은 충분히 이해할 만한 일이었다.

2017년 당시 리버티가 보는 F1의 TV 사업 전망은 너무나 암울해서, ESPN과 중계 계약을 맺을 때 사실상 공짜로 권리를 넘기기까지 했다. 그만큼 미국 시장에 발판이 절실했다. '스포츠의 리더'인 ESPN에서 처음으로 시즌을 중계한 이듬해, F1은 경기당 평균 55만 4,000명의 시청자를 기록했다. 이 수치는 2019년과 2020년에 걸쳐 꾸준히 올라 NBC가 인기 방송으로 간주하던 영국 프리미어리그의 평균과 대략 비슷해졌다. 차이가 있다면, 프리미어리그가 주말마다 열리고 최소 5개의 방송 시간대를 차지하는 데 비해, 포뮬러 1은 격주로 개최되고 대부분의 경기는 시청자들이 커피를 두 잔을 마시기도 전에 끝나버렸다는 점이다.

세상에서 가장 화려한 인포머셜 상품인 〈F1, 본능의 질주〉는 이 모든 판도를 바꿔놓았다. 팬데믹이 시작된 지 1년이 지나고 F1이 다시 세계 일주를 시작하던 2021년 초, 이 시리즈의 세 번째 시즌이 공개되었고 즉시 넷플릭스 글로벌 차트 1위에 올랐다. 뒤이어 ESPN의 그랑프리 시청률도 급등했다. 해당 시즌의 경기당 평균 시청자 수는 94만 9,000명을 기록하며 전년 대비 56퍼센트 상승했다. 2022년에는 다시 121만 명으로 올랐다.

그것이 바로 리버티가 미국 시장에 사활을 걸고 돌진하는 데 꼭 필요했던 결정적 근거였다. 2012년부터 2019년까지 이 스포츠가 미국 내에 존재한 유일한 장소는 오스틴 그랑프리였다. 관객 동원은 나쁘지 않았다. 3일간 약 25만 명이 텍사스로 몰려드는 이 대회는 음악 페스티벌을 연상케했다. 그러나 F1은 그곳에서 큰 미래를 보지 못했다. 도메니칼리는 "불과 몇 년 전까지만 해도 우리는 과연 계속해야 할까, 투자할 가치가 있을까를 고민했다"고 회상한다.

그 책임의 일부는 F1에게 있었다. 도메니칼리는 당시 이 스포츠가 "너무 오만했다"고 말한다. "우리는 하나의 상품을 들고 와서 '이게 전부다'라고 했던 셈이죠. 그냥 여기 와서 3일간 포뮬러 1을 떠들다가 그다음에는…" 하고 그는 심전도 모니터가 꺼질 때 나는 소리를 흉내 냈다.

리버티는 인수 당시 마지막 한 수를 염두에 두고 있었다. 넷플릭스 효과가 나타나기 전이었고 이 프로젝트가 실현될지 확신할 수 없던 2017년 초부터 그들은 마이애미에서 그랑프리를 개최하기 위한 준비를 시작했다. CVC 시절의 구상을 이어받은 초기 안은 야자수가 우거진 비스케인 대로를 따라 플로리다만과 사우스비치의 드넓은 전망이 바라다보이는 4킬로미터의 서킷이었다. 그러나 교통 체증과 소음, 주말 내내 응석받이 유럽인들에게 도시를 내줘야 하는 불편함에 대해 주민들이 불평하자 시 당국은 그 계획을 무산시켰다. 마이애미는 그런 일에 이미 익숙한 도시였다.

플랜 B는 덜 매력적이었다. F1은 마이애미 돌핀스의 구단주이자 유럽 축구팀들의 여름 투어를 적극적으로 주도해 온 스티븐 로스와 손잡고, 그의 스타디움을 중심으로 서킷을 설계했다. 숀 브래치스는 처음엔 그 위치에 관심이 없다고 말했지만, 2년간 행정상의 장애를 겪고 나서 입장이 누그러졌다. 리버티의 레이스 실현 의지가 워낙 컸던 나머지 마이애미의 개최비를 면제해 주었다는 보도까지 나올 정도였다. 로스는 자신이 소유한 경기장과 그 주변 부지를 내놓아, 마이애미는 아니지만 마이애미나 다름없는 도시인 마이애미 가든스에서 비교적 큰 잡음 없이 그랑프리를 열 여건을 마련했다. 지역 주민들은 여전히 과도한 소음을 이유로 소송을 걸었지만, 인근에서 열리는 3일간의 경주가 법적 구제가 필요한 수준의 청각적 고통을 일으킨다는 것을 입증하지는 못했다.

결국 F1은 미국식의 초대형 이벤트, '마이애미판 모나코'를 마음껏 펼칠 수 있었다. 미국의 오랜 무관심과 팬데믹을 지나 〈F1, 본능의 질주〉에 힘입어 맞이한 2021년, 이 경주는 마치 포뮬러 1의 미국 데뷔 파티처럼 느껴졌다. 알핀**Alpine**팀의 CEO 로랑 로시**Laurent Rossi**는 이렇게 말했다. "한때 이 스포츠는 '오로지 자동차광만을 위한 엔지니어들의 챔피언스리그'였죠. 이제 사람들은 쇼 비즈니스의 부활을 맞이할 준비가 되어 있었습니다."

마이애미는 넷플릭스 팬들을 위한 맞춤 무대였다. 자동차와 레이스는 여전했으나(그건 앞으로도 마찬가지일 것이다) 스트리밍 속 환상 세계에서 약속했던 모든 것들이 이제 현실에서 구현됐다.

도메니칼리는 이렇게 표현했다. "우리는 지금 미국에서 압박 면접을 보는 단계에 있습니다."

그 면접에서 가장 어려운 질문 중에는 포뮬러 1이 전혀 예상치 못한 것도 있었다. 미국에서의 폭발적인 성장과 소셜 미디어 영향력의 확대 속에서 F1은 그동안 미처 고려하지 않았던 문제들에 직면했다. 2020년과 2021년, 흑인의 생명도 소중하다는 운동**Black Lives Matter**이 미국과 유럽 양쪽의 프로 스포츠계를 휩쓸었다. F1은 세계에서 가장 백인 중심적인 스포츠답게, 이 상황을 예상대로 매끄럽지 못하게 대처했다.

2020년 7월, 팬데믹 이후 처음 열린 레이스에서 루이스 해밀턴은 13명의 드라이버와 함께 출발 전에 인종차별에 반대하는 표시로 무릎을 꿇는 퍼포먼스를 주도했다. 그러나 막스 베르스타펜, 샤를 르클레르, 키미 라이코넨을 포함한 6명의 드라이버는 참여를 거부하고, 대신 '인종차별을 끝내자**End Racism**'라고 적힌 티셔츠를 입는 데 그쳤다.

해밀턴은 NBA에서 프리미어리그에 이르는 다른 종목의 선수들이 그랬듯, 그 이후에도 계속 무릎을 꿇었다. 그리고 그해 시즌 후반, 또 다른 미국 경찰의 흑인 폭력 사건 이후, 해밀턴은 투스카니 그랑프리 시상대에서 "브레오나 테일러를 죽인 경찰들을 체포하라"는 문구가 적힌 티셔츠를 입고 다시 한번 F1에 현실 세계를 끌어들였다. 해밀턴은 일곱 번째 월드 챔피언 타이틀을 눈앞에 두고 마침내 자신의 목적을 찾았다.

그는 이렇게 말했다. "항상 '왜 나일까?'라고 생각해 왔어요. 왜 F1에 올라온 유일한 흑인 드라이버가 나인지, 그것도 선두에 있는지. 내가 여기 있는 데에는 더 큰 이유가 있음이 틀림없다고 생각했습니다."

포뮬러 1은 그 이유가 서킷 안으로 들어오는 걸 달가워하지 않았다. 투스카니 레이스 직후 소치 러시아 그랑프리 직전, FIA 레이스 책임자 마이클 마시**Michael Masi**는 해밀턴이 입은 종류의 티셔츠를 금지한다는 방침을 발표했다. 그 지침에는 레이스 후 절차 내내 상위 3명의 드라이버는 '드라이빙 슈트만 입고 목까지 완전히 여며야 하며, 허리까지 열린 채로 있으면 안 된다'라고 적혀 있었다.

해밀턴은 이를 대수롭지 않게 넘겼다.

"제가 뭔가를 할 때마다 규칙이 많이 바뀌었죠."

그 사건은 리버티 체제하에 F1이 저지른 보기 드문 실수였다. 리버티는 맥스 모슬리와 에클스턴 시절에 흔했던 일방적인 통제에서 벗어나, 드라이버들이 개성을 드러내도록 장려해 왔다. 버니의 세계에서는 팀이 중심이었다. 에클스턴은 팀과 FIA, 그리고 이 스포츠의 프로모터인 F1이라는 세 파벌 사이의 불안한 균형을 관리하는 사람으로서, 개별 드라이버의 트랙 밖 관심사에는 흥미가 없었다. 어차피 그들은 모두 대체 가능했기 때문이다. 그러나 리버티는 그들을 슈퍼히어로로 만들었고, 팬을 위해 이들을 F1 시네마틱 유니버스의 주인공으로 내세웠다.

도메니칼리는 이렇게 말한다. "감정적 연결입니다. 우리 드라이버들은 다른 스포츠처럼 수백 명이 아니라 겨우 20명에 불과하죠. 이들이야말로 우리 비즈니스의 보석입니다."

포뮬러 1은 넷플릭스를 통해 이 산업의 엔터테인먼트 측면을 배웠다. 물론 F1은 모터스포츠의 정점이자, 자동차 공학의 최첨단이었다. 그러나 그들이 다루는 이 스포츠의 본질은 드라마와 위험, 그리고 영광이었다. 새로운 관객들이 매료된 것도 바로 그 대목이었다. 그리고 2021년을 향해 나아가던 F1은 넷플릭스조차 각본으로 쓸 상상조차 못했던 시즌을 선보이게 된다.

15장 ——— 아부다비 2021

2021년 12월, 토토 볼프는 아부다비에 도착했을 때부터 뭔가 엄청나게 잘못될 것 같은 예감을 떨칠 수 없었다.

이상한 일이었다. 불과 몇 주 전까지만 해도, 이 시즌의 모든 흐름은 메르세데스에 유리하게 돌아가고 있었기 때문이다. 루이스 해밀턴은 불과 4경기만을 남겨두고 레드불의 유망주 막스 베르스타펜에게 종합 순위 19점 차로 뒤져 있었지만, 브라질, 카타르, 사우디아라비아에서 3경기 연속 압도적 승리를 기록하며 그 격차를 없애버렸다. 메르세데스 W12가 다시 힘차게 따라잡고 있었다. 루이스는 이제 시즌 마지막 그랑프리에서 막스보다 먼저 결승선만 통과하면 역대 최다인 여덟 번째 월드 챔피언십을 차지하게 된다. 메르세데스와 해밀턴은 다시 스스로의 운명을 손에 쥐고 있었다.

그런데도 볼프는 불안했다. F1에서 최고의 차와 드라이버가 있다는 사실만으로는 승부를 매듭짓지 못할 수도 있다는 생각을 떨칠 수 없었다. 그는 풍부한 모터스포츠 경력에 비춰볼 때 이런 대결은 어느 드라이버가 먼저 결승선을 통과하느냐로 결정되는 경우가 거의 없다는 걸 알았다. 세나, 프로스트, 슈마허… 포뮬러 1의 역사는 최종전에서 온갖 꼼수와 소동들로 가득했다.

게다가 이번 시즌은 유독 소동이 잦은 해였다. 그해 여름, 비로 흠뻑 젖은 벨기에 스파-프랑코샹Spa-Francorchamps에서의 그랑프리는 고작 두 바퀴를 돈 다음부터 내내 세이프티 카 뒤꽁무니만 보다가 끝났다. 실제 경주는 단 한 순간도 없었지만, FIA 경주 책임자 마이클 마시가 차들을 트랙으로 내보내기로 한 이해하기 어려운 결정 덕분에 주최 측은 경주 포인트를 부여했고, 그 결과 베르스타펜은 해밀턴과의 격차를 더 벌릴 수 있었다.

사우디아라비아에서는 상황이 더 심각했다. 시즌 세 번째로 막스와 루이스가 충돌한 후 FIA가 다시 한번 신문 1면을 장식했다. 레드불의 경기 운영 감독 조너선 휘틀리Jonathan Wheatley가 마시와 협상하는 대화가 TV에 생중계되었다. 베르스타펜이 해밀턴에게 트랙 포지션을 양보할지, 아니면 페널티를 받을지를 두고 마시와 협상하고 있었다. 레드불의 크리스천 호너는 그 장면을 두고 "마치 시장 바닥을 보는 것 같았다"라고 말했다. F1 규정은 원래도 충분히 복잡했다. 그런데 이제는 그 규정이 실시간으로 토론되고 흥정의 대상이 되고 있었다.

볼프는 아부다비에서도 논란이 일어날 수 있다는 점을 우려했다. 그래서 만약을 위해 전문 변호사를 걸프 지역으로 불러들였다. 메르세데스에 어떤 분쟁이라도 생기면 도움을 얻기 위해서였다. 물론 그런 일이 없기를 바랐다. 그리고 볼프는 포뮬러 1이 마땅히 보여주어야 할 깨끗하고 공정한 승부를 위해 모든 이가 뜻을 같이하고 있는지 확인하고자, 반드시 이야기를 나눠야 할 사람이 한 명 있다는 걸 알고 있었다.

아부다비 그랑프리를 앞둔 수요일, 토토는 마이클 마시를 점심 식사에 초대했다.

□ ■ □ ■ □

마이클 마시는 16살 때 시드니 서부의 한 경주 트랙에서 자원봉사자로 커피를 나를 때부터 포뮬러 1에서 일하는 것이 꿈이었다. 그는 자신의 꿈을 위해 20년 가까이 F1의 중심지에서 지구 반대편에 떨어진 호주 투어링카와 슈퍼카 현장에서 묵묵히 경력을 쌓아 올렸다.

그러던 2018년에 그는 FIA의 찰리 화이팅**Charlie Whiting**으로부터 전화를 받았다. 그는 1988년부터 변함없이 포뮬러 1의 경주 책임자를 맡아온 같은 호주인이었다. 그가 트랙에 미치는 영향력은 트랙 밖에서 버니 에클스턴이 발휘하는 것만큼이나 컸다. 2005년 인디애나폴리스에서 벌어진 미쉐린 사태 당시 추가로 시케인을 설치하자는 제안을 거부한 장본인이었고, 2014년에 한 드라이버가 크레인과 충돌하여 결국 치명적인 코마에 빠진 사건이 일어난 후 콕핏 보호 장치인 헤일로**Halo** 도입을 주도한 것도 그였다. 그는 드라이버 안전을 크게 향상시킨 공로로 평가받았다. 그런 화이팅이 지금 마시에게 자신의 부관이 되어 달라고 요청한 것이다.

그 견습 기간은 겨우 아홉 번의 경기로 끝났다. 마시는 화이팅의 오른팔이 되어 2019년 시즌을 함께 준비하고 있었다. 그러나 시즌 개막전인 멜버른 그랑프리를 며칠 앞둔 어느 아침, 화이팅이 정례 브리핑에 나타나지 않았다. 그는 밤사이 폐색전증을 일으켰고, 66세의 나이로 세상을 떠났다. 마시는 '멘토를 잃었다'고 말했다.

마시는 전투 중에 지휘권을 넘겨받은 장수가 되었다. 42세의 그는 30년 만에 FIA가 새로 맞아들인 F1 경주 책임자가 됐다. 그러나 F1의 일부처럼 여겨지던 화이팅과 달리, 마시는 완전히 낯선 인물이었고, 아닌 게 아니라 패독은 그의 미숙함을 곧바로 알아챘다. 2020년에 그는 터키에서 크레인이 아직 트랙에 있는 상태로 예선을 시작한 일로 거센 비판을 받았다. 같은 해 에밀리아 로마냐에서는 레이스 마셜race marshal°들이 트랙을 완전히 빠져나가기도 전에 여러 대의 차량이 세이프티 카를 추월하도록 허용한 책임도 져야 했다.

드라이버들은 마시와 대화할 때마다 그가 그들의 말을 일방적으로 끊기 일쑤라고 불평했다. 루이스 해밀턴이나 세바스티안 베텔 같은 베테랑들이 경주 전 미팅에서 의견을 제시해도, 그는 귓등으로도 듣지 않았다.

°　트랙 위의 현장 운영 요원

그래서 볼프는 아부다비에서 그와 점심을 나누며 상황을 바꿔 보기로 했다.

그가 말했다. "이건 정말 중요해요, 마이클. 드라이버들 말을 들어야 해요. 열린 마음으로 사안들을 봐주시고요. 이번 주말에는 모든 일이 제대로 굴러가야 해요. 가르치려는 건 아니지만 제 생각엔, 드라이버들을 설득하고 함께 가야 합니다. 그들의 피드백을 수용하세요."

마시는 볼프의 말을 알아들었고, 상황의 중요성도 알겠다고 답했다. 그의 말이 정말이라면 두 사람은 다시 이야기할 필요도 없을 것이었다.

□ ■ □ ■ □

토요일에 베르스타펜이 먼저 한 방을 날렸다. 레드불을 몰고 예선에서 폴 포지션을 차지한 것이다. 이어 일요일에 야스 마리나 **Yas Marina** 서킷에 황혼이 내려앉을 무렵, 그랑프리가 시작되자마자 해밀턴이 반격에 나섰다. 메르세데스를 힘껏 출발시킨 그는 첫 좌회전 코너로 들어가며 코끝을 먼저 내밀었다.

베르스타펜은 아홉 번째 헤어핀 코너에서 안쪽으로 파고들며 거의 선두를 되찾을 뻔했다. 그러나 해밀턴이 트랙 밖으로 크게 밀려났다가 다시 코스로 복귀하면서 여전히 경쟁자를 앞섰다. 사실상 코너를 잘라먹은 셈이었지만, 강제로 밀려났으므로 스튜어드들은 페널티는 필요 없다고 판단했다.

그 이후로는 해밀턴이 주도권을 잡았다. 레이스 중반이 지나자 베르스타펜과의 차이는 4초 이상으로 벌어졌다. 그리고 58바퀴 중 50바퀴째에는 격차가 11초까지 벌어졌고, 두 사람 사이에는 한 바퀴 뒤처진 5대의 차가 엉켜 있었다. 이 대결은 앞선 세 경기와 마찬가지로 해밀턴이 포디움 맨 위에 서는 결말로 흘러가는 듯 보였다. 크리스천 호너조차 불가피한 현실을 받아들이기 시작했다. 영국 중계진이 레드불 피트월에 있는 그에게 경주를 평가해 달라고 요청했을 때, 그는 솔직해질 수밖에 없었다.

그는 어깨를 으쓱하며 이렇게 말했다. "메르세데스의 페이스가 너무 강합니다. 막스가 전력을 다해 달리고 있지만, 남은 10바퀴에서 상황을 뒤집으려면 기적이 필요합니다."

그러나 그 기적은, 곧 한 젊은 드라이버가 F1 역사상 가장 결정적인 기동을 선보이며 벌어졌다. 그의 이름은 루이스도, 막스도 아니었다. 니콜라스 라티피**Nicholas Latifi**였다. 그리고 그는 포뮬러 1 레이스카를 운전하는 솜씨도 별로 뛰어나지 않은 인물이었다.

캐나다 억만장자의 아들인 라티피는 윌리엄스팀에서 뛴 지 거의 2년이 됐지만, 그동안 얻은 포인트는 고작 7점이었다. 아부다비에서도 그 포인트는 늘어날 기미가 보이지 않았다. 라티피는 주말 내내 애를 먹었던 14번 코너를 빠져나오던 중, 탈출 속도를 제어하지 못하는 바람에 그대로 차량을 방호벽에 들이받았다. 경주 책임자 사무실에서 피트 레인을 내려다보던 마이클 마시가 즉시 행동에 나섰다. 세이프티 카를 투입하고 마셜들에게 노란 깃발을 흔들게 했으며, 크레인이 라티피의 완파된 윌리엄스 차량을 치우는 동안 경주를 느린 속도로 묶어 두었다.

만약 그 충돌이 레이스 중반에 발생했다면 절차는 간단했을 것이다. 시간을 충분히 들여 정리 작업을 끝낸 다음 레이스를 재개하면 되었다. 그러나 지금은 58바퀴 중 53번째였다. 마시는 세이프티 카를 투입한 뒤 체커기가 흔들리기 전까지 트랙 정리가 끝나 정상적인 레이싱을 재개할 가능성이 크지 않다는 사실을 알고 있었다. 그렇다고 랩 수를 늘릴 수도 없었다. F1 카들은 정확히 경주 거리만큼만 연료를 싣고 나오기 때문이다. 결국 마시는, 이 그랑프리와 전체 시즌의 결과가 달린 결정을 내려야만 했다.

그것은 바로 토토 볼프가 그토록 두려워하던 상황이었다.

□ ■ □ ■ □

메르세데스 차고 안에 있던 팀은 남은 바퀴를 어떻게 운영할지를 두고 계산이 오갔다. 세이프티 카가 나오자마자 레드불이 베르스타펜을 불러들여 새 타이어로 교체하는 장면을 모두가 지켜봤다. 경주가 재개된다면, 그가 우위를 점할 것이 분명했다. 그러나 메르세데스는 베르스타펜이 기회를 잡을 만큼 시간이 충분하지 않을 것이라 판단했다. 레이스의 클라이맥스 상황을 시뮬레이션해본 해밀턴의 엔지니어들은 선두를 내주면서까지 피트스톱을 할 가치가 없다고 판단했다.

세이프티 카가 오래 머무를수록 해밀턴은 여덟 번째 월드 챔피언 타이틀에 가까워졌다. 그는 선두에 서 있었고, 그의 뒤로 한 바퀴 뒤처진 5대의 차가 뭉쳐 있었으며, 그 뒤로 베르스타펜이 있었다. 시간이 흐르면서 메르세데스는 가능한 시나리오가 두 가지뿐이라고 봤다. 그리고 그 어느 쪽도 루이스의 우승을 막을 수는 없었다.

첫 번째는, 한 바퀴를 남기고 경주가 재개되면서 해밀턴과 베르스타펜 사이에 5대가 그대로 끼어 있는 경우였다. 아일톤 세나조차 그런 상황에서 한 바퀴 만에 추월을 해낼 수는 없었다.

두 번째는, 마시가 두 선두 주자 사이에 뭉쳐 있던 모든 차를 향해(두 선두 사이에 5대, 그 뒤에 몇 대가 더 있었다) 세이프티 카를 추월하라고 지시하는 경우였다. 그렇게 하면 경주가 재개될 때 트랙의 모든 차량이 원래 순서로 돌아오게 되고, 새 타이어를 장착한 베르스타펜은 해밀턴 바로 뒤에 따라붙어 마지막 접전을 펼칠 것이다. 그러나 메르세데스는 뒤따르는 무리가 언래핑unlapping하는 전체 과정, 즉 그들이 트랙을 한 바퀴 돌아 대열 끝에 다시 합류하고, 다시 세이프티 카 뒤에서 마지막 바퀴를 의무적으로 도는 데 걸리는 시간이 충분히 길 거라 계산했다. 베르스타펜이 공격 기회를 얻을 무렵에는 이미 경주가 끝나 있을 것이라고 본 것이다.

레이스 컨트롤 박스 안에서, 마이클 마시의 머릿속에도 역시 같은 시나리오들이 맴돌고 있었다. 56번째 바퀴에서 그는 대문자로 된 공식 메시지를 띄웠다. "백마커들의 추월은 허용되지 않음."

피트월에 있던 호너가 노발대발했다. "빌어먹을 챔피언을 해밀턴에게 갖다 바치는 꼴이잖아!"

그는 무전기로 레이스 컨트롤과 교신을 열었다.

"왜 이 백마커들을 치우지 않는 거요?"

마시는 당황한 기색이었다. 그는 세이프티 카를 관리하고, 라티피의 잔해를 치우며, 차량의 순서를 확인하고, 줄어드는 바퀴 수까지 동시에 신경 쓰는 동안, 그 누구와도, 특히 이 흥분한 영국인과는 더더욱 통화하고 싶지 않았다. "잠깐만요… 크리스천… 잠깐만요, 제일 중요한 건 이 사고를 처리하는 겁니다."

호너가 몰아붙였다. "딱 한 바퀴만이라도 제대로 경주할 수 있게 해주면 됩니다."

문제는 윌리엄스 차 브레이크에 불이 붙어 예상보다 치우는 데 시간이 더 걸리고 있다는 것이었다. 그때 레드불의 조너선 휘틀리가 끼어들어 제안을 던졌다. 시간이 없으니 해밀턴과 베르스타펜 사이에 있는 5대만 추월하게 하면 된다는 것이었다. 더 뒤에 있는 차들은 더 이상 중요하지 않았고, 그 차들이 선두를 지나 다시 한 바퀴 돌아오기까지 기다리는 것은 소중한 시간을 낭비하는 짓이었다. 마시가 그렇게만 하면 경주를 더 빨리 재개할 수 있었다.

"알겠습니다." 마시가 말하는 순간 휘틀리와 말을 겹쳤다. "잠시만요."

"저 차들만 보내면 됩니다… 그러면 진짜 경주를 할 수 있어요."

경주가 마지막 바퀴로 접어들면서 마시가 내린 결정은 결국 자신의 F1 경력을 끝내게 된다. 그는 해밀턴 뒤에 뭉쳐 있던 5대의 차만 세이프티 카를 추월하라고 지시했다. 규정대로라면 그보다 뒤에 있던 다른 차에도 똑같은 지시를 내려야 했다. 그러나 마시는 그러면 시간이 너무 오래 걸릴 것이라 판단했다.

그럼에도 메르세데스는 당황하지 않았다. 최소한 그 시점까지는. 팀은 FIA 규정 48.12조가 이 상황에 해당한다는 것을 알고 있었다. "마지막 주로에서 한 바퀴 뒤처진 차가 선두를 지나면 세이프티 카는 그다음 바퀴가 끝나는 지점에서 피트로 복귀한다." 이 상황에 그대로 적용하면, 세이프티 카는 해밀턴을 이끌고 끝까지 결승선을 통과한다는 뜻이었다. 해밀턴이 챔피언이 된다는 이야기였다.

마시 역시 그 조항을 잘 알았다. 그러나 그의 상사인 FIA 회장이자 전 페라리 팀 대표 장 토트가 세이프티 카를 앞세운 채 경주가 끝나는 것을 달가워하지 않는다는 것도 알았다. 그것은 규정에 엄격히 위배되는 것은 아니지만 일종의 불문율에 가까웠다.

레이스카들이 57번째 바퀴를 도는 동안 마시는 한 가지 메시지를 더 발표했다. "세이프티 카는 이번 바퀴에 복귀." 58번째, 마지막 바퀴에서 대접전이 펼쳐지게 되었다.

이제는 토토 볼프가 무전을 잡았다.

"마이클, 이건 옳지 않아요." 수천만 명이 지켜보는 가운데, 메르세데스 차고 뒤편에서 그의 목소리가 그대로 중계됐다. "마이클, 이건 정말 아니죠. 정말 아니라고요!"

해밀턴도 역시 혼란에 빠졌다. 뒤처진 차들이 물러난 뒤로 백미러에 레드불의 33번 차가 보였다. 그가 무전으로 팀에 물었다. "젠장, 바로 뒤에 붙은 거야? 새 타이어로?"

그제야 루이스는 상황을 깨달았다. 아무리 열심히 방어해도 오랫동안 F1 규정은 추월을 장려하도록 고안되어 왔음을 알고 있었다. 박빙의 상황에서는 항상 뒤따르는 차가 유리했고, 특히 새 타이어라면 더욱 더했다. 해밀턴의 W12는 그대로 표적이 됐다.

베르스타펜은 58번째 바퀴의 첫 네 코너 동안 그를 압박했다. 그리고 5번 코너에서 안쪽으로 파고들며 승부를 걸었다.그렇게 루이스를 앞서 나간 순간, 모든 것은 끝났다.

해밀턴은 체념한 듯 무전으로 말했다. "이건 조작이야, 정말로."

레드불팀은 광란의 도가니였다. 베르스타펜이 결승선을 통과하자 메카닉들이 차고에서 쏟아져 나와 그를 맞이했다. 호너는 눈물을 참으며 베르스타펜의 헬멧과 직접 연결된 그의 헤드셋에 소리쳤다.

"막스 베르스타펜, 네가 월드 챔피언이야! 월드 챔피언!"

바로 옆 차고에 있던 볼프는 이 상황을 도저히 받아들일 수 없었다. 메르세데스 측 변호사는 이미 제소 준비에 들어갔다. 볼프는 다시 마시에게 무전을 넣었다.

"마이클, 이전 랩으로 상황을 되돌려야 해요. 이건 옳지 않아요."

마시가 답했다. "토토. 이건 자동차 경주라고요, 알겠어요?"

"뭐라고요?"

"우리는 레이싱을 한 거예요."

□ ■ □ ■ □

레드불이 자축하는 동안 볼프는 맨 먼저 마이클 마시의 상관을 찾았다. 마시가 말을 듣지 않으면 들어줄 사람을 찾겠다는 판단이었다. FIA는 평소에도 경주 결과를 검토해 왔기 때문에, 볼프는 상식이 통한다면 순위가 바뀔 수 있다고 생각했다.

그는 파리에 있는 장 토트의 집으로 전화를 걸었다. FIA 회장은 카날+의 촬영팀이 자신에 관한 다큐멘터리를 촬영하는 가운데, 아부다비 경기를 시청하고 있었다.

"아, 토토." 토트가 카메라에서 시선을 떼지 않은 채로 아이폰을 받았다.

볼프는 상황을 설명하며 곧바로 이의를 제기하겠다고 말했다. 변호사도 이미 대기 중이었다. 그는 FIA 규정집에 명시된 절차는 분명하며, 세이프티 카는 한 랩 늦게 들어왔어야 했다고 주장했다. 그러나 토트는 들으려고 하지 않았다.

토트가 말했다. "심판은 자율적으로 판단한다네. 인판티노(FIFA 회장 지아니 인판티노)가 '여기서는 페널티지만 저기서는 아니다'라고 말하는 걸 들어본 적 있나?"

볼프는 더 이야기해 봤자 아무 소용이 없음을 깨달았다. 그는 전화를 끊고 야스 마리나 서킷의 스튜어드 사무실로 성큼성큼 걸어갔다. 머릿속으로는 이미 메르세데스의 법적 대응을 어떻게 가져갈지 고민하고 있었다. 차고에 있는 팀원들과 수백 명의 브래클리 직원들, 그리고 무엇보다 역사를 빼앗긴 듯 충격에 빠진 드라이버를 위해서라도 그래야만 했다. 해밀턴은 이 상황에 너무 배신감을 느낀 나머지 F1을 영영 떠난다고 해도 이상하지 않았다.

파리에서 토트가 또 한 통의 전화를 받았다. 이번에는 메르세데스가 제소하리라는 것을 알았던 호너였다. 레드불은 필요하면

싸울 생각이었지만, 호너가 생각하기에는 다시 다툴 사안이 없다고 봤다. 이제 이 챔피언십을 빼앗을 수는 없다는 입장이었다.

토트가 말했다. "항의가 좀 있는 걸로 아는데. 어쨌든 대단한 경기였어요."

□ ■ ■ □ ■

토토 볼프는 아부다비에서의 일이 도무지 뇌리에서 떠나지 않았다.

그 후 몇 주 동안 FIA는 시즌 최고 시청률을 기록한 그 경주가 혼란으로 끝난 정황을 조사했다. 결론은 '인재'였다. 그리고 1월, 그 당사자인 마이클 마시는 직위에서 물러나 호주로 돌아갔다. FIA는 "그가 가족과 더 가까이 지내길 바란다"는 말로 공식적으로 배제 조치했다. 마시는 이 사안에 대해 언급을 거부하고 있다.

그 무렵 메르세데스는 이미 항소를 철회한 상태였다. 막대한 비용과 긴 시간이 소요될 법적 다툼을 벌이는 것은, 하필 F1이 주류로 들어서는 시기에 스포츠의 이미지를 훼손할 수 있다고 판단했기 때문이다. 팀은 2022년 시즌에 집중하기로 했다. 아부다비 이후 모습을 감추고 앞으로의 계획을 밝히기 거부했던 루이스 해밀턴도 결국 팀의 설득을 못 이기고 돌아왔다.

하지만 볼프에게는 시즌의 마지막 그 5바퀴가 계속 불씨로 남았다. 그것은 메르세데스 왕조를 끝낸 경주였다.

볼프는 마시를 가리켜 이렇게 말했다. "그 생각을 계속 떠올려

보면, 그날 루이스와 팀이 당한 일은 너무 불공정합니다. 한 개인이 규정을 어긴 결과였죠. 비록 지금은 그가 지구 반대편에 있고 누구도 그에게 관심이 없다고는 해도 말입니다.”

그리고 이렇게 덧붙였다. “그는 정말 병적인 수준의 자기애적 인물이었습니다.”

그럼에도 볼프는 그가 모터스포츠에서 맞이한 최악의 날이었음에도 한 가지 사실만은 인정할 수 있다. 그것이 환상적인 방송 거리였다는 점이다.

어떤 면에서 아부다비 결승 장면은 리버티 미디어가 원하던 포뮬러 1의 모든 것을 포착하고 있었다. 그 이야기는 엔지니어링이나 기술 사양에 관한 것이 아니었다. 이 쇼의 클라이맥스에는 인간의 적나라한 감정, 숨 막히는 긴장감, 실제 그대로의 논란, 그리고 누구도 예상하지 못한 결말을 만들어낸 ‘초자연적인 힘’ 같은 장치가 있었다. 전례 없는 접근 권한을 얻은 리버티와 넷플릭스의 카메라는 그 모든 장면을 포착했다. 시청자들은 마시가 주고받은 협상, 레드불의 환희, 메르세데스의 분노, 그리고 해밀턴의 조용한 충격을 실시간으로 보고 들었다.

15위 싸움 중이던 니콜라스 라티피의 사고 여파는, F1 역사상 가장 기이하고 기억에 남는 몇 분을 만들어냈다.

메르세데스가 F1을 따분하게 만든다는 우려는 온데간데없이 사라졌다. 레드불은 F1의 챔피언으로 급부상했다. 그리고 수백만에 이르는 새로운 팬, 즉 집에 갇혀 있다가 우연히 넷플릭스 시리즈를 보면서 이 세계적인 모터스포츠에 빠져든 대중들은 ‘포뮬러 1은 늘 이런 스포츠인가?' 하는 생각을 할 수밖에 없었다.

볼프는 그렇지 않기를 바랐다. 그러나 자신이 당한 모든 불행이 리버티가 인수한 후 최고의 시청률을 기록한 그랑프리의 대가임은 알고 있었다. 전 세계 1억 870만의 시청자가 경기를 지켜봤다.

볼프는 이렇게 말한다. "드라마와 영광, 그게 이 스포츠를 매력적으로 만듭니다. 모두가 자격 있는 8회 월드 챔피언이 타이틀을 빼앗긴 드라마를 지켜봤죠… 물론 다른 방식으로 끝났다면 좋았겠지만, 분명 그것은 역사에 남을 장면이었습니다."

아이러니하게도 포뮬러 1은 '버니의 세계'를 떠나왔지만, 이런 헤드라인을 장식하는 소동은 그가 누구보다 좋아하던 것이었다. 버니 에클스턴조차 이 정도의 소란을 인위적으로 만들어내지는 못했을 것이다. 규정집 깊숙이 숨어 있던 한 조항의 해석 문제가, 수천 페이지 분량의 보도를 촉발한 사건이 됐다. 뉴스는 몇 주에 걸쳐 꼬리에 꼬리를 물며 지면과 방송 시간을 가득 채웠다. 그리고 그 모든 것이 공짜였다.

에클스턴은 이렇게 말한다. "사람들은 홍보에 엄청난 돈을 씁니다. 그런데 돈 한 푼 들이지 않고 이 정도 홍보 효과를 누릴 수 있다면 훨씬 더 좋은 일이죠."

무엇보다도 관객들은 넉 달 뒤, 이 모든 일을 다시 즐길 수 있게 되었다. 사건이 벌어지는 와중에도 팬들은 온라인에서 아부다비 경기가 〈F1, 본능의 질주〉에서 어떻게 다뤄질지 기다릴 수 없다고 난리였다. 새 시즌은 바로 내년 봄에 방송될 예정이었으므로 실제 경주는 이미 그들이 좋아하는 TV쇼의 예고편이 된 셈이다.

2021년 아부다비 그랑프리는 일종의 문화적 이정표가 되어 사람들의 뇌리에 각인되었다. 이후 볼프가 모나코에서 열린 언스트 앤영 시상식에서 연설할 때도 그 레이스에 대해 또다시 질문을 받았다. 그는 700명의 관객을 보며 그 레이스를 들어본 적이 없는 사람이 얼마나 되느냐고 물었다. 손 든 사람은 9명뿐이었다.

볼프는 사람들이 루이스 해밀턴의 오랜 성공이나, 2010년대 메르세데스를 위대하게 만든 이유는 잘 모른다는 걸 깨달았다. 그러나 아부다비에 관해서는 누구나 야스 마리나의 마지막 바퀴에서 벌어진 일에 저마다 뚜렷한 의견을 가지고 있었다.

그는 이렇게 말한다. "크리스마스 파티에서 꺼내면 굉장히 피곤해지는 주제가 세 가지 있습니다. 코로나, 트럼프, 그리고 아부다비 2021입니다."

16장 ——— 라이츠 아웃

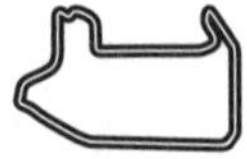

포뮬러 1이 항상 그렇게 흥미롭지는 않았다. 모든 시즌이 마지막 경주, 마지막 바퀴까지 세 사람이 운명을 걸고 심리전을 펼치는 드라마가 될 수는 없다는 점을 사람들은 이해해야 했다. F1 시즌은 따분하게 진행되는 경우도 많았다.

F1이 아무리 변했다 해도 대개는 한 팀이 독주하며 나머지를 따돌리는 것이 보통이었다. 항상 경쟁자들보다 규정을 더 잘 해석하는 팀이 있고, 이제는 엔지니어링도 너무 복잡해져서 다른 팀이 그 격차를 좁히는 데 몇 년이 걸리는 것이 현실이었다. 실제로 많은 팀은 한 세대의 규정을 통째로 포기하고 다시 바뀔 때까지 기다리는 게 더 영리하고 저렴하다는 걸 깨달았다.

그러나 F1의 새 주인인 리버티가 보기에는 그런 것이 별로 중요하지 않았다. F1은 전 세계 모든 관객에게 다가가면서도 직접 경험하기는 애매모호한 절묘한 균형점을 찾아내고 있었다. F1은 너무 비싸든지, 순식간에 끝나든지, 너무 먼 곳에서 벌어지는 통에 항상 손이 닿지 않았고, 그럴수록 팬들은 더욱 애가 탔다. F1은 상하이, 로스앤젤레스, 런던, 마르세유 같은 세계적인 도시에서 생중계 경기를 예고하며 그런 감정을 키웠다. 마치 마트 시식 코너의 샘플처럼 말이다.

그들이 파는 상품은 그랑프리 경주 장면이 아니었다. 넷플릭스 화면을 지켜보는 사람들에게 그동안 굳게 쳐져 있던 벨벳 로프를 들어 올려 타이어가 삐걱거리고 엔진이 으르렁거리는 소리를 살짝 들려주는 것뿐이었다. 실제 경기는 단지 팬 서비스일 뿐이었다. 그것은 마치 영웅들이 사인을 해주고 셀카를 찍어주며 팬들은 메카닉 복장을 입고 돌아다니는 〈F1, 본능의 질주〉 팬들을 위한 코믹콘 행사 같았다. 막스나 루이스, 또는 짜증 난 팀 대표의 표정을 얼핏 보기만 해도 마치 자기가 좋아하는 TV쇼가 눈 앞에 펼쳐지는 기분이 들었다.

2023년 초, 몇 년 만에 가장 추운 뉴욕 날씨에 맨해튼 클래식 자동차 클럽 밖으로 수백 명의 팬이 줄을 선 것도 그 연장선이었다. 기온이 영하 10도 대로 떨어지고 허드슨강에서는 매서운 바람이 불어왔지만, 웨스트사이드 하이웨이 길가에 모인 그들은 크리스티안 호너를 팝스타처럼 맞이했다.

스파이스 걸스의 멤버 제리 할리웰의 남편도 그 자리에 있었다. "보통은 내 아내가 주목을 받는 편인데, 그날은 심지어 세관 직원조차 〈F1, 본능의 질주〉 팬이었습니다"라고 말했다.

레드불이 뉴욕에 온 것은 RB19를 소개하기 위해서였다. 아부다비 우승에 이어 2022년에 다시 챔피언을 차지한 뒤 베르스타펜을 3연속 타이틀로 이끌 것이 거의 확실한 자동차였다. 이제 팀은 레이스를 통제하는 사람의 실수에 기대지 않아도 우승할 수 있었다. 메르세데스는 아부다비의 쓰라린 좌절을 딛고 W13의 대담한 사이드팟 디자인 변경에 판돈을 모두 걸었으나, 그것이 예전에 챔피언 타이틀을 가능케 했던 허점 공략 수준에 턱없이 못 미침을 깨달았다. 그것은 오히려 화려한 역효과만 내고 말았다. 메르세데스는 두 시즌 내내 상승과 추락을 거듭하며 에이드리언 뉴이의 새 걸작을 막아설 수 없었다.

레드불은 너무나 강했다. 그들이 연승을 거듭하며 나머지 차들을 쇼핑 카트처럼 보이게 하자 F1 생태계의 반응은 여느 때와 마찬가지로 F1의 리더들에게 어떻게 해야 할지 묻는 것이었다.

그러나 이번에는 아무 대답이 없었다.

2023년 레드불이 시즌을 시작한 후 7연속 우승을 차지했을 때도 스테파노 도메니칼리는 자신이 있는 한 시즌 중에 규정을 조정하여 독주를 막는 일은 없을 것이라고 약속했다. 슈마허의 전성기에 버니 에클스턴과 맥스 모슬리가 시청자와 후원사를 붙잡기 위해 어떻게든 추월을 장려하는 조치를 꾸며냈던 것과 달리, 리버티 체제하의 F1은 독주에 아무런 문제도 없다고 보았다. 그들은 F1의 새 역사를 쓰고 있었다. 몇 년 후 팬들이 이 전설적인 시절을 경외의 눈으로 되돌아볼 때(지금 팬들이 슈마허를 그렇게 보는 것처럼) 베르스타펜 같은 드라이버들이 아무런 제한 없이 패권을 구축했었다고 평가할 수 있어야 했다.

도메니칼리는 축구에 비유하며 이렇게 말했다. "뛰어난 포워드가 나타났다고 골대 크기를 바꿀 수는 없습니다."

리버티가 규정을 바꾸려 하지 않는 이유는 쉽게 이해할 수 있었다. 포뮬러 1은 가는 곳마다 기존의 관중 기록을 깨고 있었다. 그랑프리를 유치하려는 서킷이 너무 많다 보니 리버티는 2024년 한 시즌에 24개 경기를 채워 넣는 것도 모자라 로테이션 시스템까지 고려하여 장소를 확대할 생각이었다.

이제 전체 일정의 4분의 1이 미대륙에 배정됐다. 일요일 모닝 커피를 즐기며 시청하던 F1은 이제 주말 내내 펼쳐지게 되었다. 70년 만에 F1은 미국 시장에서 역대급 돌파구를 마련하고 있었다. 그리고 모두가 그 조각을 원하는 듯했다. 스포모션Spomotion의 분석에 따르면 2018년에서 2022년 사이에 F1 팀들은 미국 스폰서를 두 배 이상 늘려 100개가 넘는 브랜드를 확보했다. 10년 넘게 떠나 있던 일본 타이어 제조사 브리지스톤도 F1에 복귀할 기회를 노리고 있었다. 2022년에 리버티는 사우디아라비아 공공투자기금이 F1 광고권을 200억 달러에 입찰했다는 소문을 부인해야 했다. 리버티는 그 소문이 근거가 없는 데다 가격도 너무 낮은 편이라고 했다.

그러나 F1의 정당성이 새롭게 입증되었음은 주요 자동차 제조사들이 돌아온 것만 봐도 알 수 있었다. 불과 15년 전만 해도 세계 최대 제조사들은 F1을 버리기에 급급했다. 혼다, 토요타, 르노는 단순한 팩토리 팀으로 남아 있는 것이 전혀 이점이 없다고 보고, 차라리 엔진이나 가끔 공급하는 편이 똑같은 노출 증대라는 이득을 훨씬 값싸게 누리는 길이라고 판단했다. 그러나 이제 주요 제조사는 F1을 외면할 '형편이 아니라고' 말하고 있었다.

2026년 새로운 엔진 규정 신설을 앞두고 아우디^{Audi}는 잠자던 자우버 팀을 깨워 복귀하기로 했다. 애스턴 마틴^{Aston Martin}은 혼다의 팩토리 팀이 되기로 합의했고 포드는 레드불의 파트너로 상징적인 파란 배지를 되살릴 계획이었다. 수요가 너무 커서 모두가 뛰어들 자리조차 없었다. 포르쉐는 대회에 재합류할 의사를 표명했으나 레드불과 합의에 도달하지 못했다. 제너럴모터스도 캐딜락과 안드레티 글로벌^{Andretti Global}의 제휴를 통해 한 자리를 확보하려 했다. 다만, 그 전에 F1이 차고 수를 10개 이상으로 확대해주기를 기다려야 했다. 팩토리 팀의 시대가 돌아오고 있었다.

페라리팀 대표 프레데릭 바세르^{Frédéric Vasseur}는 이렇게 말한다. "몇 년 전만 해도 팩토리 팀으로 좌석 3개짜리 한 테이블을 채우기조차 어려웠습니다."

□ ■ □ ■ □

제조사들의 갑작스러운 귀환은 포뮬러 1이 직면한 글로벌 환경을 고려하면 더욱 머리가 아플 지경이었다. 기름을 마구 먹어대는 F1이 비행기로 전 세계를 날아다니며 독재자들과 가까이 지내는 모습은 오늘날과 같은 세상에 설 자리가 없는 게 분명했다. 지속 가능성은 F1에 단순한 유행어가 아니라 실존적 위협이었다.

F1은 이런 상황을 온갖 착한 말로 대처했다. 일단 2030년까지

탄소 제로를 달성한다는 계획에 착수했다. 차세대 엔진에 들어갈 100퍼센트 지속 가능 연료를 개발하고, 배출 가스를 줄이며, 일회용 플라스틱을 최대한 없애고, 캘린더를 조정해 항공 이동을 최소화한다는 것이었다(흔히 생각하는 것과 달리 F1의 배출 가스 중 실제 경주에서 나오는 비중은 0.7퍼센트에 불과하다. 사실은 대회 간에 발생하는 엄청난 화물 운송 수요가 대부분을 차지한다). 비평가들은 그런 노력이 주로 '녹색 위장술'에 불과하다고 깎아내렸다. 기업들이 환경 문제를 신경 쓰는 척하지만, 사실은 언론의 긍정적인 보도만 노린 관행이라는 것이었다. 예컨대 그들은 2023년에 사우디아라비아, 호주, 아제르바이잔, 미국으로 이어지는 한 일정을 지적했다. 브라질, 미국, 아부다비 일정도 마찬가지였다. F1은 온 세상이 기후 위기로 시끄러운 이때 내연기관 경주로 끝없이 세계를 돌아다니는 이 인지 부조화 행태에도 불구하고 다른 모든 스포츠의 청사진이 되었다.

　다른 모든 스포츠 종목은 저마다의 넷플릭스 시리즈를 꿈꾸고 있었다. 미국 최고 모터스포츠라는 위상이 흔들릴 것을 걱정한 나스카는 〈로 앤 오더Law & Order〉의 재방송으로 유명한 USA 네트워크를 통해 〈레이스 포 더 챔피언십Race for the Championship〉 시리즈를 내보내기 시작했다. 〈F1, 본능의 질주〉의 제작진은 테니스, 골프, 육상, 프로 사이클링 등의 분야로 옮겨가 똑같은 솜씨를 발휘했다. 그러나 팬데믹이 끝나고 사람들이 종일 화면에만 붙어 있지 않았으니 단지 고품질 리얼리티 쇼를 10편씩 뽑아내는 것만으로는 부족했다. 다른 종목들이 여전히 무대 뒤 방송권을 넘겨주는 데 머물러 있는 동안, F1은 차고 너머 더 먼 곳을 향하고 있었다. 그들은 단순히 뒷이야기를 영상으로 만드는 데 그치지 않고 그들만의 우주를 창조하여 일요일 레이스를 F1으로 들어가는 유일한 길로 만들고 있었다.

도메니칼리는 이렇게 말한다. "오늘날 포뮬러 1을 선보이는 새로운 방식을 모든 팀과 소유주, 제조사, 드라이버 등이 수용하는 모습을 보니 매우 기쁩니다. 우리는 콘텐츠에 대한 책임이 있습니다."

리버티 미디어의 공식은 바로 콘텐츠와 플랫폼, 관객을 더욱 늘리는 것이었다. 〈F1, 본능의 질주〉는 최소 2025년까지 계속되겠지만 F1은 대중에게 다가갈 수 있는 또 다른 제작사를 환영했다. 그것은 애플이라는 작은(?) 사업자였다.

2022년 가을 오스틴에서 US 그랑프리가 열릴 무렵, 브래드 피트와 할리우드 제작자 제리 브룩하이머가 이 일에 끼어들려고 한다는 사실은 이미 공공연한 비밀이었다. 브룩하이머는 굳이 감추려 하지도 않고 등에 '탑건: 매버릭'이 새겨진 데님 재킷을 입은 채 패독을 버젓이 거닐었다. 피트는 늘 그렇듯이 사진기자 무리를 끌고 다녔다. 그들이 온 이유는 F1의 주요 인물들을 만나 아직 이름이 정해지지 않은 '브래드 피트/애플 스튜디오 F1 프로젝트'라는 여름 블록버스터에 대한 전망을 상의하기 위함이었다. 브룩하이머는 〈탑건: 매버릭〉과 〈폭풍의 질주〉를 연달아 내놓은 지 30년 만에 다시 한번 전투기와 자동차 경주를 연달아 기획하고 있었다.

F1은 기꺼이 응했다. 그들은 브룩하이머가 필요하다면 무엇이

든 해주기 위해 최선을 다했다. 토토 볼프와 루이스 해밀턴은 무보수로 공동 제작자로 참여했다. 메르세데스는 영화용 차량을 따로 제작했다. 도메니칼리는 제작진이 2023년 여름 영국 그랑프리에서 실제 촬영을 하는 데 걸림돌이 되는 문제를 모두 해결했다. 덕분에 브래드 피트는 드라이버로 차에 올라 GP2 레이스의 출발선에 대기할 수 있었다. 〈F1, 본능의 질주〉조차 그 정도로 F1에 가까이 다가간 적은 없었다.

그러나 F1이 그 자체를 소재로 삼은 블록버스터를 통해 바랐던 것은 순수하고 강렬한 엔터테인먼트 경험을 통해 사람들의 마음에 마지막으로 남아 있던 F1에 대한 오해를 불식시키는 것이었다. 데이비드 힐이 브룩하이머에게 누차 강조했듯이 음향은 F14 전투기가 나는 활주로에 누워 있는 듯 강렬하고 생생해야 했다. 영상은 극장에 앉아 있는 것이 마치 비디오 게임을 하는 듯한 기분을 안겨줄 정도로 진보해야 했다.

한편 F1은 실제 비디오 게임 세계에서도 계속 앞으로 나아갔다. 2023년에 리버티는 런던에 플래그십 F1 아케이드를 열고 미국, 유럽, 중동, 호주에 30곳 이상의 체인으로 확대하는 일에 3,000만 파운드를 배정했다. 맥라렌팀 대표 잭 브라운Zak Brown과 드라이버 랜도 노리스Lando Norris가 초기 투자자로 참여했다. F1 시뮬레이터를 타고 싶었던 사람이라면 누구나 그 꿈을 실현할 수 있게 되었다. 그 고객은 틀림없이 일요일 TV 앞에 앉아 생중계를 시청할 것이다. 리버티로서는 바로 지금이 F1의 인기를 현금화할 때였다. 전 세계가 주목을 받기 위해 경쟁하는 이 혼란 속에서는 어떤 접근이든 시도해 볼 가치가 있었다.

토토 볼프는 이렇게 말한다. "낙관할 이유는 충분합니다. 그러나 우리가 확보한 자리를 지키기 위해 싸워야 합니다. 어떻게든 관객의 시선을 사로잡고 엔터테인먼트를 제공해야 합니다."

□ ■ □ ■ □

문제는 F1이 얼마나 내어줄 준비가 되어 있느냐 하는 것이었다.

엄밀히 말하면 내어준다고 할 수는 없었다. 2022년 첫 마이애미 그랑프리에서 꽤 괜찮은 티켓 패키지 상품의 가격은 5,000달러에서 1만 달러 사이였다. 그 정도 돈을 써도 진짜 생생한 현장에 가까이 갈 수는 없었다. 진짜 쇼는 루이스 해밀턴의 차고 안에서 벌어지고 있었으니까. 데이비드 베컴, 마이클 조던, 톰 브래디, 미셸 오바마 등의 우주급 스타들이 그곳을 돌아다녔다. 해밀턴은 그 주말이 "슈퍼볼과 비슷한 분위기"였다고 말했다.

실제 경주가 플로리다 노인 요양원보다 따분했다는 사실은 상관없었다. 주말 경주는 대체로 성공작이었다. 문제는 F1이 이런 마법을 몇 번이나 더 부릴 수 있을까 하는 점이었다. 2023년에 마이애미는 미국의 오스틴, 마이애미, 그리고 라스베이거스에서 개최된 세 경기 중 첫 번째였다. F1 측 사람들은 지금 미국에서 돈을 짜내지 않으면 다시는 기회가 없을지도 모른다는 사실을 알았다.

마이애미의 최고가 티켓 상품은 이제 1만 달러부터 시작했다. 한 귀빈 구역에서는 랍스터롤 하나가 450달러에 달했다. 제대로 어울리고 싶어 샤넬의 한정판 포뮬러 1 티셔츠를 사 입는 사람도 있을 것이다. 그건 중고 시장 가격으로 약 5,000달러쯤 한다(훨씬 더 저렴한 상품은 '신선하고 강렬한 우디향에 메탈릭 감성이 가미된' F1 공식 향수 한 방울이었다) 그 모든 것은 그해 말 라스베이거스에서 향연을 즐기기 전에 먼저 나온 애피타이저에 불과했다. 라스베이거스 그랑프리를 1년 앞두고 라스베이거스 대로에서 열린 시사회 행사를 바라보던 한 팀 대표는 고개를 절레절레 저었다.

그는 "전혀 다른 스포츠 같다"고 했다.

기성 세대에게 이러한 변화는 당혹스러운 것이었다. F1은 여전히 유럽의 유산을 팔고 있었으나, 동시에 그 뿌리에서는 점점 멀어지고 있었다. 미국의 새 그랑프리들이 유럽 레이스의 자리를 밀어내고 있었다. F1의 전통적인 보루였던 모나코조차 압박을 느꼈다.

캘린더상 최고의 이벤트인 모나코 그랑프리를 놓고 긴장된 협상이 펼쳐지던 순간, 스테파노 도메니칼리와 리버티는 리비에라를 영원히 떠나겠다고 위협했다. 모나코 자동차 클럽은 버니 에클스턴에게서도 비슷한 말을 들은 적이 있었다. 그러나 이번에는 F1의 새 주인들이 진심으로 하는 말일 수도 있었다. 결국 레니에 왕의 아들 알베르 왕자는 클럽에 굴복하라고 지시했다. 그는 수십 년 동안 모나코의 독특한 지위를 지키려고 애써온 아버지의 공든 탑을 무너뜨리는, 전례 없는 양보안을 받아들였다. 모나코는 이제 방송권을 잃었고, 스폰서 권리를 마음대로 통제할 수도 없었다. 2023년 무렵 왕자의 팔을 비틀던 데이비드 힐은 기어이 세계에서 가장 독점적인 영토 위로 카메라가 장착된 헬리콥터를 띄워 자동차 경주를 방송할 수 있게 되었다. 이 모든 양보에도 불구하고 모나코 자동차 클럽은 캘린더의 한 자리를 지킬 수 있을지도 확신할 수 없었다. 몬테카를로는 이제 리버티 미디어가 지나가는 또 하나의 정거장일 뿐이었고 새 계약은 2025년까지 유효했다.

51년 동안 모나코 자동차 클럽의 회장을 지낸 알베르 왕자는 프랑스 스포츠 일간지 「레킵L'Equipe」에 이렇게 말했다. "미국인들이 중시하는 것은 제안의 규모이지, 기간이 아닙니다. 중동 국가가 우리보다 10배 더 많은 돈을 제시하면 우리는 끝입니다. 모나코는 다른 누구도 보여줄 수 없는 장면을 제공하려 애씁니다. 서커스의 주인들이 그 미묘함을 못 느낀다면 우리는 끝난 것이나 다름없죠."

버니조차 모나코를 진심으로 떨어뜨릴 생각은 없었다. 그러나 지금의 F1은 과연 모나코가 얼마나 필요할까. 마이애미 가든스하드록 스타디움 근처에 파란색 비닐 시트만 펼쳐놔도 해변이라고 우길 수 있는데 말이다. 엔초 페라리, 프랭크 윌리엄스, 론 데니스 등 F1을 만든 노병들은 이런 생각을 듣는 것만으로 경악했을 것이다. 그러나 엔초와 프랭크는 모두 세상을 떴고 데니스는 영구 추방 상태다. 에클스턴은 스위스 크슈타트의 별장에 머물며 모든 레이스를 지켜볼 뿐이다. 세 번째 아내 파비아나 플로시Fabiana Flosi와 갓난아들 에이스, 그리고 세라믹 불독과 실물 크기의 런던 근위병 복제품을 비롯한 영국 골동품에 둘러싸인 채.

그들의 시대는 지나갔다. 리버티 쇼는 다른 유형의 인물을 찾고 있었다.

중고차 판매원이나 고등학교 중퇴자가 포뮬러 1에 올라 팀을 사고 모터스포츠의 역사를 바꾸던 시대는 끝났다. 엔지니어들은 더 이상 렌치를 잡고 끙끙대며 정상에 오르는 땜장이가 아니었다. 이제는 차고 문을 들어서려면 박사 학위가 필요했다. 소유주들은 희망 없는 괴짜가 아니라 억만장자나 할리우드 스타였다. 2023년 중반 알핀팀이 투자자를 찾은 끝에 끌어들인 사람들은 라이언 레이놀즈와 롭 매킬헤니 같은 배우가 포함된 투자자 그룹이었다. 그들은 북웨일스의 렉섬이라는 어려운 축구팀에 〈F1, 본능의 질주〉 각본을 적용하여 성공한 경험이 있었다. 이제 F1은 화려한 스타로 무장한 채 라스베이거스 시대의 한가운데로 들어섰다.

라스베이거스 그랑프리 CEO 르네 윌름**Renee Wilm**은 이렇게 말한다. "우리는 분명히 스포츠 종목이고 레이싱이라는 강력한 유산을 물려받았지만, 지금은 그것을 뛰어넘는 어떤 것입니다. 우리는 팬 경험이자 기술이며 화려함이고 셀러브리티입니다."

이제 드라이버들이 운전 실력 못지않게 대중적인 매력을 기준으로 선발되는 것도 바로 그 때문이었다. 1978년 마리오 안드레티 이후 미국인이 그랑프리를 한 번도 우승하지 못한 상황에서 리버티는 미국 드라이버가 대회에 돌아오기를 간절히 바랐다. 그래서 윌리엄스팀은 플로리다 출신의 젊은이 로건 사전트**Logan Sargeant**가 출전에 필요한 슈퍼 라이선스 자격을 얻기도 전에 그에게 자리를 예약했다. 사전트는 전투기 조종사 같은 그의 이름까지 F1이 찾는 틀에 딱 맞는 사람이었다.

그 결과 트랙에는 비슷비슷한 드라이버들로 가득 찼다. 모두 표준어를 구사하는 예전의 보이밴드 멤버들 같았다. 외모도, 옷차림도 같았고 같은 코치 밑에서 훈련한 사람이 워낙 많다 보니 주행 스타일도 같았다. 그 가운데 눈에 띄는 유일한 사람은 애초에 다양성이 부족했던 F1에서 늘 그랬듯이 루이스 해밀턴이었다. 그는 2007년에 최초의 흑인 F1 드라이버가 됐고 10년이 넘도록 두 번째는 나타나지 않고 있었다.

그는 이렇게 말한다. "내가 F1에 있으면 더 많은 사람들이 장벽을 깨고 들어올 줄 알았어요." 그러나 해밀턴은 F1 인스타그램 계정의 팀 사진을 아무리 확대해 봐도 자신과 닮은 사람을 찾아볼 수 없었다. "도대체 어떻게 이럴 수가 있죠? 왜 하나도 변하지 않았을까요?"

역설적인 것은 F1이 과거 어느 때보다 더 다양한 팬층을 끌어들이고 있다는 점이었다. F1의 새 인구 구성은 더 젊어지고, 다양하며, 미국적이고, 여성의 수도 사상 최다였다. 비록 F1 방송 책임자에 따르면 그 시청자 중 상당수가 미하엘 슈마허라는 이름을 들어본 적 없다고 했지만 말이다. 이런 추세는 모든 마케터의 꿈이었다.

리버티는 서둘러 현금화에 나섰다. 2022년 말에 ESPN은 F1의 미국 방송권 계약을 3년 더 연장하고 계약 금액도 상당폭 인상했다고 발표했다. 거래 관계자에 따르면 이제 이 회사는 계약 기간 동안 1억 달러가 넘는 돈을 낸다고 했다. 2017년, 사실상 0달러에 가까운 조건으로 시작했던 것과 비교하면 엄청난 성장이었다.

□ ■ □ ■ □

포뮬러 1은 팀을 통해, 기술을 통해, 규정에 대한 창의적 해석을 통해 항상 스스로 재창조해 왔다. 그러나 리버티 시대는 전혀 다른 엔진을 갈아 끼운 듯 환골탈태한 모습이었다.

미국 경영진은 런던에 도착한 첫 순간부터 2017년 이전의 모든 것을 갈아엎기 시작했다. 버니가 통치하던 시대는 마치 백악기로 느껴졌다. 물론 아일톤 세나의 영원한 매력이나 후안 마누엘 판지오Juan Manuel Fangio의 흑백 영상 같은 몇몇 유산은 여전히 상품성이 있었다. 그러나 팬들이 F1 2017년에 시작됐다고 믿는다 해도 리버티로서는 나쁠 것이 없었다.

F1의 현재 모습을 만들어낸 바탕에는 영국의 또 다른 위대한 스포츠 수출 상품인 프리미어리그의 선택과는 정반대인 대담한 접근법이 자리하고 있었다. 사실상 1992년에 시작되었다고 할 수 있는 현대 영국 축구는 클럽부터 스타디움, 연고지에 이르는 모든 요소가 19세기부터 이어져 왔다는 역사와 전통을 강조한다. 물론 그것이 꼭 정답은 아니지만 말이다.

전통과 시대정신 사이의 줄다리기는 주요 스포츠 리그가 내리는 모든 의사결정의 밑바탕에 자리하고 있다. 수십 년간 시즌 티켓을 사온 핵심 팬을 우선할 것인가, 아니면 그보다 훨씬 큰 잠재적 글로벌 관객을 향해 문을 열 것인가의 문제다. F1의 차이는 이 역학이 거의 하룻밤 사이에 탄생했다는 점이다. 한때 중년 남성의 광팬들만 보던 F1이 갑자기 쿨하고 젊은 온라인 세계로 옮겨 오면서 나타난 채찍 효과는 대회 역사상 가장 혼란스러운 순간으로 이어졌다. 혼란의 가장 큰 원인은 이 새로운 팬층이 정확히 무엇에 끌렸느냐 하는 것이었다. 고성능 장비들이 트랙을 찢으며 달리는 장관 때문이었을까, 아니면 부차적인 서커스 때문이었을까. 그것은 F1 자체의 본질이었을까, 아니면 거기에 덧입혀진 포장이었을까.

도메니칼리는 이렇게 말한다. "F1의 중심, 트랙 위에서 펼쳐지는 승부라는 중심은 확고합니다. 그러나 우리는 유연해질 필요가 있습니다."

포뮬러 1이 너무 유연해졌다고 걱정하는 목소리도 있었다. 인수 후 4년 만에 리버티는 F1 주말 일정의 구조 자체를 손보기 시작했다. 레이스는 여전히 일요일에 치러졌으나 매 시즌 토요일에 스프린트 레이스라는 더 짧은 경주가 몇 차례 열렸다. 정규 그랑프리에서는 느낄 수 없는 추월과 혼란 등 팬들이 정말 원하는 것을 더 많이 선사하기 위해 마련된 경주였다. 집중력이 짧은 사람에게 제격이었다. 아이러니하게도 스프린트 레이스에 대해 깊이 생각하면 할수록 앞뒤가 맞지 않았기 때문이다. 보상은 쥐꼬리만 한데 실제 레이스만큼의 위험을 감수해야 했으니 말이다.

리버티 체제에서는 그보다 훨씬 더 당황스러운 혁신도 많았다. 아마도 F1 팬들이 기억하는 가장 큰 실패작은 2023년 마이애미 그랑프리일 것이다. 그곳에서는 처음으로 드라이버들이 NBA 선수 소개 스타일로 등장했다. 모든 드라이버는 시속 320킬로미터로 질주하기 위해 운전석에 몸을 밀어 넣기 직전, 래퍼 LL 쿨 J가 얼굴 바로 앞에서 이름을 외치며 소개됐고 마이애미 돌핀스 치어리더들이 양옆에 섰다.

랜도 노리스는 "드라이버 중 아무도 그것을 좋아하지 않았다"고 말했다.

윌리엄스팀의 알렉산더 알본Alexander Albon이 덧붙였다. "그게 바로 쇼지요. 이제 우리는 쇼 비즈니스를 하는 거니까요."

마치 모든 정책이 틱톡에 올릴 릴을 하나를 더 만들어내는 데 맞춰진 듯했다. 이제는 레이스 자체도 모든 팬이 즐길 순간을 마련해주기 위해 특별히 촬영됐다. 원래 경기 중계는 선두를 다투는 드라이버에 초점을 맞추는 것이 보통이었다. 방송 시간의 약 37퍼센트를 선두 차량이 차지하고, 한 바퀴 이상 처진 주자에게는 거의 관심도 주지 않았다. 리버티 체제에서는 선두의 비율이 20퍼센트 근처로 내려오고 트랙의 나머지 선수들에 더 많은 분량이 배정되었다. 〈F1, 본능의 질주〉의 성공이(시청자들이 우승하지 못한 드라이버들에 관심을 기울이게 된 계기였다) 이제 생중계에 그대로 반영되고 있었다.

넷플릭스의 피드백 루프에는 팀들도 한몫했다. 〈F1, 본능의 질주〉의 스타였던 다니엘 리카르도는 실제 레이스를 뛰지 않더라도 잡아둘 만한 가치가 있었다. 맥라렌이 2022년 이후 계약을 연장하지 않기로 하자 리카르도는 레드불로 돌아와 테스트 드라이버로 복귀했다. 동시에 소셜 미디어에서 최고의 광대 노릇도 했다. 그러다 레드불의 자매 팀 알파타우리Scuderia AlphaTauri의 신예 드라이버가 기대에 미치지 못하자, 그는 다시 운전석에 앉았다.

이런 선택은 하나하나 따로 보면 2017년에 F1이 해결하려던 과제들에 딱 맞는 것이었다. 관객을 다양화하고 앞선 세대가 열광하던 F1으로 사람들을 다시 끌어들이는 것 말이다. 그러나 6년이 지난 후 전체 그림에는 치열한 경기와 블록버스터 엔터테인먼트 사이의 경계가 지나치게 희미했다. 드라이버들도 그 점을 느꼈다. 드라이버 본능을 타고난 막스 베르스타펜은 겨우 25살에 불과했지만, 두 차례 월드 챔피언에 올랐고, 새로운 도전을 고민하기 시작했다. 어린 시절 전부였던 레이싱이 더 이상 삶의 전부는 아니었다.

그는 이렇게 말했다. "챔피언이 되고 나니 한 번 더, 또 한 번 더 따고 싶은 마음이 들었습니다. 그렇지만 그건 결국 같은 일의 반복이고, 그것이 언제까지나 저를 설레게 할 수는 없었습니다."

챔피언조차 레이싱에 몰입하기 어렵다면, 경쟁자를 추월하거나 포디움 최상단에서 샴페인을 뿌려본 적도 없는 사람에게는 어떤 동기를 부여할 수 있단 말인가.

리버티는 그 일을 꼭 레이싱만으로 할 필요가 없다는 점을 깨달았다. 이 깨달음이야말로 포뮬러 1이 엔지니어링 실험실에서 21세기 콘텐츠 공장으로 변신하는 데 필요한 모든 측면의 바탕이었다. 레이싱을 향한 욕구가 F1을 만들어냈지만, 이제 레이싱은 더 이상 목적이 아니라 수단이었다. 〈F1, 본능의 질주〉를 즐겨 보거나 드라이버의 인스타그램 게시물을 좋아한다고 해서 모두가 일요일에 2시간이나 중계를 시청하지는 않을 것이다. 포뮬러 1은 그것을 문제 삼지 않았다.

그런 점에서 F1은 일종의 '포스트 스포츠post-sport'라고 볼 수 있었다. 레이스를 한 번도 보지 않고도 포뮬러 1의 광팬을 자처할 수 있는 세상이 되었다. 그들은 평생 F1에 몰입하고 애착을 느끼며 돈까지 바치는 완전한 지지자다.

그 덕분에 F1이 구식 프로 스포츠와 전통적인 방송이 한 지점에서 만나는 시대의 선구자가 되었는지, 아니면 그저 스스로 빙산으로 돌진해 무너질 준비를 하는 것인지는 알기 어렵다. 이런 변화가 스포츠 팬덤의 미래였을까? 그들은 과연 공식을 풀었던 것일까, 아니면 이것은 그저 막아야 하는 또 하나의 허점일 뿐이었을까?

에필로그 ──────────────── **2023년 라스베이거스**

포뮬러 1이 라스베이거스 한가운데 6억 달러짜리 그랑프리를 여는 꿈을 실현했던 어느 추운 11월 밤, 레이스 시작 한 시간 전 장면은 리버티 미디어가 꿈꿔왔던 모든 것이라고 할 수 있었다.

그리고 한편으로는 너무나 생소했다.

패독은 보통 메카닉들이 분주히 움직이고 타이어를 실은 짐수레가 다니는 곳이었지만, 지금은 레드카펫이 깔린 별도의 입구를 갖춰 A급, B급 스타를 비롯해 라스베이거스 그랑프리의 벨벳 로프 뒤로 초대된 사람이라면 누구나 방문할 수 있는 곳으로 변모해 있었다. 이런 파티를 절대 놓칠 리 없는 패리스 힐튼은 머리부터 발끝까지 가죽으로 도배한 차림으로 사진기자 무리에게 존재감을 과시했다. 압도적인 키의 샤킬 오닐은 굳이 주목받기 위해 애쓸 필요도 없었다. 레드불 게스트인 고든 램지는 현장에 있던 유명 셰프 중 요리하지 않아도 되는 몇 안 되는 사람이었다. F1의 단골

손님인 저스틴 비버는 결승선 깃발을 흔드는 중요한 임무를 준비했다. 다양한 체격의 엘비스 프레슬리 흉내쟁이도 최소한 12명은 돌아다녔다.

도시의 호텔과 카지노들은 터무니없이 비싼 티켓 패키지를 내놓고 무제한 캐비아와 끝없는 샴페인, 방 3개가 딸린 호텔 객실, 또는 그 모든 것을 약속했다. 그곳에서 내려다보이는 스트립 거리는 행사를 위해 완전히 봉쇄된 채, 차들은 시속 340킬로미터가 넘는 최고 속도로 베네치안, 벨라지오, 시저스 팰리스 등의 우아한 상징물들을 지나치며 질주할 계획이었다.

1만 2,000달러를 기꺼이 내는 부자 고객들은 벨라지오의 파운틴 클럽 옥상 데크를 차지할 수 있었다. 그곳은 관객에게 매디슨 스퀘어 가든에 필적하는 럭셔리 스위트 경험을 제공하기 위해 특별히 마련된 공간이었다. 메뉴에는 유명 셰프 장 조지 봉게리히텐의 와규 카르파초, 마리오 카본의 미트볼, 알랭 뒤카스의 '파리지앵 초콜릿'이 뽐내고 있었다. 모든 요리는 분수 연못 건너편에서 웨이터들이 작은 배를 타고 하나하나 손수 배달했다.

하지만 베이거스의 자랑스러운 전통대로 언제나 더 은밀한 장소가 있었다. 이번만은 스트립 어디도 아니었다. 오늘 하룻밤만은 틀림없이(그리고 믿을 수 없이) 서킷 출발점과 결승선 스트레이트 바로 옆에 늘어선 기름으로 얼룩진 차고와 조립식 건물이 F1 세계에서 가장 비싼 티켓이었다.

오후 10시 레이스 스타트가 다가오면서 패독 파티에 선택받은 소수가 트랙으로 쏟아져 나왔다. 메카닉들은 차에 마지막 조정을 하려 애쓰면서도 최고 유명인들이 찍는 셀카에 엑스트라 역할을 했다. 그것은 마치 타임스퀘어 한가운데에서 세금 신고서를 작성하는 것과 같았다. 이 광란의 중심에서 푸마 스니커즈를 신은 두 중년 남자가 승리의 표정을 지은 채 고요하게 움직였다. F1 CEO 스테파노 도메니칼리와 리버티 사장 그렉 마페이가 영광의 순간을 만끽하고 있었다. 그들은 라스베이거스에 와서 모든 것을 걸었고, 기적처럼 파산하지 않았다.

이곳은 F1 사상 단일 경주에 쏟아부은 최대 투자의 현장이었고 그 결실이 사방에 펼쳐져 있었다. 반짝이는 새 피트 건물은 이제 영구 시설이 되었고, 지붕에 걸린 거대한 F1 영상 로고는 하늘에서도 내려다보였다. 리버티는 사우스 라스베이거스 대로를 전면 재포장했다. 드라이버들의 얼굴이 모든 타워 블록의 옆면에서 내려 비치고 있었다. 리버티와 이 도시가 맺은 계약에 따라 베이거스에서 일어난 오늘의 행사는 최장 10년 동안 베이거스에 남을 터였다.

12개월 전 마페이와 도메니칼리는 사막 땅 한 조각 위에 결승선이 될 페인트 띠를 깔았다. 이제 그 같은 자리에서 바시티 재킷을 입고 태닝한 도니 오스몬드**Donny Osmond**가 미국 국가를 부르기 직전이었다.

F1은 집에 있는 사람들을 위해 전 세계가 TV로 이 역작을 제대로 감상할 수 있도록 당길 수 있는 모든 레버를 당겼다. 그것은 모터스포츠와 영영 작별했다고 생각했던 사람을 다시 불러오는 것을 의미했다. 행사 일주일 전 스포츠 TV 방송계의 구루 데이비

드 힐이 로스앤젤레스발 라스베이거스행 단거리 알래스카 항공편에 올랐다. 그는 레이스를 TV용으로 설계하기 시작했다. 그는 이미 〈아메리칸 아이돌〉의 제작자를 영입해 레이저와 드론, 카일리 미노그가 어우러진 눈부신 수요일 밤 개막 행사를 준비해 두었다.

이제 그가 할 일은 스트립의 발광하는 빛을 이용해 F1이 본 적 없는 가장 화려한 배경을 만드는 것이었다. 그러나 스트립을 프로모터의 꿈처럼 꾸미는 일은 동시에 TV 제작자에게는 악몽이기도 했다. 도로 양쪽에 드라이버와 팬들을 보호하기 위한 높은 관람석과 철제 펜스 때문에, 힐은 온보드 카메라 화면이 '신 시티 엽서'처럼 보이지 않을 것임을 깨달았다.

"철창에 갇힌 꼴로 달리는 것 같군." 그가 투덜거렸다.

문제를 해결하기 위해 비용은 아끼지 않았다. 힐은 헬리콥터를 더 많이 투입해 더욱 대담하게 저공 비행해 부감 샷을 늘렸다. 레이스 중 어느 순간이든 6대 가량의 헬기가 밤하늘을 가르며 시속 320킬로미터로 달리는 표적에 카메라를 고정했다. 40년 넘게 이 업계에 몸담았고 은퇴했다가 다시 불려 온 힐조차 이번 일은 꽤 특별하게 느껴졌다.

한편 그곳에 있는 것이 별로 흥분되지 않는 사람이 한 사람이 있었다. 공교롭게도 그는 포뮬러 1 세계 챔피언을 세 번 달성한 막스 베르스타펜이었다. 그는 엘비스를 연상시키는 흰색 점프수트를 입고 레드불 RB19에 몸을 밀어 넣으면서도, F1의 전설이 된 기분 따위는 느끼지 못했다. 인생을 바친 스포츠를 홍보하기 위해 과감한 발걸음을 내딛는다는 자부심 대신, 그저 서커스 한가운데

선 광대가 된 기분이었다. 솔직히 말해 그는 베이거스에 오고 싶지 않았다. 2023년 드라이버 타이틀은 몇 주 전 카타르에서 이미 확정 지었다. 한 시즌 최다승 기록도 갈아치웠다. 그리고 21번째 그랑프리가 한창인 지금, 그는 시즌이 길게 늘어지고 있다는 생각이 들었다.

그가 말했다. "개인적으로 저는 그렇게 많은 레이스가 필요하다고 생각하지 않습니다. 진정성 있는 레이스만 골라서 하면 충분할 것 같습니다… 만약 여기서 더 늘어난다면 저도 더 이상 오래 남아 있지 않을 것 같습니다."

베르스타펜은 모든 면에서 〈F1, 본능의 질주〉 시대를 맞이한 F1의 간판이 되어야 마땅한 인물이었다.

이 드라마에서 그가 맡을 역할은 천부적인 인재였다. 베르스타펜은 네 살에 운전을 시작했고 작업반장 같은 아버지 요스의 엄격하고 과도한 지도를 받으며 카트 레이싱을 거쳐 올라왔다. "경주에서 승리하고 겉으로는 잘 나가는 것 같고 모두가 행복해 하더라도 충분하지 않아." 막스는 아버지가 한 말을 기억했다. "항상 더 열심히 해야 한다."

여느 아이였다면 그런 압박감에 무너졌을 것이다. 하지만 유난히 심지가 강했던 베르스타펜은 어떻게든 버텼다. F1 역사상 최연소 드라이버가 될 무렵 그는 고카트에서 함께 달린 다른 아이들에게는 없는 무언가를 가졌다는 게 분명했다. 베르스타펜은 레이싱을 위해 태어난 타고난 킬러였다.

　문제는 그가 승승장구하던 그 시기에 하필 F1을 트랙 위의 칼싸움보다는 '시선 끌기 캠페인'으로 보는 새 구단주들이 왔다는 것이었다. 그들은 1980년대식으로 달리는 1990년대생 베르스타펜의 모습에서 이 사업이 가장 탐내는 타깃층, 즉 돈을 쓸 젊은이들과 통할 수 있는 Z세대 스타를 봤다.

　그는 오늘날 F1이 지향하는 모든 것을 상징했다. 막스는 젊고, 압도적이었으며, TV에 딱 맞는 데다, 말도 안 되게 날것 그대로였다. 베르스타펜이 소셜 미디어나 패션, 메트 갈라 초대장에 관심 없다는 점은 별 문제도 아니었다.

　달인의 경지에 오른 그의 경주 솜씨와 날것 그대로의 속도는 순수주의자들의 열광을 끌어냈을 뿐 아니라 〈F1, 본능의 질주〉에조차 덤덤했던 팬들에게도 다가갔다. 베르스타펜은 포뮬러 1 레이스카를 몰지 않을 때면 집에 설치된 시뮬레이터로 가상 세계의 경주에 빠져 지냈다. 그리고 25만 명의 팔로워들이 그 장면을 라이브 스트리밍으로 시청했다. 경쟁심이 워낙 강했던 그는 2022년 프로방스의 프랑스 그랑프리에서 우승한 후에도 하고 싶은 일이 딱 한 가지밖에 없었다. 빨리 모나코로 날아가 몬테카를로의 아파트 문을 걸어 잠그고 3대의 모니터 시뮬레이터를 켠 다음 만나본 적 없는 10대들과 레이싱을 더 즐기는 것이었다.

　얄궂게도 포뮬러 1이 리버티에 인수된 후 변화된 모습에 대해 갈등을 느낀 사람은 아무도 없었다. 베르스타펜이 입을 열기 직전까지 그는 미국의 새 주인들에게 최고의 스타였다. 라스베이거스에서 쇼가 펼쳐지던 내내 베르스타펜은 F1의 화려한 새 모습에 공개적으로 불만을 드러냈다. 트랙이 마음에 들지 않았고, 스타트 시간도 싫었으며, 무엇보다 서커스 같은 분위기는 정말 정말 싫었다.

베르스타펜이 말했다. "99퍼센트가 엔터테인먼트고, 경주는 1퍼센트뿐이군요."

그는 리버티나 레드불, 네바다주 클락 카운티 납세자들이 듣고 싶지 않은 말을 꺼냈다. 그러나 베르스타펜은 멈추지 않았다.

그는 F1 그랑프리가 일요일 오후에 시작해야 한다고 봤다. F1은 뭐니 뭐니 해도 햇살에 달궈진 트랙에서 관중석을 가득 메운 광팬들이 꿈에도 그리던 V12 엔진의 찢어질 듯한 휘파람 소리를 들으면서 시작해야 제격이었다. 자정 이후에 끝나는 레이스는 베르스타펜에게 그저 이상하게 느껴진 정도를 넘어 완전히 잘못된 것이었다. 차들이 라스베이거스 거리에 나타난 것은 뉴욕 시간 새벽 1시 직전이었다. 리버티가 구애하려던 미국인의 절반은 이미 잠든 후였다.

F1 측은 선택지가 없었다고 했다. 라스베이거스가 낮에 스트립을 내주지 않았던 데다 밤늦게 시작한 덕에 오히려 유럽과 아시아 팬들이 이 화려한 행사를 볼 수 있다는 것이었다. 하지만 베르스타펜에게 그 변명은 통하지 않았다.

그가 말했다. "나는 전통적인 트랙을 더 좋아합니다. F1의 핵심이 뭔지, 사람들이 왜 이 스포츠에 빠져드는지 명심해야 합니다. 쇼가 중요한 게 아니라, 차의 성능과 드라이버가 한계에 도전하는 것이 더 중요하죠. 베이거스는 멋진 곳이지만 그것이 내가 어려서부터 차를 몰고자 했던 이유는 아닙니다.”

다른 드라이버들은 우려 섞인 목소리를 낮추려 애쓰면서 회사 방침을 따랐다. 물론 성장통은 좀 있었으나 주최 측이 해낸 일에 비하면 아무것도 아니었다. 트랙의 첫 연습 주행에서 카를로스 사인츠Carlos Sainz의 페라리가 만들어낸 엄청난 흡입력 때문에 스트립 상수도의 느슨한 밸브 커버가 차 밑으로 빨려 들어가 차 바닥을 찢는 사고가 발생했다. F1은 그것을 사소한 사고로 넘기려고 했다.

하지만 다른 모든 이들의 생각은 달랐다. 밸브 커버 사고로 목요일 세션은 겨우 8분 만에 멈췄다. F1이 재개할 준비가 됐을 때는 현지 시각 새벽 2시 30분이었고 관객은 모두 집으로 돌아간 상태였다. 다음 날 F1은 ‘실망스러운’ 팬 경험에 대해 사과하는 것이 아니라 그럴 수밖에 없었다는 내용의 성명을 냈다. 보상으로 라스베이거스 스트립 서킷의 첫날 밤 행사를 보기 위해 수천 달러를 쓴 팬들에게 F1 공식 기프트숍에서 쓸 수 있는 200달러 바우처를 준다고 했다. 그곳에서 야구 모자는 80달러, 윈드브레이커는 265달러였다.

베르스타펜은 당연히 터무니없는 처사라고 생각했다.

“내가 팬이었다면 죄다 엎어버렸을 겁니다.”

베이거스만의 문제는 아니었다. 막스 베르스타펜은 F1이 제 길에서 벗어나 자동차 경주라기보다는 천편일률적인 기업 광고가 됐다고 느끼는 전체 팬층을 대변하고 있었다. 그들이 사랑하던 거친 모서리는 모두 매끄럽게 다듬어졌다. 엔초 페라리와 버니 에클스턴처럼 정치적 올바름을 무시하는 편집광들, 드라이버들 간의 진심 어린 증오, 규정을 노골적으로 무시하는 태도, 그리고 이곳에 감도는 진짜 위험의 기운까지 말이다.

변화가 너무 빨라 개최 장소 중 많은 곳은 서로 구별되지 않을 정도였다. 똑같은 결과로 끝나는 경주가 너무 많아서 이 느낌은 더 심해졌다. 베르스타펜의 절대적인 우위가 기록지를 다시 쓰고 있었다. 2021년 시작부터 2023년 끝까지 모든 그랑프리의 3분의 2가 막스의 우승으로 끝났다.

베르스타펜은 이제 이 모든 일에 의욕을 잃고 있었다. 줄지 않는 것은 시즌이 끝난 후 식욕뿐이었다. 매년 겨울 그의 살을 5킬로그램쯤 찌우는 치즈버거와 소다 정도가 크리스천 호너가 그를 잠시 느슨하게 만들 수 있는 유일한 것이었다.

그러나 2023년 말 리버티 사업이 직면한 위험은 독주하는 팀과 불만 가득한 월드 챔피언, 그리고 '라떼'를 시전하는 올드팬들만이 아니었다. 스트립의 화려한 파티의 여운 속에서도(심지어 베르스타펜이 무전으로 "비바 라스베이거스"를 흥얼거리며 역전승을 거두는 짜릿한 명경기가 되었음에도 불구하고), F1의 어지러운 변화에 대해 뭔가 불안한 느낌이 드는 것을 부정할 수 없었다. 그래서 느슨한 밸브 커버 사고가 발생한 날 밤에 토토 볼프는 그 사건이 F1에 흑역사가 될 것이냐는 질문에 이례적으로 방어적인 태도를 보였다.

"새로운 기준을 수립한 행사를 어떻게 감히 나쁘게 말할 수 있습니까. 빌어먹을 배수구 커버가 풀린 것은 사실이지만… 이 그랑프리를 세운 사람들과 F1을 이전보다 훨씬 더 크게 만든 사람들에게 공을 돌리겠습니다."

지난 20년 중 그 어느 때보다 많은 사람이 포뮬러 1을 보고 있다는 것은 사실이었다. 그러나 그런 만큼 관객의 기대도 리버티 미디어가 예상치 못한 수준으로 깐깐해졌다. 새로운 포맷에서 새 목적지에 이르는 모든 대담한 움직임이 이제 F1의 미래에 대한 국민투표를 촉발하는 듯했다. 작은 실수 하나가 모든 것을 무너뜨리는 일은 얼마든지 벌어질 수 있었다.

리버티의 실험이 시작된 지 6년이 지난 지금, 포뮬러 1을 현대 스포츠의 위대한 성공 사례로 만든 마법 소스의 성분이 뭔지 확실히 말할 수 있는 사람은 없었다. F1의 부활은 새 미디어 환경의 교활한 예언자들이 그린 꼼꼼한 전략 로드맵의 결과였을까? 아니면 그저 토토가 내지른 '운 좋은 한 방'에 불과했을까?

11월 주말, (네온 불빛 아래 엔진이 포효하는 동안) 베이거스에 있던 사람 중 그 누구도 그런 질문을 생각할 겨를이 없었다.

그랑프리가 겨우 14바퀴를 돌았을 때 패독에 새로운 움직임이 일어났다. 어디선가 갑자기 팀 유니폼을 입은 남자들이 나타나더니 항공 및 해상 화물이라고 표시된 거대한 상자들을 끌고 왔다. 그러더니 록 콘서트 진행요원들이 세트를 철거하듯이 10개 차고 앞에 상자들이 줄지어 세웠다. 상자가 열리고, 발전기는 뽑혔다. 그리고 6시간 안에 차고가 완전히 비워졌다.

마모 상태가 천차만별인 초정밀 기계공학의 자동차들은 낱낱이 분해되어 스티로폼으로 포장된 다음, 다시 조립되기 위해 1만 3,000킬로미터를 이동할 예정이었다. 다음 레이스는 불과 닷새 후 지구 반대편 아부다비에서 열릴 예정이었다. 라스베이거스 그랑프리는 실제로 끝나기 전에 끝난 셈이었다. 그저 로드쇼의 하나의 정거장일 뿐이었다.

덧붙이는 이야기 ————————————— **2025년 2월, 런던**

만약 포뮬러 1이 스포츠 비즈니스에서 가장 어려운 묘기를 성공해 냈다는 확신이 필요했다면, 바로 이 순간이었다. 2025년 시즌의 개막을 몇 주 앞둔 2월의 추운 밤, 런던 O2 아레나를 가득 채운 3시간짜리 화려한 쇼에 20명의 드라이버와 팀 대표가 모두 출연했다. 1만 5,000장의 티켓이 한 시간도 안 돼 매진되었다. 행사가 절정에 올랐을 때 유튜브 시청자 수는 460만 명을 기록했다.

그날 밤 엔진은 단 한 번도 울리지 않았다.

물론 모든 팀은 레이스카를 가져왔지만 전시용일 뿐이었다. F175라는 행사의 기본 개념은 옥스퍼드셔 곳곳의 공장에서 개별적으로 진행되던 기존 방식 대신, 단 한 번의 화려하고 떠들썩한 저녁을 통해 새 시즌의 리버리를 공개하는 것이었다. 부스스한 행색의 기자 몇 명이 사이드팟에 대해 질문하는 시간 대신 레이저쇼와 Z세대 뮤지컬 공연이 준비됐다. 그 누구도 운전석에 앉지 않은 채 화려한 색채의 향연으로만 시즌을 알렸다. 이는 오늘날 F1이 도달한 모든 것을 바이럴하게 압축한 이벤트였다. 레드카펫 입장, 디자이너 정장, 그리고 새로운 도색 공개를 중심으로 한 이 모든 행사가 얼마나 터무니없는지를 보여주는 농담이 그 자리를 대신했다. 사회자가 말했다. "제가 말씀드렸죠. 새롭다고. 사실 바뀐 건 거의 없습니다. 하지만 머신 건 켈리Machine Gun Kelly도 섭외했고, 이 장소 섭외 보증금을 날리고 싶지는 않잖아요."

레이싱은 그저 슬쩍 보여주는 용도였을 뿐 행사의 주역이 아니었다.

이 행사에는 표면상 또 다른 이유가 있었다. F1은 75번째 시즌을 기념하기 위해서였다. 지금은 F1의 제1회 그랑프리로 여겨지는 실버스톤에서 고속 질주 중에 사망한 11명이 결승선을 통과한 지 25년 만에 말이다.

포뮬러 1이 75시즌까지 도달한 것 자체가 일종의 기적이었다. F1의 역사를 통틀어 와르르 무너질 뻔한 위기가 12번이나 있었다. 버니가 이것을 TV 돈벌이로 만들지 않았다면 어땠을까? 에클스턴이 권력의 절정에서 소송이나 건강 문제, 다른 재앙으로 권력을 잃었다면 어땠을까? 그리고 그의 시대가 지나간 후에 리버티가 나타나 F1을 소셜 미디어 시대로 끌어들이고 미국으로 다시 데려오지 않았다면?

우선, 이런 거대한 결속 대회 같은 행사를 매진시키지 못했을 것이다. 그러나 2025년을 맞이하는 포뮬러 1은 한껏 뽐낼 기분이 들었다. 리버티에 인수된 지 8년 만에 이 스포츠는 버니가 꿈도 꿀 수 없었던 글로벌 문화 현상을 만들어냈다. O2의 아레나 한복판에서 F1은 이를 확실히 각인시켰다. 세계 최대 럭셔리 재벌 LVMH와 맺은 새로운 파트너십을 강조하고, 제리 브룩하이머, 브래드 피트, 애플과 공동 제작 중인 여름 블록버스터의 최신 예고편도 상영했다.

그러나 대부분의 시간은 10개 팀에게 할애되었다. 각 팀은 7분씩 주어진 시간을 자유롭게 채워가며 시즌에 대한 기대를 한껏 끌어올렸다. 독일 나이트클럽보다 더 큰 소음과 번쩍이는 조명을 사용했다. 특히 알핀은 자기 구역을 귀가 먹먹할 DJ 세트로 변형시켰다. 마침내 대열 선두에 나서는 팀들이 관중을 맞이할 차례가 되었다.

솔직히 말해 디펜딩 세계 챔피언은 별로 기분이 나지 않았다. 막스 베르스타펜은 만나는 사람마다 라스베이거스가 너무 과하다고 말했다. 실제로 그랑프리는 뒷전으로 밀려났다. F175는 쇼비즈니스 그 자체로, 현대 스포츠에서 그를 짜증 나게 하는 모든 요소가 집약된 행사였다. 4연속 세계 타이틀을 거머쥔 후 그의 유일한 관심은 운전석으로 돌아가 다섯 번째 우승을 차지해 F1 역대 위대한 드라이버로 자리매김하는 것이었다. 그러려면 먼저 O2 행사를 마쳐야 했다. 그래서 베르스타펜은 계약상의 의무를 다하며 레이싱 슈트 차림으로 RB21과 함께 걸어 나왔다. 그런데 런던 관중의 반응은 마치 그가 피시앤칩스를 모욕하기라도 한 것처럼 보였다.

그들은 막스와 그의 보스 크리스천 호너가 무대 위에서 어쩔 줄 몰라하는 동안 야유를 퍼부었다. 야유가 너무 심해서 FIA까지

나서서 두 사람을 변호해야 했다. 파리 본부에서는 관중의 반응을 '부족주의적tribalist'이라고 평했다.

하지만 사실 놀랄 일도 아니었다. 이 쇼는 영국 팬들을 위해 열린 이벤트였고, 그들은 모두 같은 것을 보러 왔기 때문이다. 그들의 관심은 네덜란드에서 가장 빠른 이 청년이 아니었다.

F175 직전 몇 주 동안 화제의 중심은 막스 베르스타펜의 오랜 라이벌 루이스 해밀턴이었다. 그는 인스타그램에 딱 어울리는 페라리 입성 장면을 화려하게 연출하며 돌아다녔다. 엔초의 집 앞에 선 루이스. 엔지니어들을 만나는 루이스. 그리고 마침내 고향 무대에 선 루이스는 그 누구도 본 적 없는 가장 놀라운 복장을 입고 등장할 참이었다. 라 스쿠데리아의 유명한 빨간 오버롤이었다.

해밀턴의 마라넬로행은 1년 넘게 준비된 일이었다. 2023년, 메르세데스와 2년 계약 연장을 맺을 당시 그의 자신감은 심각한 위기에 빠져 있었다. 그는 공개적으로 자신의 고민을 털어놓았다. "내 문제인가, 차의 문제인가? 아직 감각이 남아 있을까, 사라졌을까?"

해밀턴은 만약 그것이 정말 차 때문이고, F1의 역대급 영웅이라는 생명이 끝장난 게 아닐 경우를 대비해 새 계약서에 빠져나갈 구멍을 확실히 넣어두었다. 2024년 이후 계약을 해지할 수 있다는 조항이었다. 이런 소식이 조용한 채 오래갈 리 없었다. 필연적으로 F1 루머 공장이 풀가동했다. 그리고 그 소식에 페라리가 움직였다. 이탈리아 팀의 새로운 르네상스를 이끌어야 하는 프랑스인 팀 대표 프레데릭 바세르는 해밀턴과 하위 리그 시절부터 오랜 관계를 유지하고 있었다. 사실 바세르는 루이스가 F1 카를 타기 전에 그의 보스였다. 그래서 그는 해밀턴이 꽤 오랫동안 품어온 환상에 대해 누구보다 잘 알았다.

바세르는 이렇게 말한다. "지난 20년 동안 그는 언젠가 페라리를 타겠다는 꿈을 꾸었습니다. 마음속 깊이 말이에요. 내가 봐도 메르세데스에서 잘 풀리지 않는 게 보였어요. 모든 조건이 맞아떨어진 거였죠."

그럼에도 그 꿈을 실현하려면 아녜리 가문의 후계자 존 엘칸John Elkann과의 비밀 회동과 엄청난 돈이 필요했다. 그러나 2024년을 앞두고 그들은 시즌 전체를 뒤흔들 거래를 성사했다. 메르세데스와 해밀턴은 최선을 다해 우호 관계를 유지하려 했지만, 길어진 이별 과정은 모든 사람을 불편하게 했다. 루이스는 기자들이 다른 팀에 대해 물을 때마다 말을 아꼈고, 메르세데스는 최고 연봉을 받는 이 직원을 특정 미팅에서 배제했다. 그들 입장에서 해밀턴은 이제 이탈리아 스파이나 다름없었다.

루이스에게 있어 2024년 캠페인은 그저 불편함에 불과했다. 그의 이적은 엄청나게 부유한 40대가 중년의 위기를 겪으며 빨간 차의 핸들을 잡는 이야기가 아니었다. 이것은 역대 가장 성공한 드라이버이자 글로벌 아이콘인 그와 F1에서 가장 유명한 팀이 합병하는 사건이었다. 루이스는 그 기회를 최대한 활용할 계획이었다.

바세르가 말했다. "거의 신인을 얻은 기분입니다. 그에게는 F1을 처음 접하는 사람 같은 열정이 있죠."

그러나 그의 열정은 처음으로 붉은 슈트를 입은 그를 보는 고향 팬들의 열정에 비하면 무색할 정도였다. 그들은 그날 밤 가장 큰 환호성을 그에게 아낌없이 퍼부었다. 루이스 해밀턴은 최근 5년 동안이나 월드 챔피언에서 멀어져 있었지만, 여전히 흥행 보증 수표임이 틀림없었다. 문제는 그가 여전히 경쟁력을 지니고 있는가 하는 점이었다. 해밀턴은 페라리가 자신의 내면에 다시 불을 지핀다는 입에 발린 말을 했다. 그러나 2025년 트랙에서 여덟 번째 타이틀을 노리는 데 가장 큰 장애물은 세월이 아니라 다음으로 무대에 오른 팀, 맥라렌이었다.

맥라렌은 론 데니스에게 편두통을 일으킬 만한 파파야색 차들로 대대적인 복귀 무대를 완성했다. 불과 얼마 전까지 급여 지급을 걱정하던 팀이 다시 살아났다. 2023년만 해도 맥라렌의 미국 CEO는 투자자들에게 "우리가 형편없었다는 거 압니다. 하지만 걱정 마세요… 좋은 일이 있을 겁니다."라고 말하고 있었다.

좋은 일은 바로 다음 해에 왔다. 차량 외관은 블루칩 스폰서들의 로고로 덮였고, 내부는 챔피언급 부품으로 구성되었다. 해밀턴이 F1에 데뷔할 때 아직 고카트를 타던 랜도 노리스와 오스카 피아스트리Oscar Piastri라는 2인조 드라이버의 위협은 말할 것도 없었다. 2024년 말, 맥라렌은 25년 만에 처음으로 컨스트럭터 타이틀을 따냈다. 데니스가 한때 구축했던 냉정한 프로페셔널리즘의 엄격한 모델과 달리, 새 맥라렌은 고성능에 재미까지 더한 작품이었다. 새로운 세대 팬들이 몰려와 밝은 오렌지색이 꽤 멋지다고 여길 타이밍에 딱 맞춰서 말이다. 브라운은 이렇게 말한다. "우리는 약간 다스 베이더 비슷하게 됐어요. 다스 베이더도 물론 멋지지만, 내가 원했던 건 루크 스카이워커쪽이었죠."

그러나 루크 스카이워커조차 F175의 밤을 봤더라면 속으로 이렇게 생각했을 것이다. "와, 레이저 빔이 정말 많네."

그래도 리버티가 자축하는 기분을 느낀다고 뭐라 할 사람은 없었다. 포뮬러 1 경주라고 꼭 경주만 보여줘야 하는 것은 아니라는 혁명적인 발상이 그들을 여기까지 데려왔다. 페라리와 맥라렌 같은 거대한 팬층과 엄청난 유산을 가진 팀들이 F1과 함께 현대화되어 그리드의 최전선으로 돌아왔다. 그리고 자동차 업계 영향력은 충분하나 F1의 유산은 거의 없는 제조사들조차 이 스포츠를 이용해 새로운 시청자를 확보했다. 캐딜락은 결국 수년간의 노력 끝에 2026년 팀 진입에 성공했다. 기존의 팀들을 설득해 파이를 10개 팀에서 11개 팀으로 나누는 게 괜찮을 수 있다는 점을 설득한 결과였다. 한편 애스턴 마틴에서는 F1이 턱시도와 셰이크 마티니를 좀 구식으로 여길지도 모를 새로운 관객에게 다가가는 데 도움이 된다는 걸 안 캐나다의 억만장자 로렌스 스트롤**Lawrence Stroll**이 슈퍼팀을 꾸리느라 바빴다. 그는 먼저 메르세데스에서 엔진 전문가 앤디 코웰**Andy Cowll**을 데려와 팀 대표로 삼았고, 다음에는 레드불의 60대 영국인 신사 에이드리언 뉴이를 데려오며 모터스포츠 최고 연봉의 슈퍼스타로 만들었다.

모든 사람은 2025년이 최근 치러진 대회 중 가장 치열한 시즌이 될 것임을 알았다. 패독 안팎의 전문가들은 한 시즌에 모두 다른 우승자가 6명에서 10명 정도는 나올 것으로 예측했다. 이것이 바로 리버티가 줄곧 목표로 삼아온 것이었다. 주말 경주 포맷 변경에서 비용 상한제에 이르는 모든 것은 패를 섞고, 간격을 좁히고, 먼지 쌓인 제품을 되살리기 위해 고안되었다.

그러나 2025년이 F1의 성공을 만끽하는 시즌이라면, 그 이후에 올 모든 것은 아직 미스터리다. 2026 시즌은 10년 넘게 F1의 공식으로 여겨져 온 규정이 가장 크게 개편될 것이다. 규정의 대대적인 변화는 팀들이 개편된 엔진 규칙과 공기역학을 재해석하는 과정에서 늘 혼란을 일으켰다. 리버티 시대에 그리드에서 처음으로 시도될 것들도 크게 다르지 않을 것이다. 그래서 리버티가 엔터테인먼트 상품으로서의 포뮬러 1의 미래를 고민하고 수백 명의 엔지니어가 규정집을 살피며 머리를 쥐어짜는 동안, F1 전체는 2025년 내내 다음 해와 그들이 함께 만들어갈 새 현실에 대비하고 있었다.

새로운 팬, 새로운 사양, 그리고 완전히 새로운 허점들까지.

감사의 글　———————————————————————

F1 팀 하나를 본격적으로 운영하려면 공장과 차고, 피트월을 포함해 수천 명의 인원이 필요하다. 포뮬러 1을 진지하게 다루는 책도 그에 못지않은 도움의 손길이 필요한 것 같다.

마테오 본치아니의 헤아릴 수 없는 지원과 통찰, 너그러움, 그리고 유머가 없었다면 이 책은 세상에 나올 수 없었을 것이다. 마테오만큼 F1의 내부 사정을 잘 아는 사람도 드물고, 이 분야에서 그만큼 두터운 인맥을 보유한 사람도 거의 없다. 그는 최소 4개 국어를 거의 동시에 구사하며 모터스포츠 분야의 인물과 정치, 수많은 약어 등에 관해 그가 아는 모든 지식을 아낌없이 내주었다.

F1 본부 내에서 항상 재미있고 유익한 인터뷰의 기회를 준 스테파노 도메니칼리, 그리고 그 일을 가능케 해준 리암 파커와 데이비드 레슬리에게 감사드린다. 데이비드 힐, 그렉 마페이, 이언 홈즈, 르네 윌름도 소중한 통찰을 제공해 주었다.

F1의 주인공은 뭐니 뭐니 해도 팀인데, 패독에 있는 그 모든 주인공이 우리를 반갑게 맞이해 주었다. 메르세데스의 토토 볼프, 루이스 해밀턴, 브래들리 로드, 저스틴 페라스에 특히 감사를 드린다. 레드불에서는 폴 스미스와 젬마 러스티의 도움으로 크리스천 호너, 막스 베르스타펜, 에이드리언 뉴이, 데이비드 쿨사드가 귀한 시간을 내주었다. 맥라렌에서는 잭 브라운과 스티브 앳킨스가 팀의 귀빈 공간을 활짝 열어주었다. 그리고 페라리에서는 루카 디 몬테제몰로가 자신만의 독특한 스타일로 마라넬로의 수십 년 역사를 안내해 주었고, 존 엘칸과 리처드 홀로웨이가 스쿠데리아의 현재와 미래를 들려주었다.

윌리엄스 차고 내부의 이야기를 들려준 애덤 파와 파스토르 말도나도에게 감사드린다. F1의 두 거물 엔초 페라리와 론 데니스와의 이야기를 들려준 스테판 요한슨, 그리고 F1의 화려했던 말보로 시대를 회상해 준 패트릭 뒤펠러에게 감사드린다. 그리고 닉 클라리와 로빈 손더스에게는 21세기 초에 F1을 구해낸 비즈니스 거래에 관해 설명해 준 것에 감사드린다.

물론, 한 사람이 없었다면 구해낼 F1 자체가 없었을 것이다. 버니 에클스턴이다. 그와 그의 아내 파비아나 플로시는 크슈타트에 있는 그의 저택을 방문한 우리를 정중하게 맞이해 주었고, 그곳에서 그가 몇 시간에 걸쳐 풀어낸 이야기는 이 책이 지금보다 두 배는 족히 될 만한 분량이었다. 버니와 대화할 수 있었던 것은 F1 역사상 가장 위대한 협상가인 그를 오랫동안 바로 옆에서 지켜봐 온 마이클 페인이 미리 준비해 준 덕분이었다.

우리와의 대화에 소중한 시간을 내어준 또 다른 사람으로는 던컨 알드레드, 모나코 자동차 클럽, 그리고 이 책을 쓰는 현재 포뮬러 1 그랑프리의 마지막 미국인 우승자인 마리오 안드레티가 있다. 우리는 용감한 레이첼 샤프에게도 빚을 졌다. 그녀는 F1 세상이 온통 스파이게이트로 시끄러울 때 그 사건의 원인 제공자를 2주 만에 두 번이나 찾아가 만났다.

이 책을 세상에 내놓는 데 있어 매트 하퍼를 비롯한 마리너 출판사의 모든 분에게 큰 감사를 드린다. 그는 이 책의 비전을 즉시 이해했고, 우리를 믿고 실행하게 했으며, 처음부터 끝까지 경주를 유지할 수 있게 해주었다. 우리의 보스이자 에이전트 에릭 루퍼는 언제나처럼 이 프로젝트를 기록적인 속도로 진행하는 데 꼭 필요한 도움을 제공했다. 유나이티드 탤런트 에이전시의 크리스티나 무어와 크리스티 플레처에게도 감사를 전한다.

그리고 물론, 「월스트리트 저널」의 뛰어난 동료 중에도 감사해야 할 사람은 너무나 많다.

에마 터커는 이 책을 쓰는 중간에 우리의 새 팀장이 되었다. 그녀는 이 책에 지지와 격려를 아끼지 않은 것은 물론, 뉴욕에서 토토 볼프에게 샅샅이 캐물은 내용으로 이 책에 직접 공헌한 바 있다.

브루스 오월에게도 큰 빚을 졌다. 사실 F1은 그가 가장 좋아하는 스포츠라고 하기 힘든 분야임에도 우리가 자유롭게 취재할 수 있도록 허락해 주었다. 마이크 밀러, 신시아 린, 짐 차이루스미를 비롯한 「월스트리트 저널」의 스포츠 및 디지털 플랫폼 부서 동료들에게도 감사드린다. 「WSJ 매거진」의 사라 볼과 크리스 크누센,

그리고 전 동료 크리스티나 오닐과 매그너스 베르거에도 감사 인사를 빼놓을 수 없다. 그들은 루이스 해밀턴을 취재한다는 아이디어를 맨 처음 떠올린 사람들이다.

언제나 그렇듯이 이 책을 처음 읽어준 이들이 없었다면 역시 아무 소용도 없었을 것이다. 론 데니스로부터 주워들은 모노코크니 더블 디퓨저니 하는 끝도 없는 이야기를 참고 들어준 댄 클레그, 벤 코헨, 샘 워커를 비롯한 가족들 모두에게 감사드린다. 그들은 우리의 부모님인 리지와 앤서니, 알린과 제프리, 조슈아의 여동생 셀린, 그리고 존의 아내 케이티와 자녀 에비와 쿠퍼 등이다.

그들은 2.3초 만에 타이어 4개를 교체할 수는 없겠지만, 피트에서 일하는 그 누구보다 필수 요원들이다.

참고문헌

Allen, James. 2009: A Revolutionary Year. London: Speed Merchants, 2009.

Bower, Tom. No Angel: The Secret Life of Bernie Ecclestone. London: Faber & Faber, 2012.

Brawn, Ross and Parr, Adam. Total Competition: Lessons in Strategy from Formula One. London: Simon & Schuster, 2017.

Button, Jenson. How to Be an F1 Driver. London: Blink Publishing, 2019.

Couldwell, Clive. Made in Britain: The British Influence in Formula One. London: Virgin, 2003.

Donaldson, Gerald. Grand Prix People: Revelations from Inside the Formula 1 Circus. Croydon: Motor Racing Publications, 1990.

Folley, Malcolm. Monaco: Inside F1's Greatest Race. London: Century, 2017.

Fry, Nick with Gorman, Ed. Survive. Drive. Win. The Inside Story of Brawn GP and Jenson Button's Incredible F1 Championship Win. London: Atlantic Books, 2019.

Fürweger, Wolfgang. Die Red-Bull- Story: Der unglaubliche Erfolg des Dietrich Mateschitz. Innsbruck: Haymon Verlag, 2017.

Hamilton, Maurice. Williams. London: Ebury, 2017.

Hotakainen, Kari. The Unknown Kimi Räikkönen. London: Simon & Schuster, 2019.

Irvine, Eddie. Life in the Fast Lane. London: Random House, 1999.

Jordan, Eddie. An Independent Man. London: Orion, 2008.

Lawrence, Mike. Colin Chapman Wayward Genius. London: Breedon Books, 2002.

Mansell, Nigel. Staying on Track: The Autobiography. London: Simon & Schuster, 2016.

Matchett, Steve. The Mechanic's Tale. London: Orion, 2003.

Mosley, Max. Formula One and Beyond: The Autobiography. London: Simon & Schuster, 2016.

Newey, Adrian. How to Build a Car. London: Harper Collins, 2017.

Parr, Adam. The Art of War: Five Years in Formula One. London: Adam Parr, 2012.

Rendle, Steve. Red Bull Racing F1 Car: Owners' Workshop Manual. London: Haynes, 2011.

Rubython, Tom. The Life of Senna. London: BusinessF1 Books, 2005.

Skeens, Nick. The Perfect Car: The Biography of John Barnard. London: Evro, 2018.

Warr, Peter. Team Lotus: My View From the Pit Wall. London: Haynes, 2012.

Watkins, Sid. Life at the Limit: Triumph and Tragedy in Formula 1. London: Macmillan, 1997.

Webber, Mark. Aussie Grit: My Formula One Journey. London: Macmillan,

2016.

Williams, Richard. The Death of Ayrton Senna. London: Viking, 2010.

Williams, Virginia with Cockerill, Pamela. A Different Kind of Life. London: Echo, 2017.

Yates, Brock. Enzo Ferrari: The Man and the Machine. London: Penguin, 2019.

Yergin, Daniel. The Prize: The Epic Quest for Oil, Money & Power. New York: Simon & Schuster, 1991.

Zapelloni, Umberto. Formula Ferrari. London: Hodder & Stoughton, 2004.

F1

더 포뮬러

1판 1쇄 발행 2026년 3월 20일
1판 3쇄 발행 2026년 4월 7일

지은이 조슈아 로빈슨, 조너선 클레그
옮긴이 김동규
감수 김남호

발행인 양원석 **편집장** 차선화 **책임편집** 이슬기
디자인 남미현, 김미선 **영업마케팅** 윤송, 김지현, 최현윤, 유민경, 김수윤
해외저작권 임이안, 이은지, 안효주

펴낸 곳 ㈜알에이치코리아
주소 서울시 금천구 가산디지털2로 53, 20층 (가산동, 한라시그마밸리)
편집문의 02-6443-8916　　**도서문의** 02-6443-8800
홈페이지 http://rhk.co.kr
등록 2004년 1월 15일 제2-3726호

ISBN 978-89-255-7276-5 (03690)